형법은 국민의 자유와 권리를 위하여 흘린 눈물과 피로 이루어진 역사적 산물이다. 무죄추정의 원칙과 죄형법정주의는 단순한 구호가 아니라 수사기관과 법정을 지배하는 원칙으로 작동되어야 한다. 법원이 법률의 문언을 복잡하고 기교적으로 해석하면 그러한 원칙에 반하는 결과가 생길 위험이 있다. 특히 배임죄 사건에서 이러한 위험이 크다. 배임죄는 검찰의 기업 표적수사에 널리 활용되고 있고, 기업 경영인은 배임죄 리스크를 안고 있다. 모호한 기준이 고무줄처럼 적용되어 예상치 못하게 엄하게 처벌될 위험이 상존한다. 대법관으로 재직하는 동안 부동산 대물변제 약정 후 이를 이행하지 않은 사안에 대하여 판례를 변경하여 배임죄를 부정하는 취지의 전원합의체 판결을 주도하였고, 부동산 이중매매에 대하여 배임죄가 성립한다는 기존 판례에 의문을 제기하여 판례 변경을 시도하였으며, 배임죄가 위험범이라는 판례를 변경하여야 한다고 주장하기도 하였던 것은 이런 이유 때문이다.

2018년 대법관 퇴임 후 동아대학교 법학전문대학원에서 석좌교수로 근무하는 행운을 얻었다. 동아대학교 법학대학원 허일태 명예교수께서 배임죄 연구를 계속하라고 독려하였다. 지식의 얕음과 역량의 부족을 알면서도 용기를 내어 배임죄에 관한 몇 편의 논문을 발표하고, 그 논문들을 묶어 '배임죄에 대한 몇 가지 오해'(법문사, 2020)를 출판하였다. 허일태 명예교수께서는 대법원 전원합의체 판결에 나타난 저의 의견을 깊이 있게 연구하여 '정의의 굴렁쇠(김신 전 대법관의 법사상과 형법해석)'(단장, 2020)를 출판하였다. 감사한 마음을 어떻게 표현해야 할지 모르겠다.

동아대학교 법학전문대학원 하태영 교수께서 배임죄에 관한 대법원 판례를 분석해보라고 제안하였다. 다시 용기를 내어 대법원 판결들을 검토하였다. 최근까지 선고된 배임죄 판결 100개를 선별하여 살펴보니, 하급심

판결이 상급심에서 뒤집히기도 하고, 대법원 판결도 전원합의체 판결로 변경되기도 하였으며, 대법원 판결들도 논리적으로 상충되기도 하였다. 선별한 판결들의 사실관계와 재판의 경과를 정리하고 판시사항과 판결요지를 정리하여 쟁점을 분명히 한 후, 그 동안 판결과 논문을 통해 주장해 오던 문제의식과 시각으로 100개의 판결에 대하여 평석을 시도하였다. '배임죄에 대한 몇 가지 오해'와 함께 읽으면 저의 생각을 이해할 수 있을 것 같다. 이 책이 배임죄에 대한 활발한 논의의 출발점이 되기를 기대한다.

100개의 대법원 판결을 골랐지만, 빠지거나 겹치는 것도 있다. 고치고 다듬고 보탤 생각이다. 이 책이 '배임죄에 대한 몇 가지 오해' 논문집의 후속편이라 생각하여 굳이 참고문헌을 표시하지 않았다.

이 책의 출판을 독려하신 허일태 명예교수와 하태영 교수께 감사드린다. 원고를 검토해 준 아들 김형진 변호사가 지혜로운 법조인이 되기를 기원한다. 출판을 맡아준 법문사에도 고마운 마음을 전한다.

2021. 7. 17.
저자 김 신

　김신 석좌교수님은 대법관 퇴임 후 동아대학교 법학전문대학원의 석좌교수로 부임하였다. 석좌교수님은 부임 후 형사법, 특히 배임죄 연구에 집중하여 여러 편의 논문을 학술지에 기고하고, 그 논문을 모아 『배임죄에 대한 몇 가지 오해』를 출판하였다. 이론과 실무가 융합된 보기 드문 연구서로 호평을 받고 있다.

　제가 내친김에 배임죄에 관한 대법원 판결의 평석을 제안하였고, 석좌교수님이 그 제안을 받아 연구에 매진하여 『배임죄 판례 백선』을 세상에 내놓았다. 전직 대법관이 오랜 경험과 경륜을 사장시키는 경우가 대부분인 풍토에서 석좌교수님이 배임죄를 집중적으로 연구하여 책을 출판한 것만으로도 의미가 적지 않다. 이 책에서 석좌교수님은 『배임죄에 대한 몇 가지 오해』에서 발표한 이론을 대법원 판결에 적용하여 평석하고 있다. 두 책을 통해 배임죄의 모습을 이론과 실무를 아울러 바라보는 새로운 시각을 보여주고 있다.

　석좌교수님은 배임죄에 관하여 판례나 다수설과 다른 독자적 시각을 가지고 있다. 대법관 시절에도 그러한 시각에서 소수의견을 개진한 판결을 선고하였고, 『배임죄에 대한 몇 가지 오해』를 통하여 그 의견을 상세히 논증한 바 있다. 대법원이 2020년에 타인의 사무를 대행사무로 제한하고 협력사무를 제한하는 일련의 전원합의체 판결을 선고하였는데, 이 판결은 석좌교수님의 의견이 반영된 의미있는 판결이라고 할 수 있다.

　이 책은 형법 연구자와 재판실무자에게 배임죄를 바라보는 새로운 관점을 열어주고 있고, 로스쿨 학생들의 판례공부에도 큰 도움이 될 것이다. 석좌교수님께는 가혹한 말이지만, 배임죄에 관한 연구로 끝내지 말고 횡령죄, 사기죄 등 재산범죄 전반에 관한 후속 연구를 계속하기를 기대한다.

석좌교수님께 하나님의 은혜가 넘치기를 기원한다.

2021. 7. 17.
동아대학교 법학전문대학원
仁德 하태영

차 례

배임죄 판례 백선

001~050

저당권이 설정된 자동차를 임의처분하거나 이중양도한 사건

대법원 2020. 10. 22. 선고 2020도6258 전원합의체 판결
[특정경제범죄가중처벌등에관한법률위반(사기) · 사기 · 사문서위조 · 위조사문서
행사 · 도로교통법위반 · 횡령 · 업무상배임 · 배임 · 근로기준법위반 · 근로자퇴직
급여보장법위반 · 권리행사방해 · 조세범처벌법위반]

사실 관계

피고인이 피해자 甲 주식회사로부터 ○○버스와 △△ 버스 구입자금을 대출받으면서 그 채무를 담보하기 위하여 자동차 등 특정동산 저당법에 따라 위 각 버스에 저당권을 설정하고도 이를 丙에게 처분하였다.

또한 피고인은 피해자 乙에게 △△ 버스 1대를 3,600만 원에 매도하고 그로부터 계약금 및 중도금 명목으로 2,000만 원을 지급받고도, 丁에게 위 버스들에 근저당권을 설정하여 주었다.

재판 진행

검사는 피고인을 배임죄 등으로 기소하였다. 원심은 이 사건 공소사실에 대하여 유죄로 판단하였다.[1] 피고인이 상고하였다. 대법원은 원심판결을 파기하고 사건을 원심법원에 환송하였다.

판시 사항

[1] 금전채권채무 관계에서 채무자가 채권자에 대하여 '타인의 사무

---

1) 광주고법 2020. 5. 6. 선고 (전주)2019노7, 75, 208 판결.

를 처리하는 자'에 해당하는지 여부(소극) / 채무자가 금전채무를 담보하기 위하여 '자동차 등 특정동산 저당법' 등에 따라 그 소유의 동산에 관하여 채권자에게 저당권을 설정해 주기로 약정하거나 저당권을 설정한 경우, 채권자에 대한 관계에서 배임죄의 주체인 '타인의 사무를 처리하는 자'에 해당하는지 여부(소극) 및 이때 채무자가 담보물을 제3자에게 처분하는 등으로 담보가치를 감소 또는 상실시켜 채권자의 담보권 실현이나 이를 통한 채권실현에 위험을 초래하는 경우, 배임죄가 성립하는지 여부(소극) / 위와 같은 법리는, 금전채무를 담보하기 위하여 '공장 및 광업재단 저당법'에 따라 저당권이 설정된 동산을 채무자가 제3자에게 임의로 처분한 사안에도 마찬가지로 적용되는지 여부(적극)

[2] 동산 매매계약에서 매도인이 매수인에 대하여 그의 사무를 처리하는 지위에 있는지 여부(소극) 및 이때 매도인이 목적물을 타에 처분한 경우 배임죄가 성립하는지 여부(소극) / 권리이전에 등기·등록을 요하는 동산에 대한 매매계약에서 자동차 등의 매도인이 매수인에 대하여 그의 사무를 처리하는 지위에 있는지 여부(소극) 및 이때 매도인이 매수인에게 소유권이전등록을 하지 아니하고 타에 처분한 경우 배임죄가 성립하는지 여부(소극)

판결 요지

[1] 금전채권채무 관계에서 채권자가 채무자의 급부이행에 대한 신뢰를 바탕으로 금전을 대여하고 채무자의 성실한 급부이행에 의해 채권의 만족이라는 이익을 얻게 된다고 하더라도, 채권자가 채무자에 대한 신임을 기초로 그의 재산을 보호 또는 관리하는 임무를 부여하였다고 할 수 없고, 금전채무의 이행은 어디까지나 채무자가 자신의 급부의무의 이행으로 행하는 것이므로 이를 두고 채권자의 사무를 맡아 처리하는 것으로 볼 수 없다. 따라서 채무자를 채권자에 대한 관계에서 '타인의 사무를 처리하는 자'에 해당한다고 할 수 없다.

채무자가 금전채무를 담보하기 위하여 '자동차 등 특정동산 저당법' 등에 따라 그 소유의 동산에 관하여 채권자에게 저당권을 설정해 주기로 약정하거나 저당권을 설정한 경우에도 마찬가지이다. 채무자가 저당권설정계약에 따라 부담하는 의무, 즉 동산을 담보로 제공할 의무, 담보물의 담보가치를 유지·보전하거나 담보물을 손상, 감소 또는 멸실시키지 않을 소극적 의무, 담보권 실행 시 채권자나 그가 지정하는 자에게 담보물을 현실로 인도할 의무와 같이 채권자의 담보권 실행에 협조할 의무 등은 모두 저당권설정계약에 따라 부담하게 된 채무자 자신의 급부의무이다. 또한 저당권설정계약은 피담보채권의 발생을 위한 계약에 종된 계약으로, 피담보채무가 소멸하면 저당권설정계약상의 권리의무도 소멸하게 된다. 저당권설정계약에 따라 채무자가 부담하는 의무는 담보목적의 달성, 즉 채무불이행 시 담보권 실행을 통한 채권의 실현을 위한 것이므로 저당권설정계약의 체결이나 저당권 설정 전후를 불문하고 당사자 관계의 전형적·본질적 내용은 여전히 금전채권의 실현 내지 피담보채무의 변제에 있다.

따라서 채무자가 위와 같은 급부의무를 이행하는 것은 채무자 자신의 사무에 해당할 뿐이고, 채무자가 통상의 계약에서의 이익대립관계를 넘어서 채권자와의 신임관계에 기초하여 채권자의 사무를 맡아 처리한다고 볼 수 없으므로 채무자를 채권자에 대한 관계에서 배임죄의 주체인 '타인의 사무를 처리하는 자'에 해당한다고 할 수 없다. 그러므로 채무자가 담보물을 제3자에게 처분하는 등으로 담보가치를 감소 또는 상실시켜 채권자의 담보권 실행이나 이를 통한 채권실현에 위험을 초래하더라도 배임죄가 성립하지 아니한다.

위와 같은 법리는, 금전채무를 담보하기 위하여 '공장 및 광업재단 저당법'에 따라 저당권이 설정된 동산을 채무자가 제3자에게 임의로 처분한 사안에도 마찬가지로 적용된다.

[2] 매매와 같이 당사자 일방이 재산권을 상대방에게 이전할 것을 약정하고 상대방이 그 대금을 지급할 것을 약정함으로써 효력이 생기는 계약의 경우(민법 제563조), 쌍방이 그 계약의 내용에 좇은 이행을 하여야 할 채무는 특별한 사정이 없는 한 '자기의 사무'에 해당하는 것이 원칙이다. 동산 매매계약에서의 매도인은 매수인에 대하여 그의 사무를

처리하는 지위에 있지 아니하므로, 매도인이 목적물을 타에 처분하였다 하더라도 형법상 배임죄가 성립하지 아니한다.

위와 같은 법리는 권리이전에 등기·등록을 요하는 동산에 대한 매매계약에서도 동일하게 적용되므로, 자동차 등의 매도인은 매수인에 대하여 그의 사무를 처리하는 지위에 있지 아니하여, 매도인이 매수인에게 소유권이전등록을 하지 아니하고 타에 처분하였다고 하더라도 마찬가지로 배임죄가 성립하지 아니한다.

판결 평석

1. 대상 판결은 20020년에 선고된 배임죄에서 타인의 사무를 처리하는 자에 관한 종전 태도를 변경한 일련의 대법원 전원합의체 판결 중 하나이다. 대상 판결은 채무 담보를 위하여 채권자에게 동산에 관하여 저당권 또는 공장저당권을 설정한 채무자가 타인의 사무를 처리하는 자에 해당함을 전제로 채무자가 담보목적물을 처분하면 배임죄가 성립한다고 한 대법원 2003. 7. 11. 선고 2003도67 판결, 대법원 2012. 9. 13. 선고 2010도11665 판결을 비롯한 같은 취지의 대법원 판결들을 재검토하고, 동산 이중양도가 배임죄에 해당하지 않는다고 판시한 대법원 2011. 1. 20. 선고 2008도10479 전원합의체 판결의 법리가 권리이전에 등기·등록을 요하는 동산에 대한 매매계약에도 동일하게 적용되는지에 관하여 판단하고 있다.

2. 첫 번째 쟁점에 대하여 살펴보자.

원심은, 피고인에게 위 각 버스를 피해자 甲 주식회사를 위하여 담보목적에 맞게 보관하여야 할 임무가 있었음에도, 그 임무에 위배하여 丙에게 이를 처분함으로써 재산상 이익을 취득하고 피해자 甲 주식회사에게 재산상 손해를 가하였으므로 배임죄가 성립한다고 판단하였다.

그러나 대상 판결은 우선 피고인이 타인의 사무를 처리하는 자에 해당하지 않는다는 이유로 배임죄가 성립하지 않는다고 판단하였다. 대상 판결은 배임죄에서 '타인의 사무를 처리하는 자'라고 하려면 타인의 재산관리에 관한 사무의 전부 또는 일부를 타인을 위하여 대행하는 경우와 같이 당사자 관계의 전형적·본질적 내용이 통상의 계약에서의 이익 대립관계를 넘어서 그들 사이의 신임관계에 기초하여 타인의 재산을 보호 또는 관리하는 데 있어야 한다는 대법원 2020. 2. 20. 선고 2019도9756 전원합의체 판결의 법리를 재확인하였다.

나아가 금전채권채무 관계에서 금전채무의 이행은 채무자가 자신의 급부의무의 이행으로 행하는 것이지, 채권자로부터 그의 재산을 보호 또는 관리하는 임무를 부여받아 채권자의 사무를 맡아 처리하는 것으로 볼 수 없으므로, 채무자를 채권자에 대한 관계에서 '타인의 사무를 처리하는 자'에 해당하지 않는다고 판단하였다.

또한 대상 판결은 "채무자가 금전채무를 담보하기 위하여 그 소유의 동산에 관하여 채권자에게 저당권을 설정해 주기로 약정한 경우에도 채무자가 부담하는 의무, 즉 동산을 담보로 제공할 의무, 담보물의 담보가치를 유지·보전하거나 담보물을 손상, 감소 또는 멸실시키지 않을 소극적 의무, 담보권 실행 시 채권자나 그가 지정하는 자에게 담보물을 현실로 인도할 의무와 같이 채권자의 담보권 실행에 협조할 의무 등은 모두 저당권설정계약에 따라 부담하게 된 채무자 자신의 급부의무이다. 또한 저당권설정계약은 피담보채권의 발생을 위한 계약에 종된 계약으로, 피담보채무가 소멸하면 저당권설정계약상의 권리의무도 소멸하므로, 저당권설정계약에 따라 채무자가 부담하는 의무는 담보목적의 달성, 즉 채무불이행 시 담보권 실행을 통한 채권의 실현을 위한 것이므로 저당권설정계약의 체결이나 저당권 설정 전후를 불문하고 당사자 관계의 전형적·본질적 내용은 여전히 금전채권의 실현 내지 피담보채무의 변제에 있다. 그렇다면 채무자가 위와 같은 급부의무를 이행하는 것은 채무자 자신의 사무일 뿐, 채무자가 채권자의 사무를 맡아 처리한다고 볼 수 없으므로, 채무자를 채권자에 대한 관계에서 배임죄의 주체인 '타인의 사무를 처리하는 자'에 해당한다고 할 수 없다."고 한다. 나아가 채무자가 담보물을 제3자에게 처분하는 등으로 담보가치를 감소 또는 상실시켜 채권자의 담보권 실행이나 이를 통한 채권실현에 위험을 초래하더라도 배임죄가 성립하지 아니한다는 대법원 2020. 8. 27. 선고 2019 도14770 전원합의체 판결의 법리를 채택하였다.

대상 판결은 타인의 사무를 처리하는 자의 범위를 확대해석하는 종전 판례의 잘못을 지적하면서, 배임죄에 관한 형법의 문언에 부합되는 해석을 하고 있다.

3. 두 번째 쟁점에 관하여 살펴본다.

대법원은 부동산 이중매매 사안은 배임죄가 성립한다고 하면서도, 동산 이중매매 사안은 배임죄가 성립하지 않는다고 한다. 동일한 이중매매 사안에서 목적물이 동산인 경우와 부동산인 경우를 달리 해석하는 것이 논리적으로 타당한지에 대하여는 논란이 끊이지 않았다. 그러한 논란 중 하나가 권리이전에 등기·등록을 요하는 동산의 경우에는 그중 어떤 법리를 따를 것인지에 관한 것이었다.

대상 판결은 "매매와 같이 당사자 일방이 재산권을 상대방에게 이전할 것을 약정하고 상대방이 그 대금을 지급할 것을 약정함으로써 그 효력이 생기는 계약의 경우(민법 제563조), 쌍방이 그 계약의 내용에 좇은 이행을 하여야 할 채무는 특별한 사정이 없는 한 '자기의 사무'에 해당하는 것이 원칙이다. 동산 매매계약에서의 매도인은 매수인에 대하여 그의 사무를 처리하는 지위에 있지 아니하므로, 매도인이 목적물을 타에 처분하였다 하더라도 형법상 배임죄가 성립하지 아니한다."는 대법원 2011. 1. 20. 선고 2008도10479 전원합의체 판결의 법리를 따라야 한다고 판단하였다.

대법원 2020. 8. 27. 선고 2019도14770 전원합의체 판결에서 다수의견의 보충의견은, "대법원 2018. 5. 17. 선고 2017도4027 판결이 부동산 이중매매가 배임죄가 성립한다고 판결한 이유는, 부동산이 국민의 경제생활에서 차지하는 비중이 크고, 부동산 매매대금은 통상 계약금, 중도금, 잔금으로 나뉘어 지급되는데, 매수인이 매도인에게 매매대금의 상당부분에 이르는 계약금과 중도금까지 지급하더라도 매도인의 이중매매를 방지할 충분한 수단이 마련되어 있지 않은 거래의 현실을 고려한 때문이다."라고 판시하였다. 이것은 이중매매 사안에서 목적물이 부동산인 경우에 한하여 예외적으로 배임죄를 인정한 것이라는 취지로 이해된다. 그렇다면 권리이전에 등기·등록을 요하는 자동차의 경우에도 일반 동산과 마찬가지로 그 매도인은 매수인에 대하여 그의 사무를 처리하는 지위에 있지 않고, 매도인이 매수인에게 소유권이전등록을 하지 아니하고 타에 처분하였다고 하더라도 배임죄가 성립하지 아니한다고 할 것이다. 대상 판결 역시 같은 취지로 판단하였다.

4. 대상 판결에 찬성한다.

002

동산 · 채권 등의 담보에 관한 법률에 근거하여 동산담보로 제공한 동산을 제3자에게 처분한 사건

대법원 2020. 8. 27. 선고 2019도14770 전원합의체 판결
[특정경제범죄가중처벌등에관한법률위반(횡령) · 특정경제범죄가중처벌등에관한
법률위반(사기) · 배임]

사실 관계

甲 회사의 대표이사인 피고인이 피해자 乙 은행으로부터 대출을 받으면서 그 채무에 대한 담보로 甲 회사 소유의 레이저 가공기 2대에 관하여 동산 · 채권 등의 담보에 관한 법률(동산채권담보법)에 의한 동산담보설정계약을 체결하고도 위 기계를 제3자에게 매도하였다.

재판 진행

검사는 피고인을 배임죄 등으로 기소하였다. 원심은 공소사실을 유죄로 판단하였다.[2] 피고인이 상고하였다. 대법원은 원심판결을 파기하고 사건을 원심법원에 환송하였다.

판시 사항

배임죄의 주체인 '타인의 사무를 처리하는 자'의 의미 / 채무자가 금전채무를 담보하기 위하여 그 소유의 동산을 채권자에게 동산 · 채권 등의 담보에 관한 법률에 따른 동산담보로 제공함으로써 채권자인 동산담보권자에 대하여 담보물의 담보가치를 유지 · 보전할 의무 또는 담보물

---

2) 서울고법 2019. 9. 24. 선고 2019노760, 889 판결.

을 타에 처분하거나 멸실, 훼손하는 등으로 담보권 실행에 지장을 초래하는 행위를 하지 않을 의무를 부담하게 된 경우, 배임죄의 주체인 '타인의 사무를 처리하는 자'에 해당하는지 여부(소극) / 이때 채무자가 담보물을 제3자에게 처분하는 등으로 담보가치를 감소 또는 상실시켜 채권자의 담보권 실행이나 이를 통한 채권실현에 위험을 초래한 경우, 배임죄가 성립하는지 여부(소극)

판결 요지

[1] 채무자가 금전채무를 담보하기 위하여 그 소유의 동산을 채권자에게 동산·채권 등의 담보에 관한 법률에 따른 동산담보로 제공함으로써 채권자인 동산담보권자에 대하여 담보물의 담보가치를 유지·보전할 의무 또는 담보물을 타에 처분하거나 멸실, 훼손하는 등으로 담보권 실행에 지장을 초래하는 행위를 하지 않을 의무를 부담하게 되었더라도, 이를 들어 채무자가 통상의 계약에서의 이익대립관계를 넘어서 채권자와의 신임관계에 기초하여 채권자의 사무를 맡아 처리하는 것으로 볼 수 없다.

[2] 이러한 경우 채무자를 배임죄의 주체인 '타인의 사무를 처리하는 자'에 해당한다고 할 수 없고, 그가 담보물을 제3자에게 처분하는 등으로 담보가치를 감소 또는 상실시켜 채권자의 담보권 실행이나 이를 통한 채권실현에 위험을 초래하더라도 배임죄가 성립하지 아니한다.

판결 평석

1. 대상 판결은 2020년에 선고된 배임죄에서 타인의 사무를 처리하는 자에 관한 종전 태도를 변경한 일련의 대법원 전원합의체 판결 중 하나이다.

원심은, 피고인이 피해자 乙은행과 이 사건 기계에 관하여 동산담보 설정계약을 체결하였으므로 乙은행이 그 담보의 목적을 달성할 수 있도록 동산담보로 제공된 이 사건 기계를 보관하여야 할 임무가 있었음에도, 그 임무에 위배하여 이 사건 기계를 처분함으로써 재산상 이익을 취득하고 피해자 乙은행에 재산상 손해를 가하였으므로 배임죄가 성립한다고 판단하였다.

그러나 대상 판결은 우선 피고인이 타인의 사무를 처리하는 자에 해당하지 않으므로 배임죄가 성립하지 않는다는 이유로 배임죄가 성립하지 않는다고 판단하였다. 대상 판결은 배임죄에서 '타인의 사무를 처리하는 자'라고 하려면 타인의 재산관리에 관한 사무의 전부 또는 일부를 타인을 위하여 대행하는 경우와 같이 당사자 관계의 전형적·본질적 내용이 통상의 계약에서의 이익대립관계를 넘어서 그들 사이의 신임관계에 기초하여 타인의 재산을 보호 또는 관리하는 데 있어야 한다는 대법원 2020. 2. 20. 선고 2019도9756 전원합의체 판결의 법리를 재확인하였다.

나아가 채무자가 금전채무를 담보하기 위하여 그 소유의 동산을 채권자에게 동산채권담보법에 따른 동산담보로 제공함으로써 채권자인 동산담보권자에 대하여 담보물의 담보가치를 유지·보전할 의무 또는 담보물을 타에 처분하거나 멸실, 훼손하는 등으로 담보권 실행에 지장을 초래하는 행위를 하지 않을 의무를 부담하게 되었더라도, 이를 들어 채무자가 통상의 계약에서의 이익대립관계를 넘어서 채권자와의 신임관계에 기초하여 채권자의 사무를 맡아 처리하는 것으로 볼 수 없으므로, 이러한 채무자를 배임죄의 주체인 '타인의 사무를 처리하는 자'에 해당한다고 할 수 없고, 그가 담보물을 제3자에게 처분하는 등으로 담보가치를 감소 또는 상실시켜 채권자의 담보권 실행이나 이를 통한 채권실현에 위험을 초래하더라도 배임죄가 성립하지 아니한다고 판시하였다.

대상 판결은 위 대법원 전원합의체 판결과 같은 취지로 판결하고 있다. 그리하여 타인의 사무를 처리하는 자는 타인의 재산관리에 관한 사무의 전부 또는 일부를 타인을 위하여 대행하는 경우와 같이 당사자 관계의 전형적·본질적 내용이 통상의 계약에서의 이익대립관계를 넘어서 그들 사이의 신임관계에 기초하여 타인의 재산을 보호 또는 관리하는 데에 있어야 한다고 한다. 반면 이익대립관계에 있는 통상의 계약관계에서 채무자의 성실한 급부이행에 의해 상대방이 계약상 권리의 만족 내지 채권의 실현이라는 이익을 얻게 되는 관계에 있다거나, 계약을 이행함에 있어 상대방을 보호하거나 배려할 부수적인 의무가 있다는 것만으로는 채무자를 타인의 사무를 처리하는 자라고 할 수 없고, 위임 등과 같이 계약의 전형적·본질적인 급부의 내용이 상대방의 재산상 사무를 일정한 권한을 가지고 맡아 처리하는 경우에 해당하여야 함을 명확히 하였다. 그러므로 채무자가 금전채무를 담보하기 위하여 그 소유의 동산을 채권자에게 동산·채권 등의 담보에 관한 법률에 따른 동산담보로 제공함으로써 채권자인 동산담보권자에 대하여 담보물의 담보가치를 유지·보전할 의무 또는 담보물을 타에 처분하거나 멸실, 훼손하는 등으로 담보권 실행에 지장을 초래하는 행위를 하지 않을 의무를 부담하게 되었더라도, 이를 들어 채권자의 사무를 맡아 처리하는 것으로 볼 수 없다고 한다. 이러한 경우 채무자를 배임죄의 주체인 '타인의 사무를 처리하는 자'에 해당한다고 할 수 없고, 그가 담보물을 제3자에게 처분하는 등으로 담보가치를 감소 또는 상실시켜 채권자의 담보권 실행이나 이를 통한 채권실현에 위험을 초래하더라도 배임죄가 성립하지 아니한다고 판결하였다.

2. 대상 판결에서 반대의견은, 동산 양도담보는 채권담보를 목적으로 동산소유권을 채권자에게 신탁적으로 이전하는 형태의 양도담보인 데 반하여, 동산담보권은 동산채권담보법에 따라 창설된 새로운 형태의 담보물권임을 전제로 하여, 담보권설정자가 담보물을 보관하거나 담보가치를 유지할 의무는 담보권자가 동산의 교환가치를 지배할 권리를 확보해 주는 것이기 때문에, 담보권설정자는 배임죄에서 말하는 '타인의 사무를 처리하는 자'에 해당하고, 담보권설정자가 신임관계를 저버리고 동산을 제3자에게 처분함으로써 동산담보권을 침해하는 행위는 당사자 사이의 본질적·전형적 신임관계를 위반한 것으로서 배임죄에 해당한다고 주장하였다.

이에 대하여 다수의견의 보충의견은, 동산채권담보법은 기본적으로 동산 양도담보와 같은 담보물권으로서의 성질은 다르지 않은데, 대법원

2020. 2. 20. 선고 2019도9756 전원합의체 판결은 일반적인 동산 양도 담보에 있어서 채무자가 양도담보설정계약에 따라 동산을 담보로 제공할 의무와 점유개정의 방법으로 양도담보권을 설정한 후 담보물의 담보가치를 유지·보전할 의무는 모두 양도담보설정계약에 따라 부담하게 된 채무자 자신의 급부의무이므로 채무자의 담보물 처분행위가 배임죄를 구성하지 않는다고 판결하였으므로, 이와 동일한 법률적 성격을 갖는 동산채권담보법상의 동산담보권의 경우에도 동산담보계약에 따라 부담하는 담보 제공 의무와 담보권 설정 이후 담보물에 대한 보관·유지 의무 등은 모두 담보설정계약에 따라 부담하게 된 채무자 내지 담보권 설정자 자신의 의무라고 반박하였다.

3. 대상 판결은 배임죄에서 타인의 사무를 처리하는 자의 범위를 배임죄에 관한 형법의 문언에 충실하게 해석하고 있다. 그리하여 동산채권담보법에 따라 동산담보로 제공된 동산을 제3자에게 처분한 경우에도 배임죄가 성립하지 않는다고 판단하였다.

4. 대상 판결에 찬성한다.

003

부동산 이중저당 사건

대법원 2020. 6. 18. 선고 2019도14340 전원합의체 판결
[특정경제범죄가중처벌등에관한법률위반(배임)]

사실 관계

피고인이 피해자로부터 18억 원을 차용하면서 담보로 피고인 소유의 이 사건 아파트에 4순위 근저당권을 설정해 주기로 약정하고도 이를 어기고 제3자에게 채권최고액을 12억 원으로 하는 4순위 근저당권을 설정하여 주었다.

재판 진행

검사는 피고인을 특정경제범죄가중처벌등에관한법률위반(배임)죄로 기소하였다. 원심은 공소사실에 대해 유죄로 판단하였다.[3] 피고인이 상고하였다. 대법원은 원심판결을 파기하고, 사건을 원심법원으로 환송하였다.

판시 사항

채무자가 금전채무를 담보하기 위한 저당권설정계약에 따라 채권자에게 그 소유의 부동산에 관하여 저당권을 설정할 의무를 부담하게 된 경우, 채권자에 대한 관계에서 '타인의 사무를 처리하는 자'에 해당하는지 여부(소극) / 이때 채무자가 제3자에게 먼저 담보물에 관한 저당권을 설정하거나 담보물을 양도하는 등으로 담보가치를 감소 또는 상실시켜

---

3) 서울고등법원 2019. 9. 26. 선고 2019노287 판결.

채권자의 채권실현에 위험을 초래하는 경우, 배임죄가 성립하는지 여부 (소극) / 위와 같은 법리는, 채무자가 금전채무에 대한 담보로 부동산에 관하여 양도담보설정계약을 체결하고 이에 따라 채권자에게 소유권이전 등기를 해 줄 의무가 있음에도 제3자에게 그 부동산을 처분한 경우에도 적용되는지 여부(적극)

판결 요지

　[1] 가. 배임죄는 타인의 사무를 처리하는 자가 그 임무에 위배하는 행위로써 재산상의 이익을 취득하거나 제3자로 하여금 이를 취득하게 하여 사무의 주체인 타인에게 손해를 가할 때 성립하는 것이다. 그러므로 그 범죄의 주체는 타인의 사무를 처리하는 지위에 있어야 한다. 여기에서 '타인의 사무를 처리하는 자'라고 하려면, 타인의 재산관리에 관한 사무의 전부 또는 일부를 타인을 위하여 대행하는 경우와 같이 당사자 관계의 전형적·본질적 내용이 통상의 계약에서의 이익대립관계를 넘어서 그들 사이의 신임관계에 기초하여 타인의 재산을 보호 또는 관리하는 데에 있어야 한다.

　　나. 이익대립관계에 있는 통상의 계약관계에서 채무자의 성실한 급부이행에 의해 상대방이 계약상 권리의 만족 내지 채권의 실현이라는 이익을 얻게 되는 관계에 있다거나, 계약을 이행함에 있어 상대방을 보호하거나 배려할 부수적인 의무가 있다는 것만으로는 채무자를 타인의 사무를 처리하는 자라고 할 수 없다. 위임 등과 같이 계약의 전형적·본질적인 급부 내용이 상대방의 재산상 사무를 일정한 권한을 가지고 맡아 처리하는 경우에 해당하여야 한다.

　[2] 가. 채무자가 금전채무를 담보하기 위한 저당권설정계약에 따라 채권자에게 그 소유의 부동산에 관하여 저당권을 설정할 의무를 부담하게 되었다고 하더라도, 채무자가 통상의 계약에서 이루어지는 이익대립관계를 넘어서 채권자와의 신임관계에 기초하여 채권자의 사무를 맡아 처리하는 것으로 볼 수 없다. 채무자가 저당권설정계약에 따라 채권자에 대하여 부담하는 저당권을 설정할 의무는 계약에 따라 부담하게 된

채무자 자신의 의무이다.

　나. 채무자가 위와 같은 의무를 이행하는 것은 채무자 자신의 사무에 해당할 뿐이다. 그러므로 채무자를 채권자에 대한 관계에서 '타인의 사무를 처리하는 자'라고 할 수 없다. 채무자가 제3자에게 먼저 담보물에 관한 저당권을 설정하거나 담보물을 양도하는 등으로 담보가치를 감소 또는 상실시켜 채권자의 채권실현에 위험을 초래하더라도 배임죄가 성립한다고 할 수 없다.

판결 평석

　1. 대법원은 종래 배임죄에서 타인의 사무를 처리하는 자는 타인의 사무를 대행하는 자뿐만 아니라 이익대립관계에 있는 통상의 계약관계에서 채무자의 성실한 급부이행에 의해 상대방이 계약상 권리의 만족 내지 채권의 실현이라는 이익을 얻게 되는 관계에 있다거나, 계약을 이행함에 있어 상대방을 보호하거나 배려할 부수적인 의무가 있다는 것만으로 타인의 사무를 처리하는 자에 해당한다고 넓게 해석하였다.

　그리하여 대법원 2008. 3. 27. 선고 2007도9328 판결, 대법원 2011. 11. 10. 선고 2011도11224 판결 등은 채무 담보를 위하여 채권자에게 부동산에 관하여 근저당권을 설정해 주기로 약정한 채무자가 채권자의 사무를 처리하는 자에 해당함을 전제로 채무자가 담보목적물을 처분한 경우 배임죄가 성립한다고 판단하였다.

　2. 그러나 대상 판결은, 타인의 사무를 처리하는 자는 타인의 재산관리에 관한 사무의 전부 또는 일부를 타인을 위하여 대행하는 경우와 같이 당사자 관계의 전형적·본질적 내용이 통상의 계약에서의 이익대립관계를 넘어서 그들 사이의 신임관계에 기초하여 타인의 재산을 보호 또는 관리하는 데에 있어야 한다는 원칙을 밝히고, 이익대립관계에 있는 통상의 계약관계에서 채무자의 성실한 급부이행에 의해 상대방이 계약상 권리의 만족 내지 채권의 실현이라는 이익을 얻게 되는 관계에 있다거나, 계약을 이행함에 있어 상대방을 보호하거나 배려할 부수적인

의무가 있다는 것만으로 채무자를 타인의 사무를 처리하는 자라고 할 수 없고, 위임 등과 같이 계약의 전형적·본질적인 급부의 내용이 상대방의 재산상 사무를 일정한 권한을 가지고 맡아 처리하는 경우에 해당하여야 한다는 대법원 2020. 2. 20. 선고 2019도9756 전원합의체 판결의 법리를 재확인하였다.

대상 판결은 이러한 법리에 따라, 채무자가 금전채무를 담보하기 위한 저당권설정계약에 따라 채권자에게 그 소유의 부동산에 관하여 저당권을 설정할 의무를 부담하게 되었다고 하더라도, 그 의무는 계약에 따라 부담하게 된 채무자 자신의 의무이고, 채무자가 그 의무를 이행하는 것은 채무자 자신의 사무이므로, 채무자를 채권자에 대한 관계에서 '타인의 사무를 처리하는 자'에 해당하지 않는다고 한다. 나아가 채무자가 제3자에게 먼저 담보물에 관한 저당권을 설정하거나 담보물을 양도하는 등으로 담보가치를 감소 또는 상실시켜 채권자의 채권실현에 위험을 초래하더라도 배임죄가 성립하지 않는다고 판단하였다.

3. 대상 판결에서 반대의견은 채무자가 채권자로부터 금원을 차용하는 등 채무를 부담하면서 채무 담보를 위하여 저당권설정계약을 체결한 경우, 위 약정의 내용에 좇아 채권자에게 저당권을 설정하여 줄 의무는 자기의 사무인 동시에 상대방의 재산보전에 협력할 의무에 해당하여 타인의 사무에 해당하고, 다수의견은 거래관계에서 발생하는 당사자 간의 신임관계를 보호하기 위하여 타인의 재산보전에 협력할 의무가 있는 경우에는 배임죄의 주체인 '타인의 사무를 처리하는 자'에 해당한다고 한 대법원 판례와 논리적으로 일관되지 않고, 담보계약에 기초한 신임관계도 배임죄에 의하여 보호되어야 할 법익이 될 수 있다는 점을 도외시한 것이라고 비판한다. 나아가 부동산에 관한 저당권설정계약을 체결한 채무자가 그 신임관계를 저버리고 부동산을 제3자에게 처분함으로써 채권자로 하여금 부동산에 관한 저당권 취득을 불가능하게 하거나 현저히 곤란하게 하였다면, 이러한 행위는 저당권설정계약에서 비롯되는 본질적·전형적 신임관계를 위반한 것으로서 배임죄에 해당한다고 주장하였다.

4. 대법원은 부동산 이중매매에 대하여 배임죄가 성립한다고 하면서도, 동산 이중매매(대법원 2011. 1. 20. 선고 2008도10479 전원합의체 판결), 부동산 대물변제예약(대법원 2014. 8. 21. 선고 2014도3363 전원합의체 판결), 동산 이중양도담보(대법원 2020. 2. 20. 선고 19도9756 전원합의체 판결), 주권발행 전 주식의 이중양도(대법원 2020. 6. 4. 선고 2015도6057 판결)에 관한 사안에서는 그 채무자를 타인의 사무를 처리하는 자라고 할 수 없다고 판시하였다.

대상 판결은 이러한 일련의 대법원 판결을 충실히 따르고 있다. 그리하여 채무 담보를 위하여 채권자에게 부동산에 관하여 근저당권을 설정해 주기로 약정한 경우는 부동산 이중매매의 법리가 아니라 부동산 대물변제예약에 관한 대법원 2014도3363 전원합의체 판결의 법리를 따라 채권자의 사무를 처리하는 자에 해당하지 않는다고 하면서, 이와 달리 채무자가 담보목적물을 처분한 경우 배임죄가 성립한다고 한 대법원 판결들을 모두 변경하였다.

5. 대상 판결은 배임죄에서 '타인의 사무를 처리하는 자'의 범위를 확대해석하던 종전 판례를 변경하여 배임죄에 관한 형법의 문언에 맞게 해석한 것으로 타당하다.

004

주권발행 전 주식의 이중양도 사건

대법원 2020. 6. 4. 선고 2015도6057 판결 [배임]

사실 관계

피고인은 피해자에게 주권발행 전 주식 3만 주를 피해자에게 양도하고도 회사에 확정일자 있는 증서에 의한 양도통지를 하는 등 대항요건을 갖추어 주지 아니한 채, 위 주식을 제3자에게 양도하였다.

재판 진행

검사는 피고인을 배임죄로 기소하였다. 원심은 공소사실에 대하여 유죄로 판단하였다.[4] 피고인이 상고하였다. 대법원은 원심판결을 파기하고, 사건을 원심법원에 환송하였다.

판시 사항

주권발행 전 주식을 이중으로 양도한 경우 양도인에게 배임죄 성립 여부(소극)

판결 요지

[1] 배임죄는 타인의 사무를 처리하는 자가 그 임무에 위배하는 행위로 재산상 이익을 취득하여 사무의 주체인 타인에게 손해를 가함으로써 성립하므로 범죄의 주체는 타인의 사무를 처리하는 지위에 있어야 한다. 여기에서 '타인의 사무'를 처리한다고 하려면 당사자 관계의 본질

---

4) 수원지법 2015. 4. 10. 선고 2014노3978 판결.

적 내용이 단순한 채권채무 관계를 넘어서 그들 간의 신임관계에 기초하여 타인의 재산을 보호 또는 관리하는 데 있어야 하고, 그 사무가 타인의 사무가 아니고 자기의 사무라면 그 사무의 처리가 타인에게 이익이 되어 타인에 대하여 이를 처리할 의무를 부담하는 경우라도 그는 타인의 사무를 처리하는 자에 해당하지 아니한다.

[2] 주권발행 전 주식의 양도는 양도인과 양수인의 의사표시만으로 그 효력이 발생한다. 그 주식양수인은 특별한 사정이 없는 한 양도인의 협력을 받을 필요 없이 단독으로 자신이 주식을 양수한 사실을 증명함으로써 회사에 대하여 그 명의개서를 청구할 수 있다. 따라서 양도인이 양수인으로 하여금 회사 이외의 제3자에게 대항할 수 있도록 확정일자 있는 증서에 의한 양도통지 또는 승낙을 갖추어 주어야 할 채무를 부담한다 하더라도 이는 자기의 사무라고 보아야 하고, 이를 양수인과의 신임관계에 기초하여 양수인의 사무를 맡아 처리하는 것으로 볼 수 없다. 그러므로 주권발행 전 주식에 대한 양도계약에서의 양도인은 양수인에 대하여 그의 사무를 처리하는 지위에 있지 아니하여, 양도인이 위와 같은 제3자에 대한 대항요건을 갖추어 주지 아니하고 이를 타에 처분하였다 하더라도 형법상 배임죄가 성립하는 것은 아니다.

판결 평석

1. 종전 판례는 배임죄에서 '타인의 사무를 처리하는 자'를 매우 넓게 해석하고 있었다. 타인으로부터 위임을 받는 등으로 그 사무를 대행하는 경우뿐만 아니라 타인의 재산을 보전에 협력하는 사무를 처리하는 경우에도 타인의 사무를 하는 자에 해당한다고 하였다. 부동산 매매계약을 체결하고 매수인에게 소유권이전등기를 이행하지 아니하고 제3자에게 이중으로 처분한 매도인에게 배임죄가 성립된다고 한 판례가 대표적이다.

그러나 대법원은 동산 이중양도에 관한 대법원 2011. 1. 20. 선고 2008도10479 전원합의체 판결, 부동산 대물변제약정과 관련한 대법원 2014. 8. 21. 선고 2014도3363 전원합의체 판결에서는 매도인 또는 채무자의 소유권이전등기의무가 타인의 사무에 해당하지 않는다고 판시하였다.

이러한 흐름 속에서 동산을 양도담보로 제공한 채무자의 임의처분을 다룬 대법원 2020. 2. 20. 선고 2019도9756 전원합의체 판결은, 배임죄에서 타인의 사무는 타인의 재산관리에 관한 사무의 전부 또는 일부를 타인을 위하여 대행하는 경우로 제한되고, 단순히 채무자의 재산보전을 위하여 협력하는 경우에는 타인의 사무가 아니라고 판시함으로써, 타인의 사무를 처리하는 자의 범위를 배임죄를 규정한 형법의 문언에 맞게 해석하였다.

2. 원심은, 피고인이 피해자에게 양도한 이 사건 주식 3만 주에 대하여 확정일자 있는 증서에 의한 통지 또는 승낙을 갖추어 주어야 할 의무를 부담함에도 피해자에게 위와 같은 제3자에 대한 대항요건을 갖추어 주지 아니한 채 제3자에게 위 주식을 양도하여 시가 미상 3만 주 상당의 재산상 이익을 취득하고, 피해자에게 동액 상당의 손해를 입혔다고 판단하였다.

그러나 대상 판결은 위 전원합의체 판결을 인용하여, '타인의 사무'를 처리한다고 하려면 당사자 관계의 본질적 내용이 단순한 채권채무관계를 넘어서 그들 간의 신임관계에 기초하여 타인의 재산을 보호 또는 관리하는 데 있어야 하고, 그 사무가 타인의 사무가 아니고 자기의 사무라면 그 사무의 처리가 타인에게 이익이 되어 타인에 대하여 이를 처리할 의무를 부담하는 경우라도 그는 타인의 사무를 처리하는 자에 해당하지 아니한다는 점을 분명히 하였다.

대법원 2019. 4. 25. 선고 2017다21176 판결에 따르면, 주권발행 전 주식의 양도는 양도인과 양수인의 의사표시만으로 그 효력이 발생하고, 주식 양수인은 특별한 사정이 없는 한 양도인의 협력을 받을 필요 없이 단독으로 자신이 주식을 양수한 사실을 증명함으로써 회사에 대하여 그 명의개서를 청구할 수 있다. 그렇다면 이 사안에서도 양도인인 피고인이 양수인인 피해자로 하여금 회사 이외의 제3자에게 대항할 수 있도록 확정일자 있는 증서에 의한 양도통지 또는 승낙을 갖추어 주어야 할 의무를 부담한다고 하더라도, 이것은 자기의 사무이고 이를 양수인과의 신임관계에 기초하여 양수인의 사무를 맡아 처리하는 것으로 볼 수 없다. 그리하여 대상 판결은 주권발행 전 주식에 대한 양도계약에서의 양도인은 양수인에 대하여 그의 사무를 처리하는 지위에 있지 아니하여, 양도인이 제3자에 대한 대항요건을 갖추지 아니하고 이를 처분하였다고 하더라도 배임죄에 해당하지 않는다고 판단하였다.

3. 대상 판결은 주식 이중양도 사안은, 부동산 이중매매에 관한 대법원 2018. 5. 17. 선고 2017도4027 전원합의체 판결의 법리를 따르지 않고, 동산 이중매매에 관한 대법원 2011. 1. 20. 선고 2008도10479 전원합의체 판결, 부동산 대물변제약정에 관한 대법원 2014. 8. 21. 선고 2014도3363 전원합의체 판결, 동산 양도담보에 관한 대법원 2020. 2. 20. 선고 2019도9756 전원합의체 판결의 법리를 따른다고 선언하였다.

4. 대상 판결이 타인의 사무를 처리하는 자의 범위를 배임죄에 관한 형법의 문언에 맞게 해석하고 있다. 대상 판결에 찬성한다.

005

계약금을 받고 매수인에게 가등기를 해 준 매도인이 중도금과 잔금 일부를 지급받은 후 부동산을 제3자에게 이전등기한 사건

대법원 2020. 5. 14. 선고 2019도16228 판결
[특정경제범죄가중처벌등에관한법률위반(배임)]

사실 관계

피고인은 피고인 소유의 이 사건 토지를 52억 원에 피해 회사에 양도하되 10억 원(계약금 4억 원, 중도금 2억 원, 잔금 4억 원)은 실제 지급하고, 나머지 42억 원은 이 사건 토지에 설정된 공소외 새마을금고 명의의 근저당권의 피담보채무를 변제하는 방법으로 지급하기로 하는 내용의 매매계약을 체결하였다.

피고인은 피해 회사로부터 계약금 중 3억 2,100만 원을 지급받은 상태에서 피해 회사 명의로 순위보전효력이 있는 가등기를 해 주고, 중도금 및 잔금 중 일부로 합계 8억 원을 받은 상태에서 제3자에게 이 사건 토지를 매도하고 소유권이전등기를 넘겨주었다.

재판 진행

검사는 피고인을 특정경제범죄가중처벌등에관한법률위반(배임)죄로 기소하였다. 원심은 피고인에게 무죄를 선고하였다.[5] 검사가 상고하였다. 대법원은 원심판결을 파기하고, 사건을 원심법원에 환송하였다.

---

5) 서울고법 2019. 10. 30. 선고 2019노1025 판결.

판시 사항

부동산 매매계약에서 중도금이 지급되는 등 계약이 본격적으로 이행 되는 단계에 이른 경우, 그때부터 매도인은 배임죄에서 말하는 '타인의 사무를 처리하는 자'에 해당하는지 여부(적극) / 그러한 지위에 있는 매 도인이 매수인에게 계약 내용에 따라 부동산의 소유권을 이전해 주기 전에 그 부동산을 제3자에게 처분하고 제3자 앞으로 그 처분에 따른 등 기를 마쳐 준 경우, 배임죄가 성립하는지 여부(적극) / 매도인이 매수인 에게 순위보전의 효력이 있는 가등기를 마쳐 준 경우, 가등기로 인하여 매수인의 재산보전에 협력하여 재산적 이익을 보호·관리할 신임관계의 전형적·본질적 내용이 변경되는지 여부(소극)

판결 요지

부동산 매매계약에서 계약금만 지급된 단계에서는 어느 당사자나 계 약금을 포기하거나 그 배액을 상환함으로써 자유롭게 계약의 구속력에 서 벗어날 수 있다. 그러나 중도금이 지급되는 등 계약이 본격적으로 이행되는 단계에 이른 때에는 계약이 취소되거나 해제되지 않는 한 매 도인은 매수인에게 부동산의 소유권을 이전해 줄 의무에서 벗어날 수 없다. 따라서 이러한 단계에 이른 때에 매도인은 매수인에 대하여 매수 인의 재산보전에 협력하여 재산적 이익을 보호·관리할 신임관계에 있 게 된다. 그때부터 매도인은 배임죄에서 말하는 '타인의 사무를 처리하 는 자'에 해당한다. 그러한 지위에 있는 매도인이 매수인에게 계약 내용 에 따라 부동산의 소유권을 이전해 주기 전에 그 부동산을 제3자에게 처분하고 제3자 앞으로 그 처분에 따른 등기를 마쳐 준 행위는 매수인 의 부동산 취득 또는 보전에 지장을 초래하는 행위이다. 이는 매수인과 의 신임관계를 저버리는 행위로서 배임죄가 성립한다. 그리고 매도인이 매수인에게 순위보전의 효력이 있는 가등기를 마쳐 주었더라도 이는 향 후 매수인에게 손해를 회복할 수 있는 방안을 마련하여 준 것일 뿐 그 자체로 물권변동의 효력이 있는 것은 아니어서 매도인으로서는 소유권을 이전하여 줄 의무에서 벗어날 수 없으므로, 그와 같은 가등기로 인하여 매수인의 재산보전에 협력하여 재산적 이익을 보호·관리할 신임관계의 전형적·본질적 내용이 변경된다고 할 수 없다.

판결 평석

1. 대법원 2018. 5. 17. 선고 2017도4027 전원합의체 판결은 "부동산 매매계약을 체결하고 계약금 지급단계를 넘어 중도금이 지급됨으로써 계약이 본격적으로 이행되는 단계에 이른 때에 매도인은 매수인에 대하여 매수인의 재산보전에 협력하여 재산적 이익을 보호·관리할 신임관계에 있게 되고, 그때부터 매도인은 배임죄에서 말하는 '타인의 사무를 처리하는 자'에 해당하고, 그러한 지위에 있는 매도인이 매수인에게 부동산의 소유권을 이전해 주기 전에 그 부동산을 제3자에게 처분하고 제3자 앞으로 등기를 마쳐 준 행위는 매수인과의 신임관계를 저버리는 행위로서 배임죄가 성립한다."고 판결하였다. 이 전원합의체 판결은 일정한 요건 아래 부동산 소유권이전등기의무의 불이행은 배임죄에 해당한다는 종전 태도를 유지한다고 선언한 것이다.

2. 위 전원합의체 판결에 따르면, 이 사안에서 피고인은 피해 회사로부터 중도금은 물론 잔금 일부까지 지급받았으므로 피해 회사의 재산보전에 협력하여야 할 신임관계에 있다고 할 것이다. 그렇다면 매도인인 피고인이 제3자 앞으로 등기를 한 것은 매수인에 대한 신임관계를 저버리는 행위로서 배임죄에 해당한다고 할 수 있다.

다만, 이 사안에서 피고인은 계약금 일부를 수령한 상태에서 피해 회사 명의로 순위보전의 효력이 있는 가등기를 해주었는데, 이것 때문에 타인의 사무의 범위가 달라질 것인지가 쟁점이 되었다.

3. 원심은, 피해 회사가 피고인의 협력 없이 가등기에 의하여 소유권이전등기를 마칠 수 있는 이상, 피고인이 피해 회사의 재산보전에 협력하여야 할 신임관계에 있다고 하더라도 이것은 양 당사자 관계의 전형

적·본질적 내용이 된다고 할 수 없으므로, 피고인은 타인인 피해 회사의 사무를 처리하는 자의 지위에 있지 않다고 판단하였다.

반면 대상 판결은, 가등기는 향후 매수인에게 손해를 회복할 수 있는 방안일 뿐 그 자체로 물권변동의 효력이 있는 것이 아니어서 매도인은 여전히 소유권이전의무에서 벗어날 수 없으므로, 위 가등기로 인하여 매수인의 재산보전에 협력하여 재산적 이익을 보호·관리할 신임관계의 전형적·본질적 내용이 변경된다고 할 수 없고, 따라서 피고인은 '타인의 사무를 처리하는 자'에 해당한다고 하였다.

그러나 피해 회사가 매매잔금을 지급하면 피고인의 협력 없이 가등기에 기하여 소유권이전등기를 마칠 수 있으므로 자기의 권리를 보전하는데 아무런 지장이 없다. 피고인의 협력이 필요하다고 하더라도 이것을 피해자의 재산적 이익을 보호·관리할 신임관계의 전형적·본질적 내용이라고 할 수 있을지는 의문이다.

4. 대상 판결이 이중매매에 관한 전원합의체 판결을 따르고 있지만 매수인에게 가등기를 해 준 경우에도 매도인의 소유권이전등기의무를 피해 회사의 재산적 이익을 보호 관리할 신임관계의 전형적·본질적 내용이라고 판단한 부분에는 찬성하지 않는다.

006

우선수익권을 보장할 임무에 위배하여 다른 사람 앞으로 건물의 소유권보존등기를 해 준 사건

대법원 2020. 4. 29. 선고 2014도9907 판결
[특정경제범죄가중처벌등에관한법률위반(배임)]

2021년 제10회 변호사시험 출제

사실 관계

피고인이 甲 새마을금고로부터 이 사건 토지 위에 건물을 신축하는 데 필요한 공사자금 10억 원을 대출받으면서 이를 담보하기 위하여 乙 신탁회사를 수탁자, 甲 금고를 우선수익자, 피고인을 위탁자 겸 수익자로 한 담보신탁계약 및 자금관리대리사무계약을 체결하였다. 한편 피고인은 그 지상에 건물이 준공되어 소유권보존등기를 마치면 건물에 대해서도 乙 신탁회사를 수탁자로, 甲 금고를 우선수익자로 한 담보신탁계약, 자금관리대리사무계약 등을 체결하고 그에 따른 등기절차를 이행하기로 약정하였다.

그러나 피고인은 위 건물이 준공되자 위 약정을 어기고 丙 앞으로 건물의 소유권보존등기를 해 주었다.

재판 진행

검사는 피고인을 특정경제범죄가중처벌등에관한법률위반(배임)죄로 기소하였다. 원심은 피고인이 甲 금고에 대한 관계에서 타인의 사무를 처리하는 자에 해당한다고 인정하여 공소사실에 대하여 유죄로 판단하였다.[6] 피고인이 상고하였다. 대법원은 원심판결을 파기하고, 사건을 원

심법원에 환송하였다.

판시 사항

배임죄의 주체인 '타인의 사무를 처리하는 자'의 의미

판결 요지

[1] 배임죄는 타인의 사무를 처리하는 자가 그 임무에 위배하는 행위로써 재산상의 이익을 취득하거나 제3자로 하여금 이를 취득하게 하여 사무의 주체인 타인에게 손해를 가할 때 성립하므로 범죄의 주체는 타인의 사무를 처리하는 지위에 있어야 한다. 여기에서 '타인의 사무를 처리하는 자'라고 하려면, 타인의 재산관리에 관한 사무의 전부 또는 일부를 타인을 위하여 대행하는 경우와 같이 당사자 관계의 전형적·본질적 내용이 통상의 계약에서의 이익대립관계를 넘어서 그들 사이의 신임관계에 기초하여 타인의 재산을 보호 또는 관리하는 데에 있어야 한다.

[2] 이익대립관계에 있는 통상의 계약관계에서 채무자의 성실한 급부이행에 의해 상대방이 계약상 권리의 만족 내지 채권의 실현이라는 이익을 얻게 되는 관계에 있다거나, 계약을 이행함에 있어 상대방을 보호하거나 배려할 부수적인 의무가 있다는 것만으로는 채무자를 타인의 사무를 처리하는 자라고 할 수 없다.

판결 평석

1. 대상 판결은 배임죄의 구성요건 중 '타인의 사무를 처리하는 자'에 관하여 판단하고 있다.

대상 판결이 인정한 사실관계에 따르면, 피고인은 피해자인 甲 금고, 신탁회사인 乙 사이에 담보신탁계약을 체결하였지만, 그 계약에서 신탁대상 부동산은 이 사건 토지뿐이고, 건물은 포함되어 있지 않았다. 이 사건 건물에 대해서는 향후 건물이 준공되어 소유권보존등기까지 마친

---

6) 서울고법 2014. 7. 11. 선고 2014노832 판결.

후 乙 회사를 수탁자로, 甲 금고를 우선수익자로 한 담보신탁계약 등을 체결하고 등기절차 등을 이행하기로 약정한 것에 불과하다.

2. 원심은 피고인이 이 사건 건물을 준공한 다음 소유권보존등기를 마친 후 乙 신탁회사에 신탁등기를 하여 피해자 甲 금고의 우선수익권을 보장할 임무가 있으므로, 甲 금고에 대한 관계에서 타인의 사무를 처리하는 자에 해당한다고 판단하였다.

그러나 대상 판결은, '타인의 사무를 처리하는 자'는 타인의 재산관리에 관한 사무의 전부 또는 일부를 타인을 위하여 대행하는 경우와 같이 당사자 관계의 전형적·본질적 내용이 통상의 계약에서의 이익대립관계를 넘어서 그들 사이의 신임관계에 기초하여 타인의 재산을 보호 또는 관리하는 데에 있어야 하고, 이익대립관계에 있는 통상의 계약관계에서 채무자의 성실한 급부이행에 의해 상대방이 계약상 권리의 만족 내지 채권의 실현이라는 이익을 얻게 되는 관계에 있다거나, 계약을 이행함에 있어 상대방을 보호하거나 배려할 부수적인 의무가 있다는 것만으로는 채무자를 타인의 사무를 처리하는 자라고 할 수 없다고 판시하였다. 이러한 판시는 대법원 2020. 2. 20. 선고 2019도9756 전원합의체 판결이 밝힌 법리에 따른 것이다.

3. 이 사안에서 피고인은 향후 이 사건 건물이 준공되어 소유권보존등기까지 경료되면 乙 신탁회사에 신탁등기를 하여 피해자 甲 금고의 우선수익권을 보장할 민사상 의무를 부담할 뿐이다. 그것은 타인의 사무가 아니라 피고인 자신의 사무이다. 설사 그 의무를 이행하는 것이 甲 금고의 이익에 부합한다고 하더라도 그것이 당사자 관계의 전형적·본질적 내용에 해당하지 않는다면 피고인을 타인의 사무를 처리하는 자라고 볼 수 없다.

4. 대상 판결에 찬성한다.

007

동산을 양도담보로 제공한 채무자가 그 동산을 제3자에게 처분한 사건

대법원 2020. 2. 20. 선고 2019도9756 전원합의체 판결 [사기·배임]

사실 관계

甲 주식회사를 운영하는 피고인이 피해자 乙 은행으로부터 1억 5,000만 원을 대출받으면서 위 대출금을 완납할 때까지 골재생산기기인 크러셔를 점유개정 방식으로 양도담보로 제공하기로 하는 이 사건 양도담보계약을 체결하고도, 담보목적물인 위 크러셔를 임의로 丙에게 매도하였다.

재판 진행

검사는 피고인을 배임죄 등으로 기소하였다. 원심은 이 사건 공소사실에 대하여 유죄로 판단하였다.[7] 피고인이 상고하였다. 대법원은 원심판결을 파기하고 사건을 원심법원에 환송하였다.

판시 사항

[1] 배임죄의 주체인 '타인의 사무를 처리하는 자'의 의미 / 채무자가 금전채무를 담보하기 위하여 그 소유의 동산을 채권자에게 양도담보로 제공함으로써 채권자인 양도담보권자에 대하여 담보물의 담보가치를 유지·보전할 의무 내지 담보물을 타에 처분하거나 멸실, 훼손하는 등으로 담보권 실행에 지장을 초래하는 행위를 하지 않을 의무를 부담하게

---

7) 창원지법 2019. 6. 20. 선고 2018노2687 판결.

된 경우, 배임죄의 주체인 '타인의 사무를 처리하는 자'에 해당하는지 여부(소극) 및 이때 채무자가 담보물을 제3자에게 처분하는 등으로 담보가치를 감소 또는 상실시켜 채권자의 담보권 실행이나 이를 통한 채권 실현에 위험을 초래한 경우, 배임죄가 성립하는지 여부(소극) / 위와 같은 법리는, 채무자가 동산에 관하여 양도담보설정계약을 체결하여 이를 채권자에게 양도할 의무가 있음에도 제3자에게 처분한 경우에도 적용되는지 여부(적극)

[2] 이 사안에서, 甲 회사와 피해자 은행 간 당사자 관계의 전형적·본질적 내용은 대출금 채무의 변제와 이를 위한 담보에 있고, 甲 회사를 통상의 계약에서의 이익대립관계를 넘어서 피해자 은행과의 신임관계에 기초하여 피해자 은행의 사무를 맡아 처리하는 것으로 볼 수 없는 이상 甲 회사를 운영하는 피고인을 피해자 은행에 대한 관계에서 '타인의 사무를 처리하는 자'에 해당한다고 할 수 없다고 한 사례.

판결 요지

배임죄는 타인의 사무를 처리하는 자가 그 임무에 위배하는 행위로써 재산상의 이익을 취득하거나 제3자로 하여금 이를 취득하게 하여 사무의 주체인 타인에게 손해를 가할 때 성립하는 것이므로 범죄의 주체는 타인의 사무를 처리하는 지위에 있어야 한다. 여기에서 '타인의 사무를 처리하는 자'라고 하려면, 타인의 재산관리에 관한 사무의 전부 또는 일부를 타인을 위하여 대행하는 경우와 같이 당사자 관계의 전형적·본질적 내용이 통상의 계약에서의 이익대립관계를 넘어서 그들 사이의 신임관계에 기초하여 타인의 재산을 보호 또는 관리하는 데에 있어야 한다. 이익대립관계에 있는 통상의 계약관계에서 채무자의 성실한 급부이행에 의해 상대방이 계약상 권리의 만족 내지 채권의 실현이라는 이익을 얻게 되는 관계에 있다거나, 계약을 이행함에 있어 상대방을 보호하거나 배려할 부수적인 의무가 있다는 것만으로는 채무자를 타인의 사무를 처리하는 자라고 할 수 없고, 위임 등과 같이 계약의 전형적·본질적인 급부의 내용이 상대방의 재산상 사무를 일정한 권한을 가지고 맡아 처리하는 경우에 해당하여야 한다.

채무자가 금전채무를 담보하기 위하여 그 소유의 동산을 채권자에게 양도담보로 제공함으로써 채권자인 양도담보권자에 대하여 담보물의 담보가치를 유지·보전할 의무 내지 담보물을 타에 처분하거나 멸실, 훼손하는 등으로 담보권 실행에 지장을 초래하는 행위를 하지 않을 의무를 부담하게 되었더라도, 이를 들어 채무자가 통상의 계약에서의 이익대립관계를 넘어서 채권자와의 신임관계에 기초하여 채권자의 사무를 맡아 처리하는 것으로 볼 수 없다. 따라서 채무자를 배임죄의 주체인 '타인의 사무를 처리하는 자'에 해당한다고 할 수 없고, 그가 담보물을 제3자에게 처분하는 등으로 담보가치를 감소 또는 상실시켜 채권자의 담보권 실행이나 이를 통한 채권실현에 위험을 초래하더라도 배임죄가 성립한다고 할 수 없다.

위와 같은 법리는, 채무자가 동산에 관하여 양도담보설정계약을 체결하여 이를 채권자에게 양도할 의무가 있음에도 제3자에게 처분한 경우에도 적용되고, 주식에 관하여 양도담보설정계약을 체결한 채무자가 제3자에게 해당 주식을 처분한 사안에도 마찬가지로 적용된다.

판결 평석

1. 이 사안에서 甲 주식회사를 운영하는 피고인이 피해자 은행으로부터 대출을 받고 그 담보로 피해자 은행에 골재생산기기인 크러셔를 점유개정 방식으로 양도담보로 제공하였다. 이에 따라 피고인은 양도담보권자인 피해자 은행에 대하여 담보물의 담보가치를 유지·보전할 의무와 담보물을 타에 처분하거나 멸실, 훼손하는 등으로 담보권 실행에 지장을 초래하는 행위를 하지 않을 의무를 부담하게 된다. 이 경우 피고인이 배임죄의 주체인 '타인의 사무를 처리하는 자'에 해당한다고 할 것인지가 쟁점이 되었다.

대법원 2010. 11. 25. 선고 2010도11293 판결, 대법원 2011. 12. 22. 선고 2010도7923 판결 등은 채무담보를 위하여 동산이나 주식을 채권자에게 양도하기로 약정하거나 양도담보로 제공한 채무자가 채권자인 양도담보권자의 사무를 처리하는 자에 해당함을 전제로 채무자가 담보목적물을 처분한 경우 배임죄가 성립한다고 하였고, 원심도 이 사안에서 피고인이 타인의 사무를 처리하는 자의 지위에 있다고 판단하였다.

2. 대상 판결은 종전의 태도를 변경하였다. 즉, 대상 판결은 '타인의 사무를 처리하는 자'에 관하여 종전과 다른 기준을 제시하면서, 이것은 타인의 재산관리에 관한 사무의 전부 또는 일부를 타인을 위하여 대행하는 경우와 같이 당사자 관계의 전형적·본질적 내용이 통상의 계약에서의 이익대립관계를 넘어서 그들 사이의 신임관계에 기초하여 타인의 재산을 보호 또는 관리하는 데에 있어야 한다고 전제하고, 나아가 이익대립관계에 있는 통상의 계약관계에서 채무자의 성실한 급부이행에 의해 상대방이 계약상 권리의 만족 내지 채권의 실현이라는 이익을 얻게 되는 관계에 있다거나, 계약을 이행함에 있어 상대방을 보호하거나 배려할 부수적인 의무가 있다는 것만으로는 채무자를 타인의 사무를 처리하는 자라고 할 수 없고, 위임 등과 같이 계약의 전형적·본질적인 급부의 내용이 상대방의 재산상 사무를 일정한 권한을 가지고 맡아 처리하는 경우에만 타인의 사무를 처리하는 자에 해당한다고 판시하였다.

나아가 채무자가 금전채무를 담보하기 위하여 그 소유의 동산을 채권자에게 양도담보로 제공함으로써 채권자인 양도담보권자에 대하여 담보물의 담보가치를 유지·보전할 의무 내지 담보물을 타에 처분하거나 멸실, 훼손하는 등으로 담보권 실행에 지장을 초래하는 행위를 하지 않을 의무를 부담하게 되더라도, 이를 들어 채무자가 통상의 계약에서의 이익대립관계를 넘어서 채권자와의 신임관계에 기초하여 채권자의 사무를 맡아 처리하는 것으로 볼 수 없다. 따라서 이러한 채무자를 배임죄의 주체인 '타인의 사무를 처리하는 자'에 해당한다고 할 수 없고, 그가 담보물을 제3자에게 처분하는 등으로 담보가치를 감소 또는 상실시켜 채권자의 담보권 실행이나 이를 통한 채권실현에 위험을 초래하더라도 배임죄가 성립하지 않는다고 판시하였다.

3. 대상 판결에는, 채무자가 채권담보의 목적으로 점유개정 방식으로 채권자에게 동산을 양도하고 이를 보관하던 중 임의로 제3자에게 처분하였다면 횡령죄가 성립한다는 반대의견과, 채무자가 동산에 관하여 점유개정 등으로 양도담보권을 설정한 이후 채권자에 대하여 부담하는 담보물의 보관의무 및 담보가치 유지의무는 '타인의 사무'에 해당한다는 반대의견이 있다.

4. 대상 판결은 타인의 사무를 처리하는 자에 관한 종전의 견해를 변경하여 동산의 양도담보와 주식의 이중양도에서는 이중양도인이 "타인의 사무를 처리하는 자"에 해당하지 않음을 분명히 하였다. 대상 판결이 밝힌 법리는 이후의 여러 판결에서 인용되고 있다. 대상 판결에 찬성한다.

008

부동산을 증여하고도 수증자에게 이전등기를 하지 않고 제3자에게 근저당권설정등기를 한 사건

대법원 2018. 12. 13. 선고 2016도19308 판결 [배임]

2020년 제9회 변호사시험 출제

사실 관계

피고인은 피해자에게 피고인 소유의 부동산을 증여하고, 증여의 의사를 서면으로 표시하였다. 그런데 피고인은 그 부동산에 관한 소유권이전등기를 하지 않고 금융기관에서 4,000만 원을 대출받으면서 위 부동산에 관하여 채권최고액 5,200만 원의 근저당권설정등기를 하였다.

재판 진행

검사는 피고인을 배임죄로 기소하였다. 원심은 피고인을 무죄로 판단하였다.[8] 검사가 상고하였다. 대법원은 원심판결을 파기하고, 사건을 원심법원에 환송하였다.

판시 사항

부동산 매매계약에서 중도금이 지급되는 등 계약이 본격적으로 이행되는 단계에 이른 경우, 그때부터 매도인은 배임죄에서 말하는 '타인의 사무를 처리하는 자'에 해당하는지 여부(적극) 및 그러한 지위에 있는 매도인이 매수인에게 계약 내용에 따라 부동산의 소유권을 이전해 주기전에 부동산을 제3자에게 처분하여 등기를 하는 행위가 배임죄를 구성

---

8) 수원지법 2016. 11. 4. 선고 2016노1850 판결.

하는지 여부(적극) / 서면으로 부동산 증여의 의사를 표시한 증여자가 '타인의 사무를 처리하는 자'에 해당하는지 여부(적극) / 그가 수증자에게 증여계약에 따라 부동산의 소유권을 이전하지 않고 부동산을 제3자에게 처분하여 등기를 하는 행위가 배임죄를 구성하는지 여부(적극)

판결 요지

부동산 매매계약에서 중도금이 지급되는 등 계약이 본격적으로 이행되는 단계에 이른 때에는 계약이 취소되거나 해제되지 않는 한 매도인은 매수인에게 부동산의 소유권을 이전할 의무에서 벗어날 수 없다. 이러한 단계에 이른 때에 매도인은 매수인에게 매수인의 재산보전에 협력하여 재산적 이익을 보호·관리할 신임관계에 있게 되고, 그때부터 배임죄에서 말하는 '타인의 사무를 처리하는 자'에 해당한다고 보아야 한다. 그러한 지위에 있는 매도인이 매수인에게 계약 내용에 따라 부동산의 소유권을 이전해 주기 전에 부동산을 제3자에게 처분하여 등기를 하는 행위는 매수인의 부동산 취득이나 보전에 지장을 초래하는 행위로서 배임죄가 성립한다.

이러한 법리는 서면에 의한 부동산 증여계약에도 마찬가지로 적용된다. 서면으로 부동산 증여의 의사를 표시한 증여자는 계약이 취소되거나 해제되지 않는 한 수증자에게 목적부동산의 소유권을 이전할 의무에서 벗어날 수 없다. 그러한 증여자는 '타인의 사무를 처리하는 자'에 해당하고, 그가 수증자에게 증여계약에 따라 부동산의 소유권을 이전하지 않고 부동산을 제3자에게 처분하여 등기를 하는 행위는 수증자와의 신임관계를 저버리는 행위로서 배임죄가 성립한다.

판결 평석

1. 대법원 2018. 5. 17. 선고 2017도4027 전원합의체 판결은 "부동산 매매계약에서 중도금이 지급되는 등 계약이 본격적으로 이행되는 단계에 이른 때에는 계약이 취소되거나 해제되지 않는 한 매도인은 매수인에게 부동산의 소유권을 이전할 의무에서 벗어날 수 없다. 이러한 단계

에 이른 때에 매도인은 매수인에게 매수인의 재산보전에 협력하여 재산적 이익을 보호·관리할 신임관계으므로 그때부터 배임죄에서 말하는 '타인의 사무를 처리하는 자'에 해당한다고 보아야 한다. 그러한 지위에 있는 매도인이 매수인에게 계약 내용에 따라 부동산의 소유권을 이전해 주기 전에 부동산을 제3자에게 처분하여 등기를 하는 행위는 매수인의 부동산 취득이나 보전에 지장을 초래하는 행위로서 배임죄가 성립한다."고 판시하였다.

2. 대상 판결은 위 전원합의체 판결의 법리가 서면에 의한 부동산 증여계약에도 그대로 적용된다고 하였다. 서면으로 부동산 증여의 의사를 표시한 증여자는 계약이 취소되거나 해제되지 않는 한 수증자에게 목적부동산의 소유권을 이전할 의무에서 벗어날 수 없다는 점에서 중도금을 수령한 매도인과 마찬가지이므로, 증여자는 '타인의 사무를 처리하는 자'에 해당한다는 것이다. 이 법리에 따르면 증여자가 증여계약에 따라 부동산 소유권을 수증자에게 이전하지 않고 제3자에게 처분하는 행위는 수증자에 대한 신임관계를 저버리는 행위로서 배임죄가 성립한다는 결론은 자연스럽게 도출될 수 있다.

3. 이 사안에서 피고인은 수증자에 대하여 소유권이전등기의무를 부담하고 있을 뿐이므로 그 의무를 불이행하였다고 하여 이것을 타인의 사무라고 보아 배임죄로 처벌할 수 있다는 판단에는 의문이 있다. 그러나 위 전원합의체 판결을 따른다면 대상 판결과 같은 결론에 이를 수밖에 없다.

009

교환계약을 체결한 토지에 지역권설정등기를 한 사건

대법원 2018. 10. 4. 선고 2016도11337 판결 [배임]

사실 관계

피고인은 피고인 소유의 토지와 피해자 소유의 토지를 교환하는 계약을 체결하였다. 피고인과 피해자 사이에 이 사건 교환계약의 이행과 관련하여 분쟁이 발생하였다. 피해자는 법무사 사무실에 토지 소유권이전등기에 필요한 서류를 맡긴 후, 피고인에게 '소유권이전등기에 필요한 서류를 법무사 사무실에 맡겨 놓았으니 이 사건 교환계약에 따른 서류 일체를 교부하고 위 서류를 찾아가라.'는 통지를 하였고, 피고인은 위 통지를 수령하였다. 그 상태에서 피고인은 피고인 소유의 토지를 요역지로 하는 지역권설정등기를 마쳤다.

재판 진행

검사는 피고인을 배임죄로 기소하였다. 원심은 이 사건 공소사실을 무죄로 판단하였다.[9] 검사가 상고하였다. 대법원은 원심판결을 파기하고, 사건을 원심법원에 환송하였다.

판시 사항

부동산 매매계약에서 중도금이 지급되는 등 계약이 본격적으로 이행되는 단계에 이른 경우, 그때부터 매도인은 배임죄에서 말하는 '타인의 사무를 처리하는 자'에 해당하는지 여부(적극) / 그러한 지위에 있는 매

---

9) 인천지법 2016. 7. 7. 선고 2015노3172 판결.

도인이 매수인에게 계약 내용에 따라 부동산의 소유권을 이전해 주기 전에 그 부동산을 제3자에게 처분하고 제3자 앞으로 그 처분에 따른 등기를 마쳐 준 경우, 배임죄가 성립하는지 여부(적극) / 이러한 법리는 부동산 교환계약에서도 마찬가지인지 여부(적극)

판결 요지

부동산 매매계약에서 계약금만 지급된 단계에서는 어느 당사자나 계약금을 포기하거나 그 배액을 상환함으로써 자유롭게 계약의 구속력에서 벗어날 수 있다. 그러나 중도금이 지급되는 등 계약이 본격적으로 이행되는 단계에 이른 때에는 계약이 취소되거나 해제되지 않는 한 매도인은 매수인에게 부동산의 소유권을 이전해 줄 의무에서 벗어날 수 없다. 따라서 이러한 단계에 이른 때에 매도인은 매수인에 대하여 매수인의 재산보전에 협력하여 재산적 이익을 보호·관리할 신임관계에 있게 된다. 그때부터 매도인은 배임죄에서 말하는 '타인의 사무를 처리하는 자'에 해당한다고 보아야 한다. 그러한 지위에 있는 매도인이 매수인에게 계약 내용에 따라 부동산의 소유권을 이전해 주기 전에 그 부동산을 제3자에게 처분하고 제3자 앞으로 그 처분에 따른 등기를 마쳐 준 행위는 매수인의 부동산 취득 또는 보전에 지장을 초래하는 행위이다. 이는 매수인과의 신임관계를 저버리는 행위로서 배임죄가 성립한다(대법원 2018. 5. 17. 선고 2017도4027 전원합의체 판결).

이러한 법리는 부동산 교환계약에 있어서도 달리 볼 수 없다. 즉, 사회통념 내지 신의칙에 비추어 매매계약에서 중도금이 지급된 것과 마찬가지로 교환계약이 본격적으로 이행되는 단계에 이른 때에는 그 의무를 이행받은 당사자는 상대방의 재산보전에 협력하여 재산적 이익을 보호·관리할 신임관계에 있게 된다.

판결 평석

1. 대법원 2018. 5. 17. 선고 2017도4027 전원합의체 판결은 부동산 매매계약을 체결하고 매도인이 매수인으로부터 계약금과 중도금을 지급

받은 후 제3자에게 그 부동산을 이중매매한 매도인에 대하여 배임죄의 성립을 인정하고 있다. 대상 판결은 매매계약이 아닌 교환계약에서도 위 전원합의체 판결이 선언한 법리가 적용되는지에 관하여 판단하고 있다.

2. 원심은 피해자가 소유권이전등기에 필요한 서류 일체를 피고인에게 제공한 것만으로 피고인의 소유권이전의무가 피고인 자신의 사무에서 타인인 피해자의 사무로 전환된다고 볼 수 없다고 판단하였다.

그러나 대상 판결은 교환계약이 본격적으로 이행되는 단계에 이른 때에는 매매계약에서 중도금이 지급된 것과 마찬가지로 상대방의 재산 보전에 협력하여 재산적 이익을 보호·관리할 신임관계에 있다고 하였다. 그리하여 이 사안에서 피해자가 이 사건 교환계약에 따라 법무사 사무실에 토지 소유권이전등기에 필요한 서류를 맡긴 후 피고인에게 서류를 맡긴 사실과 이를 찾아가라는 통지까지 마쳤다면, 이로써 이 사건 교환계약은 매매계약에서 중도금이 지급된 것과 마찬가지로 본격적으로 이행되는 단계에 이르렀으므로, 피고인은 타인인 피해자의 토지에 관한 소유권 취득 사무를 처리하는 자가 되었고, 피고인이 피고인 소유의 토지에 지역권설정등기를 마친 행위는 피해자에 대한 신임관계를 저버리는 임무위배행위로서 배임죄가 성립한다고 판단하였다.

3. 대상 판결은 교환계약에 따라 부담하는 소유권이전등기의무를 타인의 사무라고 하고, 이러한 사무를 처리하는 피고인이 피고인 소유의 토지에 지역권을 설정해 준 행위는 피해자로 하여금 완전한 소유권이전등기를 불가능하게 한 임무위배행위에 해당하므로 배임죄가 성립한다고 판단하였다. 대상 판결은 위 전원합의체 판결을 충실히 따르고 있다.

010

부동산 이중매매 사건

대법원 2018. 5. 17. 선고 2017도4027 전원합의체 판결
[특정경제범죄가중처벌등에관한법률위반(배임) · 특정경제범죄가중처벌등에관한
법률위반(증재등)]

2020년 제9회 변호사시험 출제

사실 관계

피고인은 피해자들에게 이 사건 부동산을 13억 8,000만 원에 매도하는 계약을 체결하고, 계약 당일 계약금 2억 원을 받고 중도금 6억 원도 지급받았다.

그러나 피고인은 이 사건 부동산을 피해자들에게 등기를 넘겨 주지 않고, 제3자에게 매매대금 15억 원에 매도하고 소유권이전등기를 해 주었다.

재판 진행

검사는 피고인을 특정경제범죄가중처벌등에관한법률위반(배임)죄 등으로 기소하였다. 제1심은 이 사건 공소사실을 유죄로 판단하였다. 그러나 원심은 피고인이 배임죄의 주체인 '타인의 사무를 처리하는 자'의 지위에 있다고 보기 어렵다는 이유로 무죄로 판단하였다.[10] 검사가 상고하였다. 대법원은 원심판결 중 특정경제범죄가중처벌등에관한법률위반(배임) 부분을 파기하고 그 부분 사건을 원심법원에 환송하였다.

---

10) 서울고법 2017. 2. 23. 선고 2016노2860 판결.

판시 사항

[1] 부동산 매매계약에서 중도금이 지급되는 등 계약이 본격적으로 이행되는 단계에 이른 경우, 그때부터 매도인은 배임죄에서 말하는 '타인의 사무를 처리하는 자'에 해당하는지 여부(적극) / 그러한 지위에 있는 매도인이 매수인에게 계약 내용에 따라 부동산의 소유권을 이전해 주기 전에 그 부동산을 제3자에게 처분하고 제3자 앞으로 그 처분에 따른 등기를 한 경우, 배임죄가 성립하는지 여부(적극)

[2] 이 사안에서, 피고인의 행위는 매수인과의 신임관계를 저버리는 임무위배행위로서 배임죄가 성립하고, 피고인에게 배임의 범의와 불법이득의사가 인정된다고 한 사례.

판결 요지

[1] 부동산 매매계약에서 계약금만 지급된 단계에서는 어느 당사자나 계약금을 포기하거나 그 배액을 상환함으로써 자유롭게 계약의 구속력에서 벗어날 수 있다. 그러나 중도금이 지급되는 등 계약이 본격적으로 이행되는 단계에 이른 때에는 계약이 취소되거나 해제되지 않는 한 매도인은 매수인에게 부동산의 소유권을 이전해 줄 의무에서 벗어날 수 없다. 따라서 이러한 단계에 이른 때에 매도인은 매수인에 대하여 매수인의 재산보전에 협력하여 재산적 이익을 보호·관리할 신임관계에 있게 된다. 그때부터 매도인은 배임죄에서 말하는 '타인의 사무를 처리하는 자'에 해당한다고 보아야 한다. 그러한 지위에 있는 매도인이 매수인에게 계약 내용에 따라 부동산의 소유권을 이전해 주기 전에 그 부동산을 제3자에게 처분하고 제3자 앞으로 그 처분에 따른 등기를 마쳐 준 행위는 매수인의 부동산 취득 또는 보전에 지장을 초래하는 행위이다. 이는 매수인과의 신임관계를 저버리는 행위로서 배임죄가 성립한다.

[2] 매수인이 피고인에게 매매계약에 따라 중도금을 지급하였을 때 매매계약은 임의로 해제할 수 없는 단계에 이르렀고, 피고인은 매수인에 대하여 재산적 이익을 보호할 신임관계에 있게 되어 타인인 매수인

의 부동산에 관한 소유권 취득 사무를 처리하는 자가 된 점, 피고인은 매매계약이 적법하게 해제되지 않은 상태에서 매수인에 대한 위와 같은 신임관계에 기초한 임무를 위배하여 부동산을 제3자에게 매도하고 소유권이전등기를 마쳐준 점, 비록 피고인이 당시 임차인으로부터 부동산을 반환받지 못하여 매수인에게 이를 인도하지 못하고 있었고, 매수인과 채무불이행으로 인한 손해배상과 관련한 말들을 주고받았더라도, 매매계약이 적법하게 해제되지 않고 유효하게 유지되고 있었던 이상 위와 같은 신임관계가 소멸되었다고 볼 수 없다.

판결 평석

1. 대법원은 부동산 매도인이 매매계약을 체결하고 매수인으로부터 계약금과 중도금을 지급받고도 그 부동산을 제3자에게 이중으로 매도하고 소유권이전등기를 해 주면, 이는 매수인과의 신임관계를 저버리는 임무위배행위로서 배임죄가 성립된다고 판결해왔다. 반면 동산 이중매매에 대하여는 2011. 1. 20. 선고 2008도10479 전원합의체 판결로 배임죄를 부정하였다. 이와 같이 대법원은 이중매매의 목적물이 부동산일 때와 동산일 때에 결론을 달리하고 있다.

2. 원심은 부동산 이중매매에 대하여 배임죄 성립을 인정한 제1심 판결과 달리 배임죄 성립을 부정하였다. 대법원은 이 사건을 전원합의체에 회부하고 공개변론을 열어 검사와 변호인의 변론, 전문가들의 진술을 들은 후 대법관 전원의 합의를 거쳐 대상 판결을 선고하였다. 대상 판결에서 종전 판례가 타당하다는 다수의견과 종전 판례를 변경하여야 한다는 반대의견이 대립하였다.

3. 다수의견은 배임죄 성립을 긍정한 종전 판례가 타당하다고 하면서, 그 이유를 다음과 같이 밝혔다.
① 배임죄는 타인과 그 재산상 이익을 보호·관리하여야 할 신임관계에 있는 사람이 신뢰를 저버리는 행위를 함으로써 타인의 재산상 이

익을 침해할 때 성립하는 범죄이다. 계약관계에 있는 당사자 사이에 어느 정도의 신뢰가 형성되었을 때 신임관계가 발생한다고 볼 것인지, 어떠한 형태의 신뢰위반 행위를 가벌적인 임무위배행위로 인정할 것인지는 계약의 내용과 이행의 정도 등을 종합적으로 고려하여 타인의 재산상 이익 보호가 신임관계의 전형적·본질적 내용이 되었는지 등에 따라 규범적으로 판단해야 한다.

② 우리나라에서 부동산은 국민의 기본적 생활의 터전으로 경제활동의 근저를 이루고 있고, 국민 개개인이 보유하는 재산가치의 대부분을 부동산이 차지하는 경우도 상당하다. 이렇듯 부동산이 경제생활에서 차지하는 비중이나 이를 목적으로 한 거래의 사회경제적 의미는 여전히 크다.

③ 부동산 매매대금은 통상 계약금, 중도금, 잔금으로 나뉘어 지급된다. 매수인이 매도인에게 중도금을 지급하면 당사자가 임의로 계약을 해제할 수 없는 구속력이 발생한다(민법 제565조 참조). 그런데 매수인이 매도인에게 매매대금의 상당부분에 이르는 계약금과 중도금까지 지급하더라도 매도인의 이중매매를 방지할 보편적이고 충분한 수단은 마련되어 있지 않다. 이러한 상황에서도 매수인은 매도인이 소유권이전등기를 마쳐 줄 것으로 믿고 중도금을 지급한다. 따라서 중도금이 지급된 단계부터는 매도인이 매수인의 재산보전에 협력하는 신임관계가 당사자 관계의 전형적·본질적 내용이 된다. 이러한 신임관계에 있는 매도인은 배임죄에서 말하는 '타인의 사무를 처리하는 자'에 해당한다. 나아가 그러한 지위에 있는 매도인이 매수인에게 소유권을 이전하기 전에 고의로 제3자에게 목적부동산을 처분하는 행위는 매매계약상 혹은 신의칙상 당연히 하지 않아야 할 행위로서 배임죄에서 말하는 임무위배행위로 평가할 수 있다.

④ 대법원은 오래전부터 부동산 이중매매 사건에서, 매도인이 중도금을 지급받은 후 목적부동산을 제3자에게 이중으로 양도하면 배임죄가 성립한다고 일관되게 판결함으로써 그러한 판례를 확립하여 왔다. 이러한 판례 법리는 부동산 이중매매를 억제하고 매수인을 보호하는 역할을 충실히 수행하여 왔고, 현재 우리의 부동산 매매거래 현실에 비추어 보

더라도 여전히 타당하다.

4. 반대의견은 다수의견이 형법의 문언에 반하거나 죄형법정주의를 도외시한 해석이라고 반박하면서 배임죄의 성립을 부정하면서, 그 이유를 다음과 같이 밝혔다.

① 배임죄에서 '타인의 사무'는 본래 타인이 처리하여야 할 사무를 그를 대신하여 처리하는 것이다. 부동산 매매계약이 체결된 경우, 매도인에게는 부동산 소유권이전의무가 발생하고, 매수인에게는 매매대금 지급의무가 발생하지만, 매도인이나 매수인의 이러한 의무는 매매계약에 따른 각자의 '자기의 사무'일 뿐 '타인의 사무'라고 볼 수 없다.

② 매도인에게 매수인의 재산보전에 협력할 의무가 있다고 가정하면, 쌍무계약의 본질에 비추어 상대방인 매수인에게도 매도인의 재산보전에 협력할 의무가 있다고 보아야 균형이 맞다. 그러나 판례는 잔금을 지급하기 전에 소유권을 먼저 이전받은 매수인이 부동산을 담보로 대출을 받아 매매잔금을 지급하기로 한 약정을 어기고 근저당권을 설정한 사안에서 매수인인 피고인에게 배임죄가 성립하지 않는다고 판단한 바 있는데, 다수의견에 따르면 이 판례를 제대로 설명할 수 없다.

③ 다수의견에 따르면, 매도인이 제2매수인으로부터 중도금을 받았다면 제2매수인에 대한 관계에서도 마찬가지로 그 재산보전에 협력하여 재산적 이익을 보호·관리할 신임관계에 있다고 보아야 한다. 그러나 판례는 매도인이 제2매수인에게 소유권이전등기를 마쳐 준 경우에는 배임죄의 성립을 인정하지만, 제1매수인에게 소유권이전등기를 마쳐 준 경우에는 배임죄가 성립하지 않는다고 본다. 다수의견은 이 판례를 합리적으로 설명할 수 없다.

④ 매수인의 재산보전에 협력할 의무가 있음을 이유로 매도인이 '타인의 사무를 처리하는 자'에 해당하여 그를 배임죄로 처벌할 수 있다고 본다면, 동산 이중매매 사건에 관한 대법원 전원합의체 판결의 논리와 배치된다.

5. 대상 판결 이후에 선고된 대법원 2020. 2. 20. 선고 2019도9756 전원합의체 판결은 "배임죄에서 '타인의 사무를 처리하는 자'라고 하려면, 타인의 재산관리에 관한 사무의 전부 또는 일부를 타인을 위하여 대행하는 경우와 같이 당사자 관계의 전형적·본질적 내용이 통상의 계약에서의 이익대립관계를 넘어서 그들 사이의 신임관계에 기초하여 타인의 재산을 보호 또는 관리하는 데에 있어야 한다. 이익대립관계에 있는 통상의 계약관계에서 채무자의 성실한 급부이행에 의해 상대방이 계약상 권리의 만족 내지 채권의 실현이라는 이익을 얻게 되는 관계에 있다거나, 계약을 이행함에 있어 상대방을 보호하거나 배려할 부수적인 의무가 있다는 것만으로는 채무자를 타인의 사무를 처리하는 자라고 할 수 없고, 위임 등과 같이 계약의 전형적·본질적인 급부의 내용이 상대방의 재산상 사무를 일정한 권한을 가지고 맡아 처리하는 경우에 해당하여야 한다."고 판시하였다. 이 전원합의체 판결의 논리에 따르면, 대상 판결의 사안에서 부동산 매도인이 제1매수인의 사무를 처리하는 자에 해당한다고 볼 수 있을지 의문이다.

이러한 의문에 대하여 대법원 2020. 8. 27. 선고 2019도14770 전원합의체 판결은, "부동산이 국민의 경제생활에서 차지하는 비중이 크고, 부동산 매매대금은 통상 계약금, 중도금, 잔금으로 나뉘어 지급되는데, 매수인이 매도인에게 매매대금의 상당 부분에 이르는 계약금과 중도금까지 지급하더라도 매도인의 이중매매를 방지할 충분한 수단이 마련되어 있지 않은 거래의 현실을 고려하여 부동산 이중매매의 경우 배임죄가 성립한다는 종래의 판례가 여전히 타당하다는 이유에서 종래의 견해를 유지한 것으로 볼 수 있다."고 설명하고 있다. 위 전원합의체 판결이 법리의 타당성을 떠나 거래의 현실을 고려하여 정책적 판단을 한 것이라는 의미로 이해된다.

6. 대상 판결에 찬성하지 않는다.

011

회사대표의 과다한 용역비 지급 사건

대법원 2018. 2. 13. 선고 2017도17627 판결 [업무상배임]

사실 관계

피고인 1은 피해자 ○○회의 이사·회장, 재건축추진협의회 위원으로 피해자 ○○회의 회관 재건축사업을 대행하여 추진하였다. 피고인 1은 재건축사업자를 선정함에 있어 공개입찰에서 들어온 제안서 및 견적서 내용의 적정성과 타당성, 사업수행능력에 대한 전문적이고 합리적인 검토를 거쳐 사업자를 선정하지 않고 재건축관련 사업권을 피고인 2에게 주고 그로부터 모종의 이익을 취하기로 마음먹고 피고인 2에게 사업진행 방식을 미리 알려주어 사업자 선정에 필요한 제안서와 견적서를 준비하여 제출하게 하고, 이에 대해 관련 전문가의 검토를 거치는 등 필요한 조치를 취하지 아니한 채 피고인 2가 대표이사로 있는 공소외 1 주식회사를 우선사업협상 대상자로 선정하고 공소외 1 주식회사와 용역비 23억 원의 대행용역계약을 체결하였다. 그 후 피고인 1은 공소외 1 주식회사가 피고인 2가 설립한 공소외 2 주식회사로 위 사업계약을 승계하는 것을 승인하고, 공소외 2 주식회사에 용역비 15억 1,800만 원을 지급하였다.

재판 진행

검사는 피고인을 업무상배임죄로 기소하였다. 원심은 공소사실에 대해 유죄로 판단하였다.[11] 피고인이 상고하였다. 대법원은 원심판결을 파기하고, 사건을 원심법원에 환송하였다.

---

11) 서울남부지법 2017. 10. 12. 선고 2017노1441 판결.

　회사의 대표이사가 임무에 위배하여 회사로 하여금 다른 사업자와 용역계약을 체결하게 하면서 적정한 용역비의 수준을 벗어나 부당하게 과다한 용역비를 정하여 지급하게 한 경우, 재산상 손해를 회사에 가한 것인지 여부(원칙적 적극) / 이때 배임죄의 성립에 필요한 재산상 손해 발생을 증명하는 방법과 증명 정도

판결 요지

　[1] 배임죄의 성립을 인정하려면 재산상 손해의 발생이 합리적인 의심이 없는 정도의 증명에 이르러야 하므로, 배임행위로 인한 재산상 손해의 발생 여부가 충분히 증명되지 않았음에도 가볍게 액수 미상의 손해가 발생하였다고 인정함으로써 배임죄의 성립을 인정하는 것은 허용될 수 없다.

　[2] 회사의 대표이사가 임무에 위배하여 회사로 하여금 다른 사업자와 용역계약을 체결하게 하면서 적정한 용역비의 수준을 벗어나 부당하게 과다한 용역비를 정하여 지급하게 하였다면 특별한 사정이 없는 한 그와 같이 지급한 용역비와 적정한 수준의 용역비 사이의 차액 상당의 손해를 회사에 가하였다고 볼 수 있다. 이 경우 배임죄가 성립하기 위해서는 해당 용역비가 적정한 수준에 비하여 과다하다고 볼 수 있는지가 객관적이고 합리적인 평가 방법이나 기준을 통하여 충분히 증명되어야 하고, 손해의 발생이 그와 같이 증명된 이상 손해액이 구체적으로 명백하게 산정되지 아니하였더라도 배임죄의 성립에는 영향이 없다.

　[3] 적정한 수준에 비하여 과다한지 여부를 판단할 객관적이고 합리적인 평가 방법이나 기준 없이 단지 임무위배행위가 없었다면 더 낮은 수준의 용역비로 정할 수도 있었다는 가능성만을 가지고 재산상 손해 발생이 있었다고 쉽사리 단정하여서는 안 된다.

　[4] 이 사건 용역비 23억 원이 적정한 용역비 수준에 비하여 과다하게 정해진 것이라고 단정하거나, 나아가 그와 같이 용역비를 정하여 그

일부를 지급함으로써 피해자 회에 재산상 손해가 발생하였다고 평가하기에 부족하고, 또한 당시 피고인 1에게 배임죄의 범의, 즉 임무위배행위로 인하여 자기 또는 제3자가 이익을 취득하여 본인에게 손해를 가한다는 인식이나 의사를 가지고 있었다고 보기도 어렵다.

판결 평석

1. 판례는 배임죄가 위험범이라는 전제 아래 '재산상의 손해를 가한 때'는 현실적인 손해를 가한 경우뿐만 아니라 재산상 실해 발생의 위험을 초래한 경우도 포함되지만, 그 위험은 구체적·현실적인 위험이 야기된 징도에 이르러야 하고 단지 막연한 가능성이 있다는 정도로는 부족하다고 한다.

2. 그런데 위험범설은 재산상 손해 발생의 위험을 손해 그 자체와 동일시한다는 비판을 받고 있을 뿐 아니라, 재판 현장에서 손해의 발생에 관하여 매우 느슨한 태도를 취하게 하는 부작용을 낳고 있다. 그래서 피고인의 임무위배행위만 인정되면 손해 발생의 위험이 있다고 보고 곧바로 배임죄의 기수를 인정하는 사례가 종종 보인다. 이 사건 원심이 대표적인 사례이다. 원심은 단지 몇 가지 사정을 제시하며 이 사건 용역비 23억 원이 적정한 용역비 수준에 비추어 과다하게 정해진 것이라고 단정한 후 액수 불상의 재산상 이익과 그에 상응하는 손해가 발생하였다고 판단하였다.

3. 대상 판결은 이러한 원심의 태도에 일침을 놓았다. 그리하여 1) 배임죄의 성립을 인정하려면 재산상 손해의 발생이 합리적인 의심이 없는 정도의 증명에 이르러야 하므로, 배임행위로 인한 재산상 손해의 발생 여부가 충분히 증명되지 않았음에도 가볍게 액수 미상의 손해가 발생하였다고 인정함으로써 배임죄의 성립을 인정하는 것은 허용될 수 없다. 2) 이 경우 배임죄가 성립하기 위해서는 해당 용역비가 적정한 수준에 비하여 과다하다고 볼 수 있는지가 객관적이고 합리적인 평가 방

법이나 기준을 통하여 충분히 증명되어야 한다. 3) 적정한 수준에 비하여 과다한지 여부를 판단할 객관적이고 합리적인 평가 방법이나 기준 없이 단지 임무위배행위가 없었다면 더 낮은 수준의 용역비로 정할 수도 있었다는 가능성만을 가지고 재산상 손해 발생이 있었다고 단정하여서는 안 된다고 판시하였다.

4. 대상 판결이 배임죄의 성립에 필요한 재산상 손해 발생을 증명하는 방법과 증명 정도에 관하여 엄격한 기준을 제시한 것은 매우 바람직하다. 특히 "배임죄의 성립을 인정하려면 재산상 손해의 발생이 합리적인 의심이 없는 정도의 증명에 이르러야 하므로, 배임행위로 인한 재산상 손해의 발생 여부가 충분히 증명되지 않았음에도 가볍게 액수 미상의 손해가 발생하였다고 인정함으로써 배임죄의 성립을 인정하는 것은 허용될 수 없다."는 판시는 배임죄뿐만 아니라 모든 형사사건에서 재판에 임하는 법관의 태도를 제시한 것으로 높이 평가한다.

5. 대상 판결에 찬성한다.

012

기업집단 내 통합구매를 통한 자금지원행위와 경영판단의 한계

대법원 2017. 11. 9. 선고 2015도12633 판결

[특정경제범죄가중처벌등에관한법률위반(사기) · 특정경제범죄가중처벌등에관한
법률위반(횡령) · 특정경제범죄가중처벌등에관한법률위반(배임) · 주식회사의외부
감사에관한법률위반 · 뇌물공여 · 특정경제범죄가중처벌등에관한법률위반(증재등)]

사실 관계

조선업 관련 계열사들로 이루어진 기업집단인 S그룹의 회장인 피고
인은 향후 계열회사들의 공장 신축 등으로 철강재 수요가 증가할 것으
로 예상되었다. 그리하여 각 계열사가 개별적으로 철강재를 구매하기보
다 구매력 집중을 통한 원가절감을 위해 그룹 차원에서 철강재를 통합
구매하기로 하고, 공소외 3 회사가 공소외 4 회사, 5 회사, 6 회사, 7
회사와 각 통합구매 약정을 체결하였다.

위 통합구매 약정 체결 무렵 공소외 4 회사, 6 회사, 7 회사는 공장
을 신축하고 있었고, 다음 해부터 신축된 공장에서 상업생산을 시작하
였다.

공소외 4 회사, 6 회사, 7 회사는 본격적인 상업생산에 앞서 시험생
산이 필요하였고, 상업생산을 위한 원자재도 2~3개월 전에 구매할 필
요가 있었다. 당초 통합구매 계열회사들은 공소외 3 회사에 통합구매
대금을 현금으로 결제하였는데, 위와 같은 공장 신축 등으로 자금소요
가 증가하자 순차적으로 어음 결제를 이용하였다.

자율협약에 따라 공소외 3 회사에 파견되어 있던 자금관리단은 공소
외 3 회사의 통합구매 사실을 알게 되자 그 경위 등을 확인한 다음 자

금회수 방안을 강구하도록 지시하는 한편, 통합구매 계열회사들에 공문을 보내 통합구매 대금의 결제 상황과 변제계획 등을 자금관리단에 보고할 것을 요청하고, 통합구매 대금 회수방안을 검토하기도 하였다.

자금관리단은 통합구매 사실을 알고도 통합구매 방식을 당분간 유지하였다. 그 이유는 당시 공소외 3 회사는 선수금으로 받은 현금을 3개월치 이상 보유하고 있어 현금 흐름에 큰 문제가 없었고, 통합구매가 즉시 중단될 경우 공소외 3 회사의 선박 건조에 필수적인 원자재를 납품하는 계열회사들에 부도가 발생할 수도 있었기 때문이다. 그후 통합구매를 중지하도록 하였다.

2008년 말 시작된 세계적 금융위기와 경기침체에 따른 선박수요 감소, 발주 취소, 완성 선박의 인도ㆍ인수 지연, 저가 수주, 선수금 지급비율 축소, 환차손 및 이에 따른 유동성 유입 부족 등 악화된 경영 상황에서 공소외 3 회사는 2009년 말 기준으로 약 218억 원의 영업이익을 실현하였으나, 환율급등에 따른 거액의 파생상품 손실로 인해 약 1,491억 원의 누적결손금이 발생하여 자본금 약 525억 원이 잠식되었다. 2010년 말에도 약 297억 원의 영업이익을 실현하였으나 같은 이유로 회계상 약 4,270억 원의 누적결손금이 발생하여 2,501억 원 상당의 자본잠식이 발생하였다.

재판 진행

검사는 피고인을 특정경제범죄가중처벌등에관한법률위반(배임)죄 등으로 기소하였다. 원심은 피고인에 대한 공소사실에 대하여는 일부 유죄, 일부 무죄로 판결하였다.[12] 유죄 부분에 대하여는 피고인이 상고하고, 무죄 부분에 대하여는 검사가 상고하였다. 대법원은 원심판결 중 유죄 부분을 파기하고, 이 부분 사건을 원심법원에 환송하고, 검사의 상고는 기각하였다.

---

12) 부산고법 2015. 7. 27. 선고 (창원)2015노74 판결.

판시 사항

배임죄의 구성요건 중 '임무에 위배하는 행위'의 의미 / 회사의 이사 등이 타인에게 회사자금을 대여한 행위가 회사에 대하여 배임행위가 되는 경우 및 타인이 자금지원 회사의 계열회사라도 마찬가지인지 여부(적극) / 경영상의 판단을 이유로 배임죄의 고의를 인정할 수 있는지 판단하는 기준 / 동일한 기업집단에 속한 계열회사 사이의 지원행위가 합리적인 경영판단의 재량 범위 내에서 행하여진 것인지를 판단할 때 고려하여야 할 사항

판결 요지

배임죄는 타인의 사무를 처리하는 자가 그 임무에 위배하는 행위로써 재산상 이익을 취득하거나 제3자로 하여금 이를 취득하게 하여 본인에게 손해를 가함으로써 성립한다. 여기서 '임무에 위배하는 행위'는 사무의 내용, 성질 등 구체적 상황에 비추어 법률의 규정, 계약의 내용 혹은 신의칙상 당연히 할 것으로 기대되는 행위를 하지 않거나 당연히 하지 않아야 할 것으로 기대되는 행위를 함으로써 본인과 사이의 신임관계를 저버리는 일체의 행위를 포함한다. 회사의 이사 등이 타인에게 회사자금을 대여함에 있어 타인이 이미 채무변제능력을 상실하여 그에게 자금을 대여할 경우 회사에 손해가 발생하리라는 정을 충분히 알면서 이에 나아갔거나, 충분한 담보를 제공받는 등 상당하고도 합리적인 채권회수조치를 취하지 아니한 채 만연히 대여해 주었다면, 그와 같은 자금대여는 타인에게 이익을 얻게 하고 회사에 손해를 가하는 행위로서 회사에 대하여 배임행위가 되고, 회사의 이사는 단순히 그것이 경영상의 판단이라는 이유만으로 배임죄의 죄책을 면할 수 없으며, 이러한 이치는 타인이 자금지원 회사의 계열회사라 하여 달라지지 않는다.

다만 기업의 경영에는 원천적으로 위험이 내재하여 있어서 경영자가 개인적인 이익을 취할 의도 없이 가능한 범위 내에서 수집된 정보를 바탕으로 기업의 이익을 위한다는 생각으로 신중하게 결정을 내렸더라도

예측이 빗나가 기업에 손해가 발생하는 경우가 있으므로, 이러한 경우에까지 고의에 관한 해석기준을 완화하여 업무상배임죄의 형사책임을 물을 수 없다. 여기서 경영상의 판단을 이유로 배임죄의 고의를 인정할 수 있는지는 문제 된 경영상의 판단에 이르게 된 경위와 동기, 판단대상인 사업의 내용, 기업이 처한 경제적 상황, 손실발생의 개연성과 이익 획득의 개연성 등 제반 사정에 비추어 자기 또는 제3자가 재산상 이익을 취득한다는 인식과 본인에게 손해를 가한다는 인식하의 의도적 행위임이 인정되는 경우인지에 따라 개별적으로 판단하여야 한다.

한편 기업집단의 공동목표에 따른 공동이익의 추구가 사실적, 경제적으로 중요한 의미를 갖는 경우라도 기업집단을 구성하는 개별 계열회사는 별도의 독립된 법인격을 가지고 있는 주체로서 각자의 채권자나 주주 등 다수의 이해관계인이 관여되어 있고, 사안에 따라서는 기업집단의 공동이익과 상반되는 계열회사의 고유이익이 있을 수 있다. 이와 같이 동일한 기업집단에 속한 계열회사 사이의 지원행위가 기업집단의 차원에서 계열회사들의 공동이익을 위한 것이라 하더라도 지원 계열회사의 재산상 손해의 위험을 수반하는 경우가 있으므로, 기업집단 내 계열회사 사이의 지원행위가 합리적인 경영판단의 재량 범위 내에서 행하여졌는지는 신중하게 판단하여야 한다.

따라서 동일한 기업집단에 속한 계열회사 사이의 지원행위가 합리적인 경영판단의 재량 범위 내에서 행하여진 것인지를 판단하기 위해서는 앞서 본 여러 사정들과 아울러, 지원을 주고받는 계열회사들이 자본과 영업 등 실체적인 측면에서 결합되어 공동이익과 시너지 효과를 추구하는 관계에 있는지, 이러한 계열회사들 사이의 지원행위가 지원하는 계열회사를 포함하여 기업집단에 속한 계열회사들의 공동이익을 도모하기 위한 것으로서 특정인 또는 특정회사만의 이익을 위한 것은 아닌지, 지원 계열회사의 선정 및 지원 규모 등이 당해 계열회사의 의사나 지원 능력 등을 충분히 고려하여 객관적이고 합리적으로 결정된 것인지, 구체적인 지원행위가 정상적이고 합법적인 방법으로 시행된 것인지, 지원을 하는 계열회사에 지원행위로 인한 부담이나 위험에 상응하는 적절한 보상을 객관적으로 기대할 수 있는 상황이었는지 등까지 충분히 고려하여야 한다. 위와 같은 사정들을 종합하여 볼 때 문제 된 계열회사 사이의 지원행위가 합리적인 경영판단의 재량 범위 내에서 행하여진 것이라고 인정된다면 이러한 행위는 본인에게 손해를 가한다는 인식 하의 의도적 행위라고 인정하기 어렵다.

판결 평석

1. 기업집단 내에서 공동목표에 따른 공동이익을 추구하기 위하여 계열회사에 대하여 자금을 대여하거나 자재를 공동구매하는 등의 지원행위를 하는 경우는 현실에서 흔히 볼 수 있다. 그러나 기업집단의 공동이익의 추구가 사실적, 경제적으로 중요한 의미를 갖는 경우라도 기업집단을 구성하는 개별 계열회사는 별도의 독립된 법인격을 가지고 있는 주체로서 각자의 채권자나 주주 등 다수의 이해관계인이 관여되어 있고, 사안에 따라서는 기업집단의 공동이익과 상반되는 계열회사의 고유이익이 있을 수 있다. 따라서 동일한 기업집단에 속한 계열회사 사이의 지원행위가 기업집단의 차원에서 보면 계열회사들의 공동이익을 위한 것이라 하더라도, 일부 계열회사에는 재산상 손해를 수반하는 경우도 있다. 이와 같이 그 이해관계가 일치하지 않는다고 하여 무조건 배임죄로 처벌하여야 한다거나, 경영상의 판단이기 때문에 당연히 면책되어야 한다는 견해는 그 어느 것이나 타당하지 않다.

2. 대상 판결은 기업집단 내부의 계열회사 간에 통합구매의 형식을 통한 자금지원행위가 배임행위라는 검사의 주장과 그것이 경영상의 판단이므로 면책되어야 한다는 피고인의 주장이 대립하는 사안에 관하여 판단하고 있다. 대상 판결은 이 경우 회사의 이사인 피고인이 계열회사가 채무변제능력을 상실하여 자금을 지원하면 손해가 발생하리라는 정을 충분히 알면서 지원을 하거나, 충분한 담보를 제공받는 등의 채권회수조치를 취하지 아니하고 자금을 지원하였다면 피해 회사에 대한 배임행위가 되고, 그것이 경영상의 판단이라는 이유만으로 배임죄의 죄책을

면할 수 없으며, 타인이 자금지원 회사의 계열회사라고 하여 달라지지 않는다고 한다. 왜냐하면 기업집단의 공동목표에 따른 공동이익의 추구가 사실적, 경제적으로 중요한 의미를 갖는 경우라도 그 기업집단을 구성하는 개별 계열회사는 별도의 독립된 법인격을 가지고 있는 주체로서 각자의 채권자나 주주 등 다수의 이해관계인이 관여되어 있고, 사안에 따라서는 기업집단의 공동이익과 상반되는 계열회사의 고유이익이 있을 수 있기 때문이다.

종전 판례는 이런 점에 주목하여 계열회사에 대한 자금지원행위에 대하여 배임죄가 성립한다고 판시하는 경우가 많았다.

3. 그러나 기업의 경영에는 원천적으로 위험이 내재하여 있어서 경영자가 개인적인 이익을 취할 의도 없이 가능한 범위 내에서 수집된 정보를 바탕으로 기업의 이익을 위한다는 생각으로 신중하게 결정을 내려도 예측이 빗나가 손해가 발생하는 경우가 종종 발생한다. 이러한 경우까지 업무상배임죄의 형사책임을 묻는 것은 부당하다. 그래서 판례는 경영상의 판단에 이르게 된 경위와 동기, 판단대상인 사업의 내용, 기업이 처한 경제적 상황, 손실발생의 개연성과 이익획득의 개연성 등 제반 사정에 비추어 자기 또는 제3자가 재산상 이익을 취득한다는 인식과 본인에게 손해를 가한다는 인식하의 의도적 행위임이 인정되는지를 개별적으로 살펴보아야 하고, 만약 자금지원행위가 합리적인 경영판단의 재량 범위 내에서 행하여졌다면 이러한 행위는 본인에게 손해를 가한다는 인식하의 의도적 행위라고 보기 어렵다고 하였다.

4. 대상 판결은 자금지원행위가 합리적인 경영판단의 재량 범위 내에서 행하여진 것인지 여부를 판단하기 위해서는, 지원을 주고받는 계열회사들이 자본과 영업 등 실체적인 측면에서 결합되어 공동이익과 시너지 효과를 추구하는 관계에 있는지, 이러한 계열회사들 사이의 지원행위가 지원하는 계열회사를 포함하여 기업집단에 속한 계열회사들의 공동이익을 도모하기 위한 것으로서 특정인 또는 특정회사만의 이익을

위한 것은 아닌지, 지원 계열회사의 선정 및 지원 규모 등이 당해 계열회사의 의사나 지원 능력 등을 충분히 고려하여 객관적이고 합리적으로 결정된 것인지, 구체적인 지원행위가 정상적이고 합법적인 방법으로 시행된 것인지, 지원을 하는 계열회사에 지원행위로 인한 부담이나 위험에 상응하는 적절한 보상을 객관적으로 기대할 수 있는 상황이었는지 등을 충분히 고려하여야 한다고 한다. 이러한 점을 모두 고려하면 계열회사에 대한 자금지원행위가 반드시 배임죄에 해당한다거나 배임죄에 해당하지 않는다고 일률적으로 판단하기는 어려울 것이다.

대상 판결은 위에서 밝힌 기준에 따라 사실관계를 다시 살펴보았다. 그 결과 피고인이 공소외 3 회사로 하여금 통합구매 방식으로 S그룹의 계열회사들에 대한 지원을 한 것은 S그룹 내 계열회사들의 공동이익을 위한 합리적인 경영판단의 재량 범위 내에서 행한 것이고, 공소외 3 회사에게 손해를 가한다고 인식하고 한 의도적 행위라고 단정하기 어렵다고 판단하고 이와 결론을 달리한 원심판결을 파기하였다.

5. 계열기업에 대한 자금지원행위에 대하여 구체적인 사정을 고려하지 않고 배임죄의 성립을 인정하는 경우가 많지만, 대상 판결은 경영상의 판단을 배임의 고의와 관련하여 여러 사정을 면밀히 살펴보고 배임의 고의를 엄격히 적용하라고 요구하고 있다. 대상 판결은 기업집단 내 자금지원행위에 대하여 경영판단의 원칙을 적용하여 배임죄를 부정한 흔치 않은 판결이다. 대상 판결에 찬성한다.

013

허위매매 방식으로 아파트를 다른 회사 명의로 소유권이전등기를 경료한 사건

대법원 2017. 10. 26. 선고 2013도6896 판결
[특정경제범죄가중처벌등에관한법률위반(배임)·특정경제범죄가중처벌등에관한 법률위반(사기)·업무상배임·사기]

사실 관계

피해 회사를 실질적으로 운영하던 피고인이 피해 회사의 대표사원 A, 공소외 회사의 대표이사인 공소외 B와 공모하여, 허위매매 방식으로 피해 회사 소유의 시가 합계 5억 5,000만 원 상당의 이 사건 아파트 55세대에 관하여 공소외 회사 명의로 소유권이전등기를 경료해 주었다. 위 소유권이전등기는 그 후 합의해제를 원인으로 말소되었다.

재판 진행

검사는 피고인을 특정경제범죄가중처벌등에관한법률위반(배임)죄 등으로 기소하였다. 원심은 이 사건 공소사실에 대해 무죄로 판단하였다.[13] 검사가 상고하였다. 대법원은 원심판결 중 특정경제범죄가중처벌등에관한법률위반(배임) 부분을 파기하고, 그 부분을 원심법원에 환송하였다.

판시 사항

배임죄의 구성요건 중 '재산상의 손해를 가한 때'의 의미 및 재산상

---

13) 서울고법 2013. 5. 29. 선고 (춘천)2012노217 판결.

손해 유무를 판단하는 기준

판결 요지

　[1] 배임죄는 타인의 사무를 처리하는 자가 그 임무에 위배하는 행위로써 재산상 이익을 취득하거나 제3자로 하여금 이를 취득하게 하여 본인에게 손해를 가함으로써 성립하는 범죄로서, 여기에서 '재산상의 손해를 가한 때'에는 현실적인 손해를 가한 경우뿐만 아니라 재산상 실해 발생의 위험을 초래한 경우도 포함된다. 재산상 손해의 유무에 대한 판단은 본인의 전 재산 상태와의 관계에서 법률적 판단에 의하지 아니하고 경제적 관점에서 파악하여야 하므로, 법률적 판단에 의하여 당해 배임행위가 무효라 하더라도 경제적 관점에서 파악하여 배임행위로 인하여 본인에게 현실적인 손해를 가하였거나 재산상 실해 발생의 위험을 초래한 경우에는 재산상의 손해를 가한 때에 해당되어 배임죄를 구성한다.

　[2] 위와 같은 법리에 비추어 보면, 이 사건 아파트 55세대에 관하여 공소외 회사 앞으로 소유권이전등기를 넘겨준 피고인의 행위에 무효사유가 있다고 하더라도, 그로 인해 피해 회사 소유의 이 사건 아파트 55세대에 관하여 공소외 회사 명의의 소유권이전등기가 실제로 경료된 이상 경제적 관점에서는 피해 회사에 현실적인 손해가 발생하였거나 재산상 실해 발생의 위험이 초래되었다고 봄이 타당하다. 또한 위와 같이 공소외 회사 앞으로의 소유권이전등기가 마쳐짐으로써 피해 회사에 재산상 손해가 발생한 이상, 그 후 공소외 회사 명의의 위 소유권이전등기가 합의해제를 원인으로 말소되었다고 하여 이미 성립한 배임죄에 영향을 미칠 수 없다.

판결 평석

　1. 대법원은 배임죄가 위험범이라고 전제하고, 배임죄에서 '재산상의 손해를 가한 때'에는 현실적인 손해를 가한 경우뿐만 아니라 재산상 실해 발생의 위험을 초래한 경우도 포함되고, 재산상 손해의 유무에 대한 판단은 본인의 전 재산 상태와의 관계에서 법률적 판단에 의하지 아니

하고 경제적 관점에서 파악하여야 하므로, 법률적 판단에 의하여 당해 배임행위가 무효라 하더라도 경제적 관점에서 파악하여 배임행위로 인하여 본인에게 현실적인 손해를 가하였거나 재산상 실해 발생의 위험을 초래한 경우에는 배임죄가 성립한다고 한다.

판례가 말하는 "재산상 손해의 유무에 대한 판단은 본인의 전 재산 상태와의 관계에서 법률적 판단에 의하지 아니하고 경제적 관점에서 파악하여야 한다"는 것은 "배임죄에서의 손해는 민사적 효력에 따라 판단할 것이 아니라 형사적 관점에서 독자적 기준에 따라 판단하여야 한다"는 뜻으로 이해된다.

2. 원심은, 피고인이 자신의 권한을 남용하여 공소외 회사에 이 사건 아파트 55세대에 관한 소유권이전등기를 넘겨주었는데, 상대방인 공소외 회사도 그러한 사실을 알았거나 알 수 있었으므로 그러한 행위는 피해 회사에 대하여 민사상 무효이고, 이로 인하여 피해 회사가 사용자책임이나 불법행위에 따른 손해배상책임을 부담할 여지도 없다고 판단하였다.

법률적 관점(즉 민사적 관점)에서만 보면 피해 회사는 아무런 손해를 입지 않았고 장래에도 손해를 입을 위험성이 없다는 원심의 판단을 수긍할 수 있다. 그러나 경제적 관점(즉 형사적 관점)에서 보면 피해 회사 소유의 아파트 55세대에 관하여 공소외 회사 명의로 소유권이전등기가 실제로 경료되었는데도 재산상 손해 또는 실해 발생의 위험이 발생하지 않았다는 판단은 납득하기 어렵다.

3. 대상 판결은 재산상 손해를 경제적 관점에서 판단하여 공소외 회사 명의로 소유권이전등기가 실제로 경료된 이상 경제적 관점에서는 피해 회사에 현실적인 손해가 발생하였거나 재산상 실해 발생의 위험이 초래되었다고 판단하였다. 나아가 공소외 회사 명의의 위 소유권이전등기가 합의해제를 원인으로 말소되었다고 하더라도 이는 발생한 손해의 회복에 불과하므로 이미 성립한 배임죄에 영향을 미칠 수 없다고 판단

하였다.

    4. 대상 판결은 배임죄의 손해를 법률적 관점이 아닌 경제적 관점에서 판단하여야 한다는 원칙에 충실하게 판단하였다. 대상 판결에 찬성한다.

014

임무위배행위가 민사상 무효로 판단될 가능성이 있는 경우와 재산상 손해의 발생

대법원 2017. 10. 12. 선고 2017도6151 판결
[특정경제범죄가중처벌등에관한법률위반(배임)]

사실 관계

배합사료 판매회사인 피해자 회사의 영업사원인 피고인이 乙에게 배합사료를 판매하면서 피해자 회사에 보고하거나 내부 결재를 거치지 않고 임의로 물량장려금, 선입장려금, 출하장려금 등 명목으로 단가를 조정하거나 대금을 할인해 주었는데, 그 금액이 571,501,386원에 달하였다.

피해자 회사는 피고인의 위와 같은 행위를 알게 되자 乙 측으로부터 양도담보부채무변제(준소비대차)계약 공정증서를 작성·교부 받았다. 그런데 ○○농장의 대표인 丙은 위 공정증서에 기한 강제집행의 불허를 구하는 청구이의의 소를 제기하였고, 피해자 회사는 반소로 丙을 상대로 물품대금의 지급을 구하는 소를 제기하였다.

재판 진행

검사는 피고인이 임의로 배합사료 단가를 조정하거나 대금을 할인해 준 행위 또는 임의로 장려금을 지급해 준 행위에 대하여 특정경제범죄가중처벌등에관한법률위반(배임)죄로 기소하였다. 제1심은 공소사실에 대하여 무죄를 선고하였으나, 원심은 피고인의 행위로 인하여 피해자 회사에 재산상 실해 발생의 위험이 초래되었다고 하여 유죄로 판단하였다.[14]

---

14) 서울고법 2017. 4. 27. 선고 2017노312 판결.

피고인이 상고하였다. 대법원은 원심판결을 파기하고, 사건을 원심법원에 환송하였다.

[1] 업무상배임죄에서 '재산상의 손해'의 의미와 재산상 손해의 유무에 대한 판단 기준(＝경제적 관점) 및 재산상 손해가 발생하였다고 평가할 수 있는 '재산상 실해 발생의 위험'의 의미와 정도(＝구체적·현실적인 위험이 야기된 정도)

[2] 업무상배임죄에서 타인의 사무를 처리하는 자의 임무위배행위가 민사재판에서 법질서에 위배되는 법률행위로서 무효로 판단될 가능성이 있는 경우, 본인(타인)에게 재산상의 손해가 발생하였는지를 판단할 때 유의하여야 할 사항

[1] 업무상배임죄는 업무상 타인의 사무를 처리하는 자가 임무에 위배하는 행위를 하고 그러한 임무위배행위로 인하여 재산상의 이익을 취득하거나 제3자로 하여금 이를 취득하게 하여 본인에게 재산상의 손해를 가한 때 성립한다. 여기서 재산상의 손해에는 현실적인 손해가 발생한 경우뿐만 아니라 재산상 실해 발생의 위험을 초래한 경우도 포함되고, 재산상 손해의 유무에 대한 판단은 법률적 판단에 의하지 않고 경제적 관점에서 파악하여야 한다. 그런데 재산상 손해가 발생하였다고 평가될 수 있는 재산상 실해 발생의 위험이란 본인에게 손해가 발생할 막연한 위험이 있는 것만으로는 부족하고, 경제적인 관점에서 보아 본인에게 손해가 발생한 것과 같은 정도로 구체적인 위험이 있는 경우를 의미한다. 따라서 재산상 실해 발생의 위험은 구체적·현실적인 위험이 야기된 정도에 이르러야 하고 단지 막연한 가능성이 있다는 정도로는 부족하다.

[2] 업무상배임죄에서 타인의 사무를 처리하는 자의 임무위배행위는 민사재판에서 법질서에 위배되는 법률행위로서 무효로 판단될 가능성이

적지 않고, 그 결과 본인(타인)에게도 아무런 손해가 발생하지 않는 경우가 많다. 이러한 경우에는 그 의무부담행위로 인하여 실제로 채무의 이행이 이루어졌는지 또는 본인이 민법상 사용자책임 등을 부담하게 되었는지 등과 같이 현실적인 손해가 발생하거나 실해 발생의 위험이 생겼다고 볼 수 있는 사정이 있는지를 면밀히 심리·판단하여야 한다.

[3] 이 사안에서, 피해자 회사가 물품대금 소송의 제1심에서 승소하였지만 상대방이 항소하여 항소심에 계속 중인 사정만으로는 피해자 회사에 재산상 실해가 발생할 가능성이 생겼다고 말할 수는 있어도, 나아가 그 실해 발생의 위험이 구체적·현실적인 정도에 이르렀다고 보기 어려운데도, 공소사실을 유죄로 판단한 원심판결에 법리를 오해하여 필요한 심리를 다하지 아니한 잘못이 있다고 한 사례.

판결 평석

1. 제1심은, 피고인이 영업사원의 업무권한 범위를 벗어난 행위를 하였지만, 상대방인 乙도 오랫동안 양돈업에 종사하면서 피해자 회사와 거래를 하였기 때문에 피고인에게 사료대금을 할인하거나 장려금을 추가로 지급할 권한이 없다는 점을 잘 알고 있었던 것으로 보이고, 따라서 피고인이 할인 또는 추가 장려금을 지급하기로 약속하였더라도 이는 피해자 회사에 대한 관계에서 무효이어서 피해자 회사에 구체적·현실적인 재산상 실해 발생의 위험이 야기되었다고 보기 어렵다고 하여 피고인에 대하여 무죄를 선고하였다.

2. 그러나 원심은, 피고인의 사료대금 할인 내지 추가 장려금 지급 약속 행위가 피해자 회사에 대한 관계에서 무효라고 보더라도 피해자 회사가 제기한 물품대금 청구의 소가 항소심 계속 중이고, 항소심에서 피해자 회사의 사용자책임 기타 법적 책임을 부담하게 될 가능성을 완전히 배제할 수 없으므로, 경제적 관점에서 볼 때 피고인의 행위로 인하여 피해자 회사에 실해 발생의 위험이 초래되었다고 보아 배임죄가 성립한다고 판단하였다.

3. 반면 대상 판결은, 업무상배임죄에서 재산상 손해의 유무에 대한 판단은 법률적 판단에 의하지 않고 경제적 관점에서 파악하여야 한다는 원칙을 밝히면서 재산상 손해가 발생하였다고 평가될 수 있는 재산상 실해 발생의 위험이라 함은 본인에게 손해가 발생할 막연한 위험이 있는 것만으로는 부족하고 경제적인 관점에서 보아 본인에게 손해가 발생한 것과 같은 정도로 구체적인 위험이 있는 경우를 의미한다고 한다. 그리하여 타인의 사무를 처리하는 자의 임무위배행위는 민사재판에서 법질서에 위배되는 법률행위로서 무효로 판단될 가능성이 적지 않고, 그 결과 본인(타인)에게도 아무런 손해가 발생하지 않는 경우가 많은데, 이러한 경우에는 그 의무부담행위로 인하여 실제로 채무의 이행이 이루어졌는지 또는 본인이 민법상 사용자책임 등을 부담하게 되었는지 등과 같이 현실적인 손해가 발생하거나 실해 발생의 위험이 생겼다고 볼 수 있는 사정이 있는지를 면밀히 심리·판단하여야 하는데, 이 사건에서는 원심이 적시한 사정만으로는 피해자 회사에 재산상 실해가 발생할 가능성이 생겼다고 말할 수는 있어도 나아가 그 실해 발생의 위험이 구체적·현실적인 정도에 이르렀다고 보기는 어렵다고 하여 원심을 파기하였다.

4. 판례는 배임죄에서 재산상 손해의 유무에 대한 판단은 법률적 판단에 의하지 않고 경제적 관점에서 파악하여야 한다고 한다. 이 사건에서 제1심은 손해를 법률적 관점에서 파악하였고, 원심은 손해를 경제적 관점에서 파악하였다.

대상 판결은 배임죄에서 손해는 경제적 관점에서 보아 본인에게 손해가 발생한 것과 같은 정도로 구체적인 위험이 있는 경우를 의미한다고 하면서도, 이 사건에서는 피고인의 행위가 무효로 판단될 가능성이 적지 않으므로 그러한 경우 손해가 발생하지 않는다고 판시한다. 대상 판결은 앞부분에서 손해를 경제적 관점에서 파악하라는 원칙을 밝히고도 뒷부분에서는 본인이 민법상 사용자책임을 부담하게 되었는지를 심리 판단하라고 하였다. 그런데 사용자책임 여부에 따라 손해 발생 여부가 달라진다고 하면 이것은 손해를 법률적 관점에서 파악하는 것과 다르지 않다.

5. 대상 판결은 배임죄에서 재산상 손해의 유무에 대한 판단을 경제적 관점에서 파악하여야 한다는 대법원 1995. 11. 21. 선고 94도1375 판결까지 인용하면서도, 실제로는 법률적 관점에서 파악하여야 한다는 취지로 판시한다. 대상 판결에 찬성하지 않는다.

015

대표이사가 개인 채무에 대하여 회사 명의의 차용증과 약속어음을 작성 · 교부한 사건

대법원 2017. 9. 21. 선고 2014도9960 판결 [업무상배임]

사실 관계

피고인은 A와 2억 원씩 투자하여 타이어 매장을 동업하기로 약정하고 피해자인 회사를 설립하여 자신이 대표이사로 취임하였다. 피고인은 동업약정에 따른 투자금을 마련하기 위해 아버지인 乙로부터 2억 원을 차용한 후 乙에게 피해자 회사 명의의 차용증을 작성, 교부하는 한편 피해자 회사 명의로 액면 금 2억 원의 약속어음을 발행하여 공증해 주었다.

乙은 피고인으로부터 받은 차용증과 약속어음에 대한 기하여 피해자 회사의 채권에 대하여 압류 및 전부명령을 받고, 위 압류 및 전부명령에 따라 1억 2,300만 원을 추심하였다.

재판 진행

검사는 피고인을 업무상배임죄로 기소하였다. 원심은 피고인에 대하여 무죄로 판단하였다.[15] 검사가 상고하였다. 대법원은 원심판결을 파기하고, 사건을 원심법원에 환송하였다.

판시 사항

배임죄의 실행의 착수시기와 기수시기 / 형사재판에서 배임죄의 객관

---

15) 서울중앙지법 2014. 7. 18. 선고 2014노960 판결.

적 구성요건요소인 손해 발생 또는 배임죄의 보호법익인 피해자의 재산상 이익의 침해 여부를 판단하는 기준

판결 요지

[1] 타인의 사무를 처리하는 자가 배임의 범의로, 즉 임무에 위배하는 행위를 한다는 점과 이로 인하여 자기 또는 제3자가 이익을 취득하여 본인에게 손해를 가한다는 점에 대한 인식이나 의사를 가지고 임무에 위배한 행위를 개시한 때 배임죄의 실행에 착수한 것이고, 이러한 행위로 인하여 자기 또는 제3자가 이익을 취득하여 본인에게 손해를 가한 때 배임죄는 기수가 된다. 그런데 타인의 사무를 처리하는 자의 임무위배행위는 민사재판에서 법질서에 위배되는 법률행위로서 무효로 판단될 가능성이 적지 않고, 그 결과 본인에게도 아무런 손해가 발생하지 않는 경우가 많다. 이러한 때에는 배임죄의 기수를 인정할 수 없다. 그러나 그 의무부담행위로 인하여 실제로 채무의 이행이 이루어지거나 본인이 민법상 불법행위책임을 부담하게 되는 등 본인에게 현실적인 손해가 발생하거나 실해 발생의 위험이 생겼다고 볼 수 있는 사정이 있는 때에는 배임죄의 기수를 인정하여야 한다. 다시 말하면, 형사재판에서 배임죄의 객관적 구성요건요소인 손해 발생 또는 배임죄의 보호법익인 피해자의 재산상 이익의 침해 여부는 구체적 사안별로 타인의 사무의 내용과 성질, 그 임무위배의 중대성 및 본인의 재산 상태에 미치는 영향 등을 종합하여 신중하게 판단하여야 한다.

[2] 이 사안에서, 피고인의 행위가 대표이사의 대표권을 남용한 때에 해당하고 그 행위의 상대방인 乙로서는 피고인이 피해자 회사의 영리목적과 관계없이 자기 또는 제3자의 이익을 도모할 목적으로 권한을 남용하여 차용증 등을 작성해 준다는 것을 알았거나 알 수 있었으므로 그 행위가 피해자 회사에 대하여 아무런 효력이 없다고 본 원심판단은 수긍할 수 있으나, 乙은 피고인이 작성하여 준 약속어음공정증서에 기하여 피해자 회사의 丙에 대한 임대차보증금반환채권에 압류 및 전부명령을 받은 다음 확정된 압류 및 전부명령에 기하여 丙으로부터 피해자 회

사의 임대차보증금 중 1억 2,300억 원을 지급받은 사실에 비추어 피고인의 임무위배행위로 인하여 피해자 회사에 현실적인 손해가 발생하였거나 실해 발생의 위험이 생겼으므로 배임죄의 기수가 성립하고, 전부명령이 확정된 후 집행권원인 집행증서의 기초가 된 법률행위 중 전부 또는 일부에 무효사유가 있는 것으로 판명되어 집행채권자인 乙이 집행채무자인 피해자 회사에 부당이득 상당액을 반환할 의무를 부담하더라도 배임죄의 성립을 부정할 수 없다.

판결 평석

1. 대법원 2017. 7. 20. 선고 2014도1104 전원합의체 판결은 주식회사의 대표이사가 대표권을 남용하여 회사 명의의 약속어음을 발행한 사안을 다루고 있다. 그 판결은, "타인의 사무를 처리하는 자가 배임의 범의로, 즉 임무에 위배하는 행위를 한다는 점과 이로 인하여 자기 또는 제3자가 이익을 취득하여 본인에게 손해를 가한다는 점에 대한 인식이나 의사를 가지고 임무에 위배한 행위를 개시한 때 배임죄의 실행에 착수한 것이고, 이러한 행위로 인하여 자기 또는 제3자가 이익을 취득하여 본인에게 손해를 가한 때 기수에 이른다."고 하여 배임죄의 성립요건 및 실행의 착수와 기수시기에 관하여 새로운 법리를 제시하였다.

2. 이 사건 원심은, 피고인이 대표권을 남용한 행위를 한 경우에도 그 행위가 효력이 없어서 피해자 회사가 사용자책임 또는 법인의 불법행위 등에 따른 손해배상책임을 부담할 여지가 없다면 피해자 회사에 재산상 손해가 발생하였다거나 손해 발생의 위험이 초래되었다고 할 수 없어 배임죄가 성립될 수 없다고 판단하였다.

그러나 대상 판결은 이러한 경우에도 피고인은 범의를 가지고 임무에 위배한 행위를 개시하였으므로 배임죄의 실행에 착수한 것으로 보았다.

3. 乙은 피고인으로부터 받은 차용증과 약속어음에 대한 기하여 피해자 회사의 채권에 대하여 압류 및 전부명령을 받고, 위 압류 및 전부

명령에 따라 1억 2,300만 원을 추심하였다. 위 전원합의체 판결에 따르면 피해자 회사에 현실적인 손해가 발생하였으므로 이 사안에 대하여 배임죄의 기수로 인정한 대상 판결은 타당하다.

다만 대상 판결이 '피고인의 임무위배행위로 인하여 피해자 회사에 현실적인 손해가 발행하였거나 실해 발생의 위험이 생겼다.'고 판시한 부분은 재검토할 필요가 있다. 이 사안에서 乙이 피고인이 작성해 준 약속어음공정증서를 채무명의로 삼아 채권압류 및 전부명령을 받았을 뿐 아니라, 나아가 위 압류 및 전부명령에 따라 1억 2,300만 원을 추심하였다면 피해자 회사에 현실적인 손해가 이미 발생한 것이다. 그런데도 '실해 발생의 위험이 생겼다'는 사족을 덧붙임으로써 배임죄의 손해 발생 시기에 혼란을 주고 있다.

4. 대상 판결의 결론에 찬성한다.

016

특혜 용역계약 체결과 배임의 고의

대법원 2017. 9. 12. 선고 2015도602 판결 [업무상배임 · 농업협동조합법위반]

[사실 관계]

피고인 2는 피해자 농협의 조합장, 피고인 1은 교육지원상무이다.

피해자 농협은 공소외 회사와 ① 피해자 농협에서 진행하는 고정투자사업의 컨설팅업무에 관한 기본용역계약, ② 피해자 농협에서 토지임차 업무에 관한 임차대행 용역계약, ③ 피해자 농협 지점의 이전예정부지를 매입하는 업무에 관한 중개용역계약을 각 체결하고, 용역대금으로 3,910만 원, 2억 2,000만 원, 5,000만 원을 각 지급하였다.

피고인들은 다음과 같이 공소외 회사에 특혜를 제공하였다.

공소외 회사는 주로 문화재 수리업과 건축공사업 등을 하였고, 사업 컨설팅이나 부동산임차대행, 부동산중개에 관한 사업실적이나 전문성 또는 자격이 없고, 피해자 농협은 종전에 고정자산 투자사업이나 업무용 부지 임차나 매입에 관하여 용역을 의뢰한 전례가 없는데도, 피고인 1은 ① 컨설팅 외부용역이 필요한지 논의하기도 전에 공소외 회사의 대표이사로부터 다른 회사 명의의 허위 비교견적서를 미리 제출받아 이사회에 제시하였고, 위 이사회에서 '내부직원 TF팀을 우선 구성하자'는 반대의견이 있었으나, 피고인들은 공소외 회사의 자질이나 비교견적서의 내용, 용역대금의 산출근거 등 계약의 구체적인 내용을 점검하지 않은 채 외부용역이 필요하고 공소외 회사가 전문성 있는 업체라고 하면서 이사회 의결을 유도하였다.

피해자 농협은 ① 용역계약 체결 후 1주일 만에 공소외 회사와 ②

마트부지 임차대행 용역계약을 체결하였는데, 피고인들은 조합 내부규정에 따른 고정투자 기본계획 수립, 사업타당성 검토 절차를 거치지 않았고, 수의계약 대상이 아님에도 수의계약을 체결하였으며, 수수료 3억 원의 산출근거, 임대차기간, 마트의 입점시기 등 계약 내용을 점검하지 않았다. 그런데 위 부지는 관련 법규상 대형마트를 건립할 수 없는 곳이었는데도 피고인들은 사업타당성 검토가 필요하다는 관제팀장 등의 의견을 무시하고 계약체결을 강행하였고, 피고인들은 내부규정상 선금 지급기준인 6,000만 원을 초과한 2억 2,000만 원을 선금으로 지급하였다.

한편 피고인들은 ③ 지점 이전부지 중개용역계약을 체결하면서 법정 중개수수료인 6,939,000원보다 훨씬 많은 5,500만 원을 중개수수료로 정하였다. 피해자 농협은 컨설팅업체를 통해 토지를 매수할 특별한 사정이 없었는데, 피고인들은 고정투자심의협의회에서 부동산중개인을 통하여 부지를 매입하는 것처럼 설명하였다. 공소외 회사는 매매 성사과정에 아무런 역할이 없었을 뿐만 아니라, 기존 임대차관계를 제대로 정리하지 못하여 공사계획에 차질이 빚어졌다.

재판 진행

검사는 피고인들을 업무상배임죄 등으로 기소하였다. 원심은 피고인들에 대하여 유죄로 판단하였다.[16) 피고인들이 상고하였다. 대법원은 상고를 모두 기각하였다.

판시 사항

경영상 판단과 관련하여 경영자에게 배임의 고의와 불법이득의 의사가 있었는지 판단하는 방법

판결 요지

타인의 사무를 처리하는 자가 그 임무에 위배하는 행위로써 재산상

---

16) 창원지법 2014. 12. 18. 선고 2014노482 판결.

이득을 취득하거나 제3자로 하여금 이를 취득하게 하여 사무의 주체인 타인에게 손해를 가한 경우에 배임죄가 성립한다. 배임죄나 업무상배임죄의 구성요건으로서 '재산상의 손해를 가하였다'는 것은 총체적으로 보아 본인의 재산가치를 감소시키는 것을 말한다. 업무상배임죄에서 고의는 업무상 타인의 사무를 처리하는 자가 임무에 위배하는 행위를 한다는 점과 이로 인하여 자기 또는 제3자가 이익을 취득하여 본인에게 손해를 입힌다는 점에 대하여 가지는 인식이나 의사를 말한다. 따라서 경영상 판단과 관련하여 경영자에게 배임의 고의와 불법이득의 의사가 있었는지 여부를 판단할 때에도, 경영상의 판단에 이르게 된 경위와 동기, 판단 대상인 사업의 내용, 기업이 처한 경제적 상황, 손실 발생과 이익 획득의 개연성 등의 여러 사정을 고려하여 자기 또는 제3자가 재산상 이익을 취득하고 본인에게 손해를 입힌다는 점을 인식하고 의도적으로 행위를 한 경우에 한하여 배임죄의 고의를 인정하여야 하고, 그러한 인식이 없는데도 본인에게 손해가 발생하였다는 결과만으로 책임을 묻거나 단순히 주의의무를 소홀히 한 과실이 있다는 이유로 책임을 물어서는 안 된다. 그러나 배임죄에서 말하는 임무위배행위는 처리하는 사무의 내용, 성질 등 구체적 상황에 비추어 법령의 규정, 계약 내용 또는 신의성실의 원칙상 당연히 하여야 할 것으로 기대되는 행위를 하지 않거나 당연히 하지 않아야 할 것으로 기대되는 행위를 함으로써 본인과 맺은 신임관계를 저버리는 일체의 행위를 말한다. 따라서 경영자의 경영상 판단에 관한 위와 같은 사정을 모두 고려하더라도 경영자가 법령의 규정, 계약 내용 또는 신의성실의 원칙상 구체적 상황과 자신의 역할·지위에서 당연히 하여야 할 것으로 기대되는 행위를 하지 않거나 하지 않아야 할 것으로 기대되는 행위를 함으로써 재산상 이익을 취득하거나 제3자로 하여금 이를 취득하게 하고 본인에게 손해를 입혔다면 그에 관한 고의와 불법이득의 의사가 인정된다.

판결 평석

1. 대상 판결은 경영상 판단과 관련하여 경영자에게 배임의 고의가

있었는지를 판단하는 방법에 관하여 판시하고 있다. 하나씩 살펴보자.

2. 대상 판결은, 1) 업무상배임죄에서 고의는 업무상 타인의 사무를 처리하는 자가 임무에 위배하는 행위를 한다는 점과 이로 인하여 자기 또는 제3자가 이익을 취득하여 본인에게 손해를 입힌다는 점에 대하여 가지는 인식이나 의사를 말한다고 하였다.

대법원 판결 중에는, 배임의 고의는 주관적으로 배임행위의 결과 본인에게 재산상의 손해가 발생하거나 발생할 염려가 있다는 인식과 자기 또는 제3자가 재산상의 이득을 얻는다는 인식이 있으면 족하고, 본인에게 재산상의 손해를 가한다는 의사나 자기 또는 제3자에게 재산상의 이득을 얻게 하려는 목적은 요하지 아니한다고 한 것도 있고,[17] 자기 또는 제3자가 재산상 이익을 취득하고 본인에게 손해를 가한다는 인식을 하면서 의도적으로 한 행위임이 인정될 경우에 한하여 배임죄의 고의가 인정된다는 판결도 있다.[18] 배임의 고의는 객관적 구성요건요소 전체에 대한 인식이 필요하므로, 임무위배행위에 대한 인식, 자기 또는 제3자가 재산상 이익을 취득한다는 인식, 본인에게 재산상의 손해를 가한다는 인식을 모두 필요로 한다. 대상 판결을 비롯한 후자가 타당하다.

3. 대상 판결은, 2) 경영상 판단과 관련하여 경영자에게 배임의 고의와 불법이득의 의사가 있었는지 여부를 판단할 때에도, 경영상의 판단에 이르게 된 경위와 동기, 판단 대상인 사업의 내용, 기업이 처한 경제적 상황, 손실 발생과 이익 획득의 개연성 등의 여러 사정을 고려하여 자기 또는 제3자가 재산상 이익을 취득하고 본인에게 손해를 입힌다는 점을 인식하고 의도적으로 행위를 한 경우에 한하여 배임죄의 고의를 인정하여야 하고, 그러한 인식이 없는데도 본인에게 손해가 발생하였다

---

17) 대법원 1983. 12. 13. 선고 83도2330 전원합의체 판결, 대법원 1989. 8. 8. 선고 89도25 판결, 대법원 2000. 5. 26. 선고 99도2781판결 등.
18) 대법원 2004. 7. 22. 선고 2002도4229 판결, 대법원 2006. 11. 9. 선고 2004도7027 판결, 대법원 2007. 1. 26. 선고 2004도1632 판결 등.

는 결과만으로 책임을 묻거나 단순히 주의의무를 소홀히 한 과실이 있다는 이유로 책임을 물어서는 안 된다고 하였다.

고의가 없는데도 손해가 발생하였다는 사실만으로, 또는 과실이 있다고 하여 고의의 책임을 물을 수 없음은 당연하다. 일선 법원에서 배임의 고의를 너무 쉽게 인정하는 태도를 경계하는 판시로 보인다. 이러한 법리는 경영상의 판단의 경우도 마찬가지로 적용되어야 한다.

4. 대상 판결은, 3) 임무위배행위는 처리하는 사무의 내용, 성질 등 구체적 상황에 비추어 법령의 규정, 계약 내용 또는 신의성실의 원칙상 당연히 하여야 할 것으로 기대되는 행위를 하지 않거나 당연히 하지 않아야 할 것으로 기대되는 행위를 함으로써 본인과 맺은 신임관계를 저버리는 일체의 행위를 말한다고 한다. 배임죄의 본질을 권한남용설이 아니라 배신설로 파악하고 있음을 천명하고 있다.

그러나 배임죄에서 임무위배행위는 타인의 사무를 처리하는 자가 그 임무에 위배한 행위를 말하는 것으로, 신의성실의 원칙상 신임관계를 저버리는 행위는 여기에 당연히 포함되는 것이 아니다. 독일의 배임죄에 기원을 두고 있는 배신설이 우리 배임죄의 해석에 영향을 미치고 있는 것 같다.

5. 대상 판결은, 4) 경영자의 경영상 판단에 관한 위와 같은 사정을 모두 고려하더라도 경영자가 법령의 규정, 계약 내용 또는 신의성실의 원칙상 구체적 상황과 자신의 역할·지위에서 당연히 하여야 할 것으로 기대되는 행위를 하지 않거나 하지 않아야 할 것으로 기대되는 행위를 함으로써 재산상 이익을 취득하거나 제3자로 하여금 이를 취득하게 하고 본인에게 손해를 입혔다면 그에 관한 고의와 불법이득의 의사가 인정된다고 한다.

경영상의 판단에 관하여 배임의 고의를 인정하는 방법에 관하여 판시하고 있다. 여기서 불법이익의 의사에 주목해 보자. 앞에서 배임의 고의의 내용에 재산상 이익의 취득과 손해의 발생에 대한 인식이 필요하

다고 하였는데, 재산상 이익의 취득에 대한 인식을 불법이익의 의사라
고 표현하고 있는 것으로 보인다. 그렇다면 이것은 배임의 고의의 일부
에 불과하다. 배임의 고의 외에 그와 대등한 불법이익의 의사를 별도로
거론할 필요는 없을 것이다.

6. 대상 판결에 찬성한다.

017

회사대표의 대표권 남용과 약속어음 발행 사건

대법원 2017. 7. 20. 선고 2014도1104 전원합의체 판결
[특정경제범죄가중처벌등에관한법률위반(배임)]

2021년 제10회 변호사시험 출제
2019년 제8회 변호사시험 출제
2017년 제6회 변호사시험 출제

사실 관계

피해자 회사의 대표이사인 피고인이 자신이 별도로 대표이사를 맡고 있던 乙 회사의 丙 은행에 대한 대출금채무를 담보하기 위해 丙 은행에 피해자 회사 명의로 액면금 29억 9,000만 원의 약속어음을 발행하여 주었다.

재판 진행

검사는 피고인을 특정경제범죄가중처벌등에관한법률위반(배임)죄로 기소하였다. 원심은 이 사건 공소사실을 유죄로 판단하였다.[19] 피고인이 상고하였다. 대법원은 원심판결을 파기하고, 사건을 원심법원에 환송하였다.

판시 사항

[1] 배임죄의 성립요건 및 실행의 착수시기와 기수시기

[2] 주식회사의 대표이사가 대표권을 남용하는 등 임무에 위배하여 약속어음 발행을 한 행위가 배임죄의 기수 또는 미수에 해당하는지 판단하는 기준

---

19) 서울고법 2014. 1. 10. 선고 2013노3282 판결.

판결 요지

[1] 형법 제355조 제2항은 타인의 사무를 처리하는 자가 그 임무에 위배하는 행위로써 재산상 이익을 취득하거나 제3자로 하여금 이를 취득하게 하여 본인에게 손해를 가한 때에 배임죄가 성립한다고 규정하고 있고, 형법 제359조는 그 미수범은 처벌한다고 규정하고 있다. 이와 같이 형법은 타인의 사무를 처리하는 자가 그 임무에 위배하는 행위를 할 것과 그러한 행위로 인해 행위자나 제3자가 재산상 이익을 취득하여 본인에게 손해를 가할 것을 배임죄의 객관적 구성요건으로 정하고 있으므로, 타인의 사무를 처리하는 자가 배임의 범의로, 즉 임무에 위배하는 행위를 한다는 점과 이로 인하여 자기 또는 제3자가 이익을 취득하여 본인에게 손해를 가한다는 점에 대한 인식이나 의사를 가지고 임무에 위배한 행위를 개시한 때 배임죄의 실행에 착수한 것이고, 이러한 행위로 인하여 자기 또는 제3자가 이익을 취득하여 본인에게 손해를 가한 때 기수에 이른다.

[2] (가) 배임죄로 기소된 형사사건의 재판실무에서 배임죄의 기수시기를 심리·판단하기란 쉽지 않다. 타인의 사무를 처리하는 자가 형식적으로는 본인을 위한 법률행위를 하는 외관을 갖추고 있지만 그러한 행위가 실질적으로는 배임죄에서의 임무위배행위에 해당하는 경우, 이러한 행위는 민사재판에서 반사회질서의 법률행위 등에 해당한다는 사유로 무효로 판단될 가능성이 적지 않은데, 형사재판에서 배임죄의 성립 여부를 판단할 때에도 이러한 행위에 대한 민사법상의 평가가 경제적 관점에서 피해자의 재산 상태에 미치는 영향 등을 충분히 고려하여야 하기 때문이다. 결국 형사재판에서 배임죄의 객관적 구성요건요소인 손해 발생 또는 배임죄의 보호법익인 피해자의 재산상 이익의 침해 여부를 판단할 때에는 종래의 대법원 판례를 기준으로 하되 구체적 사안별로 타인의 사무의 내용과 성질, 임무위배의 중대성 및 본인의 재산 상태에 미치는 영향 등을 종합하여 신중하게 판단하여야 한다.

(나) 주식회사의 대표이사가 대표권을 남용하는 등 그 임무에 위배

하여 회사 명의로 의무를 부담하는 행위를 하더라도 일단 회사의 행위로서 유효하고, 다만 상대방이 대표이사의 진의를 알았거나 알 수 있었을 때에는 회사에 대하여 무효가 된다. 따라서 상대방이 대표권남용 사실을 알았거나 알 수 있었던 경우 그 의무부담행위는 원칙적으로 회사에 대하여 효력이 없고, 경제적 관점에서 보아도 이러한 사실만으로는 회사에 현실적인 손해가 발생하였다거나 실해 발생의 위험이 초래되었다고 평가하기 어려우므로, 달리 그 의무부담행위로 인하여 실제로 채무의 이행이 이루어졌다거나 회사가 민법상 불법행위책임을 부담하게 되었다는 등의 사정이 없는 이상 배임죄의 기수에 이른 것은 아니다. 그러나 이 경우에도 대표이사로서는 배임의 범의로 임무위배행위를 함으로써 실행에 착수한 것이므로 배임죄의 미수범이 된다.

그리고 상대방이 대표권남용 사실을 알지 못하였다는 등의 사정이 있어 그 의무부담행위가 회사에 대하여 유효한 경우에는 회사의 채무가 발생하고 회사는 그 채무를 이행할 의무를 부담하므로, 이러한 채무의 발생은 그 자체로 현실적인 손해 또는 재산상 실해 발생의 위험이라고 할 것이어서 그 채무가 현실적으로 이행되기 전이라도 배임죄의 기수에 이르렀다고 보아야 한다.

(다) 주식회사의 대표이사가 대표권을 남용하는 등 그 임무에 위배하여 약속어음 발행을 한 행위가 배임죄에 해당하는지도 원칙적으로 위에서 살펴본 의무부담행위와 마찬가지로 보아야 한다. 다만 약속어음 발행의 경우 어음법상 발행인은 종전의 소지인에 대한 인적 관계로 인한 항변으로써 소지인에게 대항하지 못하므로(어음법 제17조, 제77조), 어음발행이 무효라 하더라도 그 어음이 실제로 제3자에게 유통되었다면 회사로서는 어음채무를 부담할 위험이 구체적·현실적으로 발생하였다고 보아야 하고, 따라서 그 어음채무가 실제로 이행되기 전이라도 배임죄의 기수범이 된다. 그러나 약속어음 발행이 무효일 뿐만 아니라 그 어음이 유통되지도 않았다면 회사는 어음발행의 상대방에게 어음채무를 부담하지 않기 때문에 특별한 사정이 없는 한 회사에 현실적으로 손해가 발생하였다거나 실해 발생의 위험이 발생하였다고도 볼 수 없으므

로, 이때에는 배임죄의 기수범이 아니라 배임미수죄로 처벌하여야 한다.

판결 평석

1. 실행의 착수시기와 기수시기

종래 대법원은 배임죄에서 피고인의 임무위배행위로 인하여 피해자가 재산상 손해가 발생하면 배임죄가 '성립'하고, 피해자에게 재산상 손해가 발생하지 아니하면 배임죄가 '성립'하지 않는다고 판시하였다. 그런데 배임죄가 '성립'한다는 표현을 배임죄에서 재산상 손해가 발생하면 유죄이고, 손해가 발생하지 않으면 배임죄가 무죄라는 의미로 사용한다면 타당하지 않다. 임무위배행위를 하였다는 것은 배임죄의 실행에 착수한 것으로 보아야 한다. 손해의 발생 여부는 그 다음에 판단하여야 할 '기수'에 관한 문제이다. 이것을 '성립'이라고 표현하는 것은 오해의 소지가 있다.

대상 판결은 종전 판례가 실행의 착수와 기수를 분명히 구분하지 않았다고 지적하고 있다. 그리하여 "타인의 사무를 처리하는 자가 배임의 범의로 임무에 위배한 행위를 개시한 때 배임죄의 실행에 착수한 것이고, 이러한 행위로 인하여 자기 또는 제3자가 이익을 취득하여 본인에게 손해를 가한 때 기수에 이른다."고 하여 실행의 착수시기와 기수시기를 명확히 구분하였다.

종전 판례는 피고인의 임무위배행위가 있었으나 손해가 발생하지 않은 경우 배임죄의 성립을 부정한다고 판시하고 무죄를 선고하였으나, 대상 판결은 이러한 경우 실행의 착수가 있었으므로 배임죄의 미수가 된다고 한다. 배임죄의 구성요건에 맞는 타당한 판단이다.

2. 위험범설에 대한 비판

대상 판결의 다수설은 배임죄가 위험범이라는 종래의 태도를 유지하였다. 그러나 이것은 형법의 문언에 부합하지 않는다. 형법 제355조 제2항에서 '손해를 가한 때'란 손해를 현실적으로 가한 경우를 의미하고, 실해 발생의 위험을 초래한 경우를 포함하지 않는다. '실해 발생의 위험을 가한 때'를 '손해를 가한 때'와 같이 취급하는 것은 문언해석의 범위를 벗어나 형벌규정의 의미를 피고인에게 불리한 방향으로 확장하여 해석하는 것으로 죄형법정주의 원칙에 반한다. 별개의견이 그렇게 주장하고 있다.

다수의견은, 배임죄로 기소된 형사사건의 재판실무에서 배임죄의 기수시기를 심리·판단하기란 쉽지 않다고 하면서, 배임죄의 객관적 구성요건요소인 손해 발생 또는 배임죄의 보호법익인 피해자의 재산상 이익의 침해 여부를 판단할 때에는 종래 대법원 판례를 기준으로 하되 구체적 사안별로 타인의 사무의 내용과 성질, 임무위배의 중대성 및 본인의 재산 상태에 미치는 영향 등을 종합하여 신중하게 판단하여야 한다고 설시한다. 배임죄를 위험범이라고 보면 기수시기를 판단하는 것은 어려울 수밖에 없다. 그것은 대상 판결이 제시하는 여러 가지 사정을 종합하여 신중하게 판단하는 경우에도 마찬가지이다.

3. 채무부담행위와 손해의 발생

다수의견은 채무의 발생 그 자체를 현실적인 손해 또는 재산상 실해 발생의 위험이라고 한다. 그래서 채무가 발생하면 그것이 현실적으로 이행되기 전에 이미 배임죄 기수에 이른다고 한다.

그러나 별개의견은 재산권에 대한 현실적인 침해가 있어야 배임죄의 기수에 이른다고 한다. 임무위배행위로 채무가 발생하거나 불법행위책임을 부담하게 되더라도 이것은 손해 발생의 위험일 뿐 손해는 아니라고 한다. 채무가 발생하더라도 기한이나 조건, 채무자의 자력과 변제 의사, 채권자의 청구와 수령, 소멸시효 등 여러 사정에 따라 그 채무는 실제로 이행될 수도 있고 이행되지 않을 수도 있는데, 채무가 발생하였다는 사실만으로 배임죄의 보호법익인 재산권이 현실적으로 침해되었다고 보는 것은 부당하다고 한다.

4. 약속어음 발행행위와 배임죄 기수

약속어음 발행행위가 대표권 남용 등으로 법률상 무효인 경우에도 재산상 손해가 발생한 것으로 볼 것인지에 관하여 대법원은 일반적인 채무부담행위가 무효인 경우와 마찬가지로 취급하였다. 그런데 대법원 2012. 12. 27. 선고 2012도10822 판결, 대법원 2013. 2. 14. 선고 2011 도10302 판결 등은 약속어음 발행행위가 무효인 경우에도 그 약속어음 이 '제3자에게 유통되지 아니한다는 특별한 사정이 없는 한' 경제적 관 점에서는 회사에 대하여 배임죄에서의 재산상 실해 발생의 위험이 있다 고 하면서, 약속어음의 배서에 의한 양도가능성과 인적 항변의 단절 등 에서 그 근거를 찾았다.

대상 판결은, 약속어음 발행이 무효일 뿐만 아니라 그 어음이 유통 되지도 않았다면 회사는 어음발행의 상대방에게 어음채무를 부담하지 않기 때문에 회사에 현실적으로 손해가 발생하거나 실해 발생의 위험이 발생하였다고도 볼 수 없고 배임미수에 그친다고 하면서, 위 판결들을 폐기하였다. 약속어음이 유통될 가능성이 있다는 사정만으로 손해 발생 과 동등한 위험을 인정하는 위 판결들은 손해의 발생을 지나치게 확대 한 것이어서 부당하고, 이를 폐기한 것은 적절하다.

그런데 대상 판결의 다수의견은 약속어음이 유통가능성을 넘어 실제 로 제3자에게 유통된 경우에는 회사로서는 어음채무를 부담할 위험이 구체적·현실적으로 발생하였으므로 배임죄의 기수범으로 처벌할 수 있 다고 한다. 그러나 약속어음 발행행위의 법률상 효력 유무나 그 약속어 음이 제3자에게 유통되었다고 하여 회사에 손해를 가하였다고 보는 것 은 부당하다. 그것과 관계없이 회사가 그 어음채무나 그로 인해 부담하 게 된 민법상 불법행위책임을 현실적으로 이행한 때에 손해가 발생한 다고 할 것이고, 이때 배임죄는 기수에 이른다고 하는 별개의견이 타당 하다.

5. 대상 판결은 배임죄의 실행 착수와 기수시기에 관한 법리를 새롭 게 밝힌 점, 대표권 남용에 의한 약속어음의 발행에서의 혼란스러운 판 례의 태도를 정리한 점에서 의미가 크다. 그러나 배임죄를 침해범이 아 닌 위험범이라고 파악하고, 채무의 성립을 손해의 현실적 발생과 마찬 가지로 파악한 것은 찬성하기 어렵다.

018

영업비밀과 영업자산의 경쟁업체 유출 사건

대법원 2017. 6. 29. 선고 2017도3808 판결

[부정경쟁방지및영업비밀보호에관한법률위반(영업비밀누설등) · 업무상배임]

2018년 제7회 변호사시험 출제

사실 관계

피고인 2는 피해자 회사에 근무하면서 이 사건 각 파일을 무단으로 반출하였고, 퇴사할 때 이것을 피해자 회사에 반환하거나 폐기하지 않았다. 피고인 2는 피고인 1이 설립한 경쟁회사에 입사하여 경쟁회사를 위한 소스코드를 만들면서 보관 중이던 이 사건 각 파일을 이용하였다. 한편 피고인 1은 피고인 2가 퇴사 후 1년 반이 지난 후 그중 이 사건 14번 파일을 사용하는 데 공모 · 가담하였다.

재판 진행

검사는 피고인들을 업무상배임죄 등으로 기소하였다. 원심은 이 사건 공소사실에 대해 유죄로 판단하였다.[20] 유죄 부분에 대하여 피고인들이 상고하였다. 대법원은 원심판결 중 피고인 1에 대한 부분을 파기하고, 이 부분 사건을 원심법원에 환송하고, 피고인 2의 상고를 기각하였다.

판시 사항

회사직원이 영업비밀 또는 영업상 주요한 자산을 경쟁업체에 유출하

---

20) 서울중앙지법 2017. 2. 15. 선고 2016노3163 판결.

거나 스스로의 이익을 위하여 이용할 목적으로 무단으로 반출한 경우, 업무상배임죄의 기수시기(=유출 또는 반출 시) / 영업비밀 등을 적법하게 반출하였으나 퇴사 시에 회사에 반환하거나 폐기할 의무가 있음에도 같은 목적으로 이를 반환하거나 폐기하지 아니한 경우 업무상배임죄의 기수시기(=퇴사 시) / 퇴사한 회사직원이 위와 같이 반환하거나 폐기하지 아니한 영업비밀 등을 경쟁업체에 유출하거나 스스로의 이익을 위하여 이용한 행위가 따로 업무상배임죄를 구성하는지 여부(원칙적 소극) / 제3자가 위와 같은 유출 내지 이용행위에 공모·가담한 경우, 업무상배임죄의 공범이 성립하는지 여부(원칙적 소극)

판결 요지

업무상배임죄의 주체는 타인의 사무를 처리하는 지위에 있어야 한다. 따라서 회사직원이 재직 중에 영업비밀 또는 영업상 주요한 자산을 경쟁업체에 유출하거나 스스로의 이익을 위하여 이용할 목적으로 무단으로 반출하였다면 타인의 사무를 처리하는 자로서 업무상의 임무에 위배하여 유출 또는 반출한 것이어서 유출 또는 반출 시에 업무상배임죄의 기수가 된다. 또한 회사직원이 영업비밀 등을 적법하게 반출하여 반출행위가 업무상배임죄에 해당하지 않는 경우라도, 퇴사 시에 영업비밀 등을 회사에 반환하거나 폐기할 의무가 있음에도 경쟁업체에 유출하거나 스스로의 이익을 위하여 이용할 목적으로 이를 반환하거나 폐기하지 아니하였다면, 이러한 행위 역시 퇴사 시에 업무상배임죄의 기수가 된다. 그러나 회사직원이 퇴사한 후에는 더 이상 업무상배임죄에서 타인의 사무를 처리하는 자의 지위에 있다고 볼 수 없고, 위와 같이 반환하거나 폐기하지 아니한 영업비밀 등을 경쟁업체에 유출하거나 스스로의 이익을 위하여 이용하더라도 이는 이미 성립한 업무상배임 행위의 실행행위에 지나지 아니하므로, 그 유출 내지 이용행위가 부정경쟁방지 및 영입비밀보호에 관한 법률 위반(영업비밀누설등)죄에 해당하는지는 별론으로 하더라도, 따로 업무상배임죄를 구성할 여지는 없다. 그리고 퇴사한 회사직원에 대하여 타인의 사무를 처리하는 자의 지위를 인정할 수 없는 이상 제3자가 유출 내지 이용행위에 공모·가담하였더라도 업무상 배임죄의 공범 역시 성립할 수 없다.

판결 평석

1. 대상 판결은 회사 직원이 회사에서 재직 중 직무상 취득한 영업비밀 또는 영업상 주요한 자료는 회사에 반환하거나 폐기하는 것이 원칙이므로, 그것을 경쟁업체에 유출하거나 자기의 이익을 위하여 이용할 목적으로 무단으로 반출하였다면 그것은 임무에 위배한 행위라고 한다. 또한 회사 직원이 영업비밀 등을 재직 중에 무단으로 유출 또는 반출하면 유출 또는 반출 시에 업무상배임죄의 기수가 되고, 회사 직원이 영업비밀 등을 적법하게 반출하여 반출행위가 업무상배임죄에 해당하지 않는 경우라도, 퇴사 시에 경쟁업체에 유출하거나 스스로의 이익을 위하여 이용할 목적으로 이를 반환하지 않거나 폐기하지 아니하면, 이러한 행위 역시 퇴사 시에 업무상배임죄의 기수가 된다고 한다.

2. 배임죄는 독일에서 신하가 주군의 신뢰를 배신한 행위를 처벌하는 범죄로 탄생하였다. 그러나 근대에 이르러 배신행위 자체가 아니라 배신행위로 인하여 본인에게 재산상 손해를 가하는 행위를 처벌하는 재산범죄로 발전하였다. 독일의 배임죄가 우리나라에 와서는 재산상 손해를 가할 뿐만 아니라 행위자 또는 제3자가 재산상 이익을 취득할 것까지 요구하는 새로운 범죄로 변모하였다. 그럼에도 우리나라에서 배임죄를 해석하면서 임무위배행위로 인하여 재산상 이익을 취득하였다는 점에 대해 무관심하고, 재산상 손해와 무관한 단순한 배신행위를 배임죄로 처벌하려는 사례도 종종 볼 수 있다. 대상 판결이 대표적인 사례이다.

3. 이 사안에서 피고인 2의 행위를 회사에 대한 배신행위 또는 임무위배행위로 볼 여지는 충분하다. 그렇다면 나아가 그 임무위배행위가 재산상 이익과 관련한 것인지, 그 임무위배행위로 인하여 피고인이 이익을 취하거나 회사에 손해를 가하였는지를 따져야 한다. 그것들이 모

두 인정될 때 비로소 배임죄가 성립한다. 그런데 대상 판결은 이러한 것들을 아예 판단하지 않았다. 만약 피고인 2가 반출한 자료가 재산적 가치가 전혀 없는 것이라면 회사에 재산상 손해가 있을 수 없다. 대상 판결은 피고인 2의 자료반출 행위가 임무위배행위에 해당한다고 판단할 뿐, 그 자료가 재산상 가치가 있다거나, 피고인 2가 재산상 이익을 취득하고 회사에 재산상 손해를 가하였다는 점을 전혀 판단하지 않았다. 재산상 손해와 무관하게 배신행위만으로 배임죄가 성립하는지를 판단하고 있는 셈이다. 물론 회사의 영업비밀 또는 주요한 자산은 대부분 재산적 가치가 있어, 회사의 직원이 그것을 유출 혹은 반출함으로써 회사에 손해가 발생하는 것이 대부분일 것이다. 그렇다면 그것에 맞게 범죄구성요건의 해당 여부를 심리하고 판단할 필요가 있다.

4. 대상 판결은 배임죄의 본질을 배신설에서 찾는 태도에 머물러 있다. 그리하여 피고인의 행위가 재산상 이익과 관련된 임무위배행위인지 나아가 그로 인하여 회사에 손해가 발생하였는지에 관하여 아무런 언급도, 판단도 하지 않은 채 배임죄 성립을 인정하였다. 대상 판결에 찬성하지 않는다.

019

사기범죄와 배임범죄의 양립성

대법원 2017. 2. 15. 선고 2016도15226 판결 [사기·배임]

사실 관계

피고인은 피해자 1에게 자신의 아파트에 관한 소유권이전청구권가등기를 말소해 주면 금리가 낮은 곳으로 대출은행을 변경한 다음 곧바로 가등기를 다시 설정해 주겠다고 피해자 1을 기망하여 피해자 1로 하여금 가등기를 말소하게 한 후, 제3자에게 근저당권 및 전세권설정등기를 마치고, 피해자 1에게는 소유권이전청구권가등기 절차를 다시 설정해 주지 않았다.

또한 피고인은 보존산지로 지정되어 있어 전원주택 등을 신축할 수 없는 임야에 전원주택을 지을 수 있도록 진입로 등 제반 시설을 설치해 주겠다고 피해자 2를 기망하여 임야에 관한 매매계약을 체결하고 피해자 2로부터 계약금 및 중도금을 교부받고도, 피해자에게 소유권이전등기를 해 주지 않고 제3자에게 근저당권설정등기를 해주었다.

재판 진행

검사는 위 두 가지 범죄사실을 두고 사기죄와 배임죄로 기소하였다. 제1심은 사기죄와 배임죄 모두에 대하여 유죄로 판단하였으나, 원심은 사기죄는 유죄, 배임죄에 대해서는 무죄로 판단하였다.[21] 피고인과 검사가 각 상고하였다. 대법원은 상고를 모두 기각하였다.

---

21) 서울북부지법 2016. 9. 2. 선고 2016노862 판결.

일련의 행위에 대한 법률적 평가에서 범죄의 비양립성이 인정되는 경우

외형상으로는 공소사실의 기초가 되는 피고인의 일련의 행위가 여러 개의 범죄에 해당되는 것 같지만 그 일련의 행위가 합쳐져서 하나의 사회적 사실관계를 구성하는 경우에 그에 대한 법률적 평가는 하나밖에 성립되지 않는 관계, 즉 일방의 범죄가 성립되는 때에는 타방의 범죄는 성립할 수 없고, 일방의 범죄가 무죄로 될 경우에만 타방의 범죄가 성립할 수 있는 비양립적인 관계가 있을 수 있다.

1. 대상 판결은 두 가지 범죄사실로 이루어져 있다.

첫 번째 사안은 피해자 1에게 나중에 가등기를 회복시켜 주겠다고 기망하여 가등기를 말소시키는 재산상 이익을 취득한 전형적인 사기죄 사안이다. 피고인이 약속을 지켜 가등기를 회복시켜 주면 사기죄가 성립하지 않지만, 약속을 어기고 가등기를 회복하지 않았기 때문에 사기죄가 성립한다. 피고인이 가등기를 회복해 주지 않고 제3자에게 근저당권설정등기 등을 마쳐 준 행위는 처음부터 가등기를 말소시켜 이익을 취하려는 사기범행에 포함된 것이지, 별도의 배임죄가 성립한다고 볼 수 없다.

2. 두 번째 사안에서 피고인은 피해자 2를 기망하여 임야에 관한 매매계약을 체결하고 피해자 2로부터 계약금 및 중도금을 교부받고도, 피해자에게 소유권이전등기를 해 주지 않았으므로 그것만으로 사기죄가 성립한다. 피고인이 그후 제3자에게 그 임야에 관하여 근저당권설정등기를 해 주었다고 하더라도 이것은 불가벌적 사후행위로 평가될 뿐 별

도의 배임죄가 성립한다고 할 수 없다.

3. 대상 판결은, 외형상으로는 공소사실의 기초가 되는 피고인의 일련의 행위가 여러 개의 범죄에 해당되는 것 같지만, 그 일련의 행위가 합쳐져서 하나의 사회적 사실관계를 구성하고 그에 대한 법률적 평가는 하나밖에 성립되지 않는 관계에 있다고 한다. 이렇게 일방의 범죄가 성립되는 때에는 타방의 범죄는 성립할 수 없고, 일방의 범죄가 무죄로 될 경우에만 타방의 범죄가 성립할 수 있는 비양립적인 관계라고 한다. 대상 판결은 '비양립적인 관계'라는 낯선 용어를 사용하고 있지만, 구체적 사실관계를 살펴보면 당연한 법리를 판시하고 있는 것이다.

020

부동산 점유자의 재판상 자백과 손해의 발생

대법원 2017. 2. 3. 선고 2016도3674 판결 [업무상배임]

2019년 제8회 변호사시험 출제

사실 관계

피고인은 이 사건 아파트에 관하여 유치권을 주장하는 피해자들로부터 아파트의 점유·관리를 위탁받아, 그 무렵부터 약혼자와 함께 이 사건 아파트에 거주하였다.

경매절차를 통해 이 사건 아파트의 소유권을 취득한 공소외 1은 피고인과 약혼자를 상대로 점유이전금지가처분결정을 받아 집행을 마치고, 피고인을 상대로 건물인도의 소를 제기하였다.

피해자들은 이 사건 아파트에서 피고인을 퇴거시킨 후 다른 사람에게 아파트의 점유·관리를 위탁하고, 피고인에게 유치물위탁계약 해지 통지를 하였다.

피고인은 건물인도 소송의 제1심 법원에 청구를 인낙하는 취지의 서면을 제출하였으나, 아파트를 점유·관리하고 있는 공소외 3이 소송수계 신청을 하여 유치권자로부터 점유·관리를 위탁받았다고 항변하였고, 공소외 1의 건물인도 청구 부분을 기각하는 판결이 선고되었다. 한편 피고인이 청구인낙 서면을 제출한 행위에 대하여는 배임미수의 유죄 판결이 확정되었다.

그런데 건물인도 사건의 항소심 법원은 '이 사건 아파트를 점유할 사무를 위임받은 자에 불과한 공소외 3의 소송수계 신청은 부적법하다'는 이유로 위 제1심 판결을 파기하고 사건을 제1심 법원으로 환송하였다.

피고인은 환송 후 제1심의 변론기일에 출석하여 '인도청구 부분은 인정한다'는 취지로 진술하였고, 이는 재판상 자백으로 인정되어 공소외 1의 건물인도 청구 부분을 인용하는 내용의 판결이 선고되어 확정되었다.

공소외 1이 위 확정판결에 기하여 공소외 2 등을 상대로 승계집행문을 부여받자, 공소외 2 등은 공소외 1을 상대로 승계집행문 부여에 대한 이의의 소를 제기하였고, '공소외 2 등이 피고인의 승계인에 해당하지 않아 승계집행문 부여가 위법하다'는 취지의 판결이 선고되어 확정되었다.

한편 공소외 1은 피해자들을 상대로 유치권부존재확인 등의 소를 제기하였으나, '피해자들에게 유치권이 인정된다'는 취지의 판결이 선고되어 확정되었다.

재판 진행

검사는 피고인을 업무상배임죄로 기소하였다. 원심은 공소사실을 유죄로 판단하였다.[22] 피고인이 상고하였다. 대법원은 원심판결을 파기하고 사건을 원심법원에 환송하였다.

판시 사항

[1] 배임죄에서 '타인의 사무를 처리하는 자' 및 '임무위배행위'의 의미

[2] 배임죄에서 '재산상의 손해'의 의미와 판단 기준(=경제적 관점) 및 재산상 손해가 발생하였다고 평가될 수 있는 '재산상 실해 발생의 위험'의 의미 / 유치권자로부터 점유를 위탁받아 부동산을 점유하는 자가 부동산의 소유자로부터 인도소송을 당하여 재판상 자백을 한 경우, 재판상 자백이 손해 발생의 구체적·현실적인 위험을 초래하기에 이르렀는지 판단하는 기준

---

22) 서울동부지법 2016. 2. 17. 선고 2015노1172 판결.

판결 요지

　[1] 배임죄는 타인의 사무를 처리하는 자가 임무에 위배하는 행위로 재산상 이익을 취득하여 사무의 주체인 타인에게 손해를 가함으로써 성립하므로 범죄의 주체는 타인의 사무를 처리하는 지위에 있어야 한다. 여기에서 '타인의 사무'를 처리한다고 하려면 당사자 관계의 본질적 내용이 단순한 채권채무 관계를 넘어서 그들 간의 신임관계에 기초하여 타인의 재산을 보호 또는 관리하는 것이어야 한다. 임무위배행위란 처리하는 사무의 내용, 성질 등 구체적 상황에 비추어 법령의 규정, 계약 내용 또는 신의성실의 원칙상 당연히 하여야 할 것으로 기대되는 행위를 하지 않거나 당연히 하지 않아야 할 것으로 기대되는 행위를 함으로써 본인과 맺은 신임관계를 저버리는 일체의 행위를 말한다.

　[2] 배임죄에서 재산상의 손해에는 현실적인 손해가 발생한 경우뿐만 아니라 재산상 실해 발생의 위험을 초래한 경우도 포함되고, 재산상 손해의 유무에 대한 판단은 법률적 판단에 의하지 않고 경제적 관점에서 파악하여야 한다. 그런데 재산상 손해가 발생하였다고 평가될 수 있는 재산상 실해 발생의 위험이란 본인에게 손해가 발생할 막연한 위험이 있는 것만으로는 부족하고 경제적인 관점에서 보아 본인에게 손해가 발생한 것과 같은 정도로 구체적인 위험이 있는 경우를 의미한다. 따라서 재산상 실해 발생의 위험은 구체적·현실적인 위험이 야기된 정도에 이르러야 하고 단지 막연한 가능성이 있다는 정도로는 부족하다.

판결 평석

　1. 대상 판결의 사실관계를 다시 요약하면, 피고인은 유치권자인 피해자들로부터 점유를 위탁받아 이 사건 건물을 점유하고 있었는데, 피해자들이 이 사건 아파트에서 피고인을 퇴거시킨 후 다른 사람에게 아파트의 점유·관리를 위탁하고, 피고인에게 유치물위탁계약 해지통지를 하였고, 공소외 1은 점유자도 아닌 피고인을 상대로 건물인도청구의 소를 제기하였고, 피고인은 이에 대하여 재판상 자백을 하였다는 것이다.

검사는, 피고인이 유치권자인 피해자들로부터 유치물인 이 사건 아파트에 관한 점유를 위탁받았으므로 이후 점유위탁계약이 해지되더라도 잔존사무 처리자로서 이 사건 아파트의 매수인 공소외 1이 제기한 인도소송에서 유치권이 소멸되지 않도록 대응하여야 할 임무가 있었음에도, 그 임무에 위배하여 위 소송에서 공소외 1의 주장을 모두 인정한다는 취지로 진술하여 재판상 자백을 함으로써 공소외 1에게 이 사건 아파트의 점유를 취득하게 하고, 피해자들로 하여금 유치권을 상실할 위험을 초래하여 재산상 손해를 가하였다고 하여, 피고인을 업무상배임죄로 기소하였다.

원심은, 점유위탁계약이 종료되었다 하더라도 피고인이 위 소송에 응소할 사무를 처리하여야 할 신임관계가 여전히 존속한다고 보아 피고인이 배임죄에서의 '타인의 사무를 처리하는 자'에 해당하고, 피고인이 위 소송에 관하여 피해자들에게 응소 여부를 결정하게 하거나 스스로 응소하였어야 함에도 재판상 자백을 하여 패소확정판결을 받은 이상, 이는 사무의 내용·성질 등 구체적 상황에 비추어 신의칙상 당연히 할 것으로 기대되는 행위를 하지 않음으로써 신임관계를 저버린 배임행위에 해당한다고 판단하여, 배임죄의 성립을 인정하였다.

2. 그러나 대상 판결은, ① 피고인은 피해자들로부터 이 사건 아파트에서 퇴거당하였고, 그후 유치물위탁계약 해지통지까지 받았으므로 피고인과 피해자들 사이의 계약에 따른 신임관계는 종료된 점, ② 피고인이 재판상 자백을 한 시점은 위와 같이 신임관계가 종료된 지 2년이 훨씬 지난 때였으며, 피고인은 환송 전 제1심에서 청구인낙의 의사표시를 하였고, 피해자들 역시 피고인을 소송에서 배제시키기 위해 공소외 3에게 소송수계를 하도록 한 사정에 비추어 보면, 양자 간에 신의성실의 원칙 등에 따른 신임관계가 남아있다고 보기 어려운 점, ③ 환송 전 제1심에서는 피해자들이 소송대리인을 선임해 주거나 소송수계 등을 시도하였으나, 환송 후 제1심에서는 피해자들이 소송대리인을 선임해 주거나 보조참가를 시도하는 등의 조치를 취한 바 없는 점, ④ 피고인은

공소외 1에 의해 소송당사자로 지목되어 피고의 지위에 있었을 뿐, 약 두 달 남짓 이 사건 아파트에 거주하다가 점유를 상실하고 점유위탁계약을 해지당하여 위 민사소송에서 별다른 법률상 이해관계가 없었고, 피해자들에게 유치권이 인정되는지 여부에 관하여 알 수도 없는 상태에서 위 민사소송에 적극적으로 응소하여 유치권자로부터 점유를 위탁받은 것이라는 항변을 할 것을 요구할 수 없는 점, ⑤ 또한 피해자들은 피고인이 위 민사소송에서 청구인낙의 의사표시를 하였던 사정이나 제1심판결이 파기환송된 경과 등을 파악하고 있었으므로, 피고인이 환송 후 제1심에서 피해자들이 응소 여부를 결정하도록 연락할 의무가 없는 점 등의 사정을 들어 피고인이 이 사건 재판상 자백을 할 당시 피해자들과의 신임관계에 기초를 둔 '타인의 사무를 처리하는 자'에 해당한다고 단정할 수 없고, 피고인이 유치권자로부터 위탁받은 점유임을 적극적으로 항변하지 않은 것이 신임관계를 저버린 임무위배행위에 해당한다고 보기 어렵다고 판단하였다.

또한 대상 판결은, ① 공소외 1이 피고인을 상대로 건물인도의 소송에서 피고인이 재판상 자백을 하였지만, 당시 피고인은 이 사건 건물에 대한 점유를 상실한 상태였고, 그 자백은 공소외 1의 소유권 및 피고인이 가처분결정 당시 이 사건 건물을 점유하고 있던 사실을 인정하는 내용이어서, 그 자백이 피해자들의 유치권 성립·존속에 영향을 미치지 않는 점, ② 공소외 1이 이 사건 건물의 인도를 명하는 판결을 선고받아도, 이미 점유를 상실한 피고인이나 피해자들을 상대로 한 강제집행은 불가능한 점, ③ 공소외 1이 위 판결에 기초하여 승계집행문을 부여받아 현재의 점유자를 상대로 인도집행을 하더라도, 피해자들은 유치권에 기한 제3자이의의 소를 제기하여 그 집행의 배제를 구할 수 있는 점 등에 비추어, 피고인의 재판상 자백이 피해자들에게 점유 상실 내지 유치권 상실이라는 손해 발생의 구체적·현실적인 위험을 초래하였다고 단정할 수 없다고 판시하였다.

3. 대상 판결은 '타인의 사무를 처리하는 자', '임무위배행위', '재산상

의 손해와 실해 발생의 위험'의 의미 등에 관한 법리를 판시하고 있지만, 그 법리가 새로운 것은 아니다. 그러나 대상 판결이 "유치권자로부터 점유를 위탁받아 부동산을 점유하는 자가 부동산의 소유자로부터 인도소송을 당하여 재판상 자백을 한 경우, 그러한 재판상 자백이 손해 발생의 구체적·현실적인 위험을 초래하기에 이르렀는지를 판단함에 있어서는 재판상 자백이 인도소송 및 유치권의 존속·성립에 어떠한 영향을 미치는지, 소유자가 재판상 자백에 의한 판결에 기초하여 유치권자 등을 상대로 인도집행을 할 수 있는지, 유치권자가 그 집행을 배제할 방법이 있는지 등 여러 사정을 종합하여 신중하게 판단하여야 한다."고 하여 배임죄에 관한 엄격한 해석을 주문한 부분은 매우 바람직하다.

4. 대상 판결에 찬성한다.

021

거래상대방이 배임죄의 공범으로 인정되는 경우

대법원 2016. 10. 13. 선고 2014도17211 판결

[업무상배임 · 배임수재 · 배임증재]

2018년 제7회 변호사시험 출제

사실 관계

피고인 1은 피해자들의 공동소유인 이 사건 특허권에 대하여 피해자들로부터 명의신탁을 받아 관리하는 업무를 하고 있었다. 피고인 2는 피고인 1에게 대금 1,000만 원을 지급하고 위 특허권을 피고인 2 앞으로 이전등록하였다.

재판 진행

검사는 피고인 2가 피고인 1과 공모하여 업무상 임무에 위배하여 피고인 2에게 이 사건 특허권 상당의 이익을 취하게 하고, 피해자들에게 손해를 가하였다고 하여 업무상배임죄로 기소하는 한편, 피고인 1에게 이 사건 특허권의 명의를 이전해 달라고 하고 1,000만 원을 지급한 피고인 2를 배임증재로, 1,000만 원을 지급받은 피고인 1을 배임수재로 각 기소하였다. 원심은 피고인들에 대한 공소사실 중 업무상배임의 점에 대하여 유죄로 판단하였다.[23) 피고인들이 상고하였다. 대법원은 원심판결을 파기하고, 사건을 원심법원에 환송하였다.

---

23) 서울동부지법 2014. 11. 21. 선고 2014노1080 판결.

거래상대방의 대향적 행위의 존재를 필요로 하는 유형의 배임죄에서, 업무상배임죄의 실행으로 이익을 얻게 되는 수익자를 배임죄의 공범으로 볼 수 있는지 여부(원칙적 소극) / 배임의 실행행위자에 대한 공동정범으로 인정할 수 있는 경우

판결 요지

거래상대방의 대향적 행위의 존재를 필요로 하는 유형의 배임죄에서 거래상대방은 기본적으로 배임행위의 실행행위자와 별개의 이해관계를 가지고 반대편에서 독자적으로 거래에 임한다는 점을 고려하면, 업무상 배임죄의 실행으로 이익을 얻게 되는 수익자는 배임죄의 공범이라고 볼 수 없는 것이 원칙이고, 실행행위자의 행위가 피해자 본인에 대한 배임행위에 해당한다는 점을 인식한 상태에서 배임의 의도가 전혀 없었던 실행행위자에게 배임행위를 교사하거나 또는 배임행위의 전 과정에 관여하는 등으로 배임행위에 적극 가담한 경우에 한하여 배임의 실행행위자에 대한 공동정범으로 인정할 수 있다.

판결 평석

1. 타인의 사무를 처리하는 자라는 배임죄의 신분관계가 없는 사람을 배임죄의 공동정범으로 처벌하는 경우에도 공동가공의 의사와 이에 기초한 기능적 행위지배를 통한 범죄의 실행이라는 주관적 객관적 요건이 충족되어야 한다. 이것이 공동정범에 관한 일반적 법리이다. 대상 판결은 거래상대방의 대향적 행위의 존재를 필요로 하는 유형의 배임죄인 특허권의 이중양도 문제를 다루고 있다. 그런데 대상 판결은 공동정범에 관한 일반 법리를 따르지 않고, 부동산 이중매매에서의 공범에 관한 판례를 언급하고 있다.

2. 부동산 이중매매에서의 공범에 관한 판례는 변화를 거듭하였다.

대법원 1966. 1. 31. 선고 65도1095 판결은, 부동산을 타인이 매수한 사실을 알면서 그 매수인을 배제하고 이를 취득할 목적으로 그 매도인과 공모하여 이중으로 매수하여 그 소유권이전등기를 경료하였다면 피고인(제2매수인)은 매도인의 배임범죄행위에 가공하였다고 할 것이므로 형법 제33조와 제30조에 의하여 배임죄의 공모관계가 성립한다고 하였다.

그러나 대법원 1975. 6. 10. 선고 74도2455 판결에서 적극 가담이라는 요건이 등장한다. 즉 "부동산 이중매수인에 대하여 배임죄의 죄책을 묻기 위해서는 이중매수인이 단지 그 부동산이 타인에게 매도되었음을 알고 이중으로 양수하는 것만으로는 부족하고, 제1매수인을 해할 목적으로 양도를 교사하거나 기타 방법으로 양도행위에 적극가담한 경우에 한하여 양도인의 배임행위에 대한 공범이 성립된다"고 하였다. 그 이후 대법원은 이 판결에 따라 이중매수인은 배임행위를 교사하거나 배임행위의 전 과정에 관여하는 등으로 배임행위에 적극가담함으로써 그 실행행위자와의 계약이 반사회적 법률행위에 해당하여 무효로 되는 경우 배임죄의 교사범 또는 공동정범이 될 수 있지만, 관여의 정도가 거기에까지 이르지 아니하면 외견상 방조행위로 평가될 수 있는 행위가 있었던 경우에도 배임죄 공범으로 처벌할 수 없다고 한다. 이로써 방조자는 공범으로 처벌할 수 없다는 법리가 확립되었다.

한편 대법원 1999. 7. 23. 선고 99도1911 판결에 이르러 부동산 이중매매 이외의 사례에까지 위 법리가 적용되기 시작하였다. 대법원 2005. 10. 28. 선고2005도4915 판결은 그러한 사례를 '거래상대방의 대향적 행위의 존재를 필요로 하는 유형의 배임죄'로 분류하고, 이러한 유형의 배임죄에 한정하여 이 법리가 적용된다고 판시하였다.

3. 대상 판결은 이러한 판례의 변천에 따라 "거래상대방의 대향적 행위의 존재를 필요로 하는 유형의 배임죄에서 거래상대방은 기본적으로 배임행위의 실행행위자와 별개의 이해관계를 가지고 반대편에서 독자적으로 거래에 임한다는 점을 고려하면, 업무상배임죄의 실행으로 이익을 얻게 되는 수익자는 배임죄의 공범이라고 볼 수 없는 것이 원칙이

다.”라고 하면서, “실행행위자의 행위가 피해자 본인에 대한 배임행위에 해당한다는 점을 인식한 상태에서 배임의 의도가 전혀 없었던 실행행위자에게 배임행위를 교사하거나 또는 배임행위의 전 과정에 관여하는 등으로 배임행위에 적극가담한 경우에 한하여 배임의 실행행위자에 대한 공동정범으로 인정할 수 있다.”고 판시하였다.

4. 판례가 거래상대방의 대향적 행위의 존재를 필요로 하는 유형의 배임죄라는 유형에 한정하여, 그러한 경우 거래상대방에게 배임행위를 교사하거나 또는 배임행위의 전과정에 관여하는 등 적극가담한 경우에 한하여 배임죄의 공범이 성립된다고 한다. 그러나 이러한 판시는 이론적 근거를 찾아볼 수 없다. 이것은 부동산 이중매매를 반사회적 행위에 해당하여 민사상 무효라는 결론을 도출하는 과정에서 탄생한 것으로 추측된다. 굳이 적극가담이라는 법리를 동원하기보다는 ‘기능적 행위지배’라는 공범이론을 적용하는 것이 타당하다고 생각한다.

5. 대상 판결은 피고인 2가 배임의 의사가 없었던 피고인 1에게 배임의 결의를 하게 하여 교사하였다거나 배임행위의 전 과정에 관여하는 등 배임행위에 적극가담하였다고 단정하기 어렵다고 판단하였다. 대상 판결이 종전 판례의 법리를 답습한 것은 아쉽지만, 원심이 채택한 증거에 의하더라도 피고인 1이 배임행위에 적극가담하였다고 보기 어렵다고 판단하였으니, 결론은 동일하다.

022

설계도면 무단 반출 사건

대법원 2016. 7. 7. 선고 2015도17628 판결 [업무상배임]

2017년 제6회 변호사시험 출제

사실 관계

피고인들은 피해 회사에 입사하여 설계2팀 차장, 구매팀 차장, 구매팀 과장으로 각 근무하다가 퇴사한 후 공소외 3 회사에 입사하였다.

피고인 1은 피해 회사 재직 중 회사의 지적·물적 재산을 회사의 승낙 없이 부정하게 사용하거나 반출하지 않겠다는 내용의 서약서를 작성하였고, 피고인들은 피해 회사를 퇴사하면서 재직 중 취득한 회사의 기술상 또는 경영상 일체의 정보를 외부로 누설하지 아니하고 경쟁회사에서 이를 이용하지 않겠다는 내용의 사직서를 작성하여 피해회사에 제출하였다.

피고인 1은 피해 회사의 설계2팀 과장에게 피해 회사에서 보유하고 있는 장비제작도면 및 사양서 등 모든 자료를 공용노트북에 저장하여 전달해 달라고 부탁하고, 퇴사 후에 위 자료가 저장된 공용노트북을 전달받아 이를 개인용 외장하드에 저장하여 계속 보관하였다. 피고인 2는 피해 회사를 퇴사하면서 자료를 저장해 놓은 개인용 외장하드를 피해회사에 반환하거나 폐기하지 아니하고 퇴사 후에도 계속 보관하였다. 피고인 3은 피해 회사를 퇴사하면서 자료를 저장해 놓은 개인용 USB를 피해회사에 반환하거나 폐기하지 아니하고 퇴사 후에도 계속 보관하였다.

한편 피고인들은 공소외 3 회사에 입사한 후 일부 자료를 업무에 참고하였다. 위 자료 중 일부 도면은 일본 공소외 1 회사가 피해회사에 와이어 카세트 제작·납품을 의뢰하면서 제공한 제작도면들과 이를 토대로 피해 회사가 다시 작성한 피해 회사의 제작도면들이고, 일부는 피해 회사의 장비제작도면 및 구매원가자료 등 구매 관련 자료들이며, 일부는 프로젝트별 예상원가 산출내역 및 2011년 매출액을 정리한 자료이고, 일부는 피해회사가 외주업체들에게 발주한 장비(설비) 등에 대한 계약서들이다.

피해 회사는 외주업체들에게 발주한 장비(설비)와 관련하여 구매계약을 체결할 때 도면 관리에 관한 약정을 맺거나 비밀보호계약 등을 맺음으로써 외주업체들이 피해 회사로부터 제공받은 도면 등의 기술정보를 피해 회사의 승인 없이 공개하는 것을 금지하고 있다.

재판 진행

검사는 피고인들을 업무상배임죄로 기소하였다. 원심은 이 사건 각 자료가 피해 회사의 영업상 주요한 자산에 해당한다는 사실이 증명되지 않았다고 하여 무죄를 선고하였다.[24] 검사가 상고하였다. 대법원은 원심판결을 파기하고, 사건을 원심법원에 환송하였다.

판시 사항

[1] 회사 직원이 경쟁업체에 유출하거나 스스로의 이익을 위하여 이용할 목적으로 회사 자료를 무단으로 반출한 경우, 업무상배임죄가 성립하기 위한 요건

[2] 회사 직원이 영업비밀이나 영업상 주요한 자산인 자료를 적법하게 반출하였으나 퇴사 시 반환·폐기의무가 있음에도 경쟁업체에 유출하거나 스스로의 이익을 위하여 이용할 목적으로 영업비밀 등을 반환·폐기하지 아니한 행위가 업무상배임죄에 해당하는지 여부(적극)

---

24) 수원지법 2015. 10. 22. 선고 2015노599 판결.

판결 요지

　회사 직원이 경쟁업체에 유출하거나 스스로의 이익을 위하여 이용할 목적으로 회사 자료를 무단으로 반출한 경우에, 그 자료가 영업비밀에 해당하지 아니한다 하더라도, 그 자료가 불특정 다수인에게 공개되어 있지 아니하여 보유자를 통하지 아니하고는 이를 통상 입수할 수 없고, 그 자료의 보유자가 그 자료의 취득이나 개발을 위해 상당한 시간, 노력 및 비용을 들인 것으로서 그 자료의 사용을 통해 경쟁자에 대하여 경쟁상의 이익을 얻을 수 있는 정도의 영업상 주요한 자산에 해당한다면, 이는 업무상의 임무에 위배한 행위로서 업무상배임죄가 성립한다.

　한편 회사 직원이 영업비밀이나 영업상 주요한 자산인 자료를 적법하게 반출하여 그 반출행위가 업무상배임죄에 해당하지 않는 경우라도, 퇴사 시에 그 영업비밀 등을 회사에 반환하거나 폐기할 의무가 있음에도 경쟁업체에 유출하거나 스스로의 이익을 위하여 이용할 목적으로 이를 반환하거나 폐기하지 아니하였다면, 이러한 행위는 업무상배임죄에 해당한다.

판결 평석

　1. 회사 직원이 재직중 직무상 취득하거나 반출한 자료는 퇴사 시 회사에 반환하거나 폐기하여야 하는 것이 원칙이다. 그러나 그 자료 중에는 영업비밀에 해당하지 않거나 중요한 자료가 아니어서 굳이 반환하거나 폐기할 필요가 없는 자료도 있을 것이다.

　원심은 피고인들이 경쟁업체에 유출하거나 혹은 피해 회사에 반환하거나 폐기하지 아니한 자료들이 피해자 회사의 영업상 주요한 자산에 해당하기 어렵다는 취지로 판단하였지만, 대상 판결은 위 회사 자료들이 영업비밀에 해당하지 않더라도 영업상 주요한 자산에 해당한다면 업무상배임죄의 목적물이 될 수 있다고 판단하였다.

　배임죄는 재산상 이익을 행위객체로 하는 범죄이다. 따라서 회사의 영업비밀이나 영업상 주요한 재산이 재산상 이익에 해당된다는 점을 분명히 밝힌 후 그것이 배임죄의 객체가 될 수 있는지를 판단하여야 한다. 영업비밀 또는 영업상 주요한 재산이 재산상 이익에 해당한다면 그것을 무단으로 유출한 행위는 배임죄에 해당될 수 있다. 대상 판결이 이 점을 명확히 하지 않은 것은 적절하지 않다.

2. 대상 판결은 피고인들이 반출한 자료가 영업상 주요한 자산에 해당하는지 여부에 관하여 상세하게 판단하고 있을 뿐, 피고인들의 행위로 말미암아 피고인이 재산상 이익을 취득하고 피해자에게 손해를 가하였다는 점은 아예 판단하지 않았다. 그러나 그 자료가 재산상 가치가 없다면 피고인들이 그 자료를 유출, 반출하더라도 피해 회사에는 손해가 없다. 이런 점에서 보면 대상 판결은 재산상 이익 또는 손해와 무관한 단순한 배신행위를 배임죄로 처벌하려는 것으로 오해할 여지가 있다.

3. 배임죄는 독일에서 신하가 주군의 신뢰를 배신한 행위를 처벌하는 범죄로 탄생하였으나, 근대에 이르러 그러한 행위로 말미암아 본인에게 재산상 손해를 가하는 행위를 처벌하는 재산범죄로 발전하였다. 더욱이 우리나라 배임죄는 본인에게 재산상 손해를 가할 뿐만 아니라 행위자 또는 제3자가 그로 인하여 재산상 이익을 취득할 것까지 요구한다. 그럼에도 우리나라 배임죄에 대한 이해의 부족으로 재산상 이익의 취득에 대해 무관심한 판례나 학설을 종종 볼 수 있다. 심지어 재산상 손해가 전혀 발생하지 않았는데도 단순히 배신행위를 하였다는 사실만으로 배임죄 성립을 인정하는 경우도 보인다. 대상 판결이 바로 그러한 경우이다.

4. 뿐만 아니라 이 사안에서 문제된 자료가 영업비밀이나 영업상 주요한 자산에 해당한다고 하더라도, 피고인들이 퇴사 시 그 자료를 경쟁업체에 유출하거나 스스로 이용한 것은 몰라도, 단순히 반환하거나 폐기하지 아니한 행위까지 업무상배임죄에 해당한다고 판단한 것은 타당하지 않다. 왜냐하면 자료를 폐기하지 아니하였다고 하여 곧바로 피고

인 또는 제3자가 재산상 이익을 취득한다고 볼 것은 아니기 때문이다.

또한 대상 판결이 "피고인들이 퇴사 시에 그 영업비밀 등을 회사에 반환하거나 폐기할 의무가 있음에도 경쟁업체에 유출하거나 스스로의 이익을 위하여 이용할 목적으로 이를 반환하거나 폐기하지 아니하였다면, 이러한 행위는 업무상배임죄에 해당한다."고 판시한 부분은 '자기 또는 제3자의 이익을 도모하거나 또는 본인에게 손해를 가할 목적'을 요구하는 일본 형법의 배임죄 규정을 연상시킨다. 그러한 목적을 요구하지 않는 우리 배임죄의 해석으로는 부적절한 표현이다.

5. 대상 판결이 배임죄의 구성요건인 재산상 이익의 취득과 손해의 발생에 관하여 아예 판단하지 않고, '자기 또는 제3자의 이익을 도모하거나 또는 본인에게 손해를 가할 목적'이 인정된다는 이유로 업무상배임죄의 성립을 인정한 것은 부적절하다. 이러한 유형의 배임죄에 관하여는 근본적인 재검토가 필요하다.

023

질권설정자가 질권의 목적물인 채권의 변제를 받은 사건

대법원 2016. 4. 29. 선고 2015도5665 판결 [배임]

사실 관계

피고인은 공소외 1 소유의 아파트를 전세보증금 1억 6,000만 원, 전세기간 2년으로 정하여 임차하기로 하는 전세계약을 체결하였다. 피고인은 그 무렵 피해자로부터 전세보증금 1억 2,000만 원의 대출을 받고, 그 담보로 공소외 1에 대한 보증금 반환청구권에 권리질권을 설정하였다.

당시 공소외 1은 '피고인이 위 전세보증금반환채권에 대하여 피해자에게 질권을 설정함에 있어 이의 없이 이를 승낙한다'는 내용의 질권설정승낙서를 작성하여 피해자에게 교부하였다.

그 후 피고인은 공소외인으로부터 전세보증금 1억 4,000만 원을 수령하여 소비하였다.

재판 진행

검사는 피고인을 배임죄로 기소하였다. 원심은 공소사실에 대하여 유죄로 판단하였다.[25] 피고인이 상고하였다. 대법원은 원심판결을 파기하고, 사건을 원심법원에 환송하였다.

판시 사항

타인에 대한 채무의 담보로 제3채무자에 대한 채권에 대하여 권리질

---

25) 수원지법 2015. 4. 2. 선고 2015노692 판결.

권을 설정하고, 질권설정자가 제3채무자에게 질권설정의 사실을 통지하거나 제3채무자가 이를 승낙한 상태에서, 질권설정자가 질권자의 동의 없이 제3채무자에게서 질권의 목적인 채권의 변제를 받은 경우, 질권자에 대한 관계에서 배임죄가 성립하는지 여부(소극)

판결 요지

타인에 대한 채무의 담보로 제3채무자에 대한 채권에 대하여 권리질권을 설정한 경우 질권설정자는 질권자의 동의 없이 질권의 목적된 권리를 소멸하게 하거나 질권자의 이익을 해하는 변경을 할 수 없다(민법 제352조). 또한 질권설정자가 제3채무자에게 질권설정의 사실을 통지하거나 제3채무자가 이를 승낙한 때에는 제3채무자가 질권자의 동의 없이 질권의 목적인 채무를 변제하더라도 이로써 질권자에게 대항할 수 없고, 질권자는 여전히 제3채무자에 대하여 직접 채무의 변제를 청구하거나 변제할 금액의 공탁을 청구할 수 있다(민법 제353조 제2항, 제3항). 그러므로 이러한 경우 질권설정자가 질권의 목적인 채권의 변제를 받았다고 하여 질권자에 대한 관계에서 타인의 사무를 처리하는 자로서 임무에 위배하는 행위를 하여 질권자에게 손해를 가하거나 손해 발생의 위험을 초래하였다고 할 수 없고, 배임죄가 성립하지도 않는다.

판결 평석

1. 대상 판결에서는 질권설정자인 피고인이 피해자의 재산인 권리질권을 보호할 사무를 처리하는 자에 해당하는지가 문제되었다.

원심은 통상의 금전소비대차 관계에서 차용인의 차용금 변제의무는 자신의 채무일 뿐이고 타인의 사무라고 볼 수 없지만, 차용금채무를 피담보채무로 한 권리질권설정계약을 체결한 경우에는 차용인은 대여인의 권리질권이라는 재산의 보호 또는 관리를 위하여 협력하여야 하는 지위에 있으므로, 권리질권설정자인 피고인은 '타인의 사무를 처리하는 자'에 해당한다고 판단하였다.

그러나 대상 판결은 채무의 담보로 제3채무자에 대한 채권에 대하여 권리질권을 설정한 경우, 질권설정자는 질권자의 동의 없이 질권의 목적된 권리를 소멸하게 하거나 질권자의 이익을 해하는 변경을 할 수 없고, 또한 제3채무자가 질권자의 동의 없이 질권의 목적인 채무를 변제하더라도 이로써 질권자에게 대항할 수 없고, 질권자는 여전히 제3채무자에 대하여 직접 그 채무의 변제를 청구하거나 변제할 금액의 공탁을 청구할 수 있으므로, 질권설정자는 질권자에 대한 관계에서 '타인의 사무를 처리하는 자'에 해당하지 않는다고 판단하였다.

2. 대법원 2020. 2. 20. 선고 2019도9756 전원합의체 판결은, "배임죄에서 '타인의 사무를 처리하는 자'는 타인의 재산관리에 관한 사무의 전부 또는 일부를 타인을 위하여 대행하는 경우와 같이 당사자 관계의 전형적·본질적 내용이 통상의 계약에서의 이익대립관계를 넘어서 그들 사이의 신임관계에 기초하여 타인의 재산을 보호 또는 관리하는 데에 있어야 한다. 이익대립관계에 있는 통상의 계약관계에서 채무자의 성실한 급부이행에 의해 상대방이 계약상 권리의 만족 내지 채권의 실현이라는 이익을 얻게 되는 관계에 있다거나, 계약을 이행함에 있어 상대방을 보호하거나 배려할 부수적인 의무가 있다는 것만으로는 채무자를 타인의 사무를 처리하는 자라고 할 수 없고, 위임 등과 같이 계약의 전형적·본질적인 급부의 내용이 상대방의 재산상 사무를 일정한 권한을 가지고 맡아 처리하는 경우에 해당하여야 한다."고 하면서, 채무자가 금전채무를 담보하기 위하여 그 소유의 동산을 채권자에게 양도담보로 제공함으로써 채권자인 양도담보권자에 대하여 담보물의 담보가치를 유지·보전할 의무 내지 담보물을 타에 처분하거나 멸실, 훼손하는 등으로 담보권 실행에 지장을 초래하는 행위를 하지 않을 의무를 부담하게 되더라도, 이를 들어 채무자가 통상의 계약에서의 이익대립관계를 넘어서 채권자와의 신임관계에 기초하여 채권자의 사무를 맡아 처리하는 것으로 볼 수 없으므로 채무자를 배임죄의 주체인 '타인의 사무를 처리하는 자'에 해당한다고 할 수 없다고 판단하였다.

위 전원합의체 판결에 따르면, 질권설정자인 피고인 역시 채권자인 질권자의 사무의 전부 또는 일부를 타인을 위하여 대행하는 관계에 있는 것도 아니고, 질권자를 위하여 담보물의 담보가치를 유지·보전할 의무 내지 담보물을 타에 처분하거나 멸실, 훼손하는 등으로 담보권 실행에 지장을 초래하는 행위를 하지 않을 의무를 부담하고 있을 뿐, 통상의 계약에서의 이익대립관계를 넘어서 채권자와의 신임관계에 기초하여 채권자의 사무를 맡아 처리하는 것으로 볼 수 없으므로, 타인의 사무를 처리하는 자에 해당하지 않는다고 할 것이다.

3. 이 사안에서 피고인의 임무위배행위로 인하여 피해자에게 손해가 발생하였다고 볼 것인지도 쟁점이 되었다.

원심은, 피고인이 공소외인으로부터 전세보증금채권을 변제받아 보증금 반환청구권을 소멸하게 함으로써 피해자에게 전세보증금 1억 6,000만 원 상당의 손해를 가하였다고 판단하였다.

그러나 대상 판결은 질권설정자인 피고인이 공소외인에게 질권설정의 사실을 통지하고 제3채무자가 이를 승낙하였다면, 공소외인이 질권설정자인 피고인에게 질권의 목적인 채무를 변제하더라도 질권자에게 대항할 수 없고, 질권자는 여전히 공소외인에 대하여 직접 그 채무의 변제를 청구하거나 변제할 금액의 공탁을 청구할 수 있기 때문에 질권자인 피해자에게 손해를 가하거나 손해 발생의 위험을 초래하지 않았다고 판단하였다.

4. 판례는 "배임죄에서의 재산상 손해의 유무에 관한 판단은 법률적 판단에 의하지 아니하고 경제적 관점에서 실질적으로 판단되어야 한다"고 한다. 이 사안에서 제3채무자가 피고인에게 전세보증금을 변제한 것은 민사적으로 효력이 없으므로 질권자는 여전히 제3채무자에게 채무를 변제하라고 청구할 수 있지만, 이것을 경제적 관점 혹은 형사적 관점에서 보면 피고인의 행위로 피해자에게 현실적으로 재산의 변동이 발생하였으므로 재산상 손해가 발생하였다고 보는 것이 타당하다.

대상 판결이 피고인의 행위로 질권자에게 어떤 손해를 가하거나 재

산상 실해 발생의 위험을 초래하였다고 할 수 없고, 배임죄가 성립하지
도 않는다고 판단하였다. 이것은 손해를 법률적 관점에서 평가한 것이
지 경제적 관점에서 평가한 것이 아니다.

5. 대상 판결이 이 사건 피고인이 타인의 사무를 처리하는 자에 해
당하지 않는다고 판단한 부분은 찬성하지만, 피고인의 임무위배행위로
인하여 재산상 손해가 발생하지 아니하였다고 판단한 부분은 찬성하지
않는다.

024

대가를 받지 않고 대출금에 연대보증을 한 경우와 손해 발생의 위험

대법원 2015. 11. 26. 선고 2014도17180 판결
[특정경제범죄가중처벌등에관한법률위반(횡령)·특정경제범죄가중처벌등에관한
법률위반(배임)]

사실 관계

피고인은 피해자 회사의 대표이사로 재직하면서 (1) 피해자 회사로 하여금 피고인과 친딸이 발행주식 모두를 소유하고 있는 乙 회사가 은행으로부터 대출을 받거나 대출을 연장할 때 그 대출금채무에 연대보증을 하도록 하고, (2) 피고인과 친딸이 발행주식 모두를 소유하고 피고인이 대표이사로 있는 丙 회사가 토지를 매수하고 건물을 신축함에 있어 ① 丙 회사가 토지 및 지상건물 매입자금으로 사용하기 위해 은행에서 금원을 대출받을 때 그 채무에 관하여 피해자 회사로 하여금 연대보증을 하도록 하고, ② 丙 회사가 건물 신축 공사를 시작하기도 전에 피해자 회사로 하여금 장차 신축할 건물을 임차하는 내용의 약정을 체결하도록 하여 임대차보증금을 선지급하도록 하고, 그 후 선지급한 임대차보증금은 대여금으로 전환하고 피해자 회사로 하여금 임대차보증금의 선지급 명목으로 금원을 다시 지급하도록 하였다.

재판 진행

검사는 피고인을 특정경제범죄가중처벌등에관한법률위반(배임)죄 등으로 기소하였다. 원심은 이 부분 공소사실에 대해 무죄로 판단하고, 횡령죄 부분은 유죄로 판단하였다.[26] 무죄 부분에 대하여는 검사가 상고

하고, 유죄 부분에 대하여는 피고인이 상고하였다. 대법원은 원심판결 중 무죄 부분을 파기하고, 사건을 원심법원에 환송하였다.

판시 사항

업무상배임죄에서 '재산상의 손해를 가한 때'의 의미 / 재산상 손해의 유무는 경제적 관점에서 실질적으로 판단하여야 하는지 여부(적극) / 피해가 회복되었다는 사정이 배임죄 성립에 영향을 주는지 여부(소극)

판결 요지

[1] 업무상배임죄에서 재산상의 손해를 가한 때란 총체적으로 보아 본인의 재산 상태에 손해를 가하는 경우를 말하고, 현실적인 손해를 가한 경우뿐만 아니라 재산상 손해발생의 위험을 초래한 경우도 포함된다. 그리고 재산상 손해의 유무에 관한 판단은 법률적 판단에 의하지 아니하고 경제적 관점에서 실질적으로 판단되어야 하고, 일단 손해의 위험을 발생시킨 이상 나중에 피해가 회복되었다고 하여도 배임죄의 성립에 영향을 주는 것은 아니다.

[2] 이 사안에서, 피고인이 피해자 회사로 하여금 乙 회사 및 丙 회사를 위하여 수차례에 걸쳐 대출금 등 채무를 연대보증하게 하면서도 어떠한 대가나 이익을 제공받지 아니하였고, 피해자 회사가 연대보증채무를 이행할 경우 구상금채권의 확보방안도 마련하지 아니한 점, 피고인이 피해자 회사의 이사회 승인을 받거나 다른 주주들의 동의를 받지 아니한 점 등을 종합하면, 피고인의 행위는 피해자 회사에 대한 임무위배행위로서 피해자 회사에 재산상 손해 발생의 위험을 초래하였고, 피고인에게 배임의 고의도 인정된다.

판결 평석

1. 대상 판결은 배임죄에서의 재산상 손해와 배임의 고의에 관하여

---

26) 서울고법 2014. 11. 28. 선고 2014노412 판결.

원심과 판단을 달리하였다.

원심은, (1) 공소사실에 대하여는, 피고인이 공소외 3 회사가 피해자 회사에 손해가 발생할 것을 알면서도 피해자 회사로 하여금 연대보증을 하였다고 볼 수 없으므로 피고인에게 배임의 고의가 없고, 위 연대보증으로 인해 피해자 회사에 현실적인 손해를 가하거나 재산상 실해 발생의 위험을 초래하였다고 볼 수 없다고 판단하고, (2) 공소사실 중 ① 부분에 관하여는, 피해자 회사가 연대보증을 할 당시 주채무에 대하여 충분한 인적·물적 담보가 확보되어 있었고, 공동 연대보증인인 피고인이나 주채무자인 공소외 4 회사가 변제자력을 가지고 있었으며 결과적으로 피해자 회사에 현실적인 손해가 발생하지 아니하였으므로, 피해자 회사에 현실적인 손해가 발생하였거나 재산상 실해 발생의 위험이 초래되었다고 보기 어렵고, 피고인이 이를 인식하였다고 단정하기 어렵다고 판단하였으며, ② 부분에 관하여는 이를 임무위배행위라고 할 수 없고, 피해자 회사에 현실적 손해가 발생하였거나 재산상 실해 발생의 위험이 초래되었다고 보이지 않으며, 피고인에게 배임의 고의가 있었다고 보기 어렵다고 판단하였다.

대상 판결은 乙 회사가 은행에서 대출을 받을 때 피해자 회사가 연대보증을 하였지만 피해자 회사가 연대보증채무를 이행할 경우 그 구상금채권의 확보방안을 마련하지 아니한 점, 그 채무에 대하여 별도로 물적·인적 담보가 있지만 채권자가 피해자 회사에 바로 연대보증채무의 이행을 구할 수 있는 점, 피해자 회사가 丙 회사에 임대차보증금을 지급하면서 채권 회수방안을 확보하지 아니한 점 등을 이유로 피고인의 행위를 임무위배행위에 해당한다고 하면서, 이로써 피해자 회사에 재산상 손해발생의 위험을 초래하였다고 판단하였다.

2. 판례는 배임죄를 위험범이라고 전제하면서 그 위험은 막연한 가능성이 있다는 것만으로는 부족하고 구체적, 현실적 위험이 야기된 정도에 이르러야 한다거나,[27] 경제적 관점에서 재산상 손해가 발생한 것

---

27) 대법원 2006. 11. 9. 선고 2004도7027 판결 등.

과 사실상 같다고 평가될 정도의 위험이 발생하여야 한다고 하여[28] 위험의 범위를 제한적으로 해석하고 있다. 대상 판결은 피고인의 행위로 피해자 회사에 손해 발행의 위험이 초래되었다고 하지만, 이 사안에서 피고인의 행위로 판례가 말하는 바와 같은 구체적, 현실적인 위험 또는 재산상 손해가 발생한 것과 사실상 같다고 평가될 정도의 위험이 발생하였다고 볼 것인지는 의문이다.

3. 한편 대상 판결은 乙 회사가 대출금 등 채무를 모두 변제하였고, 丙 회사가 이 사건 건물을 완성한 후 피해자 회사가 이를 실제로 임차하였으므로 재산상 손해가 발생한 것으로 볼 수 없다는 피고인의 주장에 대하여, 그와 같은 사정은 범죄 성립 이후의 사후적인 사정에 불과하다고 하여 그 주장을 배척하였다.

배임죄는 임무위배행위를 하고 난 후 여러 단계를 거치고 상당한 시간이 경과함에 따라 손해가 발생하였는지 여부와 그 손해액이 결정되는 경우가 많다. 판례는 부실대출의 경우 대출 즉시 대출금 전액의 손해가 발생하였다고 보고 있지만, 대출금을 수령한 후 대출약정에 따라 대출원리금을 변제하는 것을 손해의 회복이라고 보는 것은 타당하지 않다. 대출원리금 전액이 아니라 그중 미변제금액만을 손해로 보는 것이 타당하다.

그렇게 본다면 이 사건에서 피고인의 행위로 인하여 피해자 회사에는 재산상 손해가 발생하였다고 볼 수 있을지 의문이다. 대상 판결은 재산상 실해 발생의 위험이라는 이름으로 배임죄의 성립범위를 지나치게 확장하고 있다.

4. 대상 판결에 찬성하지 않는다.

---

28) 대법원 2008. 6. 19. 선고 2006도4876 전원합의체 판결 등.

025

물품대금 채무에 대하여 지급보증하였으나
재산상 손해가 발생하지 아니한 사건

대법원 2015. 9. 10. 선고 2015도6745 판결

[특정경제범죄가중처벌등에관한법률위반(알선수재)·특정경제범죄가중처벌등에
관한법률위반(배임)·사문서위조·위조사문서행사·특정경제범죄가중처벌등에
관한법률위반(사기)]

사실 관계

피고인은 甲 은행의 지점장이다. 甲 은행에서 물품대금지급보증서를
발급하기 위해서는 담당 차장이 보증서를 발급받기 원하는 신청자의 신
용도를 조사하고 이를 전산에 입력한 후 지점장의 결재를 거쳐 본점에
서 승인을 받아야 한다. 피고인은 이러한 절차를 거치지 않고 甲 은행
지점장 명의 보증금액 10억 원의 물품대금 지급보증서를 작성해서 乙
회사의 거래처인 丙 회사에 건네주었다. 그러나 丙 회사에서는 위 지급
보증서가 정상적으로 발급된 것이 아님을 확인하고 乙 회사에 물품을
공급하지 않았다.

재판 진행

검사는 피고인을 특정경제범죄가중처벌등에관한법률위반(배임)죄 등
으로 기소하였다. 원심은 이 사건 공소사실에 대해 유죄로 판단하였
다.[29] 피고인이 상고하였다. 대법원은 원심판결 중 피고인에 대한 부분
을 파기하고, 사건을 원심법원에 환송하였다(공동피고인의 상고는 기각하

---

29) 서울고법 2015. 4. 23. 선고 2014노729, 982, 2690 판결.

였다).

판시 사항

[1] 업무상배임죄에서 '재산상의 손해'의 의미와 판단 기준(=경제적 관점) 및 재산상 손해가 발생하였다고 평가될 수 있는 '재산상 실해 발생의 위험'의 의미.

[2] 이 사안에서 丙 회사가 乙 회사와 거래를 개시하지 않아 지급보증 대상인 물품대금 지급채무 자체가 현실적으로 발생하지 않은 이상, 보증인인 甲 은행에 경제적인 관점에서 손해가 발생한 것과 같은 정도로 구체적인 위험이 발생하지 않았다고 한 사례.

판결 요지

[1] 업무상배임죄는 업무상 타인의 사무를 처리하는 자가 임무에 위배하는 행위를 하고 그러한 임무위배행위로 인하여 재산상의 이익을 취득하거나 제3자로 하여금 이를 취득하게 하여 본인에게 재산상의 손해를 가한 때 성립한다. 여기서 재산상의 손해에는 현실적인 손해가 발생한 경우뿐만 아니라 재산상 실해 발생의 위험을 초래한 경우도 포함되고, 재산상 손해의 유무에 대한 판단은 법률적 판단에 의하지 않고 경제적 관점에서 파악하여야 한다. 그런데 재산상 손해가 발생하였다고 평가될 수 있는 재산상 실해 발생의 위험이란 본인에게 손해가 발생할 막연한 위험이 있는 것만으로는 부족하고 경제적인 관점에서 보아 본인에게 손해가 발생한 것과 같은 정도로 구체적인 위험이 있는 경우를 의미한다. 따라서 재산상 실해 발생의 위험은 구체적·현실적인 위험이 야기된 정도에 이르러야 하고 단지 막연한 가능성이 있다는 정도로는 부족하다.

[2] 이 사안에서, 丙 회사는 지급보증서가 정상적으로 발급된 것이 아님을 확인하고 乙 회사를 통하여 물품을 주문하였던 사람들에게 물품을 공급하지 않음으로써 乙 회사가 丙 회사에 대하여 아무런 물품대금 채무를 부담하지 않게 된 사정 등에 비추어, 피고인이 甲 은행을 대리

하여 乙 회사가 丙 회사에 대해 장래 부담하게 될 물품대금 채무에 대하여 지급보증을 하였더라도, 丙 회사가 乙 회사와 거래를 개시하지 않아 지급보증 대상인 물품대금 지급채무 자체가 현실적으로 발생하지 않은 이상, 보증인인 甲 은행에 경제적인 관점에서 손해가 발생한 것과 같은 정도로 구체적인 위험이 발생하였다고 평가할 수 없다고 한 사례.

판결 평석

1. 판례는 배임죄를 위험범이라고 파악하여 재산상의 손해에는 현실적인 손해가 발생한 경우뿐만 아니라 재산상 실해 발생의 위험을 초래한 경우도 포함하고, 재산상 실해 발생의 위험이란 본인에게 손해가 발생할 막연한 위험이 있는 것만으로는 부족하고 경제적인 관점에서 본인에게 손해가 발생한 것과 같은 정도로 구체적·현실적인 위험이 야기된 정도에 이르러야 한다고 한다. 대상 판결도 이러한 판례를 따르고 있다.

2. 그러나 손해가 발생할 막연한 위험과 손해가 발생한 것과 같은 정도로 구체적·현실적인 위험은 질적 차이가 아니라 양적 차이에 불과하므로 그 둘을 구별하는 것은 현실적으로 쉽지 않다.

원심은 피고인의 행위로 甲은행에 10억 원의 손해를 가하였다고 하였지만, 대상 판결은 손해가 발생한 것과 같은 정도의 구체적인 위험이 발생한 것이 아니라 단지 손해가 발생할 가능성이 있는 경우에 불과하다고 판단하였다. 원심과 대법원의 판단이 다르다는 것은 법원도 그 둘을 구분하기가 쉽지 않음을 보여준다.

3. 피고인의 임무위배행위로 인하여 손해가 발생한 것과 같은 정도로 구체적인 위험이 발생하였다고 평가할 수 없다고 판단한 대상 판결을 수긍할 수 있다.

026

업무상배임으로 취득한 재산상 이익의 가액을 산정할 수 없는 경우 특정경제범죄가중처벌등에관한법률 제3조를 적용할 수 있는지 여부

대법원 2015. 9. 10. 선고 2014도12619 판결

[특정범죄가중처벌등에관한법률위반(조세) · 특정경제범죄가중처벌등에관한법률
위반(횡령) · 특정경제범죄가중처벌등에관한법률위반(배임)]

사실 관계

피고인은 자신이 실질적으로 소유·지배하고 있는 甲 회사 명의로 일본 동경 중심지의 상업적 요지에 있고 부동산 가격과 임대료의 상승이 예측되던 이 사건 빌딩을 매입하고, 매입자금을 마련할 목적으로 은행에서 대출을 받으면서 乙 회사에게 위 대출금채무에 연대보증하게 하였다.

재판 진행

검사는 피고인을 특정경제범죄가중처벌등에관한법률위반(배임)죄 등으로 기소하였다. 원심은 연대보증 당시 甲 회사가 이미 채무변제능력을 상실한 상태에 있었음을 전제로 하여, 피담보채무인 대출원리금 상당액을 이득액으로 하는 특정경제범죄가중처벌등에관한법률위반(배임)죄를 적용하여 유죄로 판단하였다.[30] 피고인이 상고하였다. 대법원은 이 부분을 파기하고, 사건을 원심법원에 환송하였다.

---

30) 서울고법 2014. 9. 12. 선고 2014노668 판결.

판시 사항

[1] 재산상 이익의 가액(이득액)을 기준으로 가중 처벌하는 특정경제 범죄가중처벌등에관한법률 제3조의 적용을 전제로 취득한 이득액을 산정할 때 유의하여야 할 사항 / 업무상배임으로 취득한 재산상 이익이 있더라도 가액을 구체적으로 산정할 수 없는 경우, 같은 법 제3조를 적용할 수 있는지 여부(소극)

[2] 배임행위로 취득한 재산상 이익의 가액(이득액)을 산정할 수 없는데도 구 특정경제범죄가중처벌등에관한법률 제3조 제1항 제1호를 적용한 원심판결에 이득액 산정에 관한 법리오해의 잘못이 있다고 한 사례.

판결 요지

[1] 배임죄는 타인의 사무를 처리하는 자가 임무에 위배하는 행위로써 재산상의 이익을 취득하거나 제3자로 하여금 이를 취득하게 하여 본인에게 손해를 가함으로써 성립하고, 업무상배임죄는 업무상의 임무에 위배하여 배임죄를 범한 때에 성립하는데, 취득한 재산상 이익의 가액이 얼마인지는 범죄 성립에 영향을 미치지 아니한다. 반면 배임 또는 업무상배임으로 인한 특정경제범죄가중처벌등에관한법률 제3조 위반죄는 취득한 재산상 이익의 가액(이하 '이득액'이라 한다)이 5억 원 이상 또는 50억 원 이상이라는 것이 범죄구성요건의 일부로 되어 있고 이득액에 따라 형벌도 매우 가중되어 있으므로, 특정경제범죄법 제3조를 적용할 때에는 취득한 이득액을 엄격하고 신중하게 산정함으로써, 범죄와 형벌 사이에 적정한 균형이 이루어져야 한다는 죄형균형 원칙이나, 형벌은 책임에 기초하고 책임에 비례하여야 한다는 책임주의 원칙이 훼손되지 않도록 유의하여야 한다. 따라서 업무상배임으로 취득한 재산상 이익이 있더라도 가액을 구체적으로 산정할 수 없는 경우에는, 재산상 이익의 가액을 기준으로 가중 처벌하는 특정경제범죄법 제3조를 적용할 수 없다.

[2] 이 사건 빌딩은 일본 동경 중심가의 상업적 요지에 있는 건물로

대출 당시 부동산 가격과 임대료의 상승이 예측되고 있었던 점 등 제반 사정을 종합하면, 연대보증 당시 주채무자인 甲 회사가 이미 채무변제 능력을 상실한 상태 또는 사실상 변제능력을 상실한 것과 같다고 평가될 정도의 상태에 있었다고 단정하기 어렵고, 오히려 甲 회사가 상당한 정도의 대출금채무를 자력으로 임의 변제할 능력을 갖추고 있었던 것으로 볼 수 있어 배임행위로 취득한 재산상 이익의 가액(이득액)을 산정할 수 없는 경우로서, 연대보증의 피담보채무인 대출 원리금 상당액을 이 득액으로 하여 구 특정경제범죄가중처벌등에관한법률 제3조 제1항 제1호를 적용할 수 없다고 한 사안.

판결 평석

1. 형법상 배임죄에서 재산상 이익의 취득이 구성요건일뿐 이익의 가액은 구성요건이 아니다. 그러나 특정경제범죄가중처벌등에관한법률위반(배임)죄에서는 취득한 재산상 이익의 가액이 5억 원 이상 또는 50억 원 이상이라는 것이 구성요건으로 되어 있다. 따라서 그 이득액은 엄격하고 신중하게 산정하여야 한다. 그럼에도 배임죄에서 재산상의 손해에는 현실적인 손해가 발생한 경우뿐만 아니라 재산상 실해 발생의 위험을 초래한 경우도 포함한다고 하는 판례 법리가 특정경제범죄가중처벌등에관한법률위반(배임)죄의 해석에까지 영향을 미쳤다. 그리하여 현실적으로 손해가 발생하지 않고 단지 손해 발생의 위험이 있을 뿐이고 손해 또는 이익의 액수가 확정되지 않은 경우에도 특정경제범죄가중처벌등에관한법률위반(배임)죄를 적용하는 사례가 종종 있었다.

2. 원심은, 이 사안에서 甲 회사가 채무를 연체할 경우 은행은 乙 회사에 대하여 바로 연대보증채무의 이행을 구할 수 있고, 이 경우 乙 회사의 전체 재산에 대하여 보증금액인 대출원리금 상당의 손해가 발생할 위험이 초래되었고, 乙 회사가 연대보증채무를 이행한 후 위 빌딩에 대한 근저당권을 대위하여 실행할 수 있다고 하더라도 이는 손해가 발생한 후의 사정에 불과하고 이러한 사정만으로는 상당하고 합리적인 채권

회수조치가 있었다고 보기 어렵고, 甲 회사가 취득한 빌딩에 설정한 근 저당권의 실행으로 실제 회수 가능한 채권액은 가변적이므로 재산상 권리의 실행이 불가능하게 될 염려가 있거나 손해 발생의 위험이 있는 연대보증채무금 전액이 손해액이라고 판단하였다.

3. 대상 판결은, 원심이 피고인이 취득한 빌딩은 일본 동경 중심가의 상업적 요지에 있는 건물로 대출 당시 부동산 가격과 임대료의 상승이 예측되고 있었던 점, 일부 빌딩은 거기서 발생하는 임대료 수입만으로 대출원리금을 상환할 수 있는 정도였던 점, 건물 매입 후 대출원리금을 정상적으로 변제하고 있었던 점 등 제반 사정에 더하여, 연대보증 당시 주채무자인 甲 회사가 채무변제능력을 상실한 상태이거나 상실한 것과 같다고 평가될 정도의 상태에 있었다고 단정하기 어렵고, 오히려 甲 회사가 상당한 정도의 대출금채무를 자력으로 임의 변제할 능력을 갖추고 있었던 것으로 볼 수 있으므로, 이 사건은 배임행위로 인하여 취득한 재산상 이익의 가액(이득액)을 산정할 수 없는 경우에 해당한다고 판단하였다(대상 판결이나 원심은 이유에서는 '손해'가 발생하였다고 판단하고 결론에서는 재산상 '이익'의 가액을 산정할 수 없다고 판단한 것을 눈여겨 볼 필요가 있다.).

그러나 대상 판결이 인정한 사실에 따르면 피고인의 행위로 말미암아 乙 회사에는 현실적으로 손해가 발생하지 않았음은 물론이고, 甲 회사는 자력도 충분하다면 손해가 발생할 위험도 없다. 따라서 피고인이 이로 말미암아 어떠한 재산상 이익을 취득하였다고 보기도 어렵다. 그렇다면 피고인의 행위가 과연 임무위배행위에는 해당하는 것인지조차 의문이다. 대상 판결은 피고인이 취득한 재산상 이익의 가액을 구체적으로 산정할 수 없으므로 특정경제범죄가중처벌등에관한법률 제3조를 적용할 수 없다고만 판시하고 있다.

대상 판결이 판시하는 법리는 이미 대법원 2001. 11. 13. 선고 2001 도3531 판결, 대법원 2012. 8. 30. 선고 2012도5220 판결 등으로 수차 밝힌 바 있다. 그러나 실무에서는 그 판례들이 예외적인 것인 양 운영되고 있었다는 점에서 대상 판결이 위 법리를 재확인한 것은 의미가 적지 않다.

4. 대상 판결이 인정한 사실에 의하면 과연 피고인의 행위가 배임행위에 해당하는지, 나아가 피고인이 어떠한 재산상 이익을 취득하였다고 볼 수 있는지 의문이다. 다만 대상 판결이 업무상배임으로 취득한 재산상 이익의 가액을 구체적으로 산정할 수 없는 경우 특정경제범죄가중처벌등에관한법률 제3조를 적용할 수 없다고 판시한 것만으로도 의미가 크다.

027

기금의 목적외 사용과 재산상 손해의 발생

대법원 2015. 8. 13. 선고 2014도5713 판결
[특정경제범죄가중처벌등에관한법률위반(배임)]

사실 관계

피해자 한국농어촌공사의 직원인 피고인은 영농규모화사업 중 농지매매지원금 관련 업무를 담당하였다.

영농규모화사업 관련 업무지침상 농지매매지원을 받으려면 원칙적으로 대상 농지가 농업진흥지역의 논 또는 밭이어야 하나, 영농규모 적정화를 위하여 불가피한 경우에는 농업진흥지역 밖의 농지 중 ① 경지정리한 논 또는 기반정비사업을 완료한 밭, ② 경지정리를 하지 아니하였으나 지원대상자가 소유한 논과 연접한 논, ③ 기반정비사업을 완료하지 아니하였으나 지원대상자가 경작하는 밭과 연접하고 농지원부에 등재된 경사도 15°이하의 밭도 지원이 가능하다.

피고인은 농지매매지원 신청을 받아 현지조사를 하면서 지원대상자들이 매입하려는 농지가 업무지침상의 연접지 조건 등을 충족하지 못한 사실을 알면서도 이를 충족한 것 같은 허위의 현지조사서를 작성하는 수법으로, 농어촌공사로 하여금 지원요건을 갖추지 아니한 지원대상자 10명에게 합계 1,165,474,000원을 20년간 분할상환 조건으로 지원하게 하였다.

재판 진행

검사는 피고인을 특정경제범죄가중처벌등에관한법률위반(배임)죄로 기

소하였다. 제1심은 이 사건 공소사실에 대해 유죄로 판단하였으나, 원심은 제1심 판결을 파기하고 무죄로 판단하였다.[31] 검사가 상고하였다. 대법원은 원심판결을 파기하고, 사건을 원심법원에 환송하였다.

판시 사항

한국농어촌공사의 직원이 구 한국농어촌공사 및 농지관리기금법 제18조에서 정한 농지매매사업 등을 수행하기 위하여 정부에서 위탁받아 운용하는 농지관리기금을 농지매매사업의 지원대상에 해당하지 아니하는 농지를 매입하는 데 사용하거나 지원요건을 갖추지 아니한 농업인을 위하여 부당하게 지원하도록 한 경우, 한국농어촌공사가 업무상배임죄의 재산상 손해를 입었다고 볼 것인지 여부(적극)

판결 요지

한국농어촌공사가 구 한국농어촌공사 및 농지관리기금법 제18조에서 정한 농지매매사업 등을 수행하기 위하여 정부에서 위탁받아 운용하는 농지관리기금은 농업인의 영농규모 적정화를 통한 농업생산성 증대 등 특정한 정책목적을 위하여 조성된 기금으로서 농지매매사업에 필요한 자금의 융자 등 용도가 법정되어 있는 자금이므로, 한국농어촌공사의 직원이 자금을 농지매매사업의 지원대상에 해당하지 아니하는 농지를 매입하는 데 사용하거나 지원요건을 갖추지 아니한 농업인을 위하여 부당하게 지원하도록 한 것이라면, 매입 농지에 대한 근저당권 설정 등으로 지원금의 회수가 사실상 보장되더라도 특정 목적을 위하여 조성된 기금의 감소를 초래함으로써 기금이 목적을 위하여 사용됨을 저해하였다고 할 것이므로, 이러한 의미에서 한국농어촌공사는 그와 같은 기금의 지원으로 인하여 재산상 손해를 입었다고 보아야 한다.

---

31) 서울고법 2014. 4. 23. 선고 (춘천)2013노230 판결.

판결 평석

1. 피고인의 지원행위가 임무위배행위에 해당한다는 점에 다툼이 없다. 문제는 그와 같은 임무위배행위로 한국농어촌공사에 재산상 손해가 발생하였는가 하는 점이다.

원심은, 피고인이 자금운용기관의 내부지침을 위반하였더라도 곧바로 대출금을 회수하지 못하게 될 위험이 생겼다거나 다른 지원대상자들에 대한 대출을 곤란하게 하여 그 정책대출자금의 적정한 운용에 장애를 초래하는 등의 재산상 위험을 초래하였다고 단정하기 어렵다고 전제한 다음, 이 사건에서는 피고인이 농어촌공사의 업무지침을 위반하여 농지매매지원금을 지원하게 하였더라도 지원대상자들의 채무상환능력이 부족하거나 담보의 경제적 가치가 부실하여 대출채권의 회수에 문제가 있음을 인정할 만한 증거가 부족하므로 재산상 손해가 발생하였다고 보기 어렵다고 판단하였다.

반면 대상 판결은, 특정 목적을 위하여 조성된 기금의 감소를 초래함으로써 기금이 그 목적을 위하여 사용됨을 저해하였다면 농어촌공사는 그와 같은 기금의 지원으로 인하여 재산상 손해를 입었다고 판단하였다. 대법원 1997. 10. 24. 선고 97도2042 판결 역시 기금의 목적외 사용을 손해에 해당한다고 판시한 바 있고, 대상 판결은 이러한 법리를 그대로 따랐다.

2. 그러나 기금의 목적외 사용만으로 재산상 손해를 입었다고 보아 배임죄가 성립한다는 판례에 찬성하기 어렵다.

판례는 "배임죄에 있어 재산상의 손해를 가한 때는 현실적인 손해를 가한 경우뿐만 아니라 재산상 실해 발생의 위험을 초래한 경우도 포함되고, 재산상 손해의 유무에 대한 판단은 법률적 판단에 의하지 아니하고 경제적 관점에서 파악하여야 하지만, 여기서 재산상의 손해를 가한다 함은 총체적으로 보아 본인의 재산상태에 손해를 가하는 경우, 즉 본인의 전체적 재산가치의 감소를 가져오는 것을 말한다"고 판시한다.

따라서 재산상의 손해를 초래한 임무위배행위가 동시에 그 손해를 보상할 만한 재산상의 이익을 준 경우, 예컨대 그 배임행위로 인한 급부와 반대급부가 상응하고 다른 재산상 손해(현실적인 손해 또는 재산상 실해 발생의 위험)도 없는 때에는 전체적 재산가치의 감소, 즉 재산상 손해가 없다고 할 것이다. 대상 판결이 확정한 사실에 의하면, 매입 농지에 대한 근저당권 설정 등으로 지원금의 회수는 사실상 보장되어 있다. 그렇다면 이 사안에서 재산상 손해가 발생하였다고 보기 힘들다.

3. 대상 판결은 배임죄의 본질을 배신에 있음을 전제로 한다. 이것은 재산상 손해의 발생을 요하지 않던 독일의 초기 배임죄 해석으로는 타당할지 몰라도 '손해의 발생' 이외에 '재산상 이익의 취득'까지 요구하는 현재 우리나라 배임죄의 해석으로는 타당하지 않다.

028

채무변제를 위하여 담보로 제공한 임차권을 유지할 계약상 의무와 타인의 사무

대법원 2015. 3. 26. 선고 2015도1301 판결 [업무상배임 · 사기]

사실 관계

피고인이 아울렛 의류매장의 운영과 관련하여 피해자로부터 투자를 받으면서 투자금반환채무의 변제를 위하여 의류매장에 관한 임차인 명의와 판매대금의 입금계좌 명의를 피해자 앞으로 변경해 주고도, 제3자에게 의류매장에 관한 임차인의 지위 등 권리 일체를 양도하였다.

재판 진행

검사는 피고인을 업무상배임죄 등으로 기소하였다. 원심은 이 사건 공소사실을 무죄로 판단하였다.[32] 검사가 상고하였다. 대법원은 상고를 기각하였다.

판시 사항

채무자가 투자금반환채무의 변제를 위하여 담보로 제공한 임차권 등의 권리를 그대로 유지할 계약상 의무가 배임죄에서 말하는 '타인의 사무'에 해당하는지 여부(소극)

판결 요지

채무자가 투자금반환채무의 변제를 위하여 담보로 제공한 임차권 등

---

32) 수원지법 2015. 1. 8. 선고 2014노4329 판결.

의 권리를 그대로 유지할 계약상 의무가 있다고 하더라도, 이는 기본적으로 투자금반환채무의 변제의 방법에 관한 것이고, 성실한 이행에 의하여 채권자가 계약상 권리의 만족이라는 이익을 얻는다고 하여도 이를 가지고 통상의 계약에서의 이익대립관계를 넘어서 배임죄에서 말하는 신임관계에 기초하여 채권자의 재산을 보호 또는 관리하여야 하는 '타인의 사무'에 해당한다고 볼 수 없다.

판결 평석

1. 배임죄는 타인의 사무를 처리하는 자라는 신분을 요구하는 진정신분범이다. 그러므로 배임죄에서 타인의 사무를 처리하는 자의 개념은 엄격히 판단할 필요가 있다. 그러나 판례는 이것을 넓게 해석하여 타인과의 내부적 관계에서 신의성실에 비추어 타인의 사무를 처리할 신임관계에 있게 되어 그 관계에 기하여 타인의 재산적 이익 등을 보호하는 것이 신임관계의 전형적·본질적 내용이 되는 지위에 있는 것을 말하고, 그 사무의 처리는 오로지 타인의 이익을 보호 관리하는 것만을 내용으로 할 필요는 없고, 자신의 이익을 도모하는 성질을 아울러 가진다고 하더라도 타인을 위한 사무로서의 성질이 부수적 주변적 의미를 넘어서 중요한 내용을 이루는 경우에는 타인의 사무에 해당한다고 한다.

판례에 따르면 타인의 사무의 범위는 무한히 넓어지고 자기의 사무와의 구별경계가 모호해지고, 단순한 채무불이행까지도 배임죄로 처벌될 가능성이 있다.

2. 이 사안에서 피고인이 피해자에 대하여 부담하는 것은 투자금 반환채무이다. 이것을 담보하기 위하여 피고인은 피해자에게 자신의 의류매장에 관한 임차인 명의와 판매대금의 입금계좌 명의를 피해자 앞으로 변경해 주었다. 그렇다면 피고인은 피해자를 위하여 의류매장에 관한 임차권 등의 권리를 그대로 유지할 계약상 의무가 있다. 그러나 이것은 기본적으로 투자금반환채무의 변제의 방법에 관한 민사상의 채무에 불과하고, 또한 피고인이 스스로 행하여야 할 자기의 사무이다. 피고인이

그 사무를 성실하게 이행하면 피해자가 만족을 얻을 수 있지만, 그렇다고 하여 그 사무가 통상의 계약에서의 이익대립관계를 넘어서 배임죄에서 말하는 신임관계에 기초하여 채권자의 재산을 보호 또는 관리하여야 하는 채권자의 사무에 해당한다고 볼 수 없다. 대상 판결이 타인의 사무에 관하여 엄격하게 판단한 것은 매우 바람직하다.

3. 대상 판결은 '타인의 사무'의 범위를 확대하려는 경향에 제동을 걸고 있다. 이러한 판결이 축적된 결과 대법원 2020. 2. 20. 선고 2019도9756 전원합의체 판결이 선고되었다. 위 전원합의체 판결은 "채무자가 금전채무를 담보하기 위하여 그 소유의 동산을 채권자에게 양도담보로 제공함으로써 채권자인 양도담보권자에 대하여 담보물의 담보가치를 유지·보전할 의무 내지 담보물을 타에 처분하거나 멸실, 훼손하는 등으로 담보권 실행에 지장을 초래하는 행위를 하지 않을 의무를 부담하게 되었더라도, 이를 들어 채무자가 통상의 계약에서의 이익대립관계를 넘어서 채권자와의 신임관계에 기초하여 채권자의 사무를 맡아 처리하는 것으로 볼 수 없다. 따라서 채무자를 배임죄의 주체인 '타인의 사무를 처리하는 자'에 해당한다고 할 수 없고, 그가 담보물을 제3자에게 처분하는 등으로 담보가치를 감소 또는 상실시켜 채권자의 담보권 실행이나 이를 통한 채권실현에 위험을 초래하더라도 배임죄가 성립한다고 할 수 없다."고 판단하였다.

4. 대상 판결에 찬성한다.

029

차입매수 또는 LBO 방식의 기업인수 사건

대법원 2015. 3. 12. 선고 2012도9148 판결

[특정경제범죄가중처벌등에관한법률위반(횡령)·특정경제범죄가중처벌등에관한
법률위반(배임)·사기]

사실 관계

甲 주식회사가 乙 주식회사를 인수하였다. 甲 주식회사의 대표이사
인 피고인은 그 인수대금을 조달하기 위하여 피인수회사인 乙 회사 소
유의 부동산을 담보로 제공하고 금융기관에서 대출을 받았다.

재판 진행

검사는 피고인을 특정경제범죄가중처벌등에관한법률위반(배임)죄 등
으로 기소하였다. 원심은 이 부분 공소사실을 무죄로 판단하였다.[33] 검
사가 상고하였다. 대법원은 상고를 기각하였다.

판시 사항

[1] 차입매수 또는 LBO(Leveraged Buy-Out) 방식의 기업인수를 주
도한 관련자들에게 배임죄가 성립하는지 판단하는 기준

[2] 경영상의 판단과 관련하여 기업 경영자에게 배임의 고의가 있었
는지 판단하는 방법

---

33) 서울고법 2012. 7. 5. 선고 2012노268 판결.

판결 요지

　[1] 이른바 차입매수 또는 LBO(Leveraged Buy-Out)란 일의적인 법적 개념이 아니라 일반적으로 기업인수를 위한 자금의 상당 부분에 관하여 피인수회사의 자산을 담보로 제공하거나 그 상당 부분을 피인수기업의 자산으로 변제하기로 하여 차입한 자금으로 충당하는 방식의 기업인수 기법을 일괄하여 부르는 경영학상의 용어로, 거래현실에서 그 구체적인 태양은 매우 다양하다. 이러한 차입매수에 관하여는 이를 따로 규율하는 법률이 없으므로 일률적으로 차입매수방식에 의한 기업인수를 주도한 관련자들에게 배임죄가 성립한다거나 성립하지 아니한다고 단정할 수 없고, 배임죄의 성립 여부는 차입매수가 이루어지는 과정에서의 행위가 배임죄의 구성요건에 해당하는지 여부에 따라 개별적으로 판단되어야 한다(대법원 2010. 4. 15. 선고 2009도6634 판결, 대법원 2011. 12. 22. 선고 2010도1544 판결 등 참조).

　[2] 경영상의 판단과 관련하여 기업의 경영자에게 배임의 고의가 있었는지 여부를 판단함에 있어서도 일반적인 업무상배임죄에 있어서 고의의 입증 방법과 마찬가지의 법리가 적용되어야 함은 물론이지만, 기업의 경영에는 원천적으로 위험이 내재하여 있어서 경영자가 아무런 개인적인 이익을 취할 의도 없이 선의에 기하여 가능한 범위 내에서 수집된 정보를 바탕으로 기업의 이익에 합치된다는 믿음을 가지고 신중하게 결정을 내렸다 하더라도 그 예측이 빗나가 기업에 손해가 발생하는 경우가 있을 수 있는바, 이러한 경우에까지 고의에 관한 해석기준을 완화하여 업무상배임죄의 형사책임을 묻고자 한다면 이는 죄형법정주의의 원칙에 위배되는 것임은 물론이고 정책적인 차원에서 볼 때도 영업이익의 원천인 기업가 정신을 위축시키는 결과를 낳게 되어 당해 기업뿐만 아니라 사회적으로도 큰 손실이 될 것이다. 그러므로 현행 형법상의 배임죄가 위태범이라는 법리를 부인할 수 없다 할지라도, 문제된 경영상의 판단에 이르게 된 경위와 동기, 판단대상인 사업의 내용, 기업이 처한 경제적 상황, 손실발생의 개연성과 이익획득의 개연성 등 제반 사정

에 비추어 자기 또는 제3자가 재산상 이익을 취득한다는 인식과 본인에게 손해를 가한다는 인식(미필적 인식을 포함) 하의 의도적 행위임이 인정되는 경우에 한하여 배임죄의 고의를 인정하는 엄격한 해석기준은 유지되어야 할 것이고, 그러한 인식이 없는데 단순히 본인에게 손해가 발생하였다는 결과만으로 책임을 묻거나 주의의무를 소홀히 한 과실이 있다는 이유로 책임을 물을 수는 없다(대법원 2004. 7. 22. 선고 2002도4229 판결 참조).

[판결 평석]

1. 이른바 차입매수 또는 LBO(Leveraged Buy-Out)란 일반적으로 기업인수를 위한 자금의 상당 부분을 피인수회사의 자산을 담보로 제공하거나 피인수기업의 자산으로 변제하기로 하여 차입한 자금으로 충당하는 방식의 기업인수 기법을 일괄하여 부르는 경영학상의 용어로, 거래현실에서 구체적인 태양은 매우 다양하게 나타난다. 판례에 나타난 태양으로는 담보제공 유형(신한 사례: 대법원 2006. 11. 9. 선고 2004도7027 판결), 인수 후 합병의 복합형(온세통신 사례: 대상 판결, 하이마트 사례: 대법원 2020. 10. 15. 선고 2016도10654 판결), 합병형(한일합섬 사례: 대법원 2010. 4. 15. 선고 2009도6634 판결), 유상감자-배당형(대선주조 사례: 대법원 2013. 6. 13. 선고 2011도524 판결) 등이 있다.

대상 판결은, 차입매수를 따로 규율하는 법률이 없는 이상 일률적으로 차입매수방식에 의한 기업인수를 주도한 관련자들에게 배임죄가 성립한다거나 성립하지 아니한다고 단정할 수 없고, 배임죄의 성립 여부는 차입매수가 이루어지는 과정에서의 행위가 배임죄의 구성요건에 해당하는지 여부에 따라 개별적으로 판단되어야 한다고 하였다. 대법원은 차입매수를 다룬 사례 중 온세통신 사례, 한일합섬 사례, 대선주조 사례에서는 배임죄를 부정하였고, 신한 사례, 하이마트 사례에서는 배임죄를 긍정하였다.

2. 대상 판결은, 원심이 여러 가지 사실을 종합하여 피고인이 乙 회

사를 인수하는 자금을 조달 과정에서 乙 회사의 자산을 담보로 제공하
거나 신주인수권부사채를 조기상환하였지만, 그 과정에서 甲 회사에 이
익을 주고 乙 회사에 손해를 가하고자 하는 배임의 고의가 없다고 판단
한 것은 타당하다고 판단하였다. 이것은 차입매수를 경영상의 판단의
문제로 보고 배임의 고의의 유무에 따라 판단하는 판례의 태도를 따르
고 있다.

3. 대상 판결은 경영상의 판단과 관련하여 배임의 고의의 유무에 관
하여 종전 판례를 인용하고 있다. 즉 일반적인 업무상배임죄에 있어서
고의는 자기 또는 제3자가 재산상 이익을 취득한다는 인식과 본인에게
손해를 가한다는 인식하의 의도적 행위임이 인정되어야 한다. 그런데
기업의 경영에는 원천적으로 위험이 내재하여 있어서 경영자가 아무런
개인적인 이익을 취할 의도 없이 선의에 기하여 가능한 범위 내에서 수
집된 정보를 바탕으로 기업의 이익에 합치된다는 믿음을 가지고 신중하
게 결정을 내렸다고 하더라도 예측이 빗나가 기업에 손해가 발생하는
경우가 있을 수 있다. 이러한 경우까지 업무상배임죄의 형사책임을 묻
는다면 영업이익의 원천인 기업가 정신을 위축시키는 결과를 낳게 되어
당해 기업뿐만 아니라 사회적으로도 큰 손실이 될 것이다. 그러나 경영
상의 판단과 관련된 사안에서 배임죄의 고의를 인정할 때도 다른 배임
죄 사안과 동일한 방법으로 해석하여야 하고, 그것으로 충분하다고 한
다. 그리하여 문제된 경영상의 판단에 이르게 된 경위와 동기, 판단대상
인 사업의 내용, 기업이 처한 경제적 상황, 손실발생의 개연성과 이익획
득의 개연성 등 제반 사정에 비추어 자기 또는 제3자가 재산상 이익을
취득한다는 인식과 본인에게 손해를 가한다는 인식 하의 의도적 행위임
이 인정되는 경우에 한하여 배임죄의 고의를 인정하여야 하고, 그러한
인식이 없는데 단순히 본인에게 손해가 발생하였다는 결과만으로 책임
을 묻거나 주의의무를 소홀히 한 과실이 있다는 이유로 책임을 물을 수
는 없다고 한다.
　대법원이 배임죄에서 고의의 유무를 판단함에 있어서 위와 같이 여

러 사정을 두루 살펴서 신중하게 판단하여야 한다는 판시는 매우 타당
하다. 비단 배임죄뿐만 아니라 다른 형사사건을 재판할 때도 마찬가지
로 법관이 견지하여야 할 태도라고 할 것이다.

4. 대상 판결은 수긍할 수 있다.

030

대표이사가 '채무초과 상태'에 있는 타인에게 회사자금을 대여한 사건

대법원 2014. 11. 27. 선고 2013도2858 판결
[특정경제범죄가중처벌등에관한법률위반(배임)]

사실 관계

공소외 1 회사의 대표이사인 피고인은 공소외 2 회사로부터 엘이디 패키징 임가공을 도급받기로 한 후 그 업무를 수행하기 위하여 공소외 3 회사를 설립하였다. 피고인은 공소외 3 회사에 공장과 장비를 유상으로 대여하면서 공소외 2 회사로부터 수급한 위 임가공을 공소외 3 회사에 다시 하도급주어 위 임가공 매출의 5%를 이익으로 취득하였다.

피고인은 공소외 3 회사가 위 임가공 사업을 원활하게 수행할 수 있도록 공장부지 매입자금과 공장설비 증설비용 등을 대여하고, 공소외 3 회사가 공장부지 매입자금, 공장설비 증설비용, 회사운영자금 등에 사용할 목적으로 금융기관으로부터 대출을 받을 때 연대보증하거나 담보를 제공하였다. 공소외 3 회사는 위 차용금 또는 대출금을 예정대로 공장부지 매입자금이나 공장설비 증설비용 또는 회사운영자금으로 사용하여 계획대로 위 임가공을 하도급받아 사업을 영위하였다.

재판 진행

검사는 피고인을 특정경제범죄가중처벌등에관한법률위반(배임)죄로 기소하였다. 원심은 공소사실에 대해 유죄로 판단하였다.[34] 피고인이 상고

---

34) 서울고법 2013. 2. 8. 선고 2012노3208 판결.

하였다. 대법원은 원심판결을 파기하고, 사건을 원심법원에 환송하였다.

판시 사항

　[1] 경영상 판단과 관련하여 기업의 경영자에게 배임의 고의가 있었는지 판단하는 기준

　[2] 회사의 대표이사가 채무변제능력 상실이 아닌 '채무초과 상태'에 있는 타인에게 회사자금을 대여하거나 타인의 채무를 회사 이름으로 연대보증하거나 타인의 채무를 위하여 회사 재산을 담보로 제공한 경우, 회사에 대한 배임행위로 단정할 수 있는지 여부(소극)

판결 요지

　[1] 경영상의 판단과 관련하여 기업의 경영자에게 배임의 고의가 있었는지 여부를 판단함에 있어서도 일반적인 업무상배임죄에서의 고의의 증명방법과 마찬가지의 법리가 적용되어야 함은 물론이다. 기업의 경영에는 원천적으로 위험이 내재하고 있어서 경영자가 아무런 개인적 이익을 취할 의도 없이 선의에 기하여 가능한 범위 내에서 수집된 정보를 바탕으로 기업의 이익에 합치된다는 믿음을 가지고 신중하게 결정을 내린다고 하더라도 그 예측이 빗나가 기업에 손해가 발생하는 경우가 있을 수 있다. 이러한 경우까지 고의에 관한 해석기준을 완화하여 업무상배임죄의 형사책임을 묻는다면 이는 죄형법정주의의 원칙에 위배됨은 물론이고 정책적인 차원에서 보아도 영업이익의 원천인 기업가 정신을 위축시키는 결과를 낳게 되어 당해 기업뿐 아니라 사회적으로도 큰 손실이 될 것이다. 따라서 현행 형법상의 배임죄가 위태범이라는 법리를 부인할 수 없을지라도, 문제된 경영상의 판단에 이르게 된 경위와 동기, 판단대상인 사업의 내용, 기업이 처한 경제적 상황, 손실 발생과 이익 획득의 개연성 등 제반 사정에 비추어 자기 또는 제3자가 재산상 이익을 취득한다는 인식과 본인에게 손해를 가한다는 인식 하에 이루어진 의도적 행위임이 인정되는 경우에 한하여 배임죄의 고의를 인정하는 엄격한 해석기준은 유지되어야 한다. 이러한 인식이 없음에도 단순히 본

인에게 손해가 발생하였다는 결과만으로 책임을 묻거나 주의의무를 소홀히 한 과실이 있다고 보아 책임을 물을 수는 없다.

[2] 회사의 대표이사가 타인에게 회사의 자금을 대여하거나 타인의 채무를 회사 이름으로 연대보증하거나 또는 타인의 채무를 위하여 회사의 재산을 담보로 제공함에 있어 그 타인이 이미 채무변제능력을 상실한 관계로 그에게 자금을 대여하거나 그를 위하여 연대보증을 하거나 또는 담보를 제공할 경우에 회사에 손해가 발생할 것이라는 점을 알면서도 이에 나아갔다면 이러한 행위들은 회사에 대한 배임행위가 된다고 할 것이나, 그 타인이 채무초과 상태에 있더라도 그러한 이유만으로는 자금대여나 연대보증 또는 담보제공이 곧 회사에 대하여 배임행위가 된다고 단정할 수 없다.

판결 평석

1. 피고인이 대표이사로 재직하던 공소외 1회사는 공소외인으로부터 임가공도급을 받은 후 공소외 3 회사를 설립하여 이를 하도급주고, 공소외 5 회사가 그 업무를 수행할 수 있도록 직접 자금을 대여하거나 또는 공소외 3 회사를 위하여 금융기관에서 공장부지매입, 공장설비증설, 회사운영 등에 필요한 자금대출을 받을 때 연대보증하거나 담보를 제공하였다.

검사는 이러한 자금대여행위 또는 연대보증, 담보제공행위 당시 공소외 3 회사가 채무초과상태에 있었으므로 그와 같은 행위는 임무위배행위에 해당한다고 하여 피고인을 특정경제범죄가중처벌등에관한법률위반(배임)죄로 기소하였다.

원심은, 피고인이 위와 같이 자금을 대여하거나 연대보증할 때 또는 담보제공을 할 당시 공소외 3 회사가 이미 채무변제능력을 상실하였고, 그로 말미암아 공소외 1 회사에 손해가 발생할 것이라는 점을 알았으므로, 위와 같은 행위는 임무위배행위에 해당한다고 판단하였다.

그러나 대상 판결은 공소외 3 회사는 금융기관에서 대출받은 자금을 사용하여 정상적으로 사업을 영위하고 있었기 때문에 채무변제능력을 상실하거나 상실할 것으로 예상되지 않았으므로, 피고인은 공소외 1 회사에 손해를 초래할 것을 예상할 수 없었다고 판단하였다.

2. 배임죄의 고의는 자기 또는 제3자가 재산상 이익을 취득한다는 인식과 본인에게 손해를 가한다는 인식 하에 이루어진 의도적 행위임이 인정되는 경우에 한하여 인정할 수 있다. 단순히 본인에게 손해가 발생하였다는 결과만으로 책임을 물을 수 없을 뿐 아니라, 주의의무를 소홀히 한 과실이 있다면 과실의 책임을 물을 수 있을 뿐 고의의 책임까지 물을 수 없음은 당연하다.

특히 기업을 경영하는 경영자가 경영상의 판단을 한 경우에는 배임의 고의를 인정함에 있어 더욱 신중하여야 한다. 왜냐하면 기업의 경영에는 원천적으로 위험이 내재하고 있어서 경영자가 개인적 이익을 취할 의도 없이 선의에 기하여 가능한 범위 내에서 수집된 정보를 바탕으로 기업의 이익에 합치된다는 믿음을 가지고 신중하게 결정을 내렸지만 그 예측이 빗나가 결과적으로 기업에 손해가 발생하는 경우가 있다. 이러한 경우까지 업무상배임죄의 형사책임을 묻는다면 죄형법정주의의 원칙에 위배됨은 물론이고 정책적인 차원에서도 영업이익의 원천인 기업가정신을 위축시키는 결과를 낳게 되어 해당 기업뿐 아니라 사회적으로도 큰 손실이 될 것이다.

3. 경영상 판단의 경우라고 하여 굳이 예외적인 법리를 만들 필요는 없고, 일반 업무상배임죄에서와 마찬가지로 고의를 엄격히 해석하면 충분하다고 생각한다. 기업의 경영자는 특별한 사정이 없으면 자신이 근무하는 회사에 재산상 손해를 가하려는 의도 없이 재산상 이익을 취득하려는 의도로 경영상 판단을 할 것이다. 따라서 경영자에게 배임의 고의가 있다고 판단하려면, 경영자가 문제된 경영상의 판단에 이르게 된 경위와 동기, 판단대상인 사업의 내용, 기업이 처한 경제적 상황, 손실 발생과 이익 획득의 개연성 등 제반 사정을 두루 살펴볼 필요가 있다. 그 결과 자기 또는 제3자가 재산상 이익을 취득한다는 인식과 본인에게

손해를 가한다는 인식 아래 이루어진 의도적 행위임이 인정되는 경우에
한하여 배임의 고의를 인정하는 엄격한 해석기준을 유지할 필요가 있다.

4. 대상 판결은 피고인이 공소외 3 회사에 자금을 대여하거나 그 회
사를 위하여 연대보증하거나 담보를 제공하였지만, 당시 공소외 3 회사
가 채무초과 상태에 있었을 뿐 채무변제능력을 상실한 상태가 아니었으
므로, 피고인에게 배임의 고의가 없다고 판단하였다. 배임의 고의를 엄
격하게 판단하고 있는 대상 판결에 찬성한다.

031

채권 담보 목적으로 부동산에 관한 대물변제예약을 체결한 채무자가 그 부동산을 제3자에게 처분한 사건

대법원 2014. 8. 21. 선고 2014도3363 전원합의체 판결 [배임]

2020년 제9회 변호사시험 출제
2019년 제8회 변호사시험 출제
2015년 제4회 변호사시험 출제

사실 관계

피고인이 피해자에 대하여 차용금 채무를 부담하고 있었다. 피고인은 피해자에게 그 차용금을 변제하지 못할 경우 자신의 어머니 사망 후 어머니 소유 부동산에 대한 자신의 유증상속분을 피해자에게 대물변제하기로 약정하였다.

그러나 피고인은 어머니 사망 후 위 부동산에 관하여 유증을 원인으로 하여 피고인 명의로 소유권이전등기를 마치고도 이를 피해자에게 다시 이전등기를 해주지 않고 제3자에게 매도하였다.

재판 진행

검사는 피고인을 배임죄로 기소하였다. 원심은 공소사실에 대하여 유죄로 판단하였다.[35] 피고인이 상고하였다. 대법원은 원심판결을 파기하고, 사건을 원심법원에 환송하였다.

판시 사항

[1] 채권 담보 목적으로 부동산에 관한 대물변제예약을 체결한 채무

---

35) 대구지법 2014. 2. 13. 선고 2013노3665 판결.

자가 대물로 변제하기로 한 부동산을 제3자에게 처분한 경우, 배임죄가 성립하는지 여부(소극)

[2] 채무자인 피고인이 피해자에게 차용금을 변제하지 못할 경우 자신의 어머니 소유 부동산에 대한 유증상속분을 대물변제하기로 약정한 후 유증을 원인으로 위 부동산에 관한 소유권이전등기를 마쳤음에도 이를 제3자에게 매도함으로써 피해자에게 손해를 입혔다고 하여 배임으로 기소된 사안에서, 피고인이 '타인의 사무를 처리하는 자'의 지위에 있다고 볼 수 없다고 한 사례.

판결 요지

[1] 채무자가 채권자에 대하여 소비대차 등으로 인한 채무를 담보하기 위하여 장래에 부동산의 소유권을 이전하기로 하는 내용의 대물변제예약에서, 약정의 내용에 좇은 이행을 하여야 할 채무는 특별한 사정이 없는 한 '자기의 사무'에 해당하는 것이 원칙이다.

[2] 채무자가 대물변제예약에 따라 부동산에 관한 소유권을 이전해 줄 의무는 예약 당시에 확정적으로 발생하는 것이 아니라 채무자가 차용금을 제때 반환하지 못하여 채권자가 예약완결권을 행사한 후에야 비로소 문제가 되고, 채무자는 예약완결권 행사 이후라도 얼마든지 금전채무를 변제하여 당해 부동산에 관한 소유권이전등기절차를 이행할 의무를 소멸시키고 의무에서 벗어날 수 있다. 한편 채권자는 당해 부동산을 특정물 자체보다는 담보물로서 가치를 평가하고 이로써 기존의 금전채권을 변제받는 데 주된 관심이 있으므로, 채무자의 채무불이행으로 인하여 대물변제예약에 따른 소유권등기를 이전받는 것이 불가능하게 되는 상황이 초래되어도 채권자는 채무자로부터 금전적 손해배상을 받음으로써 대물변제예약을 통해 달성하고자 한 목적을 사실상 이룰 수 있다. 이러한 점에서 대물변제예약의 궁극적 목적은 차용금반환채무의 이행 확보에 있고, 채무자가 대물변제예약에 따라 부동산에 관한 소유권이전등기절차를 이행할 의무는 궁극적 목적을 달성하기 위해 채무자에게 요구되는 부수적 내용이어서 이를 가지고 배임죄에서 말하는 신임

관계에 기초하여 채권자의 재산을 보호 또는 관리하여야 하는 '타인의 사무'에 해당한다고 볼 수는 없다.

[3] 채권 담보를 위한 대물변제예약 사안에서 채무자가 대물로 변제하기로 한 부동산을 제3자에게 처분하였다고 하더라도 형법상 배임죄가 성립하는 것은 아니다.

판결 평석

1. 판례는 부동산에 관한 등기절차의 이행의무는 매도인 등의 자기 사무인 동시에 상대방의 재산보전에 협력할 의무의 이행이므로 배임죄에서 말하는 '타인의 사무'에 해당한다고 하였다. 대표적 사례로 부동산 매도인이 중도금을 수령한 후 그 부동산을 제3자에게 처분한 부동산 이중매도 사안에 대하여 배임죄가 성립한다고 판시하였다. 이러한 판례에 따르면 이 사안에서도 배임죄가 성립된다고 판단할 가능성이 높았다. 그러나 대상 판결은 채무자가 채권자에 대하여 부담하는 채무를 담보하기 위하여 장래에 부동산 소유권을 이전하기로 약정한 경우 약정의 내용에 좇은 이행을 하여야 할 채무는 '자기의 사무'라고 하며 종전 견해를 변경하였다.

2. 대상 판결은 부동산 소유권이전등기의무가 일반적으로 자기의 사무라고 판시한 것은 아니고, 다만 대물변제예약의 담보권적 성질을 이유로 이 경우에는 자기의 사무라고 판시하였다는 점을 유의할 필요가 있다.

즉 채무자가 대물변제예약에 따라 부동산에 관한 소유권을 이전해줄 의무는 예약 당시에 확정적으로 발생하는 것이 아니라 채무자가 차용금을 제때 반환하지 못하여 채권자가 예약완결권을 행사한 후에야 비로소 문제가 된다. 채무자는 예약완결권 행사 후라도 금전채무를 변제하여 등기이전의무를 소멸시키고 의무에서 벗어날 수 있다. 채권자는 당해 부동산을 특정물 자체보다는 담보물로서 가치를 평가하고 기존의 금전채권을 변제받는 데 주된 관심이 있다. 그러므로 채무자의 채무불이행으로 대물변제예약에 따른 소유권등기를 이전받는 것이 불가능하게 되어도 채권자는 금전적 손해배상을 받는다면 당초의 목적을 사실상 이룰 수 있다고 하였다. 즉, 대물변제예약의 궁극적 목적은 차용금채무의 이행 확보에 있으므로, 채무자가 대물변제예약에 따라 소유권이전등기절차를 이행할 의무는 궁극적 목적을 달성하기 위해 채무자에게 요구되는 부수적 내용이다. 이것을 배임죄에서 말하는 신임관계에 기초하여 채권자의 재산을 보호 또는 관리하여야 하는 '타인의 사무'에 해당한다고 볼 수 없다고 한 것이다.

3. 대상 판결에서 반대의견은, 부동산에 관한 대물변제예약을 체결한 경우에도 채무자가 신임관계를 위반하여 당해 부동산을 제3자에게 처분함으로써 채권자로 하여금 부동산의 소유권 취득을 불가능하게 하거나 현저히 곤란하게 한 행위는, 대물변제예약에서 비롯되는 본질적·전형적 신임관계를 위반한 것으로서 배임죄에 해당하고, 이것이 부동산의 이중매매, 이중근저당권설정, 이중전세권설정에 관하여 배임죄를 인정하여 온 판례의 태도와 부합한다고 주장하였다.

4. 다수의견의 보충의견은, 부동산 소유권이전등기는 배임죄에서 말하는 타인의 사무가 아니라 단순한 민사상의 채무인 자기의 사무라고 주장한다. 보충의견에 따르면 전형적 부동산 이중매매 사안에서도 배임죄의 성립이 부정될 것이다.

5. 대상 판결은 부동산 이중매매 일반에 관한 것이 아니라 대물변제예약 사안에 한정된 것이기는 하지만, 부동산 소유권이전등기의무를 타인의 사무라고 볼 수 없다는 점을 분명히 하였다는 점에서 의미가 크다. 대상 판결의 보충의견은 이러한 법리가 차후 부동산 이중매매에 관한 사안에까지 확대적용되어야 한다고 촉구하고 있다.

032

합리적인 채권회수조치를 취하지 않고 계열회사에 회사자금을 대여한 사건

대법원 2014. 7. 10. 선고 2013도10516 판결
[특정경제범죄가중처벌등에관한법률위반(배임)·업무상배임]

사실 관계

피고인은 공소외 1 회사, 2 회사, 3 회사를 실질적으로 경영하였다. 피고인은 공소외 1 회사의 이사로서 계열회사인 공소외 2 회사와 3 회사가 이미 채무변제능력을 상실한 상태에 있음을 알면서도 위 회사들로부터 적절한 담보를 제공받는 등 상당하고 합리적인 채권회수조치를 취하지 아니한 채 자금을 대여하였다.

한편 공소외 2 회사는 위 돈 중 일부를 공소외 2 회사가 발행하고 공소외 1 회사가 배서한 약속어음의 결제에 사용하였는데, 위 약속어음은 공소외 2 회사가 공소외 1 회사를 위하여 발행한 것으로 공소외 1 회사가 실질적인 주채무자였다.

재판 진행

검사는 피고인들을 특정경제범죄가중처벌등에관한법률위반(배임)죄 등으로 기소하였다. 원심은 이 사건 공소사실에 대하여 일부는 유죄로, 일부는 무죄로 판단하였다.[36] 피고인과 검사가 각 상고하였다. 대법원은 상고를 모두 기각하였다.

---

36) 부산고법 2013. 8. 14. 선고 2013노128 판결.

판시 사항

[1] 보증인이 변제자력이 없는 피보증인에게 신규자금을 제공하거나 신규자금 차용에 관한 담보를 제공하면서 이미 보증한 채무의 변제에 사용되도록 한 경우, 새로이 손해 발생의 위험을 초래한 것인지 여부(소극)

[2] 회사의 이사 등이 계열회사에 회사자금을 대여하면서 상당하고도 합리적인 채권회수조치를 취하지 아니한 경우, 배임죄가 성립하는지 여부(적극)

[3] 회사의 임원 등이 임무에 위배하여 회사에 손해를 가한 경우, 임무위배행위에 대해 사실상 대주주의 양해를 얻었다거나 이사회의 결의가 있었다는 사유만으로 배임죄의 죄책을 면할 수 있는지 여부(소극)

판결 요지

[1] 타인의 채무에 대하여 보증을 하였는데, 피보증인이 변제자력이 없어 결국 보증인이 그 보증채무를 이행하게 될 우려가 있고, 보증인이 피보증인에게 신규로 자금을 제공하거나 피보증인이 신규로 자금을 차용하는 데 담보를 제공하면서 그 신규자금이 이미 보증을 한 채무의 변제에 사용되도록 한 경우라면, 보증인으로서는 기보증채무와 별도로 새로 손해를 발생시킬 위험을 초래한 것이라고 볼 수 없다.

[2] 회사의 이사 등이 타인에게 회사자금을 대여할 때 그 타인이 이미 채무변제능력을 상실하여 그에게 자금을 대여하면 회사에 손해가 발생하리라는 사정을 충분히 알았거나, 충분한 담보를 제공받는 등 상당하고도 합리적인 채권회수조치를 취하지 아니한 채 만연히 대여해 주었다면, 그와 같은 자금대여는 타인에게 이익을 얻게 하고 회사에 손해를 가하는 행위로서 회사에 대하여 배임행위가 되고, 회사의 이사 등은 단순히 그것이 경영상의 판단이라는 이유만으로 배임죄의 죄책을 면할 수는 없으며, 이러한 이치는 그 타인이 자금지원 회사의 계열회사라 하여 다르지 않다(대법원 2009. 7. 23. 선고 2007도541 판결 등 참조).

[3] 회사의 임원 등이 그 임무에 위배되는 행위로 재산상 이익을 취

득하거나 제3자로 하여금 이를 취득하게 하여 회사에 손해를 가한 때에는 이로써 배임죄가 성립하고, 그 임무위배행위에 대하여 사실상 대주주의 양해를 얻었다거나, 이사회의 결의가 있었다고 하여 배임죄의 성립에 어떠한 영향이 있는 것이 아니다(대법원 2000. 11. 24. 선고 99도822 판결 등 참조).

판결 평석

1. 공소외 1 회사의 임원인 피고인은 계열회사인 공소외 2 회사, 3 회사가 채무변제능력을 상실한 상태에 있음을 알면서도 위 회사들로부터 적절한 담보를 제공받는 등 상당하고 합리적인 채권회수조치를 취하지 아니한 채 자금을 대여하였다면 그와 같은 행위는 공소외 1 회사에 대한 임무위배행위로 평가할 수 있다.

한편 공소외 2 회사는 공소외 1 회사가 대여한 자금 중 일부를 공소외 2 회사가 발행하고 공소외 1 회사가 배서한 약속어음들의 결제에 사용하였다. 그런데 위 약속어음은 공소외 2 회사가 공소외 1 회사를 위하여 발행한 것으로서 공소외 1 회사가 실질적인 주채무자였다. 그렇다면 공소외 1 회사는 사실상 자기의 어음금채무를 변제하면서, 공소외 2 회사가 변제하는 형식을 택한 것뿐이므로, 위 자금대여 행위로 새로운 손해가 발생하거나 발생할 위험이 초래되었다고 평가할 수 없다.

2. 피고인은 자신이 공소외 1 회사의 임원으로서 계열회사인 공소외 2, 공소외 3 회사를 위하여 경영상의 판단을 한 것일뿐 배임죄의 고의가 없을 뿐 아니라, 사실상 대주주의 양해를 얻었고 이사회의 결의도 있었으므로 배임죄가 성립하지 않는다고 다투었다.

이에 대하여 대상 판결은, 배임죄의 고의는 경영상 판단의 경우에도 일반적 해석기준에 따라 엄격히 판단하면 충분하고, 자금대여 상대방이 채권자의 계열회사라고 하여 달리 볼 것은 아니라고 하면서, 원심이 인정한 사실관계에 비추어 보면 배임의 고의가 인정된다고 판단하였다. 또한 피고인이 행위를 하기 전에 사실상 대주주의 양해를 얻거나 이사회 결의가 있었다고 하여 배임죄의 성립에 영향이 없다고 하여 피고인의 주장을 배척하였다.

3. 판례는 주식회사와 주주는 별개의 인격으로서 동일인이라고 볼 수 없으므로 대주주의 양해를 얻었다고 하여 배임의 범의가 없다고 할 수 없고, 주식회사의 이사는 회사를 위하여 성실한 직무수행을 할 의무가 있으므로, 이사가 임무에 위배하여 주주 또는 회사 채권자에게 손해가 될 행위를 하였다면 형식적으로 이사회의 결의가 있었다고 하여 그 배임행위가 정당화될 수 없다고 한다.

그러나 회사의 이사가 회사에 손해가 될 행위를 독단적으로 행한 것이 아니라 사전에 이사회의 결의를 거친 경우에도 그 행위가 주주 또는 회사 채권자에게 손해가 된다거나 혹은 이사회의 결의가 형식적이었다는 이유를 들어 이사의 행위가 임무위배행위에 해당한다는 판단은 납득하기 어렵다. 이사가 고의 또는 과실로 법령 또는 정관에 위반한 행위를 하거나 그 임무를 게을리 하면 회사에 대하여 손해를 배상할 책임이 있고, 그 행위가 이사회의 결의에 의한 것인 때에는 그 결의에 찬성한 이사도 책임이 있다(상법 제399조 제1, 2항). 이사는 이러한 상법상 책임을 지는 것으로 충분하다. 이와 별도로 형사상 배임죄로 처벌할 수 있다는 판단은 의문이다.

4. 대상 판결에 찬성하지 않는다.

033

저축은행의 부실대출로 인한 손해액에 관한 사건

대법원 2014. 6. 26. 선고 2014도753 판결
[특정경제범죄가중처벌등에관한법률위반(배임)·업무상배임]

사실 관계

공소외 1 회사는 골프장 인수자금으로 사용하기 위하여 피해자 저축은행으로부터 대출을 받으면서 각종 제재 및 처벌규정을 회피하기 위하여 공소외 2 회사 등 25개 차명차주 명의로 57회에 걸쳐 합계 3,800억 393만 원을 대출받았으나, 그중 1,689억 5,393만 원을 변제하지 못하였다.

피해자 저축은행의 대표이사인 피고인은 실질차주인 공소외 1 회사와 차명차주들의 재산상태 및 회수가능성을 제대로 검토하지 아니하고 무담보 신용대출 방식으로 또는 충분한 담보를 제공받지 아니한 채 대출을 실행하였는데, 당시 대출의 적정성, 여신의 건전성 등을 확보하기 위한 상호저축은행법 등 각종 법령의 규제나 제한, 저축은행 내부의 업무처리 규정·지침을 지키지 않았다.

재판 진행

검사는 피고인을 특정경제범죄가중처벌등에관한법률위반(배임)죄 등으로 기소하였다. 원심은 이 사건 공소사실에 대해 유죄로 판단하였다.[37] 피고인이 상고하였다. 대법원은 상고를 기각하였다.

---

37) 서울고법 2013. 12. 27. 선고 2013노640 판결.

판시 사항

[1] 경영상 판단과 관련하여 경영자에게 배임의 고의와 불법이득의 사가 있었는지 판단하는 방법

[2] 부실대출에 의한 업무상배임죄가 성립하는 경우, 손해액의 범위 (=대출금 전액)

판결 요지

[1] 업무상배임죄에 있어서 고의는, 업무상 타인의 사무를 처리하는 자가 본인에게 재산상의 손해를 가하고 그로 인하여 자기 또는 제3자의 재산상 이득을 취한다는 의사와 그러한 손익의 초래가 자신의 임무에 위배된다는 인식이 결합되어 성립하는 것이다. 따라서 경영상 판단과 관련하여 경영자에게 배임의 고의와 불법이득의 의사가 있었는지 여부를 판단함에 있어서도, 문제된 경영상의 판단에 이르게 된 경위와 동기, 판단 대상인 사업의 내용, 기업이 처한 경제적 상황, 손실 발생의 개연성과 이익 획득의 개연성 등의 여러 사정을 고려하여 볼 때 자기 또는 제3자가 재산상 이익을 취득한다는 인식과 본인에게 손해를 가한다는 인식하의 의도적 행위임이 인정되는 경우에 한하여 배임죄의 고의를 인정하여야 하고, 그러한 인식이 없는데도 본인에게 손해가 발생하였다는 결과만으로 책임을 묻거나 단순히 주의의무를 소홀히 한 과실이 있다는 이유로 책임을 물어서는 아니 된다.

한편, 배임죄에서 말하는 임무위배행위는 처리하는 사무의 내용, 성질 등 구체적 상황에 비추어 법령의 규정, 계약 내용 또는 신의성실의 원칙상 당연히 하여야 할 것으로 기대되는 행위를 하지 않거나 당연히 하지 않아야 할 것으로 기대되는 행위를 함으로써 본인과 맺은 신임관계를 저버리는 일체의 행위를 말하므로, 경영자의 경영상 판단에 관한 위와 같은 사정을 모두 고려하더라도 법령의 규정, 계약 내용 또는 신의성실의 원칙상 구체적 상황과 자신의 역할·지위에서 당연히 하여야 할 것으로 기대되는 행위를 하지 않거나 하지 않아야 할 것으로 기대되는 행위를 함으로써 재산상 이익을 취득하거나 제3자로 하여금 이를 취

득하게 하고 본인에게 손해를 가하였다면 그에 관한 고의 내지 불법이
득의 의사는 인정된다.

[2] 부실대출에 의한 업무상배임죄가 성립하는 경우에는 담보물의
가치를 초과하여 대출한 금액이나 실제로 회수가 불가능하게 된 금액만
을 손해액으로 볼 것은 아니고, 재산상 권리의 실행이 불가능하게 될
염려가 있거나 손해발생의 위험이 있는 대출금 전액을 손해액으로 보아
야 한다(대법원 2000. 3. 24. 선고 2000도28 판결 등 참조).

판결 평석

1. 대상 판결은 저축은행의 부실대출에 관한 사안을 다루고 있다. 부
실대출은 불량대출, 부당대출이라고도 한다. 은행 지점장 등 대출업무
담당자가 그 업무에 관한 금융기관 등의 규정을 위반하여 담보물에 대
한 대출한도액을 초과하여 대출하거나 담보로 할 수 없는 물건을 담보
로 잡고 대출하는 행위 등을 말한다. 부실대출의 개념요소로 여신심사의
부실과 대출금회수조치의 흠결을 들 수 있으며, 권력형 부실대출, 절차
하자형 부실대출, 리스크판단 오류형 부실대출 등으로 구분하기도 한다.

이 사안에서 피고인은 실질차주와 차명차주들의 재산상태 및 회수가
능성을 제대로 검토하지 아니하고 무담보 신용대출 방식으로 대출하거
나 또는 충분한 담보를 제공받지 아니한 채 대출을 실행하였다. 대출의
적정성, 여신의 건전성 등을 확보하기 위한 상호저축은행법 등 각종 법
령의 규제나 제한, 저축은행 내부의 업무처리 규정·지침도 지키지 않
았다. 그렇다면 이러한 행위는 특별한 사정이 없으면 회사에 대한 임무
위배행위로 볼 수 있다.

2. 피고인은 경영상 판단에 따른 것으로 배임의 고의가 없었다고 다
투었다.

대상 판결은, 피고인이 위와 같은 판단한 경위와 동기, 사업의 내용,
기업이 처한 경제적 상황, 손실 발생의 개연성과 이익 획득의 개연성
등의 여러 사정을 모두 고려하면 법령의 규정, 계약 내용 또는 신의성

실의 원칙상 구체적 상황과 자신의 역할·지위에서 당연히 하여야 할 것으로 기대되는 행위를 하지 않거나 하지 않아야 할 것으로 기대되는 행위를 함으로써 재산상 이익을 취득하거나 제3자로 하여금 이를 취득하게 하고 본인에게 손해를 가한 경우에 해당하므로, 배임의 고의 내지 불법이득의 의사가 인정된다고 판단하였다. 대상 판결은 피고인의 주장을 법리오해의 문제가 아니라 사실오인 주장으로 보고 사실인정에 잘못이 없다고 판단하였다.

3. 한편 대상 판결은 부실대출에 의한 업무상배임죄가 성립하는 경우 그 손해액은 담보물의 가치를 초과하여 대출한 금액이나 실제로 회수불가능하게 된 금액이 아니라 대출금 전액이라고 판시하였다.

배임죄에서의 재산상 이득과 손해의 산정에 관하여 전체가치설과 실질가치설이 대립하고 있다. 전체가치설은 취득한 재산상의 이익 전체를 하나의 단위로 인식하여 그 가액을 이득액으로 파악하는 견해이고, 실질가치설은 범죄행위로 실제 취득하는 대상의 재산의 실질가치의 가액을 이득으로 파악하는 견해이다.

판례는 일반적인 배임죄 사건에서 재산상 손해는 총체적으로 보아 본인의 재산 상태에 손해를 가하는 경우, 즉 본인의 전체적 재산가치의 감소를 가져오는 경우를 말한다고 하여 실질가치설을 취한다. 그러나 부실대출로 인한 배임의 경우에는 실질가치설이 아니라 전체가치설에 입각하여 담보물의 가치를 초과하여 대출한 금액이 아닌 대출금 전액을 손해액으로 보고 있다.

부실대출 유형의 배임에서도 손해는 대출 후 미변제된 금액만 손해라고 볼 것이지 대출금 전액을 손해라고 보는 것은 법리상 타당하지 않고, 국민들의 법감정에도 부합하지 않는다. 담보물이 확보되어 있는 경우 대출금 전액이 아니라 담보물의 가치를 초과하여 대출한 금액만 손해로 보는 것이 타당하다.

4. 대상 판결의 손해액에 관한 판단에 찬성하지 않는다.

034

서류를 위조하여 담보로 제공된 토지에 설정된 근저당권설정등기를 말소한 사건

대법원 2014. 6. 12. 선고 2014도2578 판결
[특정경제범죄가중처벌등에관한법률위반(배임) · 사문서위조 · 위조사문서행사]

사실 관계

피해자 조합의 대출업무 담당자인 피고인은 피해자 조합에 처와 모친 소유의 토지를 담보로 제공하고 그들 명의로 대출을 받았다. 그 후 피고인은 근저당권설정등기 해지증서, 위임장 등을 위조하여 담보로 제공된 위 토지에 설정된 근저당권설정등기를 말소하였다.

재판 진행

검사는 피고인을 특정경제범죄가중처벌등에관한법률위반(배임)죄 등으로 기소하였다. 제1심은 이 사건 공소사실을 유죄로 판단하였으나, 원심법원은 무죄로 판단하였다.[38] 검사가 상고하였다. 대법원은 원심판결을 파기하고, 사건을 원심법원에 환송하였다.

판시 사항

피해자 조합의 대출업무 담당자인 피고인이 대출금에 대한 담보로 근저당권이 설정된 토지에 대하여 위임장 등을 위조하여 근저당권설정등기를 말소함으로 말미암아 피해자 조합에 손해가 발생하였다고 볼 것인지 여부

---

38) 서울고법 2014. 2. 6. 선고 2013노3458 판결.

판결 요지

피해자 조합의 대출업무 등을 담당하던 피고인이 위임장과 해지증서를 위조하여 피해자 조합의 근저당권설정등기를 말소하였다면, 그 등기 말소로 피해자 조합은 당장 위 근저당권을 피담보채권과 함께 처분한다거나 피담보채권 회수를 위한 경매신청을 할 수 없는 등 자산으로서의 근저당권을 운용·처분하지 못해 사실상 담보를 상실한 것과 다를 바 없는 손해가 발생하였다고 할 것이고, 피해자 조합이 위 말소된 근저당권설정등기의 회복등기를 구할 수 있다고 하여 달리 볼 것은 아니다.

판결 평석

1. 피해자 조합의 대출담당 직원인 피고인이 서류를 위조하여 담보로 제공된 토지에 설정된 근저당권설정등기를 말소함으로 말미암아 재산상 손해가 발생하였다고 볼 것인지가 쟁점이다.

원심은, 피고인이 위 근저당권설정등기를 말소하였다고 하더라도 이는 원인 없이 부적법하게 말소된 것이므로 피해자 조합은 근저당권자로서의 권리를 그대로 보유하고 있고, 피고인의 처와 모친은 피해자 조합에 대하여 회복등기에 필요한 승낙을 할 의무가 있으며, 피해자 조합은 피고인의 사용자로서 또는 기타의 원인으로 불법행위책임 등을 부담하게 될 가능성도 없으므로, 피해자 조합에 재산상 손해가 발생하였다고 보기 어렵다고 판단하였다.

그러나 대상 판결은, 피고인이 서류를 위조하여 피해자 조합의 근저당권설정등기를 말소하였다면, 그 등기 말소로 피해자 조합은 당장 위 근저당권을 피담보채권과 함께 처분한다거나 피담보채권 회수를 위한 경매 신청을 할 수 없는 등 자산으로서의 근저당권을 운용·처분하지 못해 사실상 담보를 상실한 것과 다를 바 없는 손해가 발생하였고, 설사 피해자 조합이 위 말소된 근저당권설정등기의 회복등기를 구할 수 있다고 하여도 손해가 발생한 것으로 보아야 한다고 판시하였다.

2. 형법의 해석은 기본적으로 형법의 안목에서 출발하여야 하고, 형법의 이념과 목적에 따라 형법의 조문에 충실하게 해석하여야 한다. 따라서 민법에서 인정되는 효과가 형법의 적용이나 그 해석의 영역에서도 예외 없이 동일하게 관철되어야 하는 것은 아니다. 예를 들어 타인을 협박하여 금전을 갈취한 경우 갈취한 행위가 명령규범이나 금지규정에 위반하여 위반하였다고 인정되면 범죄가 성립된다고 판단하고, 사후에 그 금전을 반환하거나 손해를 배상하는 등 민사적으로 해결되었다고 하여 갈취행위라는 침해의 실체가 소급하여 없어졌다거나 범죄가 성립하지 않는다고 말하지 않는다.

민법은 법률행위와 그 법률효과로 인한 권리와 의무의 귀속에 관심을 두고 사후적으로 평가하여 그 최종귀속자를 판단하는 것을 목적으로 하는 반면, 형법은 행위를 실행할 당시 그 행위의 반가치성을 평가하여 피해자를 보호하는 것을 목적으로 한다. 이와 같이 민법과 형법은 그 이념과 목적을 달리하기 때문에 형법에 관한 해석이 민법에 종속되어야 하는 것이 아니고, 형법 고유의 실체와 그에 대응하는 입법 목적에 따라 독자적으로 결정되어야 한다. 그럼에도 채무부담행위로 인한 배임죄의 경우 채무부담행위의 유, 무효를 법률적으로 판단한 후 이것을 손해의 발생과 연동시키는 판례를 종종 볼 수 있다.

3. 원심은, 이 사안에서 채무부담행위에 관한 기존의 판례에 따라 피고인이 서류를 위조하여 근저당설정등기를 말소하였다고 하더라도 그것이 민사적으로 무효이므로 피해자 조합은 근저당설정등기의 회복등기를 구할 수 있고, 따라서 피해자 조합에 손해가 발생하지 않았다고 판단하였다.

그러나 대상 판결은 피고인의 행위로 위 근저당권설정등기가 실제로 말소되었다면 사후에 그 등기를 회복할 수 있는지는 차치하고 당장 위 근저당권을 피담보채권과 함께 처분한다거나 피담보채권 회수를 위한 경매신청을 할 수 없는 등 사실상 담보를 상실한 것과 다를 바 없는 현실적 손해가 발생하였다고 판단하였다.

4. 피고인의 담보권 말소라는 행위에 의한 결과에 대하여, 원심은 법률적 관점에서 파악한 결과 손해가 아니라고 판단하였으나, 대상 판결은 이를 경제적 관점 혹은 형사적 관점에서 파악하여 현실적 손해라고 판단하였다.

원심은 채무부담행위에 관하여 법률상 효력이 없는 경우에는 손해가 발생하였다고 볼 수 없다는 대법원 2010. 9. 30. 선고 2010도6490 판결, 대법원 2010. 3. 25. 선고 2009도14585 판결 등을 인용하였다. 그러나 대상 판결은 위 판결은 채무부담행위에 관한 사안으로 이 사건과 사안이 달라 원용하기에 적절하지 않고, 배임죄에서 손해는 법률적 관점에서 파악할 것이 아니라 경제적 관점에서 파악하여야 한다고 판단하였다.

5. 대상 판결에 찬성한다.

035

대출금 채무의 변제를 위하여 한우를 양도담보로 제공하고, 그 한우의 폐사에 대비하여 가축보험계약을 체결하고 유지하는 사무가 타인의 사무인지 여부

대법원 2014. 2. 27. 선고 2011도3482 판결 [업무상배임]

사실 관계

고소인 회사는 자산운용사인 공소외 2 회사가 구 간접투자자산운용업법에 의하여 설정한 투자신탁의 수탁자이다.

고소인 회사와 공소외 2 회사, 공소외 3 회사는 공동사업약정을 체결하고, 공소외 3 회사가 한우사육사업을 하는 공소외 4 회사를 설립하였다. 중소기업은행은 공소외 4 회사에 70억 원을 대출하고, 고소인 회사는 중소기업은행의 위 대출채권을 양수하여 신탁재산으로 보유하였다.

이 사건 공동사업약정에 의하면, 공소외 4 회사는 위 대출금으로 한우를 사육하여 판매한 다음 그 대금으로 고소인 회사에 대한 대출원금과 이자를 분할 변제하되, 대출원리금 채무를 담보하기 위하여 공소외 4 회사 소유의 한우를 고소인 회사에 양도담보 목적물로 제공하고, 한우의 폐사로 인한 손해 발생 위험에 대비하여 공소외 4 회사를 피보험자로 하는 가축보험계약을 체결한 후 채무상환기간 동안 이를 유지하며, 공소외 3 회사는 공소외 4 회사가 사육한 한우의 매입을 보장하였다.

공소외 3 회사와 공소외 4 회사가 체결한 업무위탁약정에 따르면, 공소외 3 회사는 한우의 사업소득이 위 대출원리금에 미치지 못하는 경우에는 그 차액을 공소외 4 회사 명의의 자금관리계정에 입금할 의무가 있다.

공소외 4 회사는 위 가축보험계약을 임의로 해지하였다.

재판 진행

검사는 피고인을 업무상배임죄로 기소하였다. 원심은 피고인을 무죄로 판단하였다.[39] 검사가 상고하였다. 대법원은 상고를 기각하였다.

판시 사항

배임죄에서 '타인의 사무처리'로 인정되기 위한 요건

판결 요지

배임죄는 타인의 사무를 처리하는 자가 위법한 임무위배행위로 재산상 이득을 취득하여 사무의 주체인 타인에게 손해를 가함으로써 성립하므로, 그 범죄의 주체는 타인의 사무를 처리하는 신분이 있어야 한다. 여기서 '타인의 사무처리'로 인정되려면, 타인의 재산관리에 관한 사무의 전부 또는 일부를 타인을 위하여 대행하는 경우와 타인의 재산보전 행위에 협력하는 경우라야만 되고, 두 당사자 관계의 본질적 내용이 단순한 채권관계상의 의무를 넘어서 그들 간의 신임관계에 기초하여 타인의 재산을 보호 내지 관리하는 데 있어야 한다. 만약 그 사무가 타인의 사무가 아니고 자기의 사무라면, 그 사무의 처리가 타인에게 이익이 되어 타인에 대하여 이를 처리할 의무를 부담하는 경우라도, 그는 타인의 사무를 처리하는 자에 해당하지 않는다.

판결 평석

1. 배임죄에서 범죄의 주체는 타인의 사무를 처리하는 자라는 신분이 필요하므로 배임죄에서 '타인의 사무'의 의미는 엄격하게 해석하여야 한다. '타인의 사무'를 형법의 문언대로 해석하면 타인의 사무를 대행하는 경우가 원칙적인 모습이다. 그러나 종전 판례는 타인의 사무를 대행

---

39) 수원지법 2011. 2. 15. 선고 2010노6315 판결.

하는 경우뿐만 아니라 타인의 재산보전행위에 협력하는 경우도 타인의 사무에 해당한다고 하였다. 그러나 협력사무란 타인을 위한 자기의 사무일 뿐 타인의 사무에 해당하지 않음은 문언해석상 명백하다. 독일 형법에서 배임죄는 '신뢰관계에 의하여 타인의 재산상의 이익을 보호하여야 할 의무를 가진 자'를 행위주체로 규정하고 있다. 그 영향을 받은 탓인지 대법원은 '두 당사자 관계의 본질적 내용이 단순한 채권관계상의 의무를 넘어서 그들 간의 신임관계에 기초하여 타인의 재산을 보호 내지 관리하는 경우'에도 타인의 사무에 해당한다고 판시하였다. 대행사무 이외에 이러한 협력사무 또는 타인의 재산보호사무를 타인의 사무에 포함하면 그 범위가 너무 넓어서 단순한 민사채무와 구분하기 힘들어진다. 그런 탓에 판례는 당사자 관계의 본질적 내용이 단순한 채권관계상의 의무를 넘어서 그들 간의 신임관계에 기초하여 타인의 재산을 보호 내지 관리하는 협력사무의 경우에만 타인의 사무에 포함된다고 하였다. 판례가 이렇게 타인의 사무에 관하여 문언보다 확대하였다가 다시 축소하는 과정에서 타인의 사무의 개념과 한계는 더욱 불명확해졌다.

2. 대상 판결 이후에 선고된 대법원 2020. 2. 20. 선고 2019도9756 전원합의체 판결은 "타인의 사무를 처리하는 자라고 하려면, 타인의 재산관리에 관한 사무의 전부 또는 일부를 타인을 위하여 대행하는 경우와 같이 당사자 관계의 전형적·본질적 내용이 통상의 계약에서의 이익 대립관계를 넘어서 그들 사이의 신임관계에 기초하여 타인의 재산을 보호 또는 관리하는 데에 있어야 하고, 타인의 사무를 처리하는 자에 해당하지 않는 사람이 담보물을 제3자에게 처분하는 등으로 담보가치를 감소 또는 상실시켜 채권자의 담보권 실행이나 이를 통한 채권실현에 위험을 초래하더라도 배임죄가 성립한다고 할 수 없다."고 판시하였다.

이로써 배임죄에서 타인의 사무는 원칙적으로 타인을 대행하는 사무로 제한되었다. 배임죄를 규정한 형법의 문언에 부합하는 매우 바람직한 판단이다.

3. 이 사안에서 공소외 4 회사는 채권자인 고소인 회사에 대하여 대출원리금 채무를 부담한다. 그것은 본질적으로 공소외 4 회사(또는 대표이사인 피고인) 자기의 사무이다. 공소외 4 회사가 그 채무변제를 위하여 한우를 고소인 회사에 양도담보 목적물로 제공하는 것이나, 양도담보 목적물인 한우가 폐사될 경우 발생할 손해에 대비하여 가축보험계약을 체결하고 유지하는 사무는 모두 공소외 4 회사를 위한 것이다. 대상 판결은 그것이 고소인 회사에게도 이익이 되는 면이 있더라도 그러한 사정만으로 그것이 고소인 회사의 사무가 될 수 없다고 하였다.

대법원 2020. 2. 20. 선고 2019도9756 전원합의체 판결에 비추어 보더라도, 공소외 4 회사 또는 피고인이 가축보험계약을 체결, 유지하는 의무는 고소인 회사의 사무를 대행하는 것이 아니다. 따라서 피고인은 타인의 사무를 처리하는 자의 지위에 있다고 할 수 없으므로, 피고인이 그 의무를 다하지 못하였다고 하더라도 배임죄로 처벌할 수는 없다.

4. 대상 판결에 찬성한다.

036

회사 대표이사가 실질적 1인 주주의 양해를 얻어 법인카드를 개인 용도로 계속적, 반복적으로 사용한 사건

대법원 2014. 2. 21. 선고 2011도8870 판결
[특정경제범죄가중처벌등에관한법률위반(횡령) · 업무상배임 · 횡령]

2019년 제8회 변호사시험 출제
2016년 제5회 변호사시험 출제

사실 관계

공소외 회사의 대표이사인 피고인이 공소외 회사가 관리하는 ○○주차장과 △△주차장에 관하여 당시 위 각 주차장을 적정 임대료보다 적은 200만 원의 임대료에 통상보다 장기인 5년의 임대기간을 정하여 피고인과 임대차계약을 체결하였다.

피고인은 공소외 회사의 법인카드 4장을 들고 다니면서 회사의 공적 수행과 무관한 개인 용도로 계속적, 반복적으로 사용하였다. 당시 피고인은 법인카드 사용에 관하여 공소외 회사의 실질적 1인 주주의 양해를 얻었다.

재판 진행

검사는 피고인을 업무상배임죄 등으로 기소하였다. 원심은 이 사건 공소사실에 대해 유죄로 판단하였다.[40] 피고인이 상고하였다. 대법원은 상고를 기각하였다. (쟁점과 무관한 공소사실에 대하여 일부 무죄가 선고되었고 이에 대하여 검사가 상고하였으나, 대법원은 검사의 상고도 기각하였다.)

---

40) 서울고법 2011. 6. 16. 선고 2010노1827 판결.

판시 사항

[1] 회사가 타인의 사무를 처리하는 일을 영업으로 영위하고 있는 경우, 회사 대표이사가 그 타인의 사무를 처리하면서 업무상 임무에 위배되는 행위를 함으로써 회사로 하여금 타인에 대한 채무를 부담하게 한 행위가 회사에 대한 관계에서 업무상배임죄를 구성하는지 여부(적극)

[2] 주식회사의 임원이 공적 업무수행을 위해서만 사용이 가능한 법인카드를 개인 용도로 계속적, 반복적으로 사용한 행위가 업무상배임죄를 구성하는지 여부(원칙적 적극) / 법인카드 사용에 대하여 실질적 1인 주주의 양해를 얻었다는 등의 사정만으로 달리 보아야 하는지 여부(소극)

판결 요지

[1] 회사가 타인의 사무를 처리하는 일을 영업으로 영위하고 있는 경우, 회사의 대표이사가 그 타인의 사무를 처리하면서 업무상 임무에 위배되는 행위를 함으로써 재산상 이익을 취득하거나 제3자로 하여금 이를 취득하게 하고 그로 인하여 회사로 하여금 그 타인에 대한 손해배상책임 등 채무를 부담하게 한 때에는 회사에 손해를 가하거나 재산상 실해 발생의 위험을 초래한 것으로 볼 수 있으므로, 이러한 행위는 회사에 대한 관계에서 업무상배임죄를 구성한다.

[2] 주식회사의 임원이 공적 업무수행을 위하여서만 사용이 가능한 법인카드를 개인 용도로 계속적, 반복적으로 사용한 경우, 특별한 사정이 없는 한 임원에게는 임무위배의 인식과 그로 인하여 자신이 이익을 취득하고 주식회사에 손해를 가한다는 인식이 있었다고 볼 수 있으므로, 이러한 행위는 업무상배임죄를 구성한다. 위와 같은 법인카드 사용에 대하여 실질적 1인 주주의 양해를 얻었다거나 실질적 1인 주주가 향후 그 법인카드 대금을 변상, 보전해 줄 것이라고 일방적으로 기대하였다는 사정만으로는 업무상배임의 고의나 불법이득의 의사가 부정된다고 볼 수 없다.

판결 평석

1. 판례는 회사의 대표이사가 타인의 사무를 처리하면서 임무에 위배되는 행위를 함으로써 회사로 하여금 그 타인에 대한 손해배상책임 등 채무를 부담하게 한 때에는 회사에 손해를 가하거나 재산상 실해 발생의 위험을 초래한 것으로 볼 수 있으므로, 이러한 행위는 배임죄를 구성한다고 한다. 판례는 또한 채무부담행위에 따라 채무가 발생하거나 민법상 불법행위책임을 부담할 경우 이것을 현실적인 손해로 본다(대법원 2017. 7. 20. 선고 2014도1104 전원합의체 판결).

대상 판결은 이러한 판례에 따라 피고인의 행위로 회사가 손해배상 등 채무를 부담하게 된 때에는 회사에 손해 또는 재산상 실해 발생의 위험을 초래한 것으로 보아야 한다고 판단하였다.

2. 대상 판결은 또한 주식회사의 임원이 공적 업무수행을 위하여서만 사용이 가능한 법인카드를 개인 용도로 계속적, 반복적으로 사용한 경우 특별한 사정이 없는 한 그 임원에게는 임무위배의 인식과 그로 인하여 자신이 이익을 취득하고 주식회사에 손해를 가한다는 인식이 있었다고 볼 수 있으므로, 이러한 행위는 업무상배임죄를 구성한다고 판단하고, 나아가 피고인이 법인카드를 회사의 공적수행과 무관한 개인 용도로 계속적, 반복적으로 사용하였다고 하면서 실질적 1인 주주가 향후 그 법인카드 대금을 변상, 보전해 줄 것이라고 일방적으로 기대하였다고 하더라도, 그와 같은 사정만으로는 업무상배임의 고의나 불법이득의 의사가 부정되지 않는다고 판단하였다.

3. 대상 판결의 판시 중 실질적 1인 주주가 양해한 경우에도 배임죄가 인정된다는 점에 관하여 의문을 제기해 본다.

판례는, 주식회사와 주주는 별개의 법인격을 가진 존재로서 동일인이라 할 수 없고 주식회사의 손해가 항상 주주의 손해와 일치한다고 할 수도 없으므로, 주식회사의 임원이 임무에 위배되는 행위로 재산상 이익을 취득하거나 제3자로 하여금 이를 취득하게 하여 주식회사에 손해를 가한 경우, 그 임무위배행위에 대하여 실질적 1인 주주의 양해를 얻었다고 하더라도 업무상배임죄의 성립에는 지장이 없다고 한다(대법원 1983. 12. 13. 선고 83도2330 전원합의체 판결, 대법원 2011. 3. 10. 선고 2008도6335 판결 등 참조).

그러나 피해자 회사의 실질적 1인 주주가 피고인의 카드사용을 양해하였고, 피고인이 그것을 믿고 회사 카드를 사용한 경우에도 그와 같은 피고인에게 피해자 회사에 손해를 가할 의도가 있다고 할 수 있을지는 의문이다.

4. 대상 판결 중 일부는 찬성하기 어렵다.

037

농장 대표자가 농장 소유 부동산을 대표자 개인 합의금 명목으로 양도하면서 농장 이사회의 결의를 거친 경우에도 배임죄가 성립하는지 여부

대법원 2014. 2. 13. 선고 2011도16763 판결
[특정경제범죄가중처벌등에관한법률위반(배임) · 배임수재]

사실 관계

○○농장의 대표자인 피고인은 ○○농장이 甲으로부터 매수하여 공소외 1에게 명의신탁하고 소유권이전등기를 마쳐 둔 부동산을 ○○농장 이사회의 결의를 거쳐 공소외 2에 대한 피고인 개인의 합의금 명목으로 양도하기로 하고, 공소외 2가 지정한 乙 명의로 소유권이전등기를 마쳤다.

재판 진행

검사는 피고인을 특정경제범죄가중처벌등에관한법률위반(배임)죄 등으로 기소하였다. 원심은 이 사건 공소사실 중 배임죄는 유죄로 판단하고, 배임수재죄는 무죄로 판단하였다.[41] 피고인과 검사가 각 상고하였다. 대법원은 상고를 모두 기각하였다.

판시 사항

배임죄에서 '임무에 위배하는 행위'와 '재산상의 손해를 가한 때'의 의미, 재산상 손해 유무를 판단하는 기준(=경제적 관점)

---

41) 서울고법 2011. 11. 18. 선고 2011노903 판결.

판결 요지

배임죄는 타인의 사무를 처리하는 자가 그 임무에 위배하는 행위로 재산상의 이익을 취득하거나 제3자로 하여금 이를 취득하게 하여 본인에게 손해를 가함으로써 성립하고, 여기에서 그 임무에 위배하는 행위라 함은 처리하는 사무의 내용, 성질 등 구체적 상황에 비추어 법령의 규정, 계약의 내용 또는 신의칙상 당연히 하여야 할 것으로 기대되는 행위를 하지 않거나 당연히 하지 않아야 할 것으로 기대되는 행위를 함으로써 본인과의 신임관계를 저버리는 일체의 행위를 포함한다.

또한 배임죄에 있어 재산상의 손해를 가한 때라 함은 현실적인 손해를 가한 경우뿐만 아니라 재산상 실해 발생의 위험을 초래한 경우도 포함되고, 재산상 손해의 유무에 대한 판단은 본인의 전 재산 상태와의 관계에서 법률적 판단에 의하지 아니하고 경제적 관점에서 파악하여야 한다. 따라서 법률적 판단에 의하여 당해 배임행위가 무효라 하더라도 경제적 관점에서 파악하여 배임행위로 인하여 본인에게 현실적인 손해를 가하였거나 재산상 실해 발생의 위험을 초래한 경우에는 재산상의 손해를 가한 때에 해당되어 배임죄를 구성한다.

판결 평석

1. ○○농장의 대표자인 피고인은 공소외 1 명의로 등기해 둔 ○○농장 소유의 부동산을 자신의 합의금 채무에 대한 변제를 위하여 공소외 2가 지정한 乙 명의로 소유권이전등기를 마쳤다.

검사가 피고인을 특정경제범죄가중처벌등에관한법률위반(배임)죄로 기소하자, 피고인은 공소외 1 명의의 소유권이전등기와 乙 명의의 소유권이전등기가 모두 명의신탁 약정에 의한 것으로서 부동산 실권리자명의 등기에 관한 법률에 위반되어 법률상 무효이고, 따라서 ○○농장에는 아무런 손해가 발생하지 않았으므로 배임죄가 성립하지 않는다고 다투었다.

이에 대하여 대상 판결은, "배임죄에서 재산상 손해 발생의 유무에 대한 판단은 본인의 전 재산 상태와의 관계에서 법률적 판단에 의하지 아니하고 경제적 관점에서 파악하여야 한다. 따라서 법률적 판단에 의하여 당해 배임행위가 무효라 하더라도 경제적 관점에서 파악하여 배임행위로 인하여 본인에게 현실적인 손해를 가하였거나 재산상 실해 발생의 위험을 초래한 경우에는 재산상의 손해를 가한 때에 해당되어 배임죄를 구성한다."고 하면서, 위 각 소유권이전등기가 명의신탁 약정에 의한 것이어서 법률상 무효라고 하더라도, 경제적 관점에서 보면 피해자인 ○○농장에게 재산상 실해 발생의 위험이 초래되었다고 판단하였다. 경제적 관점 또는 형사적 관점에서 보면 피고인의 행위로 손해가 발생하였다는 대상 판결이 타당하다.

2. 한편 피고인은 사전에 ○○농장 이사회의 결의를 거쳤기 때문에 임무위배행위에 해당하지 않는다고도 다투었다.

대상 판결은 ○○농장의 조합규약이 부동산의 처분에 관하여 이사회 의결을 거치도록 한 것은 대표자가 임의로 부동산을 처분하지 못하도록 견제하기 위한 것인데, 이사회가 그러한 기능을 다하지 못하고 대표자의 배임적인 부동산 처분행위를 승인하였다고 하더라도, 이는 배임죄의 성립에 영향이 없다고 하였다.

그러나 피고인이 사전에 ○○농장 이사회의 결의를 거쳤는데도 그 행위가 임무위배행위에 해당한다는 것은 납득하기 어렵다. 그 이사회의 결의가 부존재 또는 무효라거나 취소한다는 확정적 판단이 나오지도 않았다면 그 결의는 유효하다. 그런데도 이사회가 본연의 기능을 다하지 못하고 결의하였다는 이유로 이것을 법률적으로 아무런 의미가 없다고 단정하고, 이사회의 결의를 따라 행동한 대표자의 행위에 대하여 형사처벌을 할 수 있다는 판단은 타당하지 않다. 이사회 결의에 참가한 이사들이 회사법상 책임을 지면 충분하지 않을까?

3. 대상 판결 중 앞부분은 찬성하지만, 뒷부분은 찬성하지 않는다.

038

적정한 담보를 확보하지 않고 계열회사의 대출금채무에 연대보증한 사건

대법원 2013. 12. 26. 선고 2013도7360 판결

[특정경제범죄가중처벌등에관한법률위반(횡령),
특정경제범죄가중처벌등에관한법률위반(배임), 상호저축은행법위반]

사실 관계

피고인들이 설립한 공소외 4 회사는 공소외 2 회사가 공소외 3 회사로부터 170억 원을 대출받을 때 연대보증을 하였다. 당시 공소외 2 회사는 설립중에 있어서 신용도나 자력을 평가할 만한 실적이 없었는데도 피고인들은 적정한 담보를 확보하지 않았고, 공소외 2 회사가 대출금을 다른 용도로 사용하는 것을 방지하기 위한 조치를 마련하지 않았다.

재판 진행

검사는 피고인들을 특정경제범죄가중처벌등에관한법률위반(배임)죄 등으로 기소하였다. 원심은 이 부분 공소사실을 유죄로 판단하였다.[42] 피고인들이 상고하였다. 대법원은 원심판결을 파기하고, 사건을 원심법원에 환송하였다.

판시 사항

경영상 판단과 관련하여 기업 경영자에게 배임의 고의가 있었는지 판단하는 방법

---

42) 서울고법 2013. 5. 31. 선고 2012노4065 판결.

판결 요지

　이른바 경영상의 판단과 관련하여 기업의 경영자에게 배임의 고의가 있었는지 여부를 판단함에 있어서도 일반적인 업무상배임죄에 있어서 고의의 입증방법과 마찬가지의 법리가 적용되어야 함은 물론이지만, 기업 경영에 내재된 속성을 고려하여, 문제된 경영상의 판단에 이르게 된 경위와 동기, 판단대상인 사업의 내용, 기업이 처한 경제적 상황, 손실 발생의 개연성과 이익 획득의 개연성 등 제반 사정에 비추어 자기 또는 제3자가 재산상 이익을 취득한다는 인식과 본인에게 손해를 가한다는 인식하의 의도적 행위임이 인정되는 경우에 한하여 배임죄의 고의를 인정하는 엄격한 해석기준은 유지되어야 하고(대법원 2011. 7. 28. 선고 2010도7546 판결 참조), 그러한 인식이 없는데 단순히 본인에게 손해가 발생하였다는 결과만으로 책임을 묻거나 주의의무를 소홀히 한 과실이 있다는 이유로 책임을 물을 수는 없다(대법원 2004. 7. 22. 선고 2002도4229 판결 참조).

판결 평석

　1. 기업의 경영자들이 행한 경영상 판단의 결과로 회사에 손해가 발생하였다는 이유로 기업인을 배임죄로 수사하고 기소하여 재판에 이르는 경우를 흔히 볼 수 있다. 경영상 판단의 실패로 손해가 발생하였다는 이유만으로 기업인을 배임죄로 처벌하게 되면 손해의 위험을 감수하고 대규모 투자를 하는 등의 모험을 꺼리게 되어 기업은 적절한 투자기회를 놓치고 사회 전체는 활력을 상실하게 될 가능성이 크다. 그래서 경영상의 판단과 관련한 행위에 대하여 기업의 경영자들에게 배임죄의 적용을 아예 배제해야 한다는 의견도 있다. 그러나 대법원은 경영상 판단에 관하여도 업무상배임죄에서 고의의 입증방법에 관한 법리가 적용되어야 한다고 한다. 대상 판결도 같은 취지로 판단하였다. 경영상 판단에 대하여만 일반인의 행위와 달리 취급하여 선처하거나 엄벌할 이유는 없고, 일반적인 업무상배임죄와 마찬가지 법리가 적용되어야 한다는 대

상 판결의 태도는 타당하다.

2. 업무상배임죄에서 고의는 임무위배행위에 대한 인식뿐만 아니라 자기 또는 제3자가 재산상 이익을 취득한다는 인식과 본인에게 손해를 가한다는 인식까지 필요로 한다. 그러한 인식이 없는데도 본인에게 손해가 발생하였다는 결과만으로 책임을 물을 수 없고, 주의의무를 소홀히 한 과실이 있다는 이유로 고의의 책임을 물을 수도 없다. 경영상의 판단과 관련한 배임의 고의도 다른 범죄의 경우와 마찬가지로 엄격한 해석기준을 유지하여 판단하여야 한다. 일반적으로 기업의 경영자는 기업에 이익을 가져올 것으로 예상하면서 경영상 판단을 하지 재산상 손해를 가한다는 의도 또는 인식을 하면서 그러한 판단을 하는 것이 아니다. 그런데도 경영자에게 배임의 고의가 있다고 판단하려면 기업 경영에 내재된 속성을 고려하여, 문제된 경영상의 판단에 이르게 된 경위와 동기, 판단대상인 사업의 내용, 기업이 처한 경제적 상황, 손실 발생의 개연성과 이익 획득의 개연성 등 제반 사정을 고려하여 엄격하게 판단하여야 한다.

3. 대상 판결은 이러한 법리에 기초하여 원심의 사실관계를 다시 살폈다. 그 결과 원심이 위에서 설시한 여러 사정을 제대로 고려하지 않고 피고인들에게 배임의 고의를 섣불리 인정하였다고 판단하였다. 그러면서 형사재판에서 유죄의 인정은 법관에게 합리적인 의심을 할 여지가 없을 정도로 공소사실이 진실한 것이라는 확신을 가지게 하는 증명력을 가진 증거에 의하여야 하므로, 그와 같은 증거가 없다면 설령 피고인에게 유죄의 의심이 든다고 하더라도 피고인의 이익으로 판단할 수밖에 없다는 점을 무죄추정의 원칙을 강조하고 있다.

4. 대상 판결은 배임죄의 고의를 성급하게 인정하는 하급심의 태도에 경종을 울리고 고의의 판단에 관한 원칙적인 기준과 태도를 제시하고 있다. 대상 판결에 찬성한다.

039

투자금 상환을 위하여 양도담보로 제공한
영화배급권을 제3자에게 양도한 사건

대법원 2013. 10. 31. 선고 2011도10025 판결
[특정경제범죄가중처벌등에관한법률위반(사기)·배임]

사실 관계

피고인들은 공소외 1 회사와 영화투자배급계약을 체결하고 영화 수입대금을 투자받으면서 그 투자금 상환을 확보하기 위하여 영화 '△△'에 대한 극장 배급권과 부가 판권(공중파, IP-TV, CATV, VHS/DVD, 인터넷 VOD 등)을 공소외 1 회사에게 양도담보로 제공하였다.

그후 피고인들은 영화 '△△'에 대한 극장 배급권과 부가 판권을 공소외 2 회사에 양도하였다.

재판 진행

검사는 피고인들을 배임죄 등으로 기소하였다. 원심은 공소사실 중 배임 부분을 유죄로 판단하고, 사기 부분은 무죄로 판단하였다.[43] 배임 부분에 대하여는 피고인들이 상고하고, 사기 부분에 대하여는 검사가 상고하였다. 대법원은 원심판결 중 피고인들에 대한 배임 부분을 파기하고, 원심법원에 환송하고, 검사 상고는 기각하였다.

---

43) 서울고법 2011. 7. 14. 선고 2011노272 판결.

판시 사항

배임죄의 주체인 '타인의 사무를 처리하는 자'의 의미

판결 요지

배임죄는 '타인의 사무를 처리하는 자'가 그 임무위배행위로 재산상 이득을 취득하여 사무의 주체인 타인에게 손해를 가함으로써 성립하는 것이므로 그 범죄의 주체는 타인의 사무를 처리하는 신분이 있어야 하고, 그와 같은 '타인의 사무를 처리하는 자'라고 하려면 당사자 관계의 본질적 내용이 단순한 채권채무관계를 넘어서 신임관계에 기초하여 타인의 재산을 보호 내지 관리하는 관계에 있어야 하며, 또한 어떠한 사무의 처리가 타인에게 이익이 되거나 타인에 대하여 이를 처리할 의무를 부담하는 경우라도 그것이 타인의 사무가 아니고 자기의 사무라면 그로 인하여 타인의 사무를 처리하는 지위에 있다고 말할 수 없다.

판결 평석

1. 배임죄는 '타인의 사무를 처리하는 자'가 그 임무위배행위로 재산상 이득을 취득하여 사무의 주체인 타인에게 손해를 가함으로써 성립하는 것이다. 행위주체는 타인의 사무를 처리하는 신분이 있어야 한다. 따라서 배임죄에서 '타인의 사무를 처리하는 자'는 엄격하게 해석하여야 한다. 형법 문언대로 해석하여 타인의 위임을 받은 대행사무로 한정하여야 한다. 한편 어떠한 사무의 처리가 타인에게 이익이 되는 경우에도 그것이 자기의 사무라면 행위자를 타인의 사무를 처리하는 지위에 있다고 할 수 없다.

종래 판례는 배임죄의 본질을 타인의 신뢰, 또는 신임관계에 대한 배신에 있다고 하므로 단순한 채무불이행도 배임행위로 판단할 위험이 있다. 그러나 판례는 단순한 채무는 타인의 사무에 해당하지 않고, 그 채무의 본질적 내용이 타인과의 신임관계에 기초하여 타인의 재산을 보호 내지 관리하는 관계에 있어야 한다고 하였다. 그렇지만 이러한 태도는 배임죄에 관한 형법 문언에 부합하지 않을 뿐 아니라, 구분기준이 불명확하여 법원의 자의적 판단이 개입될 여지가 있고, 죄형법정주의에 반할 위험도 있다.

2. 대상 판결이 선고된 이후 대법원 2020. 2. 20. 선고 2019도9756 전원합의체 판결은, 타인의 사무를 처리하는 자는 원칙적으로 타인의 재산관리에 관한 사무의 전부 또는 일부를 타인을 위하여 대행하는 경우에 있어야 한다고 하면서, 채무자가 금전채무를 담보하기 위하여 그 소유의 동산을 채권자에게 양도담보로 제공함으로써 채권자인 양도담보권자에 대하여 담보물의 담보가치를 유지·보전할 의무 내지 담보물을 타에 처분하거나 멸실, 훼손하는 등으로 담보권 실행에 지장을 초래하는 행위를 하지 않을 의무를 부담하게 되었더라도, 이를 들어 채무자가 통상의 계약에서의 이익대립관계를 넘어서 채권자와의 신임관계에 기초하여 채권자의 사무를 맡아 처리하는 것으로 볼 수 없으므로 채무자를 배임죄의 주체인 '타인의 사무를 처리하는 자'에 해당하지 않는다고 판단하였다. 동산의 양도담보에 관한 판결이지만 대상 판결의 사안에도 적용할 수 있을 것이다.

3. 원심은 피고인들이 공소외 1 회사에 양도담보로 제공한 영화 '△△'에 대한 극장 배급권과 부가판권을 타인에게 양도하거나 추가담보를 설정하는 등의 행위를 하지 말아야 할 의무를 배임죄에서의 타인의 사무에 해당한다고 전제하고, 피고인들이 이를 공소외 2 회사에 양도하여 재산상 이익을 취득하고 공소외 1 회사에 재산상 손해를 가하였으므로 배임죄가 성립한다고 판단하였다.

그러나 대상 판결은 피고인들이 공소외 1 회사에 양도담보권을 설정하였지만, 그 실질은 공소외 1 회사가 영화 '△△'를 극장 배급하거나 텔레비전 상영, 비디오 판매나 대여 등을 통해 받은 극장 부금과 수익금에서 투자원리금을 회수하는 것을 용인하는 의무로서, 이것은 단순히 민사상 채무라고 할 것이므로, 피고인은 타인의 사무를 처리하는 지위에 있지 않다고 판단하였다.

4. 대상 판결에 찬성한다.

040

기존 대출금 상환을 위하여 새로운 대출을 하면서 대출금을 실제로 교부한 경우와 손해 발생의 위험

대법원 2013. 10. 24. 선고 2013도7201 판결

[특정경제범죄가중처벌등에관한법률위반(배임) · 업무상배임 ·
특정경제범죄가중처벌등에관한법률위반(수재등) · 특정경제범죄가중처벌등에관한
법률위반(횡령) · 업무상횡령 · 상호저축은행법위반 · 사문서위조 ·
특정경제범죄가중처벌등에관한법률위반(사금융알선등)]

사실 관계

저축은행 임직원인 피고인들이 충분한 담보 등 채권회수책을 확보하지 않은 채 부실한 대출실행을 주도하거나 관여하였다.

피고인들은 대출 당시 기존 채무의 변제를 위하여 서류상 정리만 한 것이 아니라 대출금을 실제로 교부하였다.

재판 진행

검사는 피고인들을 특정경제범죄가중처벌등에관한법률위반(배임)죄 등으로 기소하였다. 원심은 이 사건 공소사실에 대해 유죄로 판단하였다.[44] 피고인들이 상고하였다. 대법원은 상고를 기각하였다.

판시 사항

금융기관이 거래처의 기존 대출금에 대한 원리금으로 상환되도록 약정된 새로운 대출금을 실제로 거래처에 교부한 경우, 업무상배임죄가 성립하는지 여부(원칙적 적극)

---

44) 서울고법 2013. 5. 31. 선고 2012노4288 판결.

판결 요지

업무상배임죄는 타인의 사무를 처리하는 자가 업무상의 임무에 위배하는 행위로써 재산상의 이익을 취득하거나 제3자로 하여금 이를 취득하게 하여 본인에게 손해를 가한 때에 성립하는 범죄이므로, 업무상배임죄가 성립하기 위하여는 임무위배행위로 인하여 본인에게 재산상의 손해가 발생하여야 한다.

금융기관이 거래처의 기존 대출금에 대한 원리금에 충당하기 위하여 거래처에 신규대출을 함에 있어 형식상 신규대출을 한 것처럼 서류상 정리를 하였을 뿐 실제로 거래처에 대출금을 새로 교부한 것이 아니라면 그로 인하여 금융기관에 어떤 새로운 손해가 발생하는 것은 아니므로 따로 업무상배임죄가 성립된다고 볼 수 없다. 그러나 금융기관이 실제로 거래처에 대출금을 새로 교부한 경우에는 특별한 사정이 없는 한 비록 새로운 대출금이 기존 대출금의 원리금으로 상환되도록 약정되어 있다고 하더라도 그 대출과 동시에 이미 손해의 위험은 발생하였다고 보아야 하므로 업무상배임죄가 성립한다.

판결 평석

1. 판례는 배임죄에서 재산상의 손해를 가한 때는 현실적인 손해를 가한 경우뿐만 아니라 재산상 실해 발생의 위험이 초래된 경우도 포함한다고 한다. 일반적으로 배임죄에서 임무위배행위로 인하여 손해가 즉시 발생하는 경우는 많지 않다. 임무위배행위를 한 후 재산상 손해가 현실화될 때까지는 여러 단계와 상당한 시간이 필요하다. 부실대출의 경우에도 대출 즉시 현실적 손해가 발생하는 경우는 많지 않다. 대개 대출 당시에는 변제되지 않을 가능성이 있는 대출금채무가 발생할 뿐이다. 그러나 판례는 부실대출의 경우 대출 시에 재산상 실해 발생의 위험이 초래되므로 배임죄의 기수에 이르고, 손해액은 대출금 전액이며, 그 이후 변제한 원리금은 손해의 회복에 불과하다고 한다. 현실에서 일어나는 현상과 괴리가 있는 설명이 아닐 수 없다.

한편 판례는 형식상 신규대출을 하면서 서류상 정리만 하고 실제로 대출금을 새로 교부하지 않았다면 금융기관에 새로운 손해가 발생하는 것이 아니지만, 실제로 대출금을 새로 교부한 경우에는 대출과 동시에 재산상 실해 발생의 위험이 발생하므로 이때 배임죄가 성립한다고 하여, 두 경우를 나누어서 판단하고 있다.

2. 대상 판결이 충분한 담보를 제공받는 등 채권회수책을 확보하지 않고 부실한 거래처에 신규대출을 한 것을 임무위배행위로 판단한 것은 수긍할 수 있다.

한편 피고인들은 기존 대출금에 대한 원리금에 충당하기 위하여 거래처에 신규대출을 함에 있어 형식상 신규대출을 하고 대출금을 교부받았지만, 그 대출금은 기존 대출금의 원리금으로 상환되도록 약정되어 있었으므로 새로운 손해가 발생한 것이 아니라고 주장하였다. 이에 대하여 대상 판결은, 이 경우에도 금융기관이 실제로 거래처에 대출금을 새로 교부하였으므로 특별한 사정이 없는 한 대출과 동시에 손해의 위험이 발생하므로 업무상배임죄가 성립한다고 판단하였다.

그러나 신규대출을 한 것처럼 서류상 정리를 한 것과 실제로 대출금을 새로 교부하고 기존 대출금의 원리금으로 상환받은 것이 실제로 어떤 차이가 있는지 의문이다.

3. 대상 판결에는 다소 의문이 있다.

041

거래상대방의 대향적 행위의 존재를 필요로 하는 유형의 배임죄에서 거래상대방을 공동정범으로 인정하기 위한 요건

대법원 2013. 7. 11. 선고 2011도5337 판결
[특정경제범죄가중처벌등에관한법률위반(배임), 업무상횡령]

사실 관계

피고인 1은 이 사건 건물의 임대인인 공소외 1 회사의 대표이사이고, 피고인 2는 피고인 1의 처로 이 사건 건물의 임차인이다.

이 사건 건물의 임대차와 관련하여 공소외 1 회사와 피고인 2 사이에 분쟁이 발생하였다. 공소외 1 회사의 대표이사인 피고인 1은 피고인 2가 손해배상을 요구하자 실제 손해액을 산출하려고 노력하지 않고 법원 감정에서 인정된 손해액을 훨씬 초과하는 금액을 손해액으로 지급하였다.

한편 피고인 1의 처인 피고인 2도 공소외 1 회사와 이 사건 건물 공사업자인 공소외 2 회사 사이의 추가 공사대금 협의에 상당히 관여하고 있었고, 자기에게 유리하게 체결된 공소외 1 회사 사이의 임대차계약서에 근거하여 공소외 1 회사에 10억 원이 넘는 손해배상을 청구하였으며, 당시 공소외 1 회사에 예식장 인테리어 비용 등으로 21억 원 이상의 채무를 부담하고 있었음에도 오히려 공소외 1 회사로부터 자신의 채무를 면제받고 8억 원을 현실적으로 지급받았다.

재판 진행

검사는 피고인들을 특정경제범죄가중처벌등에관한법률위반(배임)죄 등으로 기소하였다. 원심은 이 사건 공소사실을 유죄로 판단하였다.[45] 피고인들이 상고하였다. 대법원은 상고를 기각하였다.

판시 사항

거래상대방의 대향적 행위의 존재를 필요로 하는 유형의 배임죄에서 거래상대방을 배임의 실행행위자와 공동정범으로 인정하기 위한 요건

판결 요지

거래상대방의 대향적 행위의 존재를 필요로 하는 유형의 배임죄의 경우에, 거래상대방으로서는 기본적으로 배임행위의 실행행위자와는 별개의 이해관계를 가지고 반대편에서 독자적으로 거래에 임한다는 점을 감안할 때, 거래상대방을 배임의 실행행위자와 공동정범으로 인정하기 위해서는 거래상대방이 실행행위자의 행위가 피해자 본인에 대한 배임행위에 해당한다는 것을 알면서도 소극적으로 그 배임행위에 편승하여 이익을 취득한 것만으로는 부족하고, 실행행위자의 배임행위를 교사하거나 또는 배임행위의 전 과정에 관여하는 등으로 배임행위에 적극 가담할 것을 필요로 한다(대법원 2006. 10. 26. 선고 2006도5147 판결 등 참조).

판결 평석

1. 신분관계가 없는 사람을 공동정범으로 처벌하기 위해서는 공동가공의 의사와 이에 기초한 기능적 행위지배를 통한 범죄의 실행이라는 주관적 객관적 요건이 충족되어야 한다. 예컨대 비공무원이 공무원과 공동가공의 이사와 이를 기초로 한 기능적 행위지배를 통하여 공무원의 직무에 관하여 뇌물을 수수하는 범죄를 실행하였다면 공무원이 직접 뇌물을 받은 것과 동일하게 평가할 수 있다. 따라서 타인의 사무를 처리하

---

45) 서울고법 2011. 4. 15. 선고 2011노341 판결.

는 자라는 신분이 없는 사람이 그러한 신분이 있는 자와 배임죄의 공범으로 처벌할 수 있음은 당연하다(대법원 2019. 8. 29. 선고 2018도13792 전원합의체 판결, 대법원 2011. 7. 14. 선고 2011도3180 판결 등 참조).

대상 판결은 이러한 유형이 아니라 거래상대방의 대향적 행위의 존재를 필요로 하는 유형의 배임죄에 관한 것이다. 이러한 유형의 대표적인 것으로 부동산 이중매매를 들 수 있다. 이중매매에서 거래상대방인 제2매수인은 배임행위의 실행행위자인 매도인과 별개의 이해관계를 가지고 반대편에서 독자적으로 거래에 임하기 때문에, 실행행위자와 공동의 이해관계를 가지고 있는 경우에 관한 위 판례 법리를 그대로 적용하기 어렵다.

2. 이에 관한 판례의 변화를 살펴보자.

대법원 1966. 1. 31. 선고 65도1095 판결은, 부동산을 타인이 매수한 사실을 알면서 그 매수인을 배제하고 이를 취득할 목적으로 그 매도인과 공모하여 이중으로 매수하여 그 소유권이전등기를 경료하였다면 피고인은 매도인의 배임행위에 가공하였다고 할 것이므로 형법 제33조와 제30조에 의하여 배임죄의 공모관계가 성립한다고 하였다.

그러나 대법원은 1975. 6. 10. 선고 74도2455 판결은, 부동산 이중매수인에게 배임죄의 죄책을 묻기 위해서는 이중매수인이 단지 그 부동산이 타인에게 매도되었음을 알고 이중으로 양수하는 것만으로는 부족하고, 제1매수인을 해할 목적으로 양도를 교사하거나 기타 방법으로 양도행위에 적극 가담한 경우에 한하여 양도인의 배임행위에 대한 공범이 성립된다고 판시하였다.

그 이후 대법원은 이 판례에 따라 제2매수인은 배임행위를 교사하거나 그 배임행위의 전 과정에 관여하는 등으로 배임행위에 적극가담함으로써 그 실행행위자와의 계약이 반사회적 법률행위에 해당하여 무효로 되는 경우 배임죄의 교사범 또는 공동정범이 될 수 있지만, 관여의 정도가 거기에까지 이르지 아니하면 외견상 방조행위로 평가될 수 있는 행위가 있었던 경우에도 배임죄 공범으로 처벌할 수 없다는 판시를 계속하였다.

한편 대법원은 1999. 7. 23. 선고 99도1911 판결에 이르러 부동산 이중매매의 제2매수인에 한정하여 적용하던 위 법리를 다른 사례에도 확장하여 적용하기 시작하였고, 대법원은 2005. 10. 28. 선고2005도4915 판결에서 드디어 '거래상대방의 대향적 행위의 존재를 필요로 하는 유형의 배임죄'라는 새로운 유형의 배임죄를 만들고, 그러한 유형의 배임죄에 적용되는 법리를 완성하였다.

3. 대상 판결은 거래상대방의 대향적 행위의 존재를 필요로 하는 유형의 배임죄에서 거래행위에 관여한 거래상대방의 처벌문제에 관하여 다음과 같이 판결하였다. 즉, 거래상대방이 기본적으로 배임행위의 실행행위자와 별개의 이해관계를 가지고 반대편에서 독자적으로 거래에 임하기 때문에, 거래상대방은 실행행위자의 행위가 피해자 본인에 대한 배임행위에 해당한다는 것을 알면서도 소극적으로 그 배임행위에 편승하여 이익을 취득한 것만으로 처벌할 수 없고, 거래상대방이 실행행위자의 배임행위를 교사하거나 또는 배임행위의 전 과정에 관여하는 등으로 배임행위에 적극 가담한 경우에만 예외적으로 공범으로 처벌할 수 있다고 하였다.

4. 판례가 거래상대방의 대향적 행위의 존재를 필요로 하는 유형의 배임죄라는 유형을 새로 만들고, 그 유형의 경우에 한정하여 거래상대방에게 배임행위를 교사하거나 또는 배임행위의 전과정에 관여하는 등 적극 가담할 것을 필요로 한다는 새로운 요건을 추가하여 배임죄의 공범성립을 판단하는 것은 이론적 근거를 찾을 수 없다. 피고인 2를 피고인 1에 대한 공동정범으로 처벌하기 위해서는 공동가공의 의사와 이에 기초한 기능적 행위지배를 통한 범죄의 실행이라는 주관적 객관적 요건이 충족되었는지를 살피는 것이 원칙이다.

5. 대상 판결의 법리에 찬성하지 않는다.

042

회사와 체결할 계약을 가로채어 계약을 체결한 경우 회사에 가한 재산상 손해액

대법원 2013. 4. 26. 선고 2011도6798 판결 [업무상배임]

사실 관계

피고인이 피해자 회사의 부사장 직책으로 대외적 영업활동을 하여 그 활동 및 계약을 피해자 회사에 귀속시키기로 하고, 피해자 회사에 귀속된 금형제작·납품계약을 이행하기 위한 금형제작물량 중 50%는 피고인이 운영하던 공소외 1 주식회사에서, 나머지 50%는 피해자 회사 에서 제작하여 그 수익을 1/2씩 나누기로 하는 이 사건 약정을 체결하 였다.

그런데 피고인은 피해자 회사에 알리지 않고 피고인 자신이 피해자 회사의 대표인 것처럼 가장하거나 피고인이 별도로 설립한 공소외 2 회 사 명의로 5회에 걸쳐 합계 163,600,000원의 금형제작·납품계약을 체 결한 후, 그 납품대금으로 합계 105,697,880원을 수령하였다. 나머지 대 금은 아직 수령하지 못하였거나 계약이 해지되어 수령할 수 없었다.

재판 진행

검사는 피고인을 업무상배임죄로 기소하였다. 원심은 피고인이 수령 한 납품대금 부분은 유죄로 판단하였으나, 나머지 부분은 무죄로 판단 하였다.[46] 무죄 부분에 대해 검사가 상고하였다. 대법원은 원심판결을 파기하고, 사건을 원심법원에 환송하였다.

---

46) 인천지법 2011. 5. 12. 선고 2011노351 판결.

[1] 업무상배임죄에서 재산상 손해 유무를 판단하는 기준 및 '소극적 손해'의 유무와 범위 산정 방법

[2] 이 사안에서, 피해자 회사의 재산상 손해는 원칙적으로 계약을 체결한 때를 기준으로 계약대금에 기초하여 산정하여야 한다고 한 사례.

[1] 업무상배임죄에서 재산상 손해의 유무에 관한 판단은 법률적 판단에 의하지 아니하고 경제적 관점에서 실질적으로 판단되어야 하는데, 여기에는 재산의 처분 등 직접적인 재산의 감소, 보증이나 담보제공 등 채무 부담으로 인한 재산의 감소와 같은 적극적 손해를 야기한 경우는 물론, 객관적으로 보아 취득할 것이 충분히 기대되는데도 임무위배행위로 말미암아 이익을 얻지 못한 경우, 즉 소극적 손해를 야기한 경우도 포함된다. 이러한 소극적 손해는 재산증가를 객관적·개연적으로 기대할 수 있음에도 임무위배행위로 이러한 재산증가가 이루어지지 않은 경우를 의미하는 것이므로 임무위배행위가 없었다면 실현되었을 재산 상태와 임무위배행위로 말미암아 현실적으로 실현된 재산 상태를 비교하여 그 유무 및 범위를 산정하여야 한다(대법원 2009. 5. 29. 선고 2007도4949 전원합의체 판결 참조).

[2] 이 사안에서 피해자 회사의 재산상 손해는 피고인의 위와 같은 임무위배행위로 인하여 피해자 회사의 금형제작·납품계약 체결기회가 박탈됨으로써 발생하므로, 원칙적으로 계약을 체결한 때를 기준으로 위 계약대금에 기초하여 산정하여야 할 것이며, 계약대금 중에서 사후적으로 발생되는 미수금이나 계약의 해지로 인해 받지 못하게 되는 나머지 계약대금 등은 특별한 사정이 없는 한 계약대금에서 공제할 것이 아니다.

판결 평석

1. 대상 판결은 피고인이 피해자 회사를 위하여 도급계약을 체결할 임무를 위반하여 자신이 피해자 회사의 대표인 것처럼 가장하거나 또는 피고인이 별도로 설립한 회사 명의로 금형제작·납품계약을 체결한 사안을 다루고 있다. 이것은 피해자 회사가 체결할 계약을 피고인이 가로채는 형태의 배임행위에 해당한다.

2. 이 사건에서 재산상 손해를 무엇으로 볼 것인가가 문제되었다. 원심은 이 경우 피고인이 납품대금으로 수령한 105,697,880원을 피해자 회사가 입은 손해라고 보고, 위 금형제작·납품계약 체결 후 받지 못한 미수금 및 거래상대방의 해지에 의하여 받지 못하게 된 나머지 계약대금에 관하여는 손해로 인정할 수 없다고 판단하였다.

그러나 대상 판결은, 피해자 회사의 재산상 손해는 피고인의 임무위배행위로 금형제작·납품계약의 체결기회가 박탈됨으로써 발생하였으므로, 원칙적으로 계약을 체결한 때를 기준으로 위 계약대금에 기초하여 산정하여야 하고, 계약대금 중 미수금이나 계약의 해지로 인해 받지 못하는 계약대금도 손해에 해당한다고 판시하였다.

3. 대법원 2009. 5. 29. 선고 2007도4949 전원합의체 판결은, 배임죄에서 재산상 손해의 유무에 관한 판단은 법률적 판단에 의하지 아니하고 경제적 관점에서 실질적으로 판단되어야 하는데, 여기에는 재산의 처분 등 직접적인 재산의 감소, 보증이나 담보제공 등 채무부담으로 인한 재산의 감소와 같은 적극적 손해를 야기한 경우는 물론, 객관적으로 보아 취득할 것이 충분히 기대되는데도 임무위배행위로 말미암아 이익을 얻지 못한 경우, 즉 소극적 손해를 야기한 경우도 포함되고, 이러한 소극적 손해는 재산증가를 객관적·개연적으로 기대할 수 있음에도 임무위배행위로 이러한 재산증가가 이루어지지 않은 경우를 의미하는 것이므로 임무위배행위가 없었다면 실현되었을 재산 상태와 임무위배행위로 말미암아 현실적으로 실현된 재산 상태를 비교하여 그 유무 및 범위

를 산정하여야 한다고 판단한 바 있다. 대상 판결은 이 전원합의체 판결을 인용하고 그 법리에 따라 판단한 것으로 보인다.

4. 대상 판결에서 판단되지는 않았지만, 검토할 부분이 있다. 그것은 필요경비의 문제이다. 피고인이 피해자 회사의 도급계약체결 가능성을 배제하는 배임행위를 하고 자신이 직접 도급계약을 체결하고 그 계약을 이행한 후 납품대금을 수령하였다고 하더라도 피해자 회사가 입은 손해는 납품대금 전액이 아니다. 적어도 납품대금 중 계약이행을 위하여 지출한 필요경비를 공제한 나머지를 손해로 보는 것이 타당하다.

대상 판결 중 이 부분은 찬성하지 않는다.

043

무효인 최초 배임행위 이후에도 계속적으로 배임행위에 관여하여 현실적 손해가 발생한 사건

대법원 2013. 4. 11. 선고 2012도15890 판결
[특정경제범죄가중처벌등에관한법률위반(배임)]

사실 관계

피고인 甲이 피고인 乙의 전적인 자금지원을 받아 丙 주식회사를 인수하였다.

피고인 甲에 대하여 큰 영향력을 행사하던 피고인 乙은 丙 회사로 하여금 반대급부도 받지 않고 丁 주식회사의 피고인 乙에 대한 금전채무와 약속어음채무를 연대보증하도록 적극 요구하였고, 피고인 甲은 그 요구에 따라 연대보증을 하였다.

피고인 乙은 그 후 위 연대보증에 기초하여 丙 회사의 예금채권에 대하여 채권압류 및 추심명령을 통한 강제집행을 할 때 피고인 甲과 사이에 다시 丙 회사가 아무런 이의를 제기하지 않기로 하는 약정을 체결하였다.

피고인 乙은 법원의 배당을 통하여 丙 회사로부터 약속어음금을 현실적으로 추심하였다.

재판 진행

검사는 피고인들을 특정경제범죄가중처벌등에관한법률위반(배임)죄로 기소하였다. 원심은 공소사실을 유죄로 판단하였다.[47] 피고인들이 상고하였다. 대법원은 상고를 기각하였다.

---

47) 서울고법 2012. 11. 29. 선고 2012노1232 판결.

배임죄의 구성요건 중 '재산상의 손해를 가한 때'의 의미와 판단 기준 및 최초 배임행위가 법률적 관점에서 무효라도 그 후 계속적으로 배임행위에 관여하여 본인에게 현실적인 손해를 가한 경우에도 동일한 법리가 적용되는지 여부(적극)

[1] 배임죄는 타인의 사무를 처리하는 자가 그 임무에 위배하는 행위로써 재산상 이익을 취득하거나 제3자로 하여금 이를 취득하게 하여 본인에게 손해를 가함으로써 성립하는 범죄로서, 여기에서 '재산상의 손해를 가한 때'에는 현실적인 손해를 가한 경우뿐만 아니라 재산상 실해 발생의 위험을 초래한 경우도 포함된다. 재산상 손해의 유무에 대한 판단은 본인의 전 재산 상태와의 관계에서 법률적 판단에 의하지 아니하고 경제적 관점에서 파악하여야 하므로, 법률적 판단에 의하여 당해 배임행위가 무효라 하더라도 경제적 관점에서 파악하여 배임행위로 인하여 본인에게 현실적인 손해를 가하였거나 재산상 실해 발생의 위험을 초래한 경우에는 재산상의 손해를 가한 때에 해당되어 배임죄를 구성한다. 이러한 법리는 최초 배임행위가 법률적 관점에서 무효라고 하더라도 그 후 타인의 사무를 처리하는 자가 계속적으로 배임행위에 관여하여 본인에게 현실적인 손해를 가한 경우에도 마찬가지이다.

[2] 이 사안에서, 피고인 甲이 丙 회사의 대표이사로서 회사 재산을 성실히 관리하고 보전해야 할 업무상 임무가 있는데도 채권자인 피고인 乙의 요구를 거절하지 못하고 별다른 반대급부도 받지 않은 채 연대보증 및 이의부제기약정 등을 함으로써 피고인 乙에게 약속어음금 상당의 재산상 이익을 취득하게 하고 丙 회사에 손해를 입게 한 것은 배임행위에 해당하고, 피고인 乙도 피고인 甲의 배임행위 전 과정에 적극적으로 가담한 이상 배임죄의 공동정범에 해당하며, 위 배임행위는 대표권남용에 의한 연대보증의 채무부담행위뿐만 아니라 나아가 강제집행 과정에

서 이의부제기약정의 체결을 통하여 피고인 乙이 약속어음금을 추심하도록 함으로써 직접적으로 丙 회사가 추심금 상당의 현실적인 손해를 입게 된 일련의 행위를 모두 포함하는 것으로서, 피고인들의 위와 같은 배임행위가 직접적인 원인이 되어 丙 회사가 현실적인 손해를 입은 이상 배임행위의 무효 여부와는 관계없이 배임죄의 죄책을 진다.

판결 평석

1. 대상 판결은, 피고인 甲이 丙 회사의 대표이사로서 丙 회사의 재산을 성실히 관리하고 보전해야 할 업무상 임무가 있는데도 자기에게 큰 영향력을 행사하는 피고인 乙의 요구에 따라 별다른 반대급부도 받지 않은 채 연대보증 및 강제집행 과정에서 이의부제기약정을 한 것을 배임행위에 해당한다고 판단하였다.

또한 '거래의 상대방의 대향적 행위가 있어야 하는 유형의 배임죄'에서 거래상대방에게 배임죄의 공동정범으로 판단하는 경우의 법리를 따라 피고인 乙이 피고인 甲의 배임행위 전 과정에 적극적으로 가담한 이상 배임죄의 공동정범에 해당한다고 판단하였다. 이러한 판단에 대하여 피고인들은 다투지 않고 있다.

2. 대상 판결은, 피고인 甲이 피고인 乙의 요구에 따라 丙 회사로 하여금 별다른 반대급부도 받지 않고 丁 주식회사의 피고인 乙에 대한 채무를 연대보증하도록 한 최초 배임행위가 대표권남용에 의한 것으로 법률적 관점에서 무효이지만, 경제적 관점에서 파악하면 재산상 실해 발생의 위험을 초래하였다고 보았다. 나아가 강제집행 과정에서 피고인 乙과 이의부제기약정을 하여 피고인 乙이 丙 회사로부터 약속어음금을 추심하여 현실적인 손해를 가하였으므로, 최초의 연대보증행위와 이의부제기약정을 포함한 일련의 행위를 배임행위로 보고, 그로 인하여 丙 회사에 추심금 상당의 현실적 손해를 가하였다고 판단하였다.

3. 판례에 따르면, 피고인 甲이 丙 회사로 하여금 별다른 반대급부도

받지 않고 丁 주식회사의 피고인 乙에 대한 채무를 연대보증하였다면, 그 행위가 법률상 무효라고 하더라도 실해 발생의 위험을 초래한 것이므로 배임죄를 구성한다고 한다.

그런데 대상 판결은 피고인 甲의 배임행위를 '대표권 남용에 의한 연대보증의 채무부담행위뿐만 아니라 나아가 강제집행 과정에서 이의부제기약정의 체결을 통하여 피고인 乙이 약속어음금을 추심하도록 함으로써 직접적으로 丙 회사가 추심금 상당의 현실적인 손해를 입게 된 일련의 행위를 모두 포함'하여 재산상의 손해는 '丙 회사가 현실적으로 입은 손해'라는 판시를 추가하고 있다.

이러한 판시는 여러 가지 오해를 불러일으킨다. 우선 이 사안에서 무엇을 손해라고 보아야 하는가? 채무부담인가 아니면 그에 따른 추심금의 지급인가? 나아가 배임죄 실행의 착수는 언제인가? 최초 연대보증을 한 때인가? 아니면 강제집행 과정에서 이의부제기약정을 한 때인가? 또한 기수는 언제인가? 연대보증으로 재산상 실해 발생의 위험이 초래된 때인가? 아니면 현실적으로 추심을 한 때인가? 이러한 의문들에 대하여 대상 판결은 명확하게 답하지 못하고 있다. 이것은 대법원이 배임죄에 관한 기존 법리에 대한 확신이 부족함을 보여준다.

만일 배임죄를 형법 문언에 충실하게 침해범이라고 이해한다면, 피고인이 연대보증행위를 하였을 때 배임죄의 실행에 착수한 것이고, 약속어음금을 현실적으로 추심하였을 때 배임죄가 기수에 이르렀다고 판단할 것이므로 논리적으로 명쾌하다.

4. 대상 판결의 결론에는 찬성한다. 그러나 대상 판결은 배임죄가 위험범이라고 하고, 재산상 손해의 발생을 배임행위의 민사적 효력과 연동하는 종전 판례의 틀에서 벗어나지 못하였다. 뿐만 아니라 불필요한 판시를 추가함으로써 여러 가지 오해의 소지를 야기하고 있다.

044

회사자금을 대여하면서 상당하고도 합리적인
채권회수조치를 취하지 아니한 사건

대법원 2013. 4. 11. 선고 2012도15585 판결
[특정경제범죄가중처벌등에관한법률위반(횡령)·
특정경제범죄가중처벌등에관한법률위반(배임)]

사실 관계

피해자 회사의 이사들인 피고인들이 공소외 회사들의 자산현황, 채권회수 가능성 등에 관하여 조사를 하거나 충분한 담보를 제공받는 등 상당하고 합리적인 채권회수조치를 취하지 않고 피해자 회사의 자금을 공소외 회사들에 대여하였다.

재판 진행

검사는 피고인들을 특정경제범죄가중처벌등에관한법률위반(배임)죄 등으로 기소하였다. 원심은 이 사건 공소사실에 대하여 유죄로 판단하였다.[48] 피고인들이 상고하였다. 대법원은 상고를 기각하였다.

판시 사항

회사의 이사 등이 타인에게 회사자금을 대여할 때 충분한 담보를 제공받는 등 상당하고도 합리적인 채권회수조치를 취하지 아니한 경우, 업무상배임죄가 성립하는지 여부(적극)

---

48) 서울고법 2012. 11. 30. 선고 2012노1913 판결.

판결 요지

배임죄에서 '임무에 위배하는 행위'는 사무의 내용, 성질 등 구체적 상황에 비추어 법률의 규정, 계약의 내용 혹은 신의칙상 당연히 할 것으로 기대되는 행위를 하지 않거나 당연히 하지 않아야 할 것으로 기대되는 행위를 함으로써 본인과의 신임관계를 저버리는 일체의 행위를 포함하고, '재산상의 손해를 가한 때'는 현실적인 손해를 가한 경우뿐만 아니라 재산상 실해 발생의 위험을 초래한 경우도 포함하므로, 회사의 이사 등이 타인에게 회사자금을 대여함에 있어 그 타인이 이미 채무변제능력을 상실하여 그에게 자금을 대여할 경우 회사에 손해가 발생하리라는 정을 충분히 알면서 이에 나아갔거나, 충분한 담보를 제공받는 등 상당하고도 합리적인 채권회수조치를 취하지 아니한 채 만연히 대여해 주었다면, 그와 같은 자금대여는 타인에게 이익을 얻게 하고 회사에 손해를 가하는 행위로서 회사에 대하여 배임행위가 되고, 회사의 이사는 단순히 그것이 경영상의 판단이라는 이유만으로 배임죄의 죄책을 면할 수는 없다.

판결 평석

1. 부실대출은 불량대출, 부당대출이라고 한다. 금융기관에서 대출업무를 담당하는 자가 그 취급업무에 관한 관계규정을 위반하여 담보물에 대한 대출한도액을 초과하여 대출하거나 담보로 할 수 없는 물건을 담보로 대출하는 행위가 전형적이다. 이 경우 부실대출의 개념요소로 여신심사의 부실과 대금회수조치의 흠결을 들 수 있으며, 권력형 부실대출, 절차하자형 부실대출, 리스크판단 오류형 부실대출 등으로 구분할 수 있다. 부실대출은 금융기관뿐만 아니라 기업이 계열 기업에 자금을 대출하는 경우에도 문제될 수 있다. 지배권을 행사하는 경영자가 안전성이 떨어지는 방식, 즉 이자가 없거나 낮은 이자만 부담하는 대출 또는 담보 없는 대출을 한 경우 종종 배임이 문제된다.

2. 대상 판결은 계열기업에 대한 대출이 문제된 사안을 다루고 있다. 기업의 이사 등 경영자는 계열기업에 대하여 대출을 하면서 느슨한 기준을 적용하고, 나중에 문제가 되면 경영상 판단이었다고 변명하는 경우가 많다. 이 사안에서도 피해자 회사의 이사인 피고인들은 이미 채무변제능력을 상실한 계열기업인 공소외 6, 7, 8 회사에 피해자 회사의 자금을 대여하면서 공소외 회사들의 자산현황, 채권회수 가능성 등에 관하여 조사를 하거나 충분한 담보를 제공받는 등 상당하고도 합리적인 채권회수조치를 취하지 아니하였다. 이로 미루어 보면 피고인들은 공소외 회사들에 자금을 대여할 경우 피해자 회사에 손해가 발생하리라는 정을 충분히 인식하고 있었다고 보아 배임의 고의를 인정할 수 있다. 피고인들이 그와 같은 행위를 경영상의 판단이라고 변명하지만, 그러한 변명을 쉽게 받아들이기 힘들다.

3. 대상 판결에 찬성한다.

045

주주총회에서 대표이사로 선임된 것으로 주주총회의사록을 위조한 자가 회사를 대표하여 대물변제를 한 사건

대법원 2013. 3. 28. 선고 2010도7439 판결
[특정경제범죄가중처벌등에관한법률위반(배임)·업무상배임]

사실 관계

피고인 1은 공소외 1 주식회사에 대하여는 투자금반환채권을 가지고 있으나, 피해자 회사에 대하여는 주식이나 투자금반환채권 등 직접적 권리를 가지고 있지 않다.

피해자 회사의 투자자로서 피해자 회사의 주식 50%를 소유하면서 피해자 회사의 경영에 참여하고 있던 피고인 2, 피고인 3은 자신들의 주식을 피고인 1에게 양도하여 피고인 1이 대표이사가 되면, 피해자 회사 소유의 아파트를 자신들의 피해자 회사에 대한 채권의 대물변제 명목으로 받기로 약속하고, 피고인 1에게 자신들이 가지고 있던 피해자 회사의 주식 전부를 양도한 후, 피해자 회사에 자신들의 피해자 회사에 대한 채권 전부를 공소외 2 회사에 양도하였다는 내용의 채권양도통지를 하였다.

당시 피해자 회사의 이사로 공소외 3, 4, 5, 피고인 3이 선임되었고, 감사로는 피고인 4가 선임되어 있었는데, 피고인 1은 피해자 회사의 주주총회나 이사회를 개최하지도 않고 종전 이사와 감사가 사임하거나 해임되고 '피고인 1을 단독 대표이사로 선임'한다는 내용의 임시주주총회의사록, 임원취임승락서, 이사회의사록을 각 위조한 후 임원변경등기를

마쳤다.

그 후 피고인 1은 피해자 회사 소유의 이 사건 아파트 중 57세대를 피고인 2가 사실상 운영하는 공소외 2 회사에 대물변제하기로 하는 내용의 이사회회의록을 위조한 후 소유권이전등기를 마쳐주었다.

재판 진행

검사는 피고인들을 특정경제범죄가중처벌등에관한법률위반(배임)죄 등으로 기소하였다. 원심은 피고인들에 대하여 무죄로 판단하였다.[49] 검사가 상고하였다. 대법원은 상고를 기각하였다.

판시 사항

주식회사의 주주총회결의에서 자신이 대표이사로 선임된 것으로 주주총회의사록 등을 위조한 자가 회사를 대표하여 대물변제 등의 행위를 한 경우, 회사에 대한 배임죄를 구성하는지 여부(원칙적 소극)

판결 요지

[1] 배임죄는 임무에 위배하는 행위로 인한 현실적인 손해의 발생이나 재산상 실해발생의 위험을 요건으로 하므로 그러한 손해발생의 위험이 초래되지 아니한 경우에는 배임죄가 성립하지 아니한다. 또한 주식회사의 주주총회결의에서 자신이 대표이사로 선임된 것으로 주주총회의사록 등을 위조한 자가 회사를 대표하여 한 대물변제 등의 행위는 법률상 효력이 없어 그로 인하여 회사에 어떠한 손해가 발생한다고 할 수 없으므로, 그 행위로 인하여 회사가 상법 제395조의 표현대표이사책임을 부담하는 등의 특별한 사정이 없는 한 그 대표이사를 사칭한 자의 행위는 배임죄를 구성하지 아니한다.

[2] 피고인 1을 대표이사로 선임한 피해자 회사의 주주총회결의 및 이사회결의가 존재한다고 할 수 없으므로, 적법한 대표이사가 아닌 피

---

49) 부산고법 2010. 5. 26. 선고 2009노897 판결.

고인 1이 피해자 회사를 대표하여 제3자들과 체결한 이 사건 대물변제 계약 및 매매계약은 법률상 효력이 없고, 피고인 1과 피해자 회사와의 관계, 이 사건 대물변제계약 및 매매계약의 체결 경위나 위 각 계약의 상대방과 피고인 1과의 인적 관계 등에 비추어 피해자 회사가 위 각 계약의 상대방에게 표현대표이사책임 등 법률상 책임을 부담한다고 볼 만한 특별한 사정도 인정하기 어렵다. 따라서 피고인 1의 위 행위로 인하여 피해자 회사에 재산상 손해가 발생하였다거나 재산상 실해 발생의 위험이 초래되었다고 볼 수 없다.

판결 평석

1. 피고인 1은 피해자 회사의 주주총회나 이사회를 개최한 바 없으면서도 임시주주총회의사록, 임원취임승락서, 이사회의사록을 위조하여 마치 자신이 주주총회에서 대표이사로 선임된 것처럼 임원변경등기까지 마쳤다. 그 후 피고인 1은 피해자 회사를 대표하여 피해자 회사 소유의 아파트 51세대에 관하여 공소외 2 회사와 대물변제계약을 체결하고 그들에게 소유권이전등기를 마쳐주었다.

2. 이 사안에서 피고인 1은 적법한 대표이사로 선임되지 못하였으므로 피해자 회사의 사무를 처리하는 자의 지위에 있는지가 문제될 수 있다.

배임죄의 본질을 배신설에서 찾는 판례나 학설에 따르더라도 타인의 사무처리에 해당하기 위해서는 행위자와 본인 사이 신임관계가 존재하여야 하고, 그 신임관계는 법령의 규정이나, 계약 또는 법률행위, 관습 또는 사무관리에 의하여 발생할 수 있을 뿐 아니라 거래의 신의칙이나 사회윤리적 신임관계 또는 사실상 신임관계에서도 발생할 수 있다고 한다. 그러나 적법한 대표이사로 선임되지 못하고 다만 서류를 위조하여 대표이사를 사칭한 피고인 1이 피해자와 신임관계에 있다거나 피해자 회사의 사무를 처리하는 자의 지위에 있다고 볼 수 없다. 그렇다면 이 사안에서 피고인 1은 배임죄의 주체가 될 수 없으므로 손해의 발생 여부를 살펴볼 필요 없이 배임죄의 성립은 부정될 것이다. 그러나 이 사안에서 이 문제는 다투어지지 않았다.

3. 대상 판결은 피고인 1이 적법한 대표이사가 아니어서 피고인 1의 대물변제 행위가 법률상 효력이 없는 경우에, 피해자 회사에 손해가 발생하였다고 볼 것인지가 쟁점이 되었다.

대상 판결은 피고인 1이 이 사건 아파트를 공소외 2 회사에 대물변제로 이전하였으나, 피고인 1을 대표이사로 선임한 피해자 회사의 주주총회결의와 이사회결의가 존재하지 않으므로 적법한 대표이사가 아닌 피고인 1이 체결한 이 사건 대물변제계약은 법률상 효력이 없고, 피해자 회사가 상대방에게 표현대표이사 책임 등 법률상 책임을 부담한다고 볼만한 특별한 사정도 없으므로, 피고인 1의 행위로 피해자 회사에 재산상 손해가 발생하거나 실해발생의 위험이 초래되었다고 볼 수 없다고 판단하였다.

그러나 이러한 판단은 재산상 손해를 법률적 관점에서 파악하는 것이다. 형사적 관점으로 바라보면, 피고인 1의 행위로 말미암아 피해자 회사는 대물변제 계약의 민사적 효력과 무관하게 재산상 손해를 입었다고 보는 것이 타당하다. 대물변제계약이 민사상 무효이어서 피해자 회사가 그 소유권이전등기를 회복할 수 있다고 하더라도, 이것은 이미 발생한 손해의 회복에 불과하므로 배임죄의 성립에 영향을 미치지 않는다고 할 것이다.

4. 대상 판결이 피고인 1을 타인의 사무를 처리하는 자에 해당한다고 판단한 것이나, 피고인 1의 행위로 재산상 손해가 발생하지 않았다고 판단한 것 모두 찬성하지 않는다.

046

대표이사가 대표권을 남용하여 회사 명의의
약속어음을 발행한 사건

대법원 2012. 12. 27. 선고 2012도10822 판결
[특정경제범죄가중처벌등에관한법률위반(배임)]

대법원 2017. 7. 20. 선고 2014도1104 전원합의체 판결에 의하여 변경

사실 관계

피고인은 공소외 회사로부터 개인적으로 회사 인수자금 50억 원을 차용하면서 그 지급을 담보하기 위하여, 피해자 회사의 실제 사주의 지위에서 공소외 3을 공소외 회사의 형식상 대표이사로 내세운 다음 공소외 3과 함께 공소외 회사에 피해자 회사 명의로 액면 금 50억 원의 약속어음을 발행·교부하였다.

재판 진행

검사는 피고인을 특정경제범죄가중처벌등에관한법률위반(배임)죄로 기소하였다. 원심은 공소사실을 유죄로 판단하였다.[50] 피고인이 상고하였다. 대법원은 상고를 기각하였다.

판시 사항

[1] 배임죄 구성요건 중 '재산상의 손해를 가한 때'의 의미 및 재산상 손해가 있었는지를 판단하는 기준

[2] 회사의 대표이사가 대표권을 남용하여 회사 명의의 약속어음을

---

50) 서울고법 2012. 8. 24. 선고 2012노1550 판결.

발행한다는 사정을 상대방이 알았거나 중대한 과실로 알지 못하여 회사
가 상대방에 대해 채무를 부담하지 아니하는 경우, 회사에 대하여 배임
죄에서의 재산상 실해 발생의 위험이 초래되었다고 볼 수 있는지 여부
(원칙적 적극)

[1] 배임죄는 타인의 사무를 처리하는 자가 그 임무에 위배하는 행
위로써 재산상 이익을 취득하거나 제3자로 하여금 이를 취득하게 하여
본인에게 손해를 가함으로써 성립하는 범죄로, 여기에서 '재산상의 손해
를 가한 때'라 함은 현실적인 손해를 가한 경우뿐만 아니라 재산상 실해
발생의 위험을 초래한 경우도 포함되고, 재산상 손해의 유무에 대한 판
단은 본인의 전 재산 상태와의 관계에서 법률적 판단에 의하지 아니하고
경제적 관점에서 파악하여야 하므로, 법률적 판단에 의하여 당해 배임
행위가 무효라 하더라도 경제적 관점에서 파악하여 배임행위로 인하여
본인에게 현실적인 손해를 가하였거나 재산상 실해 발생의 위험을 초래
한 경우에는 재산상의 손해를 가한 때에 해당되어 배임죄를 구성한다.

[2] 회사의 대표이사가 개인 채무를 담보하기 위하여 회사 명의의
약속어음을 발행하는 것은 대표권 남용행위이고, 만일 상대방이 그 사
실을 알고 있었거나 중대한 과실로 알지 못하였다면 대표이사가 회사
명의의 약속어음을 발행한 것은 회사에 대하여 무효이므로 회사는 상대
방에 대하여 어음금 채무를 지지 아니할 뿐만 아니라 위와 같은 사정
하에서라면 회사는 상대방에 대하여 민법 제35조 제1항에 의한 손해배
상책임 또는 민법 제756조 제1항에 의한 사용자책임도 지지 아니한다.
그러나 약속어음은 원칙적으로 배서에 의하여 양도할 수 있고(어음법 제
11조 제1항, 제77조 제1항), 약속어음에 의하여 청구를 받은 자는 그 소
지인이 채무자를 해할 것을 알고 어음을 취득한 경우가 아니라면 발행
인 또는 종전의 소지인에 대한 인적 관계로 인한 항변으로써 소지인에
게 대항하지 못하므로(어음법 제17조, 제77조 제1항), 대표이사가 대표권
을 남용하여 회사 명의의 약속어음을 발행하였다면, 비록 상대방이 그

사실을 알고 있었거나 중대한 과실로 알지 못하여 회사가 상대방에 대하여는 채무를 부담하지 아니한다 하더라도 약속어음이 제3자에게 유통될 경우 회사가 소지인에 대하여 어음금 채무를 부담할 위험은 이미 발생하였다 할 것이므로, 그 약속어음이 제3자에게 유통되지 아니한다는 특별한 사정이 없는 한 경제적 관점에서는 회사에 대하여 배임죄에서의 재산상 실해 발생의 위험이 초래되었다고 봄이 상당하다.

판결 평석

1. 약속어음 발행행위가 대표권남용으로 법률상(= 민사상) 무효인 경우 재산상 손해(또는 실해 발생의 위험)가 초래되었다고 볼 것인지에 관하여 대법원은 두 가지 유형의 판결을 하고 있었다.

첫 번째 유형은 대표이사인 피고인이 개인채무를 담보하기 위하여 회사 명의의 약속어음을 발행한 경우 상대방이 이를 알았거나 중대한 과실로 알지 못하였다면 어음발행행위는 무효이므로 그로 인하여 회사에 손해가 발생한다고 할 수 없고, 따라서 그 행위로 인하여 회사가 민법상 사용자책임 또는 불법행위책임을 부담하는 등의 특별한 사정이 없는 한 배임죄를 구성하지 않는다는 것이다.[51]

그러나 대상 판결을 필두로 한 두 번째 유형은 대표이사가 대표권을 남용하여 회사 명의의 약속어음을 발행하였다면, 비록 상대방이 그 사실을 알고 있었거나 중대한 과실로 알지 못하여 회사가 상대방에 대하여는 채무를 부담하지 아니한다고 하더라도 약속어음이 제3자에게 유통될 경우 회사가 소지인에 대하여 어음금 채무를 부담할 위험은 이미 발생하였다 할 것이므로, 그 약속어음이 제3자에게 유통되지 아니한다는 특별한 사정이 없는 한 경제적 관점에서는 회사에 대하여 배임죄에서의 재산상 실해 발생의 위험이 초래되었으므로 배임죄가 성립한다는 것이다.[52]

---

51) 대법원 2012. 6. 28. 선고 2012도2628 판결, 대법원 2012. 2. 9. 선고 2010도176 판결, 대법원 2011. 9. 29. 선고 2011도8110 판결, 대법원 2010. 9. 30. 선고 2010도6490 판결 등.

그러나 회사의 대표이사가 대표권을 남용하여 회사 명의의 약속어음을 발행한다는 사실을 상대방이 알고 있거나 중대한 과실로 알지 못하는 경우에 제3자에게 유통될 가능성이 있다는 사실만으로 재산상 실해 발생의 위험이 초래되었다는 대상 판결에 대하여는 비판이 많았다.

2. 대법원 2017. 7. 20. 선고 2014도1104 전원합의체 판결은 대상 판결을 포함한 두 번째 유형의 판결들을 모두 폐기하였다.

위 전원합의체 판결이 밝힌 이유는 다음과 같다.

(1) 주식회사의 대표이사가 대표권을 남용하는 등 그 임무에 위배하여 회사 명의로 의무를 부담하는 행위를 하더라도 일단 회사의 행위로서 유효하고, 다만 그 상대방이 대표이사의 진의를 알았거나 알 수 있었을 때에는 회사에 대하여 무효가 된다. 따라서 상대방이 대표권남용 사실을 알았거나 알 수 있었던 경우 그 의무부담행위는 원칙적으로 회사에 대하여 효력이 없고, 경제적 관점에서 보아도 회사에 현실적인 손해가 발생하였다거나 실해 발생의 위험이 초래되었다고 평가하기 어려우므로, 달리 그로 인하여 실제로 채무의 이행이 이루어졌다거나 회사가 민법상 불법행위책임을 부담하게 되었다는 등의 사정이 없는 이상 배임죄의 기수에 이른 것은 아니다. 그러나 이 경우에도 배임의 범의로 임무위배행위를 함으로써 실행에 착수한 것이므로 배임죄의 미수범이 된다. 상대방이 대표권남용 사실을 알지 못하였다는 등의 사정이 있어 그 의무부담행위가 회사에 대하여 유효한 경우에는 회사의 채무가 발생하고 회사는 그 채무를 이행할 의무를 부담하므로, 이러한 채무의 발생은 그 자체로 현실적인 손해 또는 재산상 실해 발생의 위험이라고 할 것이어서 그 채무가 현실적으로 이행되기 전이라도 배임죄의 기수에 이르렀다고 보아야 한다.

(2) 주식회사의 대표이사가 대표권을 남용하는 등 그 임무에 위배하여 약속어음 발행을 한 행위가 배임죄에 해당하는지도 원칙적으로 의무

---

52) 대법원 2013. 2. 14. 선고 2011도10302 판결 등.

부담행위와 마찬가지이다. 다만 약속어음 발행의 경우 어음법상 발행인은 종전의 소지인에 대한 인적 관계로 인한 항변으로써 소지인에게 대항하지 못하므로(어음법 제17조, 제77조), 어음발행이 무효라 하더라도 그 어음이 실제로 제3자에게 유통되었다면 회사로서는 어음채무를 부담할 위험이 구체적·현실적으로 발생하였다고 보아야 하고, 따라서 그 어음채무가 실제로 이행되기 전이라도 배임죄의 기수범이 된다. 그러나 약속어음 발행이 무효일 뿐만 아니라 그 어음이 유통되지도 않았다면 회사는 어음발행의 상대방에게 어음채무를 부담하지 않기 때문에 특별한 사정이 없는 한 회사에 현실적으로 손해가 발생하였다거나 실해 발생의 위험이 발생하였다고도 볼 수 없으므로, 이때에는 배임죄의 기수범이 아니라 배임미수죄로 처벌하여야 한다.

3. 대표이사가 대표권을 남용하여 회사 명의의 약속어음을 발행하면 회사가 상대방에 대하여 채무를 부담하지 아니한다 하더라도 회사는 소지인에 대하여 어음금 채무를 부담할 위험이 이미 발생하였다는 취지의 대상 판결은 손해 발생의 위험의 범위를 지나치게 확장한 것으로 타당하지 않다.

4. 대상 판결에 찬성하지 않는다. 대상 판결은 대법원 2017. 7. 20. 선고 2014도1104 전원합의체 판결에 의하여 폐기되었다.

047

배임행위로 이루어진 질권설정행위의
불가벌적 사후행위

대법원 2012. 11. 29. 선고 2012도10980 판결
[특정경제범죄가중처벌등에관한법률위반(횡령) · 특정경제범죄가중처벌등에관한
법률위반(배임) · 자본시장과금융투자업에관한법률위반]

사실 관계

피고인은 피해자 회사의 대표이사로서 자신의 채권자인 공소외인에게 차용금 60억 원에 대한 담보로 피해자 회사 명의의 정기예금 60억 원에 질권을 설정하였다.

공소외인은 위 차용금과 정기예금의 변제기가 모두 도래한 이후 피고인의 동의하에 위 정기예금 계좌에 입금되어 있던 60억 원을 전액 인출하였다.

재판 진행

검사는 피고인을 특정경제범죄가중처벌등에관한법률위반(배임) 등으로 기소하였다. 제1심은 피고인의 위 질권설정행위를 피해자 회사에 대한 배임행위로 인정하는 한편, 예금인출 동의행위를 피고인 자신이 행한 예금인출행위와 동시하여 피해자 회사에 대한 횡령행위로 인정하면서 위 배임죄와 횡령죄는 각각 별개로 성립한다고 판단하였고, 원심은 제1심판결을 그대로 유지하였다.[53] 피고인이 상고하였다. 대법원은 원심판결을 파기하고, 사건을 원심법원에 환송하였다.

---

53) 서울고법 2012. 8. 24. 선고 2012노741 판결.

판시 사항

甲 주식회사 대표이사인 피고인이 자신의 채권자 乙에게 차용금채무에 대한 담보로 甲 회사 명의의 정기예금에 질권을 설정하여 주었는데, 그 후 乙이 피고인의 동의하에 정기예금 계좌에 입금되어 있던 甲 회사의 자금을 전액 인출한 사안에서, 피고인의 예금인출 동의행위는 이미 배임행위로 이루어진 질권설정행위의 불가벌적 사후행위에 해당하는데도, 배임죄와 별도로 횡령죄까지 성립한다고 본 원심판결에 법리오해의 위법이 있다고 한 사례.

판결 요지

민법 제353조에 의하면 질권자는 질권의 목적이 된 채권을 직접 청구할 수 있으므로 피고인의 예금인출동의행위는 이미 배임행위로써 이루어진 질권설정행위의 사후조처에 불과하여 새로운 법익의 침해를 수반하지 않는 이른바 불가벌적 사후행위에 해당하고, 별도의 횡령죄를 구성하지 않는다.

판결 평석

1. 불가벌적 사후행위는 절도 등의 영득죄에서 범죄완성 후에도 위법상태가 계속될 것이 예상되고 도품의 사후이용·처분행위가 그 위법상태의 범위 내에 포함된다고 인정되는 경우에 주된 범죄의 범죄구성요건에 의하여 이미 포괄적인 평가를 받았기 때문에 그 사후행위가 설사 다른 구성요건을 충족하더라도 별죄를 구성하지 않는 것을 말한다. 이때 "별죄를 구성하지 않는다"는 것은 행위 자체로는 범죄구성요건에 해당하고 위법·유책의 행위이지만, 그것이 주된 범행에 의하여 포괄적인 평가를 이미 받았다거나 주된 범행과 함께 처벌받은 것으로 평가받기 때문에 별죄로 처벌할 필요가 없음을 의미한다.

2. 이 사안에서 피고인은 피해자 회사의 대표이사로서 자신의 채권

자인 乙에게 차용금 60억 원에 대한 담보로 피해자 회사 명의의 정기예금 60억 원에 질권을 설정해 주었다. 질권자이기도 한 채권자 乙은 민법 제353조에 의하면 질권의 목적이 된 채권을 직접 청구할 수 있고, 채무자인 피고인의 질권인출에 대한 동의를 필요로 하지 않으므로, 피고인의 예금인출에 대한 동의는 예금에 대한 영득행위라고 할 수 없다. 그러므로 이러한 행위만으로는 횡령죄가 성립하지 않는다.

설사 피고인의 예금인출동의를 횡령행위로 보는 경우에도, 이것은 이미 배임행위로 이루어진 질권설정행위의 불가벌적 사후행위라고 해야 옳다. 왜냐하면 예금의 인출은 질권설정이라는 위법행위에 당연히 따라오는 것으로서 그것에 포함되어 이미 배임죄의 구성요건에 의하여 포괄적인 평가를 받은 것으로 볼 수 있기 때문이다.

대상 판결은 예금인출동의행위는 배임죄의 불가벌적 사후행위라는 이유로 횡령죄가 성립하지 않는다고 판단하였다.

3. 배임죄를 침해범이라고 본다면, 피고인의 질권설정을 할 때 배임죄 실행행위의 착수하고 그 예금을 인출할 때 현실적 손해가 발생하여 배임죄의 기수에 이른다. 그렇다면 예금인출에 대하여 별도로 횡령죄로 의율할 이유가 도무지 없다.

4. 대상 판결의 결론에 찬성한다.

048

저당권이 설정된 자동차를 저당권자의 동의 없이 매도한 사건

대법원 2012. 9. 13. 선고 2010도11665 판결 [배임]

2020. 10. 22. 선고 2020도6258 전원합의체 판결로 변경

사실 관계

피고인은 자신의 어머니 명의를 빌려 자동차를 매수하면서 피해자 회사에서 자금을 대출받고 그 자동차에 저당권을 설정하였다. 그후 피고인은 신원을 정확히 알 수 없는 최사장이라는 사람으로부터 2천만 원을 차용하고 그 담보로 이 사건 자동차를 인도하면서 차량포기각서까지 작성해 주었으나, 이에 대해 피해자 회사의 동의를 받지 않았다.

피해자 회사는 피고인이 대출금을 변제하지 않자 위 자동차에 대한 저당권을 실행하기 위하여 자동차 인도명령을 받았으나 소재파악이 되지 않아 집행불능이 되었다.

재판 진행

검사는 피고인을 배임죄로 기소하였다. 원심은 피고인에 대하여 무죄로 판단하였다.[54] 검사가 상고하였다. 대법원은 원심판결을 파기하고, 사건을 원심법원에 환송하였다.

판시 사항

[1] 저당권이 설정된 자동차를 저당권자의 동의 없이 매도한 경우

---

54) 부산지법 2010. 8. 20. 선고 2010노361 판결.

배임죄가 성립하는지 여부(원칙적 소극) 및 자동차를 담보로 제공하고 점유하는 채무자가 부당히 담보가치를 감소시킨 경우 배임죄가 성립하는지 여부(적극)

[2] 이 사안에서, 피고인의 행위는 甲 회사의 담보가치를 실질적으로 상실시키는 것으로서 배임죄가 성립되는 특별한 사정이 있는 경우에 해당한다고 볼 여지가 있는데도, 이와 달리 보아 무죄를 인정한 원심판결에 법리오해 등 위법이 있다고 한 사례.

판결 요지

[1] 자동차에 대하여 저당권이 설정되는 경우 자동차의 교환가치는 저당권에 포섭되고, 저당권설정자가 자동차를 매도하여 소유자가 달라지더라도 저당권에는 영향이 없으므로, 특별한 사정이 없는 한 저당권설정자가 단순히 저당권의 목적인 자동차를 다른 사람에게 매도한 것만으로는 배임죄에 해당하지 아니하나, 자동차를 담보로 제공하고 점유하는 채무자가 부당히 담보가치를 감소시키는 행위를 한 경우 배임죄의 죄책을 면할 수 없다.

[2] 피고인의 행위는 적어도 미필적으로나마 피해자 회사의 자동차에 대한 추급권 행사가 불가능하게 될 수 있음을 알면서도 그 담보가치를 실질적으로 상실시키는 것으로서 배임죄가 성립되는 특별한 사정이 있는 경우에 해당한다고 볼 여지가 있다고 한 사례.

판결 평석

1. 대상 판결은 채무 담보를 위하여 채권자에게 자동차에 관하여 저당권을 설정해 준 채무자가 타인인 채권자의 사무를 처리하는 자에 해당함을 전제로 하여 채무자가 그 자동차를 처분한 경우 배임죄가 성립한다고 판시하였다. 그러나 대상 판결은 대법원 2020. 10. 22. 선고 2020도6258 전원합의체 판결로 변경되었다.

2. 위 전원합의체 판결의 이유는 다음과 같다.

금전채권채무 관계에서 금전채무의 이행은 채무자가 자신의 급부의무의 이행으로서 행하는 것이지 채권자의 사무를 맡아 처리하는 것으로 볼 수 없다. 따라서 채무자를 채권자에 대한 관계에서 '타인의 사무를 처리하는 자'에 해당한다고 할 수 없다. 나아가 채무자가 금전채무를 담보하기 위하여 그 소유의 자동차에 관하여 채권자에게 저당권을 설정한 경우에도 채무자가 담보물의 담보가치를 유지·보전하거나 담보물을 손상, 감소 또는 멸실시키지 않을 소극적 의무는 저당권설정계약에 따라 부담하게 된 채무자 자신의 의무이다. 또한 저당권설정계약은 피담보채권의 발생을 위한 계약에 종된 계약으로, 피담보채무가 소멸하면 저당권실정계약상의 권리의무도 소멸한다. 저당권설정계약에 따라 채무자가 부담하는 의무는 담보목적의 달성, 즉 채무불이행 시 담보권 실행을 통한 채권의 실현을 위한 것이므로 저당권설정계약의 체결이나 저당권 설정 전후를 불문하고 당사자 관계의 전형적·본질적 내용은 여전히 금전채권의 실현 내지 피담보채무의 변제에 있다. 따라서 채무자를 채권자에 대한 관계에서 배임죄의 주체인 '타인의 사무를 처리하는 자'에 해당한다고 할 수 없으므로 채무자가 담보물을 제3자에게 처분하는 등으로 담보가치를 감소 또는 상실시켜 채권자의 담보권 실행이나 이를 통한 채권실현에 위험을 초래하더라도 배임죄가 성립하지 아니한다.

3. 대상 판결은 위 전원합의체 판결에 의하여 폐기되었다.

049

종중으로부터 종중 소유 토지의 매도 여부와 그 가격 결정 권한을 위임받아 처리하는 종중의 부회장이 '타인의 사무를 처리하는 자'에 해당하는지 여부

대법원 2012. 9. 13. 선고 2012도3840 판결
[특정경제범죄가중처벌등에관한법률위반(배임)]

사실 관계

피해자 종중의 부회장인 피고인이 피해자 종중으로부터 종중 소유 토지의 매도 여부와 그 가격 결정 권한을 사실상 위임받아, 종중 소유 토지 및 인접한 피고인 소유 토지를 포함한 주변 토지 약 10만 평을 매수하여 아파트 신축분양사업을 추진하던 공소외 회사와 매매협의를 하였다.

당시 피고인은 피고인 소유 토지를 평당 250만 원 정도에 매도하기로 합의하고도, 피해자 종중 측에는 '종중 토지는 평당 100만 원 이상 받기 어렵고, 피고인 소유 토지도 같은 가격으로 매도한다'고 거짓말하였다. 피해자 종중은 종중 토지의 적정가격이 평당 100만 원 정도 되는 것으로 오인하고 평당 101만 원씩 합계 46억 원에 매매계약을 체결하였다.

그러나 피고인은 피고인 소유 토지를 평당 258만 원에 매매계약을 체결하였다.

재판 진행

검사는, ① 공소외 회사는 이 사건 매매 당시 이 사건 토지 전체를 일괄하여 매입할 필요가 있어 이 사건 토지 전체의 매수가격을 평당 최

대 200만 원(180만 원 내지 200만 원)으로 정하여 매수를 추진하고 있었고, ② 피고인은 공소외 회사와 이 사건 토지 전체에 관하여 매매협의를 하면서 토지 전체를 합산하여 총매수가격을 정하되 피고인 소유 토지는 평당 258만 원에 매매하는 대신 종중 소유 토지는 평당 101만 원의 헐값에 매매하기로 합의하였으며, ③ 피고인이 피해자 종중으로부터 위임받은 대로 종중 토지의 가격을 정하였다면 피해자 종중은 적어도 평당 1,831,370원에 매도할 수 있었는데, 피고인의 그와 같은 행위로 인하여 적정매매가격과의 차액인 35억 8,730만 원의 재산상 손해를 입었다고 하여 피고인을 특정경제범죄가중처벌등에관한법률위반(배임)죄로 기소하였다. 원심은 피고인을 유죄로 판단하였다.[55] 피고인이 상고하였다. 대법원은 원심판결을 파기하고, 사건을 원심법원에 환송하였다.

판시 사항

[1] 배임죄 구성요건 중 '타인의 사무를 처리하는 자', '임무에 위배하는 행위'의 의미

[2] 재산상 이득액을 기준으로 가중 처벌하는 특정경제범죄가중처벌등에관한법률위반(배임)죄의 적용을 전제로 이득액을 산정할 때 유의할 사항.

판결 요지

[1] 배임죄에서 범죄의 주체는 타인의 사무를 처리하는 신분이 있어야 하고, '타인의 사무를 처리하는 자'라 함은 양자 간의 신임관계에 기초를 두고 타인의 재산관리에 관한 사무를 대행하거나 타인 재산의 보전행위에 협력하는 자 등을 말하며, '임무에 위배하는 행위'라 함은 당해 사무의 내용·성질 등 구체적 상황에 비추어 법률의 규정, 계약의 내용 또는 신의성실의 원칙상 당연히 할 것으로 기대되는 행위를 하지 않거나 당연히 하지 말아야 할 것으로 기대되는 행위를 함으로써 본인에 대한 신임관계를 저버리는 일체의 행위를 말한다.

---

55) 서울고법 2012. 3. 16. 선고 2011노2432 판결.

[2] 형법상 배임죄는 타인의 사무를 처리하는 자가 그 임무에 위배하는 행위로써 재산상의 이익을 취득하거나 제3자로 하여금 이를 취득하게 하여 본인에게 손해를 가함으로써 성립하고, 그 취득한 재산상 이익의 가액이 얼마인지는 문제되지 아니하는 데 비하여, 배임으로 인한 특정경제범죄 가중처벌 등에 관한 법률 위반죄에 있어서는 취득한 이득액이 5억 원 이상 또는 50억 원 이상이라는 것이 범죄구성요건의 일부로 되어 있고 이득액에 따라 그 죄에 대한 형벌도 가중되어 있으므로, 이를 적용함에 있어서는 취득한 이득액을 엄격하고 신중하게 산정함으로써, 범죄와 형벌 사이에 적정한 균형이 이루어져야 한다는 죄형균형 원칙이나 형벌은 책임에 기초하고 그 책임에 비례하여야 한다는 책임주의 원칙이 훼손되지 않도록 유의하여야 한다(대법원 2007. 4. 19. 선고 2005도7288 전원합의체 판결 등 참조).

판결 평석

1. 대상 판결은 배임죄에서 범죄의 주체는 타인의 사무를 처리하는 신분이 있어야 하고, '타인의 사무를 처리하는 자'라 함은 양자 간의 신임관계에 기초를 두고 타인의 재산관리에 관한 사무를 대행하거나 타인 재산의 보전행위에 협력하는 자 등을 말한다고 한다. 그러나 대상 판결 이후에 선고된 대법원 2020. 2. 20. 선고 2019도9756 전원합의체 판결은, '타인의 사무를 처리하는 자'라고 하려면, 타인의 재산관리에 관한 사무의 전부 또는 일부를 타인을 위하여 대행하는 경우와 같이 당사자 관계의 전형적·본질적 내용이 통상의 계약에서의 이익대립관계를 넘어서 그들 사이의 신임관계에 기초하여 타인의 재산을 보호 또는 관리하는 데에 있어야 한다고 하여, 대행행위 이외의 협력행위 등을 타인의 사무에서 제외하였다.

이 사안에서 피고인은 피해자 종중의 부회장으로서 피해자 종중으로부터 종중 소유 토지의 매도 여부 및 그 가격 결정에 관한 권한을 위임받아 처리하였으므로, 위 전원합의체 판결에 따르더라도 '타인의 사무를 처리하는 자'에 해당한다고 볼 수 있다. 이러한 지위에 있는 피고인이 피고인 소유 토지를 평당 250만 원에 매도하기로 하고도 피해자 종중 측에는 종중 토지의 적정매매가격이 평당 100만 원 정도라고 오인하도록 하여 평당 101만 원을 기준으로 매매계약을 체결하도록 하였다면, 이것은 피해자 종중으로부터 적정매매가격에 매도하도록 위임받은 임무를 위배한 것으로 평가할 수 있다.

2. 대상 판결은, 원심이 채택한 증거를 살펴보아도 피고인이 공소외 회사와 이 사건 토지 전체의 평당 가격을 180만 원 정도로 합의한 상태에서 피해자 종중 소유 토지의 평당 가격을 낮추는 대신 피고인 소유 토지의 평당 가격을 올리게 된 것이라고 단정하기 어렵고, 피해자 종중도 피고인의 배임행위가 없었더라면 종중 토지를 평당 180만 원 또는 평당 1,831,370원에 매도할 수 있었다고 단정할 수도 없다고 한다. 객관적 가치가 비슷한 토지라도 구체적인 협상 결과에 따라 매매가격에 작지 않은 차이가 발생할 수 있다고 본 것이다. 그렇다면 이 사건 토지 전체의 매매대금의 산술평균액을 종중 토지의 적정매매가격으로 보아 이를 기준으로 이 사건 배임행위로 인한 손해액 및 이득액을 인정한 것은 타당하지 않다. 대상 판결은 원심이 적용한 법리가 잘못되었다는 취지가 아니라 그 사실인정이 잘못되었다고 판단한 것이다.

3. 대상 판결에서 피고인의 임무위배행위는 인정되지만 그로 인한 손해액 및 이득액이 밝혀지지 않았다. 그렇다면 피고인을 특정경제범죄 가중처벌등에관한법률위반죄로 의율할 수 없다. 왜냐하면 특정경제범죄 가중처벌등에관한법률에서는 취득한 이득액이 5억 원 이상 또는 50억 원 이상이라는 것이 범죄구성요건의 일부이기 때문에, 그 법을 적용하기 위해서는 취득한 이득액을 엄격하고 신중하게 산정하여야 하는데, 이 사건에서 그 이득액이 제대로 밝혀지지 않았으므로 특정경제범죄가중처벌등에관한법률을 적용하여 처벌할 수 없다고 판단하였다.

4. 대상 판결에 찬성한다.

050

재산상 이익은 인정되지만 그 가액을 산정할 수 없는 경우와 특정경제범죄가중처벌등에관한법률위반(배임)죄의 적용

대법원 2012. 8. 30. 선고 2012도5220 판결
[특정경제범죄가중처벌등에관한법률위반(배임)]

사실 관계

피고인은 공소외 관리공단의 이사장으로서 공단 내의 경영, 재정 등 업무를 장악해 왔다. 피고인이 공소외인과 공모하여 공소외 관리공단 소유의 화물차량 21대를 시장가격보다 싸게 공소외 3 회사 등에 매도하였다.

재판 진행

검사는 피고인을 특정경제범죄가중처벌등에관한법률위반(배임)죄로 기소하였다. 원심은 이 사건 공소사실에 대해 유죄로 판단하였다.[56] 피고인이 상고하였다. 대법원은 원심판결을 파기하고, 사건을 원심법원에 환송하였다.

판시 사항

업무상배임죄에서 재산상의 이익은 인정할 수 있으나 그 가액을 구체적으로 산정할 수 없는 경우, 재산상 이득액을 기준으로 가중처벌하는 특정경제범죄가중처벌등에관한법률위반(배임)죄로 의율할 수 있는지 여부(소극)

---

56) 대구고법 2012. 4. 19. 선고 2011노479 판결.

판결 요지

특정경제범죄가중처벌등에관한법률위반(배임)죄는 취득한 재산상 이익의 가액이 일정액 이상이라는 것이 범죄구성요건의 일부로 되어 있고 그에 따라 형벌도 가중되는 만큼 그 재산상 이익의 가액은 엄격하고 신중하게 판단하여야 한다(대법원 2007. 4. 19. 선고 2005도7288 전원합의체 판결 참조). 따라서 업무상배임으로 인한 재산상의 이익이 있었다는 점은 인정되지만 그 가액을 구체적으로 산정할 수 없는 경우에는 재산상 이익의 가액을 기준으로 가중처벌하는 특정경제범죄법위반(배임)죄로 의율할 수 없다.

판결 평석

1. 형법상 배임죄에서는 재산상 이익의 취득이 구성요건이고, 이익의 가액(이득액)은 구성요건이 아니다. 그러나 특정경제범죄가중처벌 등에관한법률위반(배임)죄는 재산상 이득액이 일정액 이상이라는 것이 범죄구성요건의 일부로 되어 있고 그에 따라 형벌도 가중처벌된다. 이러한 점에서 특정경제범죄가중처벌등에관한법률위반(배임)죄는 형법상 배임죄와 비교하면 재산상 이익뿐만 아니라 그 가액까지 구성요건으로 하는 새로운 형태의 재산범죄라고 할 수 있다. 만일 업무상배임으로 인한 재산상의 이익이 있었다고 하더라도 그 가액을 구체적으로 산정할 수 없다면 재산상 이득액을 기준으로 가중처벌하는 특정경제범죄가중처벌등에관한법률위반(배임)죄로 의율할 수 없음은 당연하다.

2. 재산상 이익의 취득은 배임죄의 구성요건 중 하나이다. 그러나 실무상 재산상 이익은 아예 살피지 아니하고 재산상 손해만 심리하고 판단하는 경우가 많다. 그리고 판례가 배임죄를 위험범으로 보고 있기 때문에 재산상 손해가 현실적으로 발생하지 않은 경우에도 재산상 실해 발생의 위험이 있는 것만으로 배임죄가 성립한다고 판시한 판결도 흔히 볼 수 있다. 그런데 배임죄 판결 중에는 이러한 법리를 특정경제범죄가

중처벌등에관한법률위반(배임)죄에도 대입하여 재산상 이익의 취득이나 손해의 발생이 없는데도, 단지 재산상 실해 발생의 위험이 있다는 이유로 특정경제범죄가중처벌등에관한법률위반(배임)죄로 처벌하는 사례도 볼 수 있다. 그러나 특정경제범죄가중처벌등에관한법률위반(배임)죄는 재산상 손해가 아니라 이익의 취득이 중심이 되어 있고, 나아가 그 이득액이 5억 원 또는 50억 원이 초과하여야 성립한다. 따라서 임무위배 행위로 피고인이 취득한 이익의 가액이 5억 원 또는 50억 이상이라는 점을 검사가 증명하지 못하면 특정경제범죄가중처벌등에관한법률(배임)죄로 의율할 수 없다.

3. 원심은 공소외 1 공단의 화물차량 21대의 각 취득가액에 한국보험개발원이 만든 차량의 경과기간별 표준감가상각잔존율을 적용하여 산정한 가액을 당해 차량의 시가로 보고, 그 가액과 매도가액의 차액 701,501,903원을 이득액이라고 판단하였다.

그러나 대상 판결은, 원심과 같이 매각된 화물차량 21대의 취득가액에 표준감가상각잔존율을 적용하여 산정한 가액은 그 차량의 시가라고 할 수 없으므로, 그 가액을 기준으로 하여 실제 매도가액과의 차액을 업무상배임으로 인한 재산상 이득액이라고 단정할 수 없다고 판단하였다. 그렇다면 유사매매사례가액이나 감정가액 등 시가로 인정될 수 있는 다른 가액이 있는지, 위 표준감가상각잔존율에 의한 가액이 시가를 나타낸다고 볼 특별한 사정이 있는지 여부 등을 더 심리하여 그 시가를 확정한 후 그에 따라 재산상 이득액을 산정하여야 한다. 대상 판결은 그러한 점이 밝혀지지 않은 이상 재산상 이득액을 산정할 수 없으므로 피고인을 특정경제범죄가중처벌등에관한법률위반(배임)죄로 의율할 수 없다고 판시하였다.

4. 대상 판결에 찬성한다.

배임죄 판례 백선

051~100

회사 이사가 계열회사에 회사자금을 대여한 사건

대법원 2012. 7. 12. 선고 2009도7435 판결
[특정경제범죄가중처벌등에관한법률위반(배임), 증권거래법위반]

사실 관계

자금대여로 인한 배임 부분의 사실관계만 본다.

① 공소외 1은 공소외 3 주식회사를 설립하였고, 피고인은 ○○그룹에 근무하다가 공소외 3 주식회사에 합류하여 공소외 1과 함께 위 회사를 경영하였다.

② 공소외 3 주식회사는 공소외 5 주식회사를 설립하여 증권거래소에 상장하고, 공소외 6 주식회사를 인수(공소외 7 주식회사로 상호변경)하고, 공소외 8 주식회사를 설립하였다. 한편 공소외 3 주식회사는 공소외 5 주식회사의 주식 43.43%, 공소외 7 주식회사의 주식 95.14%를 각 보유하였고, 공소외 5 주식회사가 공소외 8 주식회사의 주식 92%를 보유하는 ▽▽그룹을 형성하게 되었다.

③ 그 무렵 ▽▽그룹의 모회사인 공소외 3 주식회사의 주식은 공소외 1과 피고인이 각 32.3%, 직원주주들이 35.4%의 비율로 소유하고 있었다. 공소외 3 주식회사(당시 대표이사는 피고인)는 공소외 1 등과 사이에서 공소외 3 주식회사가 공소외 1의 주식을 2년에 걸쳐 이익소각하고, 그 대가로 100억 원을 지급한다는 내용의 이익소각계약을 체결하였다. 공소외 3 주식회사는 공소외 1에게 이익소각대금의 일부로 32억 6,000만 원을 지급하고, 공소외 1 등의 주식 일부에 대한 이익소각을 실행함으로써 2005년 1월 현재 공소외 3 주식회사의 주식보유비율은

피고인 41.49%, 공소외 1 19.51%, 직원주주 39%로 변화되었다.

④ 그런데 ○○그룹은 공소외 3 주식회사의 2대 주주인 공소외 1과 제휴하여 공소외 3 주식회사의 직원주주들로부터 주식을 매입하기 시작하여 11.74%의 주식을 매입하는 등 적대적 인수·합병을 추진하였다. 공소외 1은 공소외 3 주식회사에게 약정한 이익소각대금을 미지급하였다는 이유로 이익소각계약 해제를 통지하고, 자신의 주식을 이익소각 전의 상태로 원상회복하라는 내용의 민사소송을 제기하는 한편, 이익소각대금채권을 피보전채권으로 하여 공소외 3 주식회사의 각종 채권에 대하여 채권가압류 결정을 받았고, 이로 인하여 공소외 3 주식회사가 추진 중이던 400억 원 규모의 자산유동화대출(ABL)이 무산되기도 하였다.

⑤ 이에 공소외 5 주식회사의 대표이사인 피고인은 공소외 5 주식회사로 하여금 그 자회사인 공소외 8 주식회사에 40억 원을 무담보로 대여하게 하였고, 공소외 8 주식회사는 그 무렵 공소외 3 주식회사의 직원주주들로부터 공소외 3 주식회사의 주식 297,172주(주식비율 27.26%)를 1주당 40,000원씩 합계 118억 8,688만 원에 매수한 후 위 차용금으로 위 주식매수대금 중 일부를 지급하고, 나머지 약 80억 원은 2006. 6. 30.까지 지급하기로 약정하였다. 위와 같은 ○○그룹과 공소외 8 주식회사의 주식매입에 따라 공소외 3 주식회사의 주식보유비율은 피고인 41.49%, 공소외 8 주식회사 27.26%, 공소외 1 19.51%, ○○그룹 11.74%로 바뀌었고, 피고인은 공소외 5 주식회사로부터 공소외 8 주식회사 주식 중 43%를 매수하여 종전 보유주식과 합산하면 공소외 8 주식회사의 주식 49%를 보유함으로써 ▽▽그룹 전체를 완전히 지배하게 되었다.

⑥ 공소외 8 주식회사는 2004. 6. 25. 설립된 자본금 30억 원의 주식회사로서 2004. 12. 31. 현재 자산 총계 약 83억 원, 부채 총계 약 71억 원이며, 2004년도 하반기의 매출액은 183,851,559원에 불과하고 당기순손실 1,762,881,893원에 달하며, 2005년 1월경 공소외 3 주식회사의 주식 297,172주를 합계 118억 8,688만 원에 매수한 상태이므로, 이 사건 40억 원의 차용금 채무 이외에도 약 80억 원의 주식매수대금 채무를 부

담하고 있었다.

재판 진행

검사는 피고인이 공소외 5 주식회사로 하여금 그 자회사인 공소외 8 주식회사에 40억 원을 무담보로 대여하게 한 행위에 대하여 특정경제범 죄가중처벌등에관한법률위반(배임)죄 등으로 기소하였다. 원심은 이 사 건 공소사실 전부를 무죄로 판단하였다.[57] 검사가 상고하였다. 대법원은 원심판결 중 이 부분을 파기하여 원심법원에 환송하였다.

판시 사항

[1] 배임죄 구성요건 중 '임무에 위배하는 행위', '재산상의 손해를 가한 때'의 의미와 재산상의 손해 유무를 판단하는 기준

[2] 회사의 이사 등이 타인에게 회사자금을 대여한 행위가 배임죄를 구성하는 경우 및 타인이 자금지원 회사의 계열회사인 경우에도 동일한 법리가 적용되는지 여부(적극)

[3] 업무상배임죄의 주관적 요건으로서 '고의'의 의미, 그리고 이익을 취득하는 제3자가 같은 계열회사이고 계열그룹 전체의 회생을 위한다는 목적에서 이루어진 행위라도 배임의 고의를 인정할 수 있는지 여부(한 정 적극)

판결 요지

배임죄는 타인의 사무를 처리하는 자가 그 임무에 위배하는 행위로 써 재산상 이익을 취득하거나 제3자로 하여금 이를 취득하게 하여 본인 에게 손해를 가함으로써 성립한다. 여기에서 그 '임무에 위배하는 행위' 는 사무의 내용, 성질 등 구체적 상황에 비추어 법률의 규정, 계약의 내 용 혹은 신의칙상 당연히 할 것으로 기대되는 행위를 하지 않거나 당연 히 하지 않아야 할 것으로 기대되는 행위를 함으로써 본인과 사이의 신

---

57) 서울고법 2009. 7. 10. 선고 2007노2684 판결.

임관계를 저버리는 일체의 행위를 포함한다. 그리고 '재산상의 손해를 가한 때'는 현실적인 손해를 가한 경우뿐만 아니라 재산상 손해 발생의 위험을 초래한 경우도 포함되고, 일단 손해의 위험을 발생시킨 이상 나중에 피해가 회복되었다고 하여도 배임죄의 성립에 영향을 주지 아니하며, 재산상 손해의 유무에 대한 판단은 본인의 전 재산 상태를 고려하여 경제적 관점에 따라 판단되어야 한다. 그러므로 회사의 이사 등이 타인에게 회사자금을 대여할 때에 그 타인이 이미 채무변제능력을 상실하여 그에게 자금을 대여할 경우 회사에 손해가 발생하리라는 정을 충분히 알면서 이에 나아갔거나, 충분한 담보를 제공받는 등 상당하고도 합리적인 채권회수조치를 취하지 아니한 채 만연히 대여해 주었다면, 그와 같은 자금대여는 타인에게 이익을 얻게 하고 회사에 손해를 가하는 행위로서 회사에 대하여 배임행위가 되고, 회사의 이사는 단순히 그것이 경영상의 판단이라는 이유만으로 배임죄의 죄책을 면할 수는 없으며, 이러한 이치는 그 타인이 자금지원 회사의 계열회사라 하여 달라지지 않는다.

그리고 업무상배임죄가 성립하려면 주관적 요건으로서 임무위배의 인식과 그로 인하여 자기 또는 제3자가 이익을 취득하고 본인에게 손해를 가한다는 인식, 즉 배임의 고의가 있어야 하고, 이러한 인식은 미필적 인식으로도 족하다. 이익을 취득하는 제3자가 같은 계열회사이고, 계열그룹 전체의 회생을 위한다는 목적에서 이루어진 행위로서 그 행위의 결과가 일부 본인을 위한 측면이 있다 하더라도 본인의 이익을 위한다는 의사는 부수적일 뿐이고 이득 또는 가해의 의사가 주된 것임이 판명되면 배임죄의 고의를 부정할 수 없다(대법원 2009. 7. 23. 선고 2007도541 판결 등 참조).

[판결 평석]

1. 사실관계를 다시 요약하면 다음과 같다.

피고인은 ▽▽그룹의 모회사인 공소외 3 회사의 주식을 32.3%(공소외 1이 32.3%, 직원주주들이 35.4%) 소유한 대주주이고, 공소외 3 회사는 공소외 5 회사의 주식 43.43%, 공소외 7 회사의 주식 95.14%를 각 보유하고, 공소외 5 회사는 다시 공소외 8 회사의 주식 92%를 보유하고 있었다. 공소외 3 회사(대표이사는 피고인)가 공소외 1의 주식을 이익소각하고, 그 대가로 100억 원을 지급한다는 내용의 이익소각계약을 체결하고 일부 대금을 지급하였다. 그러는 중에 ○○그룹이 공소외 1과 제휴하여 공소외 3 회사의 직원주주들로부터 11.74%의 주식을 매입하는 등 적대적 인수·합병을 추진하고, 공소외 1은 공소외 3 회사에게 약정한 이익소각대금을 미지급하였다는 이유로 이익소각계약 해제를 통지하며 민사소송을 제기하고 채권가압류를 하였다. 이에 위기를 느낀 피고인은 공소외 5 회사로 하여금 공소외 8 회사에 40억 원을 무담보로 대여하여 공소외 8 회사가 그 돈으로 공소외 3 회사의 직원주주들로부터 공소외 3 회사 주식 297,172주(주식비율 27.26%)를 1주당 40,000원씩 합계 118억 8,688만 원에 매수하도록 하였다. 공소외 8 회사는 나머지 약 80억 원은 2006. 6. 30.까지 지급하기로 약정하였다.

2. 이 사안에서 피고인이 공소외 5 회사로 하여금 계열회사인 공소외 8 회사에 40억 원을 무담보로 대여한 행위가 임무위배행위에 해당하는지가 쟁점이 되었다.

원심은, 피고인의 위 자금대여 행위는 ○○그룹 등의 적대적 인수·합병 시도로부터 공소외 5 주식회사 및 ▽▽그룹의 기업가치를 보호하기 위한 적절한 방어수단이었으므로 임무위배행위에 해당하지 않고, 재산상 손해 발생의 위험도 발생하지 아니하였다고 하여 무죄를 선고하였다.

그러나 대상 판결은, 위 자금대여 행위가 ○○그룹의 적대적 인수·합병 시도에 대항하는 방법으로 피고인 개인의 ▽▽그룹에 대한 지배구조를 강화하려고 한 것이고, 공소외 8 회사는 설립된 지 7개월 정도 된 신생회사로서 자금을 차용하여도 채무를 변제할 능력이 없는데도 충분한 담보를 제공받는 등 상당하고도 합리적인 채권회수조치를 취하지 아니한 채 위 자금을 대여하게 한 것은 공소외 5 회사에 재산상 손해 발생의 위험을 초래한 임무위배행위에 해당한다고 판단하였다.

3. 대법원은 계열사 간의 자금대여 또는 자금지원행위에 대하여, 충분한 담보를 제공받는 등 상당하고도 합리적인 채권회수조치를 취하지 아니한 채 대여해 주면, 그와 같은 행위는 타인에게 이익을 얻게 하고 회사에 손해를 가하는 행위로서 배임행위가 되고, 그것이 경영상의 판단이라는 이유만으로 배임죄의 죄책을 면할 수 없고, 그 타인이 자금지원 회사의 계열회사라고 하여도 마찬가지라고 판시하고 있다. 피고인은 그것이 경영상 판단에 해당한다거나 그러한 행위가 계열그룹 전체의 회생을 위한 목적으로 이루어진 것이지 회사에 손해를 가할 목적이 없다는 주장을 하였지만, 대법원은 그 주장을 받아들이지 않는다. 계열회사도 피고인과 별도의 법인격을 가지고 있고, 계열회사의 이익이 피고인의 이익과 일치하지 않을 여지가 있기 때문이다.

4. 대상 판결에 찬성한다.

052

주식의 실질가치가 0인 회사가 발행하는 신주를 액면가격으로 인수하는 경우 손해액 산정 방법

대법원 2012. 6. 28. 선고 2012도2623 판결
[특정경제범죄가중처벌등에관한법률위반(배임)]

사실 관계

피해자 회사의 대표이사인 피고인은 공소외인과 공모하여 부실기업으로 자본잠식 상태에 있어 1주당 주식평가금액이 0원인 공소외 5 회사의 주식을 발행가 5,000원에 인수하기로 하고 피해자 회사가 10억 원의 유상증자 자금을 납입하도록 하였다.

피고인은 공소외 6 회사의 최대주주인 공소외 7 회사의 경영권 방어를 위하여 공소외 6 회사의 제3자배정 유상증자에 참여하기로 한 공소외 8 회사에 투자원리금을 보전해 주기로 하고, 피해자 회사가 공소외 8 회사로부터 공소외 8 회사 소유의 공소외 6 회사 주식을 시세보다 할증된 가격으로 매입하고, 비상장주식 워런트를 매입원가보다 높은 가격으로 매입하게 하였다.

재판 진행

검사는 피고인을 특정경제범죄가중처벌에관한법률위반(배임)죄 등으로 기소하였다. 원심은 이 사건 공소사실 중 일부는 유죄, 일부는 무죄로 판단하였다.[58] 피고인은 유죄부분에 대하여, 검사는 무죄부분에 대하여 각 상고하였다. 대법원은 상고를 모두 기각하였다.

---

58) 서울고법 2012. 2. 2. 선고 2011노1808 판결.

판시 사항

[1] 주식의 매수와 관련한 배임죄에서 손해액을 산정하는 방법

[2] 배임죄에서 '재산상의 손해를 가한 때'의 의미와 주식의 실질가치가 0인 회사가 발행하는 신주를 액면가격으로 인수하는 경우의 손해액 범위

[3] 비상장주식의 거래와 관련한 배임죄에서 손해액 산정을 위하여 주식의 적정가액을 평가하는 방법

[4] 배임죄의 손해액이나 이득액 계산에 잘못이 있더라도 올바른 금액 또한 특정경제범죄가중처벌등에관한법률 제3조 제1항 각 호에 해당하는 경우, 그 잘못이 같은 법조항을 적용한 판결 결과에 영향을 미치는지 여부(소극)

판결 요지

[1] 배임죄에서 재산상의 손해를 가한 때라 함은 현실적인 손해를 가한 경우뿐만 아니라 재산상 실해 발생의 위험을 초래한 경우도 포함되고, 주식의 실질가치가 0인 회사가 발행하는 신주를 액면가격으로 인수하는 경우 그로 인한 손해액은 그 신주 인수대금 전액 상당으로 보아야 한다. 그리고 비상장주식을 거래한 경우, 객관적 교환가치가 적정하게 반영된 정상적인 거래의 실례가 있다면 그 거래가격을 시가로 보아 주식의 가액을 평가하여야 할 것이나, 만약 그러한 거래사례가 없다면 거래 당시 당해 비상장법인 및 거래당사자의 상황, 당해 업종의 특성 등을 종합적으로 고려하여 보편적으로 인정되는 여러 평가방법 중에서 합리적이라고 판단되는 평가방법을 적용하여 주식의 적정가액을 평가할 수 있으며, 그러한 평가방법의 하나로 상속세 및 증여세법 시행령 제54조의 평가방법을 사용할 수 있다.

[2] 손해액이나 이득액의 계산에 잘못이 있더라도 그 금액이 특정경제범죄가중처벌등에관한법률 제3조 제1항 각 호 중 어느 것에 해당한다면 그 잘못은 같은 법조항을 적용한 판결의 결과에는 영향이 없다.

판결 평석

1. 대상 판결은 배임죄에서의 손해액 산정, 특히 비상장주식과 관련한 배임죄에서의 손해액 산정 방법에 관하여 다음과 같이 판시하고 있다.

즉, 회사의 대표이사 등이 주식을 고가로 매수함으로 인하여 회사에 가한 손해액은 주식의 실제 매수대금과 적정가액의 차액 상당이다. 그러나 회사의 경영권을 행사할 수 있는 이른바 경영권 프리미엄을 지닌 경우에는 그 가치를 적정가액 산정에 가산하여야 한다. 그리고 주식의 실질가치가 0인 신주를 액면가격으로 인수하는 경우에는 인수대금 전액을 손해액으로 보아야 한다. 비상장주식에 관한 객관적 교환가치가 적정하게 반영된 정상적인 거래의 실례가 있다면 그 거래가격을 시가로 보아 평가하여도 무방하다. 만약 그런 거래사례가 없다면 거래 당시 당해 비상장법인 및 거래당사자의 상황, 당해 업종의 특성 등을 종합적으로 고려하여 보편적으로 인정되는 평가방법 중에서 합리적인 평가방법을 적용하여 평가할 수 있다. 그 평가방법 중 하나로 상속세 및 증여세법 시행령 제54조의 평가방법을 사용할 수 있다. 이러한 법리는 대법원 2007. 2. 8. 선고 2006도483 판결에서 밝힌 것이다. 주식의 실질가치가 0인 신주를 액면가격으로 인수하는 경우에는 인수대금 전액을 손해액으로 보아야 한다는 대상 판결의 판단은 충분히 수긍할 수 있다.

2. 검사는, 피고인이 공소외 8 회사로 하여금 공소외 6 회사 주식 매입과 관련하여 1,222,707,500원, 비상장주식 워런트 매입과 관련하여 768,000,000원 합계 1,990,700,000원 상당의 재산상 이익을 취득하게 하고 피해자 회사에 같은 액수 상당의 손해를 가하였다고도 기소하였다.

원심은 주식 매입과 관련한 배임행위, 주식 매입과 관련한 구체적인 이득액, 워런트 매입으로 인한 이득 내지 손해의 발생 사실은 인정되지만, 비상장주식 워런트에 관한 구체적인 이득액의 증명이 부족하다고 하여 "주식 매입 관련 1,222,707,500원 및 워런트 매입으로 인한 액수 불상의 이익 등 합계 1,222,707,500원"이라고 인정하고, 워런트 매입으로 인한 이득액 또는 손해액이 768,000,000원이라는 점에 대하여는 이유 무죄로 판단하였다.

대상 판결은 설사 워런트 매입으로 인한 이득액을 액수 불상이 아니라 768,000,000원으로 보아야 한다는 피고인의 주장이 타당하다고 하더라도, 원심이 적용한 특정경제범죄법 제3조 제1항 제2호에 해당하는 것은 마찬가지이고, 위와 같은 사정이 양형에 영향을 미칠 가능성도 없다고 판시하였다.

형법상 배임죄에서는 이익의 취득이 구성요건이고 이익의 가액은 구성요건이 아니다. 그러나 특정경제범죄법위반(배임)죄는 이익의 취득뿐만 아니라 취득한 이익의 가액도 구성요건 중 하나이다. 판례도 배임으로 취득한 재산상의 이득액이 5억 원을 넘지 않으면 이득액은 배임죄의 양형요소에 불과하므로 그 액수를 굳이 특정할 필요는 없다고 한다.

3. 대상 판결에 찬성한다.

053

LBO 방식으로 기업을 인수하면서 피인수기업의 자산을 담보로 제공한 사건

대법원 2012. 6. 14. 선고 2012도1283 판결
[특정경제범죄가중처벌등에관한법률위반(배임)·업무상배임]

사실 관계

피고인은 자신이 지배하는 ○○그룹의 계열회사인 A 회사를 통해 B 회사를 인수하였다. 피고인은 그 인수자금을 마련하기 위하여 A 회사 명의로 금융기관으로부터 대출을 받고 이에 대한 담보로 B 회사의 부동산에 근저당권을 설정해 주었다. 당시 B 회사는 부도로 회생절차가 진행 중이었다.

재판 진행

검사는 피고인을 특정경제범죄가중처벌등에관한법률위반(배임)죄 등으로 기소하였다. 원심은 공소사실 중 일부는 유죄, 나머지는 무죄로 판단하였다.[59] 피고인과 검사가 각 상고하였다. 대법원은 원심판결 중 쟁점이 된 부분에 대한 피고인의 상고를 기각하였다.

판시 사항

이른바 LBO 방식으로 기업을 인수하면서 반대급부를 제공하지 않고 임의로 피인수기업의 자산을 담보로 제공한 경우 업무상배임죄가 성립하는지 여부(적극) 및 피인수기업이 회생절차를 밟고 있는 경우에도 동

---

59) 서울고법 2012. 1. 5. 선고 2011노1828, 1819, 2568 판결.

일한 법리가 적용되는지 여부(적극)

판결 요지

기업인수에 필요한 자금을 마련하기 위하여 그 인수자가 금융기관으로부터 대출을 받고 나중에 피인수회사의 자산을 담보로 제공하는 방식(LBO 방식)을 사용하는 경우, 피인수회사로서는 주채무가 변제되지 아니할 경우에는 담보로 제공되는 자산을 잃게 되는 위험을 부담하게 되므로 인수자만을 위한 담보제공이 무제한 허용된다고 볼 수 없고, 인수자가 피인수회사의 위와 같은 담보제공으로 인한 위험 부담에 상응하는 대가를 지급하는 등의 반대급부를 제공하는 경우에 한하여 허용될 수 있다. 만일 인수자가 피인수회사에 아무런 반대급부를 제공하지 않고 임의로 피인수회사의 재산을 담보로 제공하게 하였다면, 인수자 또는 제3자에게 담보 가치에 상응한 재산상 이익을 취득하게 하고 피인수회사에 그 재산상 손해를 가하였다고 봄이 상당하다. 부도로 인하여 회생절차가 진행 중인 주식회사의 경우에도 그 회사의 주주나 채권자들의 잠재적 이익은 여전히 보호되어야 하므로, 피인수회사가 회생절차를 밟고 있는 기업이라고 하더라도 위와 같은 결론에는 아무런 영향이 없다(대법원 2006. 11. 9. 선고 2004도7027 판결, 대법원 2008. 2. 28. 선고 2007도5987 판결 등 참조).

판결 평석

1. 이른바 차입매수 또는 LBO란 일의적인 법적 개념이 아니라 기업인수를 위한 자금의 상당 부분에 관하여 피인수회사의 자산을 담보로 제공하거나 그 상당 부분을 피인수기업의 자산으로 변제하기로 하고 차입한 자금으로 충당하는 방식의 기업인수 기법을 말하는 경영학상의 용어로, 거래현실에 나타나는 구체적인 태양은 매우 다양하다. 이러한 차입매수에 관하여는 이를 별도로 규율하는 법률이 없으므로 일률적으로 차입매수방식에 의한 기업인수를 주도한 관련자들에게 배임죄가 성립한다거나 성립하지 아니한다고 단정할 수 없고, 배임죄의 성립 여부는 차

입매수가 이루어지는 과정에서의 행위가 배임죄의 구성요건에 해당하는
지 여부에 따라 개별적으로 판단해야 한다는 것이 판례이다.

2. 차입매수의 경우 피인수회사는 주채무가 변제되지 아니하면 담보
로 제공되는 자산을 잃는 위험을 부담하게 되므로 인수자만을 위한 담보
제공이 무제한 허용된다고 볼 수 없지만, 인수자가 피인수회사의 담보
제공으로 인한 위험 부담에 상응하는 대가를 지급하는 등의 반대급부를
제공하는 경우에는 허용될 수도 있다. 만일 인수자가 피인수회사에 반
대급부를 제공하지 않고 임의로 피인수회사의 재산을 담보로 제공하게
하였다면, 인수자 또는 제3자에게 담보 가치에 상응한 재산상 이익을
취득하게 하고 피인수회사에 그 재산상 손해를 가하였다고 볼 수 있다.

3. 대상 판결은, 원심에 나타난 여러 사정을 살핀 후 피고인이 피인
수회사에 아무런 반대급부를 제공하지 않고 임의로 피인수회사의 재산
을 담보로 제공하게 하였으므로 배임의 고의가 인정된다고 판단하였다.
그리고 피인수회사가 회생절차를 밟고 있는 기업이라고 하더라도 그 회
사의 주주나 채권자들의 잠재적 이익은 여전히 보호되어야 하므로 마찬
가지라고 판단하고, 이것은 회생절차를 밟고 있는 회사라고 하여 달리
볼 이유는 없다고 판단하였다.

4. 대상 판결에 찬성한다.

054

회사의 실질적 1인 주주 겸 대표이사가 제3자에게 회사 자산으로 거액을 기부한 사건

대법원 2012. 6. 14. 선고 2010도9871 판결
[특정경제범죄가중처벌등에관한법률위반(횡령) · 조세범처벌법위반 ·
특정경제범죄가중처벌등에관한법률위반(배임)]

사실 관계

피해자 회사의 대표이사이자 사실상 1인 주주인 피고인이 피해자 회사의 자금(무기수출업체로부터 수령한 무기중개 수수료) 중 미화 7,954,746달러를 자신이 출석하던 ○○교회의 계좌에 기부금 명목으로 송금하였다.

당시 피해자 회사는 재무구조가 열악하였는데 위 자금을 기부함으로써 피해자 회사는 채무상환이 곤란한 상태에 빠졌다. ○○교회는 피해자 회사와 연관성이 없었고, 위 기부금은 최종적으로 피고인의 개인채무 변제에 사용되었다.

재판 진행

검사는 피고인을 특정경제범죄가중처벌등에관한법률위반(배임)죄 등으로 기소하였다. 원심은 이 부분 공소사실에 대해 유죄로 판단하였다.[60] 유죄 부분에 대하여 피고인이 상고하였다. 대법원은 이 부분에 관한 피고인의 상고를 기각하였다(다만 경합범 관계에 있는 부분을 파기하면서 이 부분도 함께 파기하였다).

---

60) 서울고법 2010. 7. 16. 선고 2010노468 판결.

판시 사항

회사의 대표이사가 제3자에게 회사 자산으로 거액의 기부를 한 경우, 업무상 배임행위에 해당하기 위한 요건 및 대표이사가 실질적 1인 주주라는 등의 사정이 있는 경우 달리 볼 것인지 여부

판결 요지

재무구조가 열악한 회사의 대표이사가 제3자에게 회사의 자산으로 거액의 기부를 한 경우 그로써 회사를 채무초과 상태에 빠뜨리거나 채무상환이 곤란한 상태에 처하게 하는 등 그 기부액수가 회사의 재정상태 등에 비추어 기업의 사회적 역할을 감당하는 정도를 넘는 과도한 규모로서 상당성을 결여한 것이고, 특히 그 기부의 상대방이 대표이사와 개인적 연고가 있을 뿐 회사와는 연관성이 거의 없다면, 그 기부는 대표이사의 선량한 관리자로서의 업무상 임무에 위배되는 행위에 해당하고, 그 대표이사가 실질적 1인 주주라는 등의 사정이 있다고 하더라도 마찬가지다.

판결 평석

1. 피해자 회사의 대표이사인 피고인이 피해자 회사가 보유하고 있는 거액의 자신을 자신과 개인적 연고가 있는 ○○교회에 기부하였다. 피해자 회사는 ○○교회와 연고가 없고, 피해자 회사의 채무현황, 자산상태, 자본금과 매출 및 당기순이익의 규모에 비추어 보면 교회에 기부한 돈이 과다하였다. 위 기부행위로 인하여 피해자 회사는 채무초과 상태에 빠지거나 채무상환이 곤란한 재정적 상태에 처하게 되었다. 대상판결이 이것을 피해자 회사의 대표이사의 권한을 넘어선 임무위배행위라고 판단한 것은 타당하다.

2. 이 사건에서 피고인은 자신이 피해자 회사의 실질적 1인 주주로서 한 행위이므로 임무를 위배한 행위가 아니라고 다투었다. 판례는 주

식회사의 주식이 사실상 1인 주주에 귀속하는 소위 1인회사에 있어서도 행위의 주체와 그 본인은 별개의 인격이므로, 그 법인인 주식회사의 소유의 금원을 임의로 소비하면 횡령죄가 성립하고 그 본인 및 주식회사에게 손해가 발생하면 배임죄가 성립한다고 한다(대법원 1996. 8. 23. 선고 96도1525 판결, 대법원 1983. 12. 13. 선고 83도2330 전원합의체 판결 등). 대상 판결은 위 전원합의체 판결을 따라 피고인의 주장을 배척하였다.

3. 1인 회사는 한 사람의 주주에 의하여 소유되고 있는 회사를 말하고, 1인 회사는 그 주주와 별개의 법인격을 가지고 있다. 그러나 그 주주의 행위가 회사에 손해를 가하였다고 하여 그것을 임무위배행위에 해당한다거나 배임의 고의가 있다고 단정할 수 있을지는 의문이다. 왜냐하면 그 주주의 행위로 인한 손해의 종국적 귀속자는 바로 그 주주인데, 그 주주가 스스로 손해를 용인하고 한 행위에 대하여 배임죄가 성립한다는 결론은 의문이다.

4. 대상 판결은 주주와 별개 법인인 1인 회사를 보호하는 것처럼 보이지만, 궁극적인 이익 또는 손해의 귀속자인 1인 주주의 의사를 무시한 것으로 볼 수도 있다. 대상 판결은 재검토할 필요가 있다.

055

법인의 대표자가 법인 명의로 한 채무부담행위가 법률상 무효인 경우 재산상 손해의 발생 여부

대법원 2012. 5. 24. 선고 2012도2142 판결
[특정경제범죄가중처벌등에관한법률위반(배임) · 업무상배임]

2014년 제3회 변호사시험 출제

사실 관계

피해자 주식회사의 대표이사인 피고인이 자신의 채권자들에게 피해자 회사 명의의 금전소비대차 공정증서와 약속어음 공정증서를 작성해 주었다.

채권자들도 피고인이 개인적 이익을 도모할 목적으로 공정증서를 작성해준다는 것을 알았거나 알 수 있었다.

재판 진행

검사는 피고인을 특정경제범죄가중처벌등에관한법률위반(배임)죄 등으로 기소하였다. 원심은 이 사건 공소사실에 대해 무죄를 선고하였다.[61] 검사가 상고하였다. 대법원은 상고를 기각하였다.

판시 사항

[1] 법인의 대표자가 법인 명의로 한 채무부담행위가 법률상 무효인 경우 법인에 대한 배임죄를 구성하는지 여부(원칙적 소극)

[2] 주식회사의 대표이사 등이 개인적 이익을 위하여 대표권을 행사

---

61) 서울고법 2012. 1. 19. 선고 2011노2649, 3207 판결.

하고 상대방이 그 진의를 알았거나 알 수 있었을 경우 그 행위의 회사
에 대한 효력(=무효)

판결 요지

배임죄에서 '재산상 손해를 가한 때'는 현실적인 손해를 가한 경우뿐
만 아니라 재산상 실해발생의 위험을 초래한 경우도 포함되나, 그러한
손해 발생의 위험조차 초래되지 아니한 경우라면 배임죄가 성립하지 않
는다. 법인의 대표자가 법인 명의로 한 채무부담행위가 법률상 효력이
없는 경우에는 그로 인하여 법인에 어떠한 손해가 발생하거나 발생할
위험이 있다고 할 수 없으므로 그 대표자의 행위는 배임죄를 구성하지
아니한다. 주식회사의 대표이사 등이 자기 또는 제3자의 이익을 도모할
목적으로 대표권을 행사한 경우에 상대방이 대표이사 등의 진의를 알았
거나 알 수 있었을 때에는 그 행위는 회사에 대하여 무효가 되므로 위
와 같이 보아야 한다.

판결 평석

1. 이 사안에서 피해자 회사의 대표이사인 피고인은 자신의 채권자
들에게 피해자 회사 명의의 금전소비대차 공정증서와 약속어음 공정증
서를 작성해 주었다. 이러한 피고인의 행위는 대표권을 남용한 것으로
서 피해자 회사에 대한 임무위배행위라고 평가할 수 있다. 나아가 그로
인하여 피해자 회사에 손해가 발생하였는지가 이 사안의 쟁점이다.

2. 대법원 2017. 7. 20. 선고 2014도1104 전원합의체 판결은 피고인
이 임무위배행위를 함으로써 발생한 채무가 유효하게 성립한 경우에는
현실적인 손해 또는 재산상 실해 발생의 위험이 발생한 것이므로 그 채
무가 현실적으로 이행되기 전이라도 배임죄의 기수가 되고, 채무가 유
효하게 성립하지 않은 경우에는 재산상 손해가 발생하지 않았다고 보아
야 한다고 판시하였다.

대상 판결은 위 전원합의체 판결과 마찬가지로 이 사안에서 피고인

의 권한을 남용하여 채무부담행위를 하였지만, 채권자들이 피고인의 권한남용 사실을 알거나 알 수 있었으므로 위 채무부담행위는 민사상 효력이 없고, 따라서 피해자 회사에 손해가 발생하였거나 발생할 위험이 없다고 판시하였다.

3. 대법원은 일반적으로 '배임죄에서 재산상 손해의 유무에 관한 판단은 법률적 판단에 의하지 아니하고 경제적 관점에서 실질적으로 판단되어야 한다'고 판시하면서도, 유독 채무부담유형의 배임죄에서는 재산상 손해의 유무를 경제적 관점에서 판단하지 아니하고 민사적 효력에 따라 판단하고 있다.

4. 대상 판결은 피고인의 배임행위가 법률상 무효이므로 그로 인하여 재산상 손해가 발생하지 않았고, 따라서 배임죄가 성립하지 않는다고 판단하였다. 이것은 손해의 유무에 관하여 경제적 관점에서 판단하지 않고 법률적 판단을 하고 있는 것이다. 피고인의 배임행위가 있으면 그것이 법률상 유효인지 무효인지를 떠나 일단 배임죄의 실행에 착수하였다고 보아야 하고, 다만 그 행위가 법률상 무효이어서 현실적 손해의 발생에까지 이르지 않았다면 배임미수죄로 처벌하는 것이 논리적으로 타당하다. 대상 판결에 찬성하지 않는다.

056

회사의 기존 가맹점을 경쟁관계에 있는 다른 경쟁업체 가맹점으로 임의로 전환한 사건

대법원 2012. 5. 10. 선고 2010도3532 판결 [업무상배임, 명예훼손]

사실 관계

피고인은 신용카드정보통신부가사업회사[통상 밴(VAN) 사업자라고 한다]인 甲 주식회사와 가맹점 관리대행계약, 대리점계약, 단말기 무상 임대차계약 등을 체결하고 그 대리점으로서 카드단말기의 판매 및 설치, 가맹점 관리업무 등을 수행하는 乙 주식회사 대표이사이다.

피고인이 甲 회사의 기존 가입 가맹점을 甲 회사와 경쟁관계에 있는 다른 경쟁업체 가맹점으로 임의로 전환함으로써 甲 회사에 신용카드 조회 및 거래승인시 1건당 67원, 자동이체서비스시 1건당 12원의 각 수수료 수입을 잃게 하는 재산상 손해를 가하였다.

재판 진행

검사는 피고인을 업무상배임죄 등으로 기소하였다. 원심은 이 사건 공소사실에 대해 무죄로 판단하였다.[62] 검사가 상고하였다. 대법원은 원심판결의 무죄부분 중 업무상배임의 점을 파기하고, 사건을 원심법원에 환송하였다.

판시 사항

[1] 배임죄에서 '타인의 사무를 처리하는 자'의 의미

---

62) 의정부지법 2010. 2. 19. 선고 2008노1883 판결.

[2] 이 사안에서, 피고인은 甲 회사의 가맹점 관리업무를 대행하는 '타인의 사무를 처리하는 자'의 지위에 있다고 한 사례.

판결 요지

[1] 배임죄에 있어서 '타인의 사무를 처리하는 자'라 함은 타인과의 내부적인 관계에서 신의성실의 원칙에 비추어 타인의 사무를 처리할 신임관계에 있게 되어 그 관계에 기하여 타인의 재산적 이익 등을 보호·관리하는 것이 신임관계의 전형적·본질적 내용이 되는 지위에 있는 사람을 말한다. 그러나 그 사무의 처리가 오로지 타인의 이익을 보호·관리하는 것만을 내용으로 하여야 할 필요는 없고, 자신의 이익을 도모하는 성질도 아울러 가진다고 하더라도 타인을 위한 사무로서의 성질이 부수적·주변적인 의미를 넘어서 중요한 내용을 이루는 경우에는 여기서 말하는 '타인의 사무를 처리하는 자'에 해당한다. 따라서 위임 등 계약에 기하여 위임인 등으로부터 맡겨진 사무를 처리하는 것이 약정된 보수 등을 얻기 위한 것이라고 하더라도, 또는 매매 등 계약에 기하여 일정한 단계에 이르러 타인에게 소유권등기를 이전하는 것이 대금 등을 얻고 자신의 거래를 완성하기 위한 것이라고 하더라도, 그 사무를 처리하는 이는 상대방과의 신임관계에서 그의 재산적 이익을 보호·관리하여야 할 지위에 있다고 할 것이다.

[2] 이 사안에서, 甲 회사가 보유하는 가맹점은 甲 회사의 수익과 직결되는 재산적 가치를 지니고 있어 피고인이 甲 회사를 대신하여 가맹점을 모집·유지 및 관리하는 것은 본래 甲 회사의 사무로서 피고인에 대한 인적 신임관계에 기하여 그 처리가 피고인에게 위탁된 것이고, 이는 단지 피고인 자신의 사무만에 그치지 아니하고 甲 회사의 재산적 이익을 보호 내지 관리하는 것을 본질적 내용으로 하며, 그 업무가 피고인 자신의 계약상 의무를 이행하고 甲 회사로부터 더 많은 수수료 이익을 취득하기 위한 피고인 자신의 사무의 성격을 일부 가지고 있다고 하여 달리 볼 것이 아니므로, 피고인은 甲 회사와 신임관계에 기하여 甲 회사의 가맹점 관리업무를 대행하는 '타인의 사무를 처리하는 자'의 지

위에 있다.

판결 평석

1. 원심은 다음과 같은 이유로 피고인이 타인의 사무를 처리하는 자의 지위에 있지 않다고 판단하였다.

즉, 피고인이 가맹점 관리대행업무 과정에서 스스로 영업을 통하여 피해자 회사의 카드단말기를 사용할 가맹점을 모집하는 것은 자신이 피해자 회사로부터 더 많은 수수료 이익을 취득하기 위한 피고인 자신의 사무라고 봄이 상당하고, 피해자 회사와 피고인의 관계가 상호 신임관계에 기초하여 피해자 회사의 재산을 보호하거나 관리하는 데 그 본질적 내용이 있지 않다. 따라서 피고인이 동종 경쟁업체의 영업을 대행하거나 중개하여서는 아니된다는 의무를 부담한다 하더라도, 이는 피해자 회사와의 계약기간 동안에는 다른 동종 업체의 단말기를 판매·제공하여서는 아니된다는 계약상 채무에 불과하다. 가맹점의 모집 및 유지·관리의 업무가 피고인 자신의 사무인 이상, 피고인이 관리하던 가맹점들이 다른 밴사업자로 전환하여 간 결과 피해자 회사에 소정의 수수료 상당의 손해가 발생하였다고 하더라도, 이로 인하여 피고인이 민사상 계약위반의 책임을 부담함은 별론으로 하고, 피고인이 피해자 회사에 대한 관계에서 타인의 사무를 처리하는 자에 해당한다고 볼 수 없다.

2. 그러나 대상 판결은 달리 판단하였다.

즉, 피해자 회사가 보유하는 가맹점은 그 자체가 피해자 회사의 수익과 직결되는 재산적 가치를 지니고 있는 것으로서 피고인이 피해자 회사를 대신하여 가맹점의 모집·유지 및 관리의 업무를 하는 것은 본래 피해자 회사의 사무로서 피고인에 대한 인적 신임관계에 기하여 그 처리가 피고인에게 위탁된 것에 기초한다. 이는 단지 피고인 자신의 사무로 그치지 아니하고 피해자 회사의 재산적 이익을 보호 내지 관리하는 것을 그 본질적 내용으로 한다. 위와 같은 가맹점 관리대행업무가 피고인 자신의 계약상 의무를 이행하고 피해자 회사로부터 더 많은 수수료 이익을 취득하기 위한 피고인 자신의 사무의 성격을 일부 가지고 있다고 하여 달리 볼 것이 아니다. 피고인은 피해자 회사와의 신임관계에 기하여 피해자 회사의 가맹점 관리업무를 대행하는 '타인의 사무를 처리하는 자'의 지위에 있다. 피고인이 그와 같은 지위에서 기존 가입의 가맹점을 피해자 회사의 경쟁업체인 다른 밴사업자 가맹점으로 임의로 전환하여 피해자 회사에 손해가 발생하도록 한 것은 그 업무상의 임무를 위배한 행위에 해당한다.

3. 대상 판결이 인정한 것처럼, 피고인이 가맹점의 모집·유지 및 관리 업무를 하는 것이 본래 피해자 회사의 사무로서 피고인에 대한 인적 신임관계에 기하여 그 처리가 피고인에게 위탁된 것이라면, 그 사무는 피해자 회사의 사무라고 보아야 한다. 원심이 이것을 피고인 자기의 사무라고 판단한 것은 그 사무의 본질을 오해한 것으로 보인다.

4. 대상 판결에 찬성한다.

057

택시회사 노동조합 분회장이자 전국택시노동조합연맹 지역본부 교섭위원이 조합원들의 사무를 처리하는 자에 해당하는지 여부

대법원 2012. 3. 15. 선고 2010도3207 판결 [업무상 배임]

사실 관계

택시회사 노동조합 분회장이자 전국택시노동조합연맹 지역본부 교섭위원인 피고인이 사용자단체인 지역택시운송사업조합과 노사교섭을 담당하면서, 근로자 과반수의 동의 없이 부가가치세 경감세액 중 일부만을 근로자에게 지급하고 나머지는 단체협약상 운송사업자가 부담할 비용에 사용할 수 있도록 합의하였다.

이에 따라 회사는 부가가치세 경감세액 중 일부를 소속 근로자들에게 직접 지급하고 나머지를 운전복, 식대, 학자금, 명절선물, 지역노조 및 단위노조 지원금 등에 사용하였다.

재판 진행

검사는 피고인을 특정경제범죄가중처벌등에관한법률위반(배임)죄로 기소하였다. 원심은 이 사건 공소사실에 대해 유죄로 판단하였다.[63] 피고인이 상고하였다. 대법원은 원심판결을 파기하고, 사건을 원심법원에 환송하였다.

---

63) 부산지법 2010. 2. 12. 선고 2009노2708 판결.

판시 사항

[1] 배임죄의 주체인 '타인의 사무를 처리하는 자'의 의미

[2] 이 사안에서, 피고인이 조합원들에 대한 관계에서 직접 그들의 사무를 처리하는 자의 지위에 있다고 할 수 없다고 한 사례.

판결 요지

[1] 배임죄의 주체인 '타인의 사무를 처리하는 사람'은 신임관계에 기초를 두고 타인의 재산관리에 관한 사무를 대행하거나 타인 재산의 보전행위에 협력하는 사람을 가리킨다.

[2] 이 사안에서, 구 조세특례제한법에 따른 부가가치세 경감세액은 납부의무자인 일반택시 운송사업자에게 귀속되고 운전기사들이 운송사업자들을 상대로 부가가치세 경감세액에 대한 직접적인 사법상 권리를 취득하는 것이 아닌 점, 위 합의는 지역본부로부터 권한을 위임받은 지역본부의 본부장 및 교섭위원들이 사용자단체인 지역택시운송사업조합과 부가가치세 경감세액 사용 방법에 관하여 체결한 것으로 단체협약의 성질을 가지는 점 등을 종합할 때, 피고인이 지역본부 교섭위원으로서 한 합의의 체결은 지역본부의 사무이고, 피고인이 소속 조합원들에 대한 관계에서 직접 그들의 사무를 처리하는 자의 지위에 있다고 할 수 없다.

판결 평석

1. 배임죄는 타인의 사무를 처리하는 자의 신분을 요구하는 진정신분범이다. 그러므로 그것은 엄격하게 판단할 필요가 있다. 타인의 사무를 문언대로 해석하면 그것은 타인으로부터 위임받아 대행하는 사무만을 의미한다. 그러나 판례는 배임죄의 본질이 배신설에 있다고 전제하고, 타인의 사무를 처리하는 자를 신임관계에 기초를 두고 타인의 재산관리에 관한 사무를 대행하거나 타인 재산의 보전행위에 협력하는 사람을 가리킨다고 넓게 해석하고 있었다. 그러나 대법원 2020. 6. 28. 선고

2019도14340 전원합의체 판결은 "타인의 사무를 처리하는 자라고 하려면 타인의 재산관리에 관한 사무의 전부 또는 일부를 타인을 위하여 대행하는 경우와 같이 당사자 관계의 전형적 본질적 내용이 통상의 계약에서의 이익대립관계를 넘어서 그들 사이의 신임관계에 기초하여 타인의 재산을 보호 또는 관리하는 데에 있어야 한다"고 판시하여 대행사무 이외의 협력사무 등은 타인의 사무에서 원칙적으로 제외하였다.

2. 원심은, 피고인이 노동조합의 교섭위원으로서 근로자들을 대표하여 근로자들로부터 임금이나 복지 등의 문제를 사측과 협상할 권한을 위임받은 사람이므로 피고인이 회사 측과 협상한 내용의 효력이 근로자들에게 미친다는 점에서 피고인이 타인의 사무를 처리하는 지위에 있다고 하였다.

반면 대상 판결은, 피고인이 한 합의의 체결은 전국택시노동조합연맹 지역본부의 단체교섭 및 단체협약 체결 업무의 일환이고, 위 업무에 조합원들의 권익을 보호하기 위한 측면이 있으나, 이는 어디까지나 위 조합 지역본부의 사무일 뿐, 피고인이 소속 조합원들에 대한 관계에서 직접 그들의 사무를 처리하는 자의 지위에 있지 않다고 판단하였다.

대상 판결이 위 전원합의체 판결과 궤를 같이 하여 타당하다.

3. 그리고 대상 판결은 이 사건 합의로 조합원 또는 근로자들에게 어떠한 재산상 손해가 발생하였다고 보기 어렵다고 판단하였다. 왜냐하면 부가가치세 경감세액은 납부의무자인 일반택시 운송사업자에게 귀속되는 것이고 일반택시 운전기사들이 일반택시 운송사업자들을 상대로 부가가치세 경감세액에 대한 직접적인 사법상 권리를 취득하는 것이 아니므로 그들은 아예 아무런 권리를 가지고 있지 않기 때문이다. 게다가 회사가 부가가치세 경감세액 중 일부는 소속 근로자들에게 직접 지급하고, 나머지는 전부 운전복, 식대, 학자금, 명절 선물, 지역노조 및 단위노조 지원금 등 소속 근로자들을 위하여 사용한 점 등에 비추어 보면, 피고인 또는 회사가 이 사건 합의로 재산상 이익을 취득하였다고 보기

도 어렵다.

4. 대상 판결은 타인의 사무를 처리하는 자의 범위를 무분별하게 확장 해석하고 있는 하급심에 경종을 울리고 있다. 찬성한다.

058

회사의 실질적 경영자가 개인채무를 담보하기 위하여 회사 소유 부동산에 근저당권설정등기를 마친 사건

대법원 2012. 2. 23. 선고 2011도15857 판결

[특정경제범죄가중처벌등에관한법률위반(배임) · 특정경제범죄가중처벌등에관한
법률위반(횡령) · 증거위조교사 · 특정경제범죄가중처벌등에관한법률위반(증재등) ·
특정경제범죄가중처벌등에관한법률위반(수재등)]

사실 관계

공소사실을 두 가지로 나눌 수 있다.

(1) 甲 주식회사의 실질적 경영자인 피고인이 자신의 개인사업체가 甲 회사에 골프장 조경용 수목 시가 30억 원 상당을 매도하였다는 허위의 매매계약을 체결하고, 그 매매대금 채권과 甲 회사의 피고인에 대한 채권 30억 원을 상계처리하였다.

(2) 또한 피고인은 乙에 대한 자신의 개인채무를 담보하기 위하여 甲 회사 소유 부동산에 乙 앞으로 채권최고액 60억 원인 근저당권설정등기를 마쳤다. 당시 乙은 피고인이 개인채무를 담보하기 위하여 근저당권을 설정한다는 사정을 알고 있었다. 위 근저당권 등기는 그 후 말소되었다.

재판 진행

검사는 피고인을 특정경제범죄가중처벌등에관한법률위반(배임)죄 등으로 기소하였다. 원심은 이 사건 공소사실 중 (1) 부분에 대하여는 무죄로, (2) 부분에 대하여는 유죄로 판단하였다.[64] 검사와 피고인이 각 상고하였다. 대법원은 (1) 부분에 대한 검사의 상고를 기각하고, (2) 부

분은 파기하여 원심법원에 환송하였다.

배임죄의 성립요건인 '손해를 가한 때'의 의미

[1] 배임죄에 있어 재산상의 손해를 가한 때라 함은 현실적인 손해를 가한 경우뿐만 아니라 재산상 실해 발생의 위험을 초래한 경우도 포함되고, 재산상 손해의 유무에 대한 판단은 본인의 전 재산 상태와의 관계에서 법률적 판단에 의하지 아니하고 경제적 관점에서 파악하여야 하며, 따라서 법률적 판단에 의하여 당해 배임행위가 무효라 하더라도 경제적 관점에서 파악하여 배임행위로 인하여 본인에게 현실적인 손해를 가하였거나 재산상 실해 발생의 위험을 초래한 경우에는 재산상의 손해를 가한 때에 해당되어 배임죄를 구성한다.

[2] 위 (1) 사안에서, 피고인의 수목 매매대금 채권이 존재하지 아니하여 상계가 법률상 무효라고 하더라도 甲 회사에 재산상 실해 발생의 위험이 초래되었다고 보아 업무상배임죄가 성립한다고 본 원심판단을 수긍한 사례.

[3] 위 (2) 사안에서, 乙은 피고인이 개인채무를 담보하기 위하여 근저당권을 설정한다는 사정을 잘 알고 있었기 때문에 근저당권 설정행위는 대표권 남용행위로 무효이므로 甲 회사는 乙에 대하여 무효인 근저당권에 기한 채무는 물론 사용자책임이나 법인의 불법행위 등에 따른 손해배상의무도 부담할 여지가 없고, 근저당권이 그후 말소되어, 피고인의 근저당권 설정행위로 말미암아 甲 회사에 재산상 손해가 발생하였다거나 재산상 실해 발생의 위험이 초래된 것으로 볼 수 없는데도, 업무상배임죄가 성립한다고 본 원심판결에 법리오해의 위법이 있다고 한 사례.

---

64) 서울고법 2011. 11. 4. 선고 2011노1386 판결.

판결 평석

1. 판례는 배임죄에서 재산상 손해는 총체적으로 보아 본인의 재산상태에 손해를 가하는 경우, 즉 본인의 전체적 재산가치의 감소를 가져오는 것을 말하고, 손해의 유무는 법률적 판단에 의하지 아니하고 경제적 관점에 따라 파악하여야 한다고 한다. 또한 재산상의 손해를 가한 때라 함은 현실적인 손해를 가한 경우뿐만 아니라 재산상 실해 발생의 위험을 초래한 경우도 포함한다고 한다. 그러나 재산상 실해 발생의 위험이 있다는 사실만으로 본인의 전체적 재산가치가 감소되는지는 의문이다.

그리고 만일 손해의 발생을 경제적 관점에서 파악한다면, 배임행위가 법률상 유효인지 무효인지는 손해의 유무와 직접 관련이 없다고 해야 한다. 그러나 판례는 채무부담형 배임죄의 경우에는 그 행위의 법률적(＝민사적) 효력을 손해 발생과 연동시키고 있다. 이런 모순된 태도가 배임죄에 관한 오해를 증폭시키고 있다.

2. 대상 판결의 (1) 사안에서, 피고인은 乙에 대한 허위의 채권으로 乙의 피고인에 대한 채권과 상계처리하였다. 피고인이 위 상계가 법률상 무효이므로 甲 회사에 손해가 발생하지 않았다고 다투었으나, 원심은 상계의 법률상(＝민사상) 효력과 무관하게 甲 회사에 재산상 실해 발생의 위험이 초래되었다고 판단하였고, 대상 판결은 원심의 판단을 수긍하였다. '재산상 손해의 유무에 대한 판단은 본인의 전 재산 상태와의 관계에서 법률적 판단에 의하지 아니하고 경제적 관점에서 파악하여야 한다.'는 판례에 따르면 이 부분 판단은 충분히 수긍할 수 있다.

3. 대상 판결의 (2) 사안에서, 甲 회사의 실질적 경영자인 피고인은 乙에 대한 자신의 개인채무를 담보하기 위하여 甲 회사 소유 부동산에 乙 앞으로 채권최고액 60억 원인 근저당권설정등기를 마쳤다. 전항의 판례 법리에 따르면 피고인의 근저당권 설정행위는 대표권 남용행위에 대한 법률적(＝민사적) 판단과 무관하게 재산상 손해가 발생하였다고 판

단하여야 한다. 그러나 대상 판결은 근저당권 설정행위가 대표권 남용행위로서 무효라는 법률적 판단을 하고, 나아가 甲 회사는 乙에 대하여 무효인 근저당권에 기한 채무는 물론 사용자책임이나 법인의 불법행위 등에 따른 손해배상의무도 부담할 여지가 없다는 판시를 덧붙인 후, 甲 회사에 재산상 손해가 발생하였다거나 재산상 실해 발생의 위험이 초래된 것으로 볼 수 없다고 한다. 이것은 손해를 법률적 관점에서 파악한 것이다. 대상 판결의 이러한 판시는 앞서 언급한 판례들과 충돌할 뿐 아니라 대상 판결의 (1) 사안의 판시와도 모순된다.

4. 대상 판결의 (1) 부분은 찬성하지만, (2) 부분은 찬성하지 않는다.

059

회원제 골프장의 회원권을 채무담보로 제공한 양도인이 양수인을 위하여 회원권 보전에 관한 사무를 처리하는 자에 해당하는지 여부

대법원 2012. 2. 23. 선고 2011도16385 판결 [배임]

사실 관계

피고인이 채권자로부터 돈을 차용하면서 피고인 소유의 골프회원권을 담보로 제공하고도 이를 제3자에게 임의로 매도하였다.

재판 진행

검사는 피고인을 배임죄로 기소하였다. 원심은 공소사실을 유죄로 판단하였다.[65] 피고인이 상고하였다. 대법원은 상고를 기각하였다.

판시 사항

이른바 예탁금 회원제로 운영되는 골프장의 회원권을 채무 담보 목적으로 양도한 경우, 회원권 양도의 당사자 사이에서 양도인이 양수인을 위하여 회원권 보전에 관한 사무를 처리하는 자의 지위에 있는지 여부(적극)

판결 요지

회원 가입 시에 일정 금액을 예탁하였다가 탈퇴 등의 경우에 예탁금을 반환받는 이른바 예탁금 회원제로 운영되는 골프장의 회원권을 다른

---

65) 인천지법 2011. 11. 11. 선고 2011노3001 판결.

채무에 대한 담보 목적으로 양도한 경우, 회원권은 양도인과 양수인 사이에서는 동일성을 유지한 채 양도인으로부터 양수인에게 이전하고, 양도인은 양수인에게 귀속된 회원권을 보전하기 위하여 채무자인 골프장 운영 회사에 채권양도 통지를 하거나 채권양도 승낙(필요한 경우에는 명의개서까지)을 받음으로써 양수인으로 하여금 채무자에 대한 대항요건을 갖출 수 있도록 해 줄 의무를 부담하므로, 회원권 양도의 당사자 사이에서는 양도인은 양수인을 위하여 회원권 보전에 관한 사무를 처리하는 자라고 할 것이다.

판결 평석

1. 배임죄는 타인의 사무를 처리하는 자라는 신분을 요구하는 진정신분범이다. 따라서 타인의 사무를 처리하는 자는 엄격하게 판단하여야 한다. 타인의 사무를 문언대로 해석하면 타인으로 위임받는 사무만 해당한다. 그러나 판례는 종래 이것을 넓게 해석하여 타인의 사무를 처리하는 자는 신의성실의 원칙에 비추어 타인의 사무를 처리할 신임관계에 있게 되어, 그 관계에 기하여 타인의 재산적 이익 등을 보호 관리하는 것이 신임관계의 전형적, 본질적 내용이 되는 지위에 있는 사람을 말하고, 그 사무의 처리는 오로지 타인의 이익을 보호 관리하는 것만을 내용으로 할 필요는 없고, 자신의 이익을 도모하는 성질도 아울러 가지고 있어도 타인을 위한 사무로서의 성질이 부수적, 주변적 의미를 넘어서 중요한 내용을 이루는 경우에는 타인의 사무에 해당한다고 하였다.

2. 그러나 대법원 2020. 2. 20. 선고 2019도9756 판결은 "배임죄에서 타인의 사무를 처리하는 자라고 하려면 타인의 재산관리에 관한 사무의 전부 또는 일부를 타인을 대행하는 경우와 같이 당사자 관계의 전형적 본질적 내용이 통상의 계약에서의 이익대립관계를 넘어서 그들 사이의 신임관계에 기초하여 타인의 재산을 보호 또는 관리하는 데에 있어야 한다."고 하여, 대행사무가 아닌 협력의무는 타인의 사무에서 제외하였다. 또한 위 전원합의체 판결은 "담보물을 제3자에게 처분하는 등으로

담보가치를 감소 또는 상실시켜 채권자의 담보권 실행이나 이를 통한 채권실현에 위험을 초래하더라도 배임죄가 성립하지 않는다."고 하여 담보물관리의무는 민사상 채무에 불과하여 이를 이행하지 아니하여도 배임죄가 성립하지 않는다고 판단하였다.

3. 대상 판결은 피고인과 채권자 사이에 골프회원권에 관하여 유효하게 담보계약이 체결되었으므로 피고인은 담보물인 골프회원권을 담보 목적에 맞게 보전하기 위하여 채무자인 골프장 운영 회사에 채권양도 통지를 하거나 채권양도 승낙을 받음으로써 양수인으로 하여금 채무자에 대한 대항요건을 갖출 수 있도록 해 줄 의무를 부담함으로써 채권자의 사무를 처리하는 자의 지위에 있다고 판단하였다.

그러나 위 전원합의체 판결에 따르면, 피고인은 채무자의 재산관리에 관한 사무를 대행하는 자에 해당하지 않을 뿐 아니라, 피고인이 담보로 제공한 골프장 회원권을 제3자에게 매도하여 그 담보가치를 상실시켰다고 하더라도 배임죄가 성립하지 않는다고 할 것이다.

4. 대상 판결에 찬성하지 않는다. 대상 판결은 타인의 사무를 제한하려는 대법원의 최근 태도 변화에 따라 변경될 가능성이 있다.

060

원심이 배임죄에서 손해액을 잘못 산정한 경우의 처리 방법

대법원 2012. 1. 26. 선고 2011도15179 판결 [사기 · 배임미수]

사실 관계

피고인이 피해자에게 이 사건 건물을 매도하고 계약금 및 중도금 으로 합계 342,452,000원을 수령한 다음, 제3자와 이 사건 건물에 관한 양도담보계약을 체결하고 그로부터 3,450만 원을 차용하였다.

재판 진행

검사는 피고인을 배임미수죄 등으로 기소하였다. 원심은 이 사건 공소사실에 대해 유죄로 판단하였다.[66] 피고인이 상고하였다. 대법원은 원심판결을 파기하고, 사건을 원심법원에 환송하였다.

판시 사항

배임죄에서 손해액을 잘못 산정한 것이 위법한지 여부(적극) 및 매도인이 부동산 매도 후 부동산에 양도담보계약을 체결하고 제3자에게 돈을 차용한 경우 매수인이 입은 손해액(＝양도담보권에 의하여 담보되는 피담보채무 상당액)

판결 요지

배임죄에 있어서 손해액이 구체적으로 명백하게 산정되지 않았더라

---

66) 수원지법 2011. 10. 20. 선고 2011노1213 판결.

도 배임죄의 성립에는 영향이 없다고 할 것이나, 발생된 손해액을 구체적으로 산정하여 인정하는 경우에는 이를 잘못 산정하는 것은 위법하고(대법원 1999. 4. 13. 선고 98도4022 판결 참조), 매도인이 부동산의 매도 후 그 부동산에 양도담보계약을 체결하고 제3자에게 돈을 차용한 경우에 매수인이 입은 손해액은 그 양도담보권에 의하여 담보되는 피담보채무 상당액이라고 봄이 상당하다.

판결 평석

1. 판례는 배임죄에서 손해는 현실적인 손해를 가한 경우 뿐만 아니라 재산상 실해 발생의 위험을 초래하는 경우도 포함된다고 한다. 그런데 배임행위로 인하여 현실적인 손해를 가한 경우에는 그 손해액을 쉽게 확정할 수 있지만, 실해 발생의 위험이 있는 경우에는 손해액 확정이 어렵다. 판례는 이 경우 그 손해액을 구체적으로 확정하지 않아도 위법하지 않고, 굳이 손해액을 명시할 필요는 없고 추상적으로만 설시하여도 무방하다고 한다(대법원 1990. 1. 23. 선고 87도2625 판결, 대법원 1986. 10. 28. 선고 86도936 판결 등). 배임죄에서 재산상 손해는 구성요건이지만, 그 손해액은 구성요건이 아니므로 굳이 확정하거나 특정하지 않아도 된다는 판단은 수긍할 수 있다.

2. 그러나 특정경제가중처벌등에관한법률위반(배임)죄에서는 재산상 이익의 발생뿐만 아니라 그 이익의 가액, 즉 이득득액까지 범죄구성요건으로 규정되어 있고 그 가액에 따라 형벌도 가중된다. 그러므로 특정경제가중처벌등에관한법률위반(배임)죄로 처벌하는 경우에는 반드시 그 이득액을 특정하여야 한다. 만일 재산상 이익이 있는 경우에 그 이득액을 구체적으로 산정할 수 없으면 특정경제가중처벌등에관한법률을 적용하여 처벌할 수 없다. 다만 판례는 이득액의 산정에 잘못이 있더라도 그 금액이 특정경제가중처벌등에관한법률 제3조 제1항 각 호 중 어느 것에 해당한다면 그 잘못은 판결 결과에 영향이 없다고 한다.

3. 원심은, 피고인이 피해자에게 이 사건 건물을 매도하고 계약금 및 중도금으로 합계 342,452,000원을 수령한 다음, 공소외인과 이 사건 건물에 관한 양도담보계약을 체결하고 그로부터 34,500,000원을 차용하였다면, 손해액은 피해자로부터 수령한 계약금 및 중도금 합계 342,452,000원이라고 판단하였다. 그러나 대상 판결은 피해자로부터 수령한 금액이 아니라 양도담보계약의 피담보채무 상당액인 34,500,000원이 손해액이라고 판단하였다. 대상 판결의 손해액 판단이 타당하다.

4. 특정경제가중처벌들에관한법률위반(배임)죄가 아니라 형법상 배임죄로 기소된 이 사건에서, 원심이 손해액 산정을 잘못하였다고 하더라도 배임죄 성립에 영향이 없으므로 이를 파기할 필요가 없다는 것이 판례의 태도이다. 그런데도 대상 판결은 손해액을 구체적으로 산정하여 인정하는 경우에 이를 잘못 산정하는 것은 위법하다는 이유로 원심판결을 파기하였다.

5. 대상 판결에 찬성하지 않는다.

061

방송사 사장이 법원의 조정권고안을 수용하여
소를 취하한 사건

대법원 2012. 1. 12. 선고 2010도15129 판결
[특정경제범죄가중처벌등에관한법률위반(배임)]

사실 관계

한국방송공사는 1999년부터 2004년까지 과세관청을 상대로 총 17건의 부가가치세, 법인세 등의 부과처분 취소소송을 제기하였다. 당시 공사는 일부 소송에서는 1심에서 승소하였지만, 또 다른 소송에서는 패소판결을 받았다. 피고인은 2003년 한국방송공사의 사장에 취임하여 공사의 경영전반을 총괄하면서 이 사건 조세소송 관련 사무도 처리하였다. 공사는 이 사건 조세소송이 대법원에서 확정되기까지는 4-5년이 소요될 것으로 예상되고, 소송전망은 불투명하여 신속하게 해결할 필요가 있다고 판단하고, 고등법원에 조정신청을 하였고, 고등법원은 부가가치세와 법인세에 관한 사건에서 각 조정권고를 하였다. 공사는 고등법원의 조정권고안을 수용하고, 소를 취하하였다.

재판 진행

검사는 피고인을 특정경제범죄가중처벌등에관한법률위반(배임)죄로 기소하였다. 원심은 피고인에 대하여 무죄로 판단하였다.[67] 검사가 상고하였다. 대법원은 상고를 기각하였다.

---

67) 서울고법 2010. 10. 28. 선고 2009노2302 판결.

판시 사항

[1] 경영상의 판단과 관련하여 기업의 경영자에게 배임의 고의를 인정하기 위한 요건

[2] 방송사 사장인 피고인이 방송사의 조세소송 관련 사무를 처리하면서 개인적 이익을 위하여 불합리한 내용의 조정안을 제시하고 무리하게 조정을 추진함으로써 방송사에게 손해를 가하였다고 특정경제범죄가중처벌등에관한법률위반(배임)죄로 기소된 사안에서, 피고인이 보다 유리한 내용으로 조정안을 관철하지 못한 것이 배임행위에 해당하지 않는다는 등의 이유로 무죄를 인정한 원심판결을 수긍한 사례.

판결 요지

경영상의 판단과 관련하여 기업의 경영자에게 배임의 고의가 있었다고 하기 위하여는 문제된 경영상의 판단에 이르게 된 경위와 동기, 판단대상인 사업의 내용, 기업이 처한 경제적 상황, 손실발생의 개연성과 이익획득의 개연성 등 제반 사정에 비추어 자기 또는 제3자가 재산상 이익을 취득한다는 인식과 본인에게 손해를 가한다는 인식 아래 행하여지는 의도적 행위임이 인정되어야 한다(대법원 2004. 7. 22. 선고 2002도4229 판결, 대법원 2010. 1. 14. 선고 2007도10415 판결 등 참조).

판결 평석

1. 검사는, 한국방송공사의 사장인 피고인이 조세소송 관련 사무를 처리하는 과정에서 개인적 이익을 위하여 환급금을 이용한 재정적자의 일시적 해소를 통한 경영책임의 회피 및 사장직 연임 등의 개인적 이익을 위하여 공사의 이익에 명백하게 반하는 불합리한 내용의 조정안을 제시하면서 무리하게 조정을 추진함으로써 공사에게 재산상 손해를 가하였다고 하여 피고인을 특정경제범죄가중처벌등에관한법률위반(배임)죄로 기소하였다.

2. 원심은, 피고인이 이 사건 조세소송에서 공사가 최종 승소할 것이고, 추계조사에 의한 과세 등이 불가능하여 세금을 확정적으로 환급받을 수 있으며, 공사의 추가 재정 부담도 없을 것이라는 점을 인식하고 있었음에도, 재정적자의 일시해소를 통한 경영책임 회피 및 사장직 연임 등 개인적 목적으로, 충분한 검토와 전문가들의 자문 없이, 공사의 이익에 명백하게 반하는 불합리한 내용의 조정안을 제시하면서 무리하게 조정을 추진하였다는 사실이 합리적 의심 없이 증명되었다고 할 수 없다고 판단하였다. 즉 피고인의 행위가 경영상의 판단과 관련하여 배임의 고의가 있는 배임행위에 해당하지 않는다고 판단한 것이다.

대상 판결 역시 원심의 판단과 마찬가지로 피고인이 보다 유리한 내용으로 조정안을 관철하지 못하였다고 하더라도 이것은 배임행위에 해당하지 않는다고 판단하였다.

3. 조정은 원·피고의 상호 이해와 양보를 통하여 신속하고 경제적으로 분쟁을 해결함으로써 분쟁의 장기화에 따른 사회·경제적인 낭비를 줄이고, 당사자 간의 감정의 악화로 인한 소모적인 대립을 없앨 수 있는 효과적인 분쟁 해결 수단으로, 당사자의 이익을 모두 충족하는 다양한 결론을 내리는데 적합하고, 당사자 스스로 합의에 이른 만큼 그 합의안을 자진하여 이행할 가능성이 크며, 다른 분쟁을 예방하거나 여러 분쟁을 한 번에 근본적으로 해결할 수 있다는 등의 많은 장점이 있다. 법원은 조정의 위와 같은 기능과 장점을 감안하여 조정의 활성화를 위하여 많은 노력을 하고 있고, 행정사건에서도 위와 같은 조정을 적극적으로 권장하고 있다. 이 사건에서 피고인이 법원의 조정권고안을 받은 후 공사 내외의 검토와 자문, 이사회 및 경영회의 보고 등을 거쳐 그 권고안을 수용하고, 조세소송을 취하하였다.

이러한 조정의 본질에 비추어 볼 때 조정이 어느 일방의 의사만으로 이루어진다거나 어느 일방의 양보만으로 이루어진다고 볼 수 없고, 정도의 차이가 있을지언정 법원의 관여는 당연히 전제되는 것인데, 법원의 조정에 참여하는 과정에서 이루어진 어느 일방 당사자(주로 법인이나

비법인사단 등 단체의 의사결정권자)의 행위에 대한 업무상배임죄 인정은
매우 신중하여야 할 것이다.

4. 대상 판결에 찬성한다.

062

특허출원서 발명자란에 피고인의 성명을 임의로 추가 기재하여 공동발명자로 등재되게 한 사건

대법원 2011. 12. 13. 선고 2011도10525 판결 [업무상배임]

사실 관계

피해 회사 직원인 피고인이 대표이사 乙 등이 직무에 관하여 발명한 '재활용통합분리시스템'의 특허출원을 하면서 임의로 특허출원서 발명자란에 乙 외에 피고인의 성명을 추가로 기재하여 공동발명자로 등재되게 하였다.

재판 진행

검사는 피고인을 업무상배임죄로 기소하였다. 원심은 공소사실에 대해 무죄로 판단하였다.[68] 검사가 상고하였다. 대법원은 상고를 기각하였다.

판시 사항

[1] 배임죄에서 '재산상 손해를 가한 때'의 의미 및 재산상 손해 유무를 판단하는 기준

[2] 이 사안에서, 피고인의 그와 같은 행위만으로 피해자 회사에 재산상 손해가 발생하였다거나 재산상 손해발생의 위험이 초래되었다고 볼 수 없어 업무상배임죄가 성립하지 않는다고 본 원심판단을 수긍한 사례.

---

68) 서울동부지법 2011. 7. 22. 선고 2011노302 판결.

판결 요지

[1] 배임죄에서 재산상 손해를 가한 때란 현실적인 손해를 가한 경우뿐만 아니라 재산상 실해발생의 위험을 초래한 경우도 포함되고, 재산상 손해 유무에 대한 판단은 본인의 전 재산 상태와의 관계에서 법률적 판단에 의하지 아니하고 경제적 관점에서 파악하여야 하며, 법률적 판단에 의하여 당해 배임행위가 어떠한 효력이 인정되지 않는다고 하더라도 경제적 관점에서 파악하여 배임행위로 인하여 본인에게 현실적인 손해를 가하였거나 재산상 실해발생의 위험을 초래한 경우에는 재산상의 손해를 가한 때에 해당하지만, 그러한 손해발생의 위험이 초래되지 아니한 경우에는 배임죄가 성립하지 않는다.

[2] 이 사안에서, 발명자에 해당하는지는 특허출원서 발명자란 기재 여부와 관계없이 실질적으로 정해지므로 피고인의 행위만으로 곧바로 피해 회사의 특허권 자체나 그와 관련된 권리관계에 어떠한 영향을 미친다고 볼 수 없어, 결국 그로 인하여 피해 회사에 재산상 손해가 발생하였다거나 재산상 손해발생의 위험이 초래되었다고 볼 수 없으므로 업무상배임죄가 성립하지 않는다고 본 원심판단을 수긍한 사례.

판결 평석

1. 특허법 제33조 제1항 본문은 발명을 한 자 또는 그 승계인은 특허법에서 정하는 바에 의하여 특허를 받을 수 있는 권리를 가진다고 규정하고 있다. 특허법 제2조 제1호는 '발명'이란 자연법칙을 이용한 기술적 사상의 창작으로서 고도한 것을 말한다고 규정하고 있다. 특허법 제33조 제1항에서 정하고 있는 '발명을 한 자'는 바로 이러한 발명행위를 한 사람을 가리킨다. 따라서 발명자(공동발명자를 포함한다)에 해당한다고 하기 위해서는 발명의 기술적 과제를 해결하기 위한 구체적인 착상을 새롭게 제시·부가·보완하거나, 실험 등을 통하여 새로운 착상을 구체화하거나, 발명의 목적 및 효과를 달성하기 위한 구체적인 수단과 방법의 제공 또는 구체적인 조언·지도를 통하여 발명을 가능하게 한

경우 등과 같이 기술적 사상의 창작행위에 실질적으로 기여하기에 이르러야 한다. 그리고 특허를 받을 수 있는 권리는 발명의 완성과 동시에 발명자에게 원시적으로 귀속된다. 다만 그 권리를 이전하기로 하는 계약에 따라 특허등록을 공동출원한 경우에는 출원인이 발명자가 아니라도 등록된 특허권의 공유지분을 가진다(대법원 2012. 12. 27. 선고 2011다67705, 67712 판결).

2. 피고인은 이 사건 특허를 완성한 자도 아니고 발명자인 대표이사 乙로부터 그 권리를 이전받은 지위에 있지 않으므로 이 사건 특허에 대한 발명자라고 볼 수 없다. 특허출원서에 대표이사 乙의 성명에 피고인의 성명을 추가로 기재하여 공동발명자로 등재되게 하여도 법률상 효력이 없다. 그러므로 그것만으로 피고인이 이 사건 발명의 발명자로 인정받을 수 없다.

검사는 위 특허출원서에 피고인을 공동발명자로 기재되게 한 행위가 법률상 무효라고 하더라도 경제적 관점에서는 손해 발생의 위험이 발생한 것이라고 주장하였다. 그러나 판례에 따르면 그 위험은 막연한 가능성이 있는 정도로는 부족하고 경제적 관점에서 보아 본인에게 손해가 발생한 것과 같은 정도로 구체적 위험이 있어야 한다. 대상 판결은 피고인의 행위로 인하여 피해 회사의 특허권 자체나 그와 관련된 권리관계에 아무런 영향을 미치지 않으므로 피해 회사에 손해 발생의 위험이 발생하지 않았다고 판단하였다.

3. 대상 판결은 이 사안에서 피고인의 행위로 말미암아 재산상 실해 발생의 위험조차 초래하지 않았다고 판단하였다. 그러나 이러한 판단은 손해를 법률적 관점이 아닌 경제적 관점에서 판단하여야 한다는 판례에 반한다. 대상 판결에 찬성하지 않는다.

063

대표이사가 회사 명의로 체결한 계약이 무효인 경우 배임죄의 기수시기

대법원 2011. 11. 24. 선고 2010도11394 판결
[특정경제범죄가중처벌등에관한법률위반(배임)]

사실 관계

甲 주식회사 대표이사인 피고인이 2002. 3. 6. 자본감소로 인해 법령과 정관에 의한 주식매수선택권의 추가부여가 불가능하게 되자, 2000. 12. 17.에 임직원들에게 추가로 주식매수선택권을 부여하는 내용의 주주총회 특별결의가 있었던 것처럼 주주총회 의사록을 허위로 작성하고 이를 근거로 피고인을 비롯한 임직원들과 2000. 12. 17. 자 주식매수선택권부여계약을 체결하였다.

한편 위 임직원들은 2002. 12. 27.과 2004. 12. 17. 및 2005. 12. 28.에 위 주식매수선택권부여계약에 기초하여 주식매수선택권을 행사하고, 피고인은 이에 호응하여 위 주식의 당시 실제가치인 27,765원에 미달하는 주당 9,460원을 받고 총 256,744주의 신주를 발행해 줌으로써 그들로 하여금 합계 47억 원 상당의 이익을 얻을 수 있는 권리를 부여하였다.

재판 진행

검사는 2009. 12. 18. 피고인을 특정경제범죄가중처벌등에관한법률위반(배임)죄로 기소하였다. 원심은 이 사건 공소사실에 대해 유죄로 판단하였다.[69] 피고인이 상고하였다. 대법원은 원심판결을 파기하고, 사건을

---

69) 서울고법 2010. 8. 20. 선고 2010노1729 판결.

원심법원에 환송하였다.

판시 사항

[1] 회사의 대표이사가 회사 명의로 체결한 계약이 관련 법령이나 정관에 위배되어 법률상 효력이 없는 경우, 그 계약의 체결행위만으로 배임의 범행이 기수에 이르렀거나 범행이 종료되었다고 볼 수 있는지 여부(원칙적 소극)

[2] 이 사안에서, 법률상 무효인 계약을 체결한 것만으로는 업무상배임죄 구성요건이 완성되거나 범행이 종료되었다고 볼 수 없는데도, 계약을 체결한 시점에 범행이 종료되었음을 전제로 공소시효가 완성되었다고 보아 면소를 선고한 원심판결에는 법리오해의 위법이 있다고 한 사례.

판결 요지

[1] 형법 제355조 제2항의 배임죄 또는 형법 제356조의 업무상배임죄는 임무에 위배되는 행위로 재산상 이익을 취득하거나 제3자로 하여금 취득하게 하여 본인에게 손해를 가한 때에 성립하는 범죄인데, 이때 본인에게 재산상의 손해를 가한 것이란 본인의 전체적 재산가치가 감소됨을 가리키는 것으로서 본인에게 현실적인 손해를 입힌 경우뿐만 아니라 재산상 실해 발생의 위험을 초래한 경우도 포함한다. 그리고 위와 같은 재산상 손해의 유무는 법률적 판단에 의하지 아니하고 경제적 관점에서 파악하여야 하나, 회사의 대표이사가 회사 명의로 체결한 계약이 관련 법령이나 정관에 위배되어 법률상 효력이 없는 경우에는 그로 인하여 회사가 계약 상대방에게 민법상 불법행위책임을 부담하게 되는 등 특별한 사정이 없는 한 계약의 체결행위만으로 회사에 현실적인 손해가 발생하거나 재산상 실해 발생의 위험이 초래되었다고 할 수 없어서, 그것만으로 배임죄 구성요건이 모두 충족되어 범행이 기수에 이르렀거나 범행이 종료되었다고 볼 수 없다.

[2] 상법과 정관에 위배되어 법률상 무효인 계약을 체결한 것만으로

는 업무상배임죄 구성요건이 완성되거나 범행이 종료되었다고 볼 수 없고, 임직원들이 이후 계약에 기초하여 甲 회사에 주식매수선택권을 행사하고, 피고인이 이에 호응하여 주식의 실질가치에 미달하는 금액만을 받고 신주를 발행해 줌으로써 비로소 甲 회사에 현실적 손해가 발생하거나 그러한 실해 발생의 위험이 초래되었다고 볼 수 있으므로, 피고인에 대한 업무상배임죄는 피고인이 의도한 배임행위가 모두 실행된 때로서 최종적으로 주식매수선택권이 행사되고 그에 따라 신주가 발행된 시점에 종료되었다고 보아야 하는데도, 이와 달리 계약을 체결한 시점에 범행이 종료되었음을 전제로 공소시효가 완성되었다고 보아 면소를 선고한 원심판결에는 법리오해의 위법이 있다고 한 사례.

판결 평석

1. 대상 판결은 배임죄의 기수시기에 관하여 판단하고 있다.

검사는, 임직원들이 주식매수선택권을 행사할 때 배임죄가 기수에 이르렀음을 전제로 하여 이 사건 공소를 제기하였다.

원심은, 피고인이 주주총회의사록을 허위로 작성하고 이를 근거로 임직원들에게 주식매수선택권부여계약을 체결하고 주식매수선택권을 부여한 2002. 3. 6.에 회사에 현실적 손해가 발생하거나 그러한 실해 발생의 위험이 초래되었으므로, 이때 배임죄는 기수에 이르렀다고 판단하고, 이 사건 공소는 그때부터 공소시효 7년이 경과한 2009. 12. 18.에 제기되었다고 하여 피고인에 대하여 면소를 선고하였다.

그러나 대상 판결은, 임직원들이 주식매수선택권 부여계약에 기초하여 회사에 주식매수선택권을 행사하고, 나아가 피고인이 주식의 실질가치에 미달하는 금액만을 받고 신주를 발행해 줌으로써 비로소 회사에 현실적 손해가 발생하거나 그러한 실해 발생의 위험이 초래되었다고 판단하였다. 그리하여 이 사건 배임죄는 임직원들이 최종적으로 주식매수선택권을 행사하고 그에 따라 피고인이 신주를 발행한 시점인 2005. 12. 28.에 종료되었으므로, 이 사건은 공소시효가 경과하기 전에 제기되었다고 판단하였다.

2. 공소시효는 범죄행위가 종료된 후 검사가 일정 기간 공소를 제기하지 않고 방치하는 경우에 국가의 소추권이 소멸하는 제도를 말한다. 일반적으로 범죄가 기수에 이른 경우에는 그 범행은 완성되고 또한 종료되므로 공소시효는 범죄가 기수에 이른 때부터 진행한다. 이 사건에서 공소시효가 경과되었는지 여부는 피고인의 배임행위가 기수에 이르러 범죄행위가 종료된 시점에 따라 결정될 것이다.

3. 그러면 배임죄의 기수시기는 언제라고 보아야 할 것인가?

배임죄는 타인의 사무를 처리하는 자가 임무에 위배되는 행위를 하여 재산상 이익을 취득하거나 제3자로 하여금 취득하게 하여 본인에게 손해를 가한 때에 성립하는 범죄이다. 문언대로라면 이익의 취득과 손해의 발생이 있을 때 배임죄의 기수에 이른다고 할 것이다. 그런데 판례는 배임죄가 위험범이고, 재산상의 손해는 현실적 손해뿐만 아니라 재산상 실해 발생의 위험도 포함한다고 한다. 그런데 이 두 가지 경우를 모두 재산상 손해로 포섭하게 되면 기수시기가 언제인지 불명확해진다.

원심은, 피고인이 주주총회 의사록을 허위로 작성하고 이를 근거로 임직원들에게 주식매수선택권부여계약을 체결하고 주식매수선택권을 부여한 2002. 3. 6.에 회사에 실해 발생의 위험이 초래되었으므로, 이때 배임죄는 기수에 이르렀다고 판단하였다. 종전 판례를 따른 것이다.

그러나 대상 판결은 주식매수선택권 부여계약를 체결하였다고 하더라도 그 계약이 상법과 정관에 위배되어 법률상 무효이므로 그로 인하여 회사가 민법상 불법행위책임을 부담하는 등의 특별한 사정이 없는 한 회사에 현실적인 손해가 발생하거나 재산상 실해 발생의 위험이 초래되었다고 할 수 없고, 임직원들이 계약에 기초하여 주식매수선택권을 행사하고, 피고인이 이에 호응하여 신주를 발행한 시점에 배임행위가 종료되었다고 판단하였다.

4. 판례는 배임죄에서 재산상 손해의 유무는 법률적 판단에 의하지 아니하고 경제적 관점에서 파악하여야 한다고 판시한다. 그런데 대상

판결은 위 주식매수선택권부여계약이 상법과 정관에 위배되어 법률상 무효이므로 특별한 사정이 없는 한 현실적인 손해가 발생하거나 재산상 실해 발생의 위험이 초래되지 않았다고 한다. 판례에 반한다.

재산상 손해를 경제적 관점에서 파악하면 위 계약을 체결할 때 회사에 손해 발생의 위험이 발생하고, 그 후 임직원들이 주식매수선택권을 행사하고, 피고인이 신주를 발행할 때 현실적인 손해가 발생한다고 볼 수 있다. 대상 판결이 피고인이 신주를 발행한 시점에 배임행위가 종료되었다고 하지만, 과연 언제 기수에 이르는지에 대하여는 명확하지 밝히지 않았다. 현실적 손해가 발생한 시점에 기수에 이른다는 취지로 이해된다. 그러나 이것은 형법 문언에 부합하지 않고, 종전 판례와도 일치하지 않는다.

사견으로는 배임죄를 침해범으로 이해하여야 하고, 행위자는 이익을 취득하고 피해자에게는 손해가 현실적으로 발생할 때를 기수시점으로 판단하는 것이 타당하다고 생각한다.

5. 배임죄를 위험범으로 파악하면 손해 발생의 위험이 현실적 손해로 발전한 경우 그중 언제를 기수시기로 보고, 나아가 공소시효의 기산점으로 볼 것인지 확정하기가 어렵다. 대상 판결은 배임죄를 위험범으로 파악하는 것이 타당하지 않고, 형법 문언대로 침해범으로 파악할 필요가 있음을 여실히 보여주고 있다.

대상 판결의 결론에 찬성하지만, 이유에는 찬성하지 않는다.

064

상호저축은행이 타인의 명의로 골프장 영업을 목적으로 하는 회사를 설립하고 그 회사에 자금을 대출한 사건

대법원 2011. 10. 27. 선고 2009도14464 판결
[특정경제범죄가중처벌등에관한법률위반(배임)·뇌물공여]

사실 관계

甲 저축은행의 대표이사, 이사 또는 감사의 지위에 있던 피고인들이, ① 甲 저축은행 임직원의 친척들의 명의를 빌려 토지를 매수한 다음 이른바 특수목적법인(SPC)인 乙 주식회사를 설립하고 乙 회사에 甲 저축은행 자금을 대출하여 乙 회사 명의로 골프장 건설사업을 추진하기로 하고 토지구입비용을 대출하는 형식으로 울주군 소재 토지를 골프장사업 부지로 구입하면서 근저당권 설정 등 채권확보조치를 취하지 아니한 채 甲 저축은행의 자금 합계 17,779,636,573원을 사용하고, ② 피고인 4의 지인들의 명의를 빌려 곡성군 소재 토지를 골프장사업 부지로 구입하면서 위와 같은 방법으로 甲 저축은행의 자금 합계 3,600,081,433원을 사용하였다.

재판 진행

검사는 피고인들을 특정경제범죄가중처벌등에관한법률위반(배임)죄 등으로 기소하였다. 원심은 이 사건 공소사실에 대해 무죄로 판단하였다.[70] 검사가 상고하였다. 대법원은 이 부분 사건을 파기하고, 원심법원에 환송하였다.

---

70) 부산고법 2009. 12. 3. 선고 2009노514 판결.

판시 사항

경영상 판단과 관련하여 경영자에게 배임의 고의와 불법이득의 의사가 있었는지를 판단하는 방법

판결 요지

[1] 경영상 판단과 관련하여 경영자에게 배임의 고의와 불법이득의 의사가 있었는지를 판단할 때에도, 문제된 경영상의 판단에 이르게 된 경위와 동기, 판단 대상인 사업의 내용, 기업이 처한 경제적 상황, 손실 발생과 이익 획득의 개연성 등의 여러 사정을 고려할 때 자기 또는 제3자가 재산상 이익을 취득한다는 인식과 본인에게 손해를 가한다는 인식 하의 의도적 행위임이 인정되는 경우에 한하여 배임죄의 고의를 인정하여야 하고, 그러한 인식이 없는데도 본인에게 손해가 발생하였다는 결과만으로 책임을 묻거나 단순히 주의의무를 소홀히 한 과실이 있다는 이유로 책임을 물어서는 안 된다. 그러나 한편 경영자의 경영상 판단에 관한 위와 같은 사정을 모두 고려하더라도 법령의 규정, 계약 내용 또는 신의성실의 원칙상 구체적 상황과 자신의 역할·지위에서 당연히 하여야 할 것으로 기대되는 행위를 하지 않거나 하지 않아야 할 것으로 기대되는 행위를 함으로써 재산상 이익을 취득하거나 제3자로 하여금 이를 취득하게 하고 본인에게 손해를 가하였다면 그에 관한 고의 내지 불법이득의 의사는 인정된다.

[2] 피고인들이 상호저축은행법 등 관계 법령에 위배되는 까닭에 甲 은행이 실질적 당사자가 되어 시행하거나 보유할 수 없는 골프장 건설 사업을 타인의 명의 등을 내세워 편법으로 추진하고, 임원의 임무에 위배하여 구체적인 사업성 검토도 제대로 거치지 아니한 채 함부로 甲 은행의 자금을 지출한 행위는 법령의 규정, 직무 내용은 물론 신의성실의 원칙상 당연히 하지 않아야 할 것으로 기대되는 행위를 함으로써 본인과 맺은 신임관계를 저버리고 그로 인하여 본인에게 재산상 손해를 가하고 제3자로 하여금 재산상 이익을 취득하게 한 경우이므로, 이와 달

리 피고인들에게 업무상배임의 고의를 인정할 수 없다고 보아 무죄를 선고한 원심판결에 법리오해의 위법이 있다고 한 사례.

판결 평석

1. 대상 판결은 경영상 판단과 관련하여 경영자에게 배임의 고의와 불법이득의 의사가 있었는지를 판단하는 방법에 관하여 판단하고 있다.

2. 원심은, 피고인들이 골프장건설을 추진하면서 상호저축은행법 등 관련 법령을 위반하였다는 점만으로는 곧바로 배임죄의 고의를 인정할 수 없고, 피고인들이 골프장 용지를 매입하거나 골프장건설을 추진하면서 사업타당성에 관하여 자체적인 조사와 논의를 거쳤으며, 일반적으로 골프장건설은 인허가상의 각종 법령상 제약이나 행정적인 규제가 있는 상태에서 민원을 통해 해당 용지의 용도변경 등을 추진하고, 피고인들이 위 추진 과정에서 甲 저축은행의 자금을 방만하게 지출하였다는 의심의 여지는 있으나 개인적인 정실관계 혹은 부정한 사례금이나 청탁에 기하여 토지대금 등을 부풀려 지급하였다거나 아무런 대가 없이 사업비를 지출한 것으로는 보이지 아니하므로, 피고인들이 甲 저축은행에 손해를 가하고 제3자의 이익을 위한다는 배임의 의사가 있었다고 할 수 없다는 이유로 무죄로 판단하였다.

3. 그러나 대상 판결은, 피고인들이 한 일련의 행위는 그 실질에 있어 甲 저축은행이 직접 골프장 건설사업을 시행하기 위한 편법으로 이루어진 것으로 상호저축은행법에서 규정한 상호저축은행의 업무 범위나 甲 저축은행 정관에 규정한 사업 범위를 벗어나는 것이자 상호저축은행의 비업무용 부동산 소유를 제한하는 상호저축은행법 규정에 반하는 위법행위로 甲 저축은행의 설립목적에 근본적으로 반하는 것이므로 그 임원으로서의 임무에 위배되는 행위라고 판단하였다. 나아가 위 토지매수 및 사업시행 결정 당시 피고인들은 甲 저축은행의 지배 아래 있는 회사의 이사로부터 골프장사업 부지를 추천받아 현장답사와 함께 토지이용

계획확인서를 확인한 것 외에는 그 토지가격이 적정한지 여부, 그 토지에서 골프장사업이 가능 여부, 향후 예상수익 등 사업타당성에 관하여 구체적인 검토를 거친 바 없다. 피고인들이 47억 5,000만 원에 구입한 토지는 20일 전에 28억 원에 거래된 토지로서, 울산광역시 도시기본계획상 농림지역 또는 보전관리지역에 위치하여 골프장을 설치할 수 없는 곳이다. 그 직후 그 주변 일대가 상수원보호구역으로 지정됨에 따라 골프장 건설이 아예 불가능해졌는데도 피고인들은 위 명의대여자들이나 특수목적법인에 대한 대출 형식으로 甲 저축은행의 자금으로 울주군 토지의 매입대금과 월 평균 5,000만 원에 달하는 특수목적법인의 운영비를 지출하는 등 무용하거나 과다한 비용을 계속적으로 지출하였다. 이러한 비용지출은 골프장건설이 무산된 후에도 계속되었으며, 피고인들은 위 곡성군 토지에 관하여서도 지인로부터 골프장 부지로 적합하다는 추천을 받고 이를 매입하는 과정에서 그 매입가격이 적정한지, 골프장 건설사업이 타당성이 있는지 등에 관하여 구체적 검토를 거치지 아니한 사실 등에 비추어 보면 배임의 고의를 인정된다고 판단하였다.

4. 대상 판결의 결론은 수긍할 수 있다.

065

부동산에 처분금지가처분결정을 받아 가처분집행을 하였으나, 피보전채권이 부존재한다고 밝혀진 사건

대법원 2011. 10. 27. 선고 2010도7624 판결

[특정경제범죄가중처벌등에관한법률위반(배임) · 배임수재 · 배임증재 ·
유가증권위조 · 위조유가증권행사 · 사문서위조 · 위조사문서행사 ·
공정증서원본불실기재 · 불실기재공정증서원본행사]

사실 관계

　피고인 1은 공소외 1 주식회사의 대표이사이자, 피해자 회사의 감사였고, 피고인 2는 공소외 3 주식회사의 감사로 있다가 대표이사가 되었다.

　피고인 1은 공소외 1 주식회사 명의로 피해자 회사로부터 ○○터미널 복합건물 신축사업을 인수하는 내용의 사업권양수도계약서를 작성하였다.

　피고인 1은 위 사업권 양수대금 30억 원 중 계약금 1억 원을 당일 지급하고, 중도금 및 잔금 합계 29억 원은 위 사업권을 근거로 금융기관의 대출을 받아 지급하기로 하고, 피해자 회사는 위 사업에 필요한 여객자동차운수사업법에 의한 여객자동차터미널사업 면허를 보유하고 있는 공소외 3 주식회사에 대한 인수포기 등 위 사업에 더이상 관여하지 않기로 하되, 피고인 1이 중도금 또는 잔금을 지급하지 못할 경우 위 계약을 무효로 하기로 하였다. 위 계약에 따라 피고인 1은 피해자 회사의 감사로, 피고인 1이 지정하는 공소외 4는 대표이사로 각 취임하였다.

　그런데 그 무렵 공소외 5 주식회사가 위 여객자동차터미널사업 면허

를 보유하고 있는 공소외 3 주식회사를 인수한 후 위 사업을 근거로 하나캐피탈 등 금융기관에서 225억 원을 대출받는 바람에 피고인 1은 같은 내용의 위 사업을 근거로 한 대출을 받지 못하여 위 계약에 따른 중도금 및 잔금 지급의무를 이행하지 못하게 되었다.

한편 피해자 회사는 위 사업부지로 공소외 6, 7, 8, 9 공유의 이 사건 토지를 계약금 5억 원, 중도금 및 잔금 13억 5,000만 원 등 매매대금 18억 5,000만 원에 매수하는 계약을 체결한 후, 계약금 4억 원을 지급하였다.

피고인 1은 이 사건 토지에 관하여 피해자 회사가 공소외 6 등 매도인들에 대한 소유권이전등기청구권을 피보전권리로 하여 이 사건 토지의 처분행위를 금지하는 내용의 가처분을 신청하였고, 법원의 가처분결정에 따라 2007. 11. 2.경 가처분등기가 경료되었다.

한편 공소외 5 주식회사는 피해자 회사 명의로 위 사업을 추진하고 있었는데, 피고인 2는 공소외 3 주식회사의 대표이사로서 이 사건 토지를 매수할 필요성이 있어, 피고인 1에게 이 사건 토지에 관한 가처분신청을 취하해 달라고 부탁하면서 그 대가로 4억 4,000만 원을 교부하였다.

피고인 1은 위와 같은 부탁을 받고 이 사건 토지에 관한 위 가처분신청을 취하하여 위 가처분등기가 말소되고, 공소외 3 주식회사에 그 소유권이전등기가 경료되었다.

재판 진행

검사는 피고인들을 특정경제범죄가중처벌등에관한법률위반(배임)죄 등으로 기소하였다. 원심은 이 사건 공소사실에 대해 무죄로 판단하였다.[71] 검사가 상고하였다. 대법원은 원심판결 중 피고인 1 부분을 파기하고, 이 부분 사건을 원심법원에 환송하였다.

---

71) 서울고법 2010. 5. 28. 선고 2009노3595 판결.

판시 사항

부동산에 처분금지가처분결정을 받아 가처분집행까지 마친 경우, 피보전채권의 실제 존재 여부를 불문하고 가처분권리자에게 가처분 유지로 인한 재산상 이익이 인정되는지 여부(적극)

판결 요지

부동산에 처분금지가처분결정을 받아 가처분집행까지 마친 경우, 피보전채권의 실제 존재 여부를 불문하고 가처분이 되어 있는 부동산은 매매나 담보제공 등에 있어 그렇지 않은 부동산보다 불리할 수밖에 없는 점, 가처분집행이 되어 있는 부동산의 가처분집행이 해제되면 가처분 부담이 없는 부동산을 소유하게 되는 이익을 얻게 되는 점 등을 고려하면 가처분권리자로서는 가처분 유지로 인한 재산상 이익이 인정되고, 그 후 가처분의 피보전채권이 존재하지 않는 것으로 밝혀졌더라도 가처분의 유지로 인한 재산상 이익이 있었던 것으로 보아야 한다.

판결 평석

1. 이 사건의 사실관계를 요약하면 다음과 같다.

피해자 회사가 이 사건 사업부지로 사용하기 위하여 공소외 6 등으로부터 이 사건 토지를 매매대금 18억 5,000만 원에 매수하고, 계약금 5억 원 중 4억 원을 지급하였으나, 중도금, 잔금을 지급하지 않았다. 공소외 6 등은 피해자 회사에 대하여 여러 차례 중도금과 잔금의 지급을 촉구하였으나 이를 지급하지 않자 매매계약의 해지를 통지하였다.

피해자 회사는 이 사건 사업권을 공소외 1 회사에 양도하였고, 이에 따라 공소외 1 회사의 대표이사인 피고인 1이 피해자 회사를 실질적으로 운영하게 되면서, 피해자 회사를 신청인으로 하여 공소외 6 등을 상대로 이 사건 토지에 대한 처분금지가처분을 신청하여 법원의 가처분결정이 내려지자 가처분등기를 마쳤다.

그 후 공소외 6 등은 이 사건 토지를 매매대금 24억 원에 공소외 3

회사에 매도하는 계약을 체결하고, 위 가처분결정에 이의신청을 하자, 피고인 1은 가처분취하신청서를 제출하였고, 같은 날 가처분등기가 말소되었고, 공소외 6 등은 이 사건 토지에 고나하여 공소외 3 회사에 소유권이전등기를 마쳤다.

피고인 1은 위 가처분등기 말소를 전후하여 공소외 3 회사로부터 4억 5,000만 원을 받아 개인적인 용도로 사용하였다. 그 후 피해자 회사는 공소외 3 회사를 상대로 위 소유권이전등기의 말소를 구하고, 공소외 6 등을 상대로 소유권이전등기를 구하는 소송을 제기하였으나 패소하였다.

2. 원심은, 피고인 1의 가처분신청 취하행위는 사무의 내용, 성질 등 구체적 상황에 비추어 법률의 규정, 계약의 내용 혹은 신의칙상 당연히 하지 않아야 할 것으로 기대되는 행위라고 보기 어렵고, 또한 피고인 1은 가처분신청 취하행위가 임무에 위배된다거나 이로 인하여 피해자 회사에 손해가 발생할 위험이 있다고 인식하였다고 보기도 어렵다고 하여 배임죄가 성립하지 않는다고 판단하였다.

그러나 대상 판결은, 부동산에 처분금지가처분결정을 받아 가처분집행까지 마친 경우, 피보전채권의 실제 존재 여부를 불문하고 가처분이 되어 있는 부동산은 매매나 담보제공 등에 있어 그렇지 않은 부동산보다 불리할 수밖에 없는 점, 가처분집행이 되어 있는 부동산의 가처분집행이 해제되면 가처분 부담이 없는 부동산을 소유하게 되는 이익을 얻게 되는 점 등을 고려하면 가처분권리자로서는 가처분 유지로 인한 재산상 이익이 인정되고, 그 후 가처분의 피보전채권이 존재하지 않는 것으로 밝혀졌더라도 가처분의 유지로 인한 재산상 이익이 있었던 것으로 보아야 한다고 전제한 후, 피해자 회사가 추진하는 이 사건 사업을 위임받아 처리하는 피고인 1이 공소외 3 주식회사 측으로부터 4억 4,000만 원의 대가를 받고 피해자 회사와 아무런 협의 없이 이 사건 가처분을 취소함으로써 피해자 회사가 이 사건 토지의 제1매수인 및 가처분권리자로서 갖고 있는 재산상 이익을 침해한 것으로 봄이 상당하고, 피고인 1의 이러한 행위는 피해자 회사의 사업을 처리하는 자로서 당연히 하지 않아야 할 것으로 기대되는 행위를 함으로써 본인과의 신임관계를 저버리는 행위를 한 것으로 평가할 여지가 충분하고, 피고인 1은 이로 인하여 피해자 회사에 손해가 발생하거나 손해 발생의 위험성을 초래한 다는 점을 인식하였을 것이므로 배임에 대한 고의도 충분히 인정된다고 판단하였다.

3. 위 사실관계에 의하면, 피고인1이 사실상 관리하는 피해자 회사는 매도인인 공소외 6 등에게 중도금과 잔금을 지급하지 못하여 매매계약 해지통지를 받았으므로, 피해자 회사는 공소외 6 등에 대하여 소유권이 전등기청구권이 없다. 그런데도 피해자 회사는 존재하지 않는 소유권이 전등기청구권을 피보전권리로 하여 이 사건 가처분신청을 하였고, 그 러한 사정이 밝혀지지 않은 상태에서 가처분결정이 인용되어 가처분등 기까지 마쳐졌지만, 그 가처분결정은 공소외 6 등의 가처분이의신청에 의하여 취소될 수밖에 없는 것이었다.

그렇다면 피고인 1의 행위는 종국적으로 취소될 수밖에 없는 가처분 결정을 스스로 취하한 것에 불과하다. 대상 판결이 무효인 가처분을 취 하하는 행위가 신임관계를 저버리는 것이라고 판단한 것은 납득하기 어 렵다. 그것은 무효인 가처분을 무효라고 인정하지 말고 억지를 부리면 서 버텨야 할 의무가 있고, 억지를 부리지 않으면 임무위배행위에 해당 한다는 것을 의미하기 때문이다.

나아가 피고인 1이 무효인 가처분을 유지하지 않고 취하한다고 하여 피해자 회사에 재산상 손해가 발생하지도 않는다. 가처분이 되어 있는 부동산이 매매나 담보제공 등에 있어서 그렇지 않은 부동산보다 불리하 기 때문에 그 가처분을 유지하는 것이 재산상 이익이라고 하는 것은 그 가처분이 유효한 경우에나 가능한 논리이다. 가처분이 무효인데도 그것 을 유지하는 것이 재산상 이익이고, 그것을 취하하면 재산상 손해가 발 생한다는 판단은 타당하지 않다.

4. 대상 판결에 찬성하지 않는다.

066

동일인 대출한도 제한규정을 위반하여 초과대출을 한 사건

대법원 2011. 8. 18. 선고 2009도7813 판결
[특정경제범죄가중처벌등에관한법률위반(배임)·상호저축은행법위반·
주식회사의외부감사에관한법률위반·업무상배임]

사실 관계

저축은행 임원인 피고인들이 실질적으로는 아파트 시공업체인 甲 주식회사에 대출을 하면서 동일인 대출한도 제한규정을 피하기 위해 11개의 아파트 건축사업 시행사들 명의로 100억 원을 대출하였다. 당시 피고인들은 甲 회사의 신용, 재무상태, 매출액 등을 감안한 적정 대출한도를 검토하지 아니하고 물적 담보도 확보하지 아니하였다. 이 사건 대출금 중 80억 원이 회수되었다.

재판 진행

검사는 피고인들을 특정경제범죄가중처벌등에관한법률위반(배임)죄 등으로 기소하였다. 원심은 이 사건 공소사실에 대해 유죄로 판단하였다.[72] 피고인이 상고하였다. 대법원은 상고를 기각하였다.

판시 사항

[1] 동일인 대출한도 제한규정을 위반하여 초과대출을 한 사실만으로 업무상배임죄가 성립하는지 여부(원칙적 소극) 및 동일인 대출한도

---

72) 대구고법 2009. 7. 30. 선고 2009노117 판결.

초과대출행위가 업무상배임죄를 구성하는 경우

[2] 특정경제범죄 가중처벌 등에 관한 법률 제3조 제1항에서 정한 '이득액'의 의미

판결 요지

[1] 동일인 대출한도를 초과하여 대출함으로써 상호저축은행법을 위반하였다고 하더라도, 대출한도 제한규정 위반으로 처벌함은 별론으로 하고, 그 사실만으로 특별한 사정이 없는 한 업무상배임죄가 성립한다고 할 수 없으나, 일반적으로 이러한 동일인에 대한 대출한도 초과대출이라는 임무위배의 점에 더하여 대출 당시의 대출채무자의 재무상태, 다른 금융기관으로부터의 차입금, 기타 채무를 포함한 전반적인 금융거래상황, 사업현황 및 전망과 대출금의 용도, 소요기간 등에 비추어 볼 때 채무상환능력이 부족하거나 제공된 담보의 경제적 가치가 부실하여 대출채권의 회수에 문제가 있는 것으로 판단되는 경우에는 재산상 손해가 발생하였다고 보아 업무상배임죄가 성립한다(대법원 2008. 6. 19. 선고 2006도4876 전원합의체 판결 등 참조).

[2] 배임죄에 있어서 '재산상의 손해를 가한 때'라 함은 현실적인 손해를 가한 경우뿐만 아니라 재산상 실해 발생의 위험을 초래한 경우도 포함되고, 일단 손해의 위험성을 발생시킨 이상 사후에 피해가 회복되었다고 하여도 배임죄의 성립에 영향을 주는 것은 아니다(대법원 2004. 7. 22. 선고 2002도4229 판결 등 참조).

판결 평석

1. 종전 판례는 새마을금고 임직원들이 동일인 대출한도를 초과하여 대출한 경우 대출금에 대한 회수 가능 여부나 담보의 적정 여부 등을 따지지 않고 새마을금고에 재산상 손해를 가하였다고 판단하였다. 그러나 대법원 2008. 6. 19. 선고 2006도4876 전원합의체 판결은 동일인 대출한도를 초과하였다는 사실만으로 곧바로 대출채권을 회수하지 못하게 될 위험이 생겼다고 할 수 없고, 동일인 대출한도 초과대출이라는 임무

위배의 점에 더하여 대출 당시 채무자의 재무상태 등을 따져 볼 때 채무상환능력이 부족하거나 제공된 담보의 경제적 가치가 부실하여 대출채권의 회수에 문제가 있는 것으로 판단되는 경우에 재산상 손해가 발생하였다고 보아 업무상배임죄가 성립한다고 하여 종전 태도를 변경하였다. 이 전원합의체 판결은 임무위배행위 해당 여부와 재산상 손해 발생 여부를 별개로 파악하고, 나아가 재산상 실해 발생의 위험을 엄격하게 판단하고 있는 점에서 매우 타당하다.

2. 대상 판결은 상호저축은행의 임직원들이 동일인 대출한도를 초과하여 대출한 경우에도 그러한 제한규정을 위반하였다는 사실만으로 배임죄가 성립하는 것은 아니라는 점을 재확인하고, 채무자의 채무상환능력과 제공된 담보의 경제적 가치가 부실하여 대출채권의 회수에 문제가 있다고 판단되는 경우에는 재산상 손해가 발생하였다고 보아 업무상배임죄가 성립한다고 판시하였다. 나아가 피고인들이 대출 당시 甲 회사의 신용, 재무상태, 매출액 등을 감안한 적정 대출한도를 검토하지 아니하고 물적 담보도 확보하지 아니하였으므로 업무상배임죄가 성립한다고 판단한 것은 위 전원합의체 판결을 따른 것으로 수긍할 수 있다.

3. 그런데 부실대출에 의한 배임죄가 성립하는 경우 손해액은 얼마로 볼 것인가에 대하여 살펴보자.
판례는 배임죄에서 '재산상의 손해를 가한 때'라 함은 현실적인 손해를 가한 경우뿐만 아니라 재산상 실해 발생의 위험을 초래한 경우도 포함된다고 하고, 부실대출의 경우에는 대출 시에 실해 발생의 위험이 초래되었다고 하면서 담보물이 제공된 경우에도 담보물의 가치를 초과하여 대출한 금액이나 실제로 회수가 불가능하게 된 금액을 손해액으로 보지 않고 대출액 전액을 손해로 본다.

4. 이러한 판단은 국민들의 법감정에 반한다. 배임죄의 속성상 임무위배행위로 인하여 현실적 손해가 즉시 발생하는 경우는 많지 않다. 배

임행위로 인하여 손해의 발생이라는 결과가 현실화될 때까지는 여러 단계와 상당한 시간이 필요하다. 부실대출의 경우에도 대출 당시에는 손해가 현실적으로 발생하는 것이 아니라, 변제여부가 불확실한 채무가 발생할 뿐이다. 그리고 신용이 불량한 채무자도 대출 후 대출원리금을 일부라도 변제하는 경우가 많다. 만일 변제기까지 채무자가 원리금을 변제하지 않으면 채권자는 판결을 받아 채무자의 재산에 대한 강제집행에 착수한다. 그렇게 해도 변제받지 못한 금액을 손해라고 인식하는 것이 보통이다.

이 사안에서 피해자는 대출금 100억 원 중 80억 원을 변제받았으므로, 나머지 20억 원만을 손해라고 할 것이다. 그런데 대상 판결은 대출금 100억 원 전부가 손해액이고 변제받은 80억 원을 배임죄가 성립한 후 피해가 회복된 것에 불과하다고 판단하였다.

금전을 대출받은 채무자는 상환기일까지 그 원리금을 변제하기로 약정하였으므로, 그 약정에 따른 상환기일까지 원림금을 변제하면 충분하다. 따라서 피고인의 대출행위가 배임행위라고 평가받는 경우에도 채무자가 약정에 따라 변제한 원리금을 제외한 나머지를 손해액이라고 평가하여야 한다. 대상 판결의 논리에 따르면 극단적으로 채무자가 대출받은 금전을 전부 상환하여 실질적인 손해가 없는 경우에도 대출금 전액을 손해라고 할 가능성이 있다.

5. 대상 판결이 배임죄를 위험범이라고 파악하고, 부실대출로 인한 손해액이 대출금 전액이라고 판단한 것은 법리상 타당하지 않고 국민의 법감정에도 부합하지 않는다.

067

주식회사 임직원들이 직무발명에 관한 특허출원인을 자신들 명의로 변경하여 출원한 사건

대법원 2011. 7. 28. 선고 2010도12834 판결 [업무상배임]

사실 관계

피고인들은 피해자 회사를 설립하여 이 사건 3D 입체게임 전용 컨트롤러를 개발하던 중 공소외 2에게 피해자 회사의 인수를 제의하였고, 공소외 2는 피고인 1로부터 피해자 회사의 지분 51%를 5,000만 원에 양수하여 대표이사로 취임하고 피해자 회사의 목적사업에 '3D 입체기기 연구 및 제조·판매업'을 추가하였다.

그 후 피고인 1은 상무이사, 피고인 2는 기획팀장으로 피해자 회사의 연구 및 기획 등의 업무를 담당하면서 이 사건 3D 입체게임 전용 컨트롤러에 관한 발명을 완성하였다. 당시 피해자 회사에는 직무발명에 관한 명문의 계약이나 근무규정은 없었다.

피고인 2는 이 사건 3D 입체게임 전용 컨트롤러를 포함한 2건의 특허, 1건의 상표, 2건의 디자인의 등록출원과 그 비용 등에 관한 피해자 회사의 기안문서를 작성하였고, 경리 담당자인 공소외 3은 이 사건 특허 등의 출원비용 4,107,000원 등에 관한 지출결의서를 작성하였으며, 각 서류에 피고인 1의 결재를 받았다.

공소외 3은 특허법인에 출원인 명의를 피해자 회사로 하여 이 사건 특허 등의 등록출원을 위임하였으나, 피고인들이 특허법인에 그중 '3D 입체게임 전용 컨트롤러'에 대한 특허출원인 명의를 피고인들과 공소외 3으로 변경해 달라고 요구하여, 피고인들과 공소외 3 명의로 특허출원이 이루어졌다.

재판 진행

검사는 피고인들을 업무상배임죄로 기소하였다. 원심은 공소사실에 대해 유죄로 판단하였다.[73] 피고인들이 상고하였다. 대법원은 원심판결을 파기하고, 사건을 원심법원에 환송하였다.

판시 사항

[1] 발명진흥법상 '직무발명'에 대하여 특허 등을 받을 수 있는 권리나 특허권 등을 사용자 등에게 승계시키는 합의가 성립되었다고 인정할 수 있는 경우

[2] 이 사안에서, 사용자인 甲 회사가 피고인들로부터 발명에 대하여 특허를 받을 수 있는 권리를 적법하게 승계하였다고 할 수 없으므로, 피고인들의 행위가 업무상배임죄에 해당하지 않는다고 한 사례.

판결 요지

[1] 발명진흥법은 '직무발명'에 대하여 특허 등을 받을 수 있는 권리는 발명자인 종업원 등에게 귀속하는 것으로 하여 종업원 등의 권리를 확보하는 한편, 사용자 등의 직무발명 완성에 관한 기여를 고려하여 직무발명에 대하여 종업원 등이 특허 등을 받거나 특허 등을 받을 수 있는 권리를 승계한 자가 특허 등을 받으면 사용자 등은 특허권 등에 대하여 통상실시권을 가지고(제10조 제1항), 또한 직무발명 외 종업원 등의 발명과는 달리 직무발명에 대하여는 종업원 등이 특허 등을 받을 수 있는 권리나 특허권 등을 미리 계약이나 근무규정에 의하여 사용자 등에게 승계시키거나 사용자 등을 위하여 전용실시권을 설정할 수 있으며(제10조 제3항), 이와 같은 경우 종업원 등으로부터 직무발명 완성사실의 통지를 받은 사용자 등(국가나 지방자치단체는 제외한다)이 대통령령으

---

73) 광주지법 2010. 9. 8. 선고 2010노1194 판결.

로 정하는 기간에 발명에 대한 권리의 승계 의사를 알린 때에는 그때부터 발명에 대한 권리는 사용자 등에게 승계된 것으로 본다고 정하여(제13조 제1항 본문, 제2항) 양자의 이해관계를 조정하고 있다. 그러면서도 위 법은 미리 사용자 등에게 특허 등을 받을 수 있는 권리나 특허권 등을 승계시키거나 사용자 등을 위하여 전용실시권을 설정하도록 하는 계약이나 근무규정이 없는 경우에는 사용자 등이 종업원 등의 의사와 다르게 발명에 대한 권리의 승계를 주장할 수 없고(제13조 제1항 단서), 그 밖에도 종업원 등은 직무발명에 대하여 특허 등을 받을 수 있는 권리나 특허권 등을 계약이나 근무규정에 따라 사용자 등에게 승계하게 하거나 전용실시권을 설정한 경우에는 정당한 보상을 받을 권리를 가진다고 정함으로써(제15조 제1항) 종업원 등의 보호를 꾀하고 있는데, 이와 같은 법조의 취지에 비추어 보면, 종업원 등의 의사가 명시적으로 표시되거나 혹은 묵시적 의사를 추인할 수 있는 명백한 사정이 인정되는 경우 이외에는 직무발명에 대하여 특허 등을 받을 수 있는 권리나 특허권 등을 사용자 등에게 승계시키는 합의가 성립되었다고 쉽게 인정할 수 없다.

[2] 이 사안에서, 피고인들이 직무에 관하여 발명한 '3D 입체게임 전용 컨트롤러'는 발명진흥법에서 정한 '직무발명'에 해당하여 이에 대하여 특허를 받을 수 있는 권리는 당연히 발명자인 피고인들에게 있으므로 사용자인 甲 회사가 발명의 특허출원을 하기 위하여는 피고인들로부터 특허를 받을 수 있는 권리를 승계하여야 하는데, 제반 사정에 비추어 甲 회사가 위 발명에 대하여 특허를 받을 수 있는 권리를 적법하게 승계하였다고 할 수 없으므로, 피고인들이 위 발명에 대하여 특허출원인 명의를 피고인들 등으로 변경하여 출원하였다 하여 그와 같은 행위가 업무상배임죄에 해당한다고 할 수 없다고 한 사례.

판결 평석

1. 사안을 간단히 요약하면, 피해자 회사 측에서 이 사건 특허의 등록출원을 피해자 회사 명의로 출원하려고 특허법인에 위임하였으나, 피고인들이 임의로 특허법인에 요구하여 피고인들 명의로 특허출원을 하

였다는 것이다.

원심은, 피고인들이 이 사건 3D 입체게임 전용 컨트롤러에 대하여 특허를 받을 수 있는 권리를 피해자 회사에 승계시키는 묵시적 합의를 하고도 피고인들 명의로 특허출원을 한 것은 업무상배임죄에 해당한다고 하였다.

그러나 대상 판결은, 앞에서 본 바와 같은 이유로 피해자 회사는 피고인들로부터 이 사건 3D 입체게임 전용 컨트롤러에 대하여 특허를 받을 수 있는 권리를 적법하게 승계하였다고 할 수 없으므로, 피고인들이 그 특허를 받을 수 있는 권리가 자신들에게 귀속된 이 사건 3D 입체게임 선용 컨트롤러에 대하여 특허출원인 명의를 피고인들 등으로 변경하여 특허출원을 하였다고 하더라도 그와 같은 행위가 업무상배임죄에 해당하지 않는다고 판단하였다.

2. 이 사건에서 발명진흥법상 '직무발명'에 대하여 특허 등을 받을 수 있는 권리나 특허권 등을 사용자 등에게 승계시키는 합의가 성립되었다고 인정할 수 있는지가 쟁점이 되었다. 원심은 이를 인정하였으나, 대상 판결은 인정되지 않는다고 판단하였다.

3. 대상 판결은 원심과 사실인정을 달리하고 있을 뿐이다.

068

대표자가 법인 명의로 한 채무부담행위가 법률상 무효로 밝혀진 사건

대법원 2011. 7. 14. 선고 2011도3180 판결
[특정경제범죄가중처벌등에 관한법률위반(횡령)·특정경제범죄가중처벌등에관한
법률위반(배임)·업무상횡령·증권거래법위반·자본시장과금융투자업에관한
법률위반·공전자기록등불실기재·불실기재공전자기록등행사·상법 위반]

사실 관계

甲 주식회사 대표이사인 피고인은 증권사 설립을 위한 자금마련을 위하여 乙 주식회사의 주식에 대하여 인위적 주가관리를 하였고, 그 과정에서 필요한 자금의 조달을 위하여 丙으로부터 자금을 제공받고 피고인 개인 명의의 금전소비대차계약서 뿐만 아니라 甲 회사를 채무자로 하는 금전소비대차계약서를 작성하였다. 이로써 甲 회사는 위 약정에 기한 채무를 부담하게 하였다.

재판 진행

검사는 피고인을 특정경제범죄가중처벌등에관한법률위반(배임)죄 등으로 기소하였다. 원심은 이 사건 공소사실 중 특정경제범죄가중처벌등에관한법률위반(배임)죄에 대해 유죄로 판단하였다.[74] 피고인이 이 부분에 대하여 상고하였다. 대법원은 원심판결 중 이 부분을 파기하고, 사건을 원심법원에 환송하였다(무죄부분에 대한 검사의 상고는 기각하였다).

---

74) 서울고법 2011. 2. 17. 선고 2010노2573 판결.

법인의 대표자가 법인 명의로 한 채무부담행위가 법률상 무효인 경우, 법인에 대한 배임죄를 구성하는지 여부(원칙적 소극)

[1] 배임죄에서 '재산상 손해를 가한 때'란 현실적인 손해를 가한 경우뿐만 아니라 재산상 실해발생의 위험을 초래한 경우도 포함되나, 그러한 손해발생의 위험조차 초래되지 아니한 경우에는 배임죄가 성립하지 아니하는데, 법인의 대표자가 법인 명의로 한 채무부담행위가 법률상 효력이 없는 경우에는 특별한 사정이 없는 한 그로 인하여 법인에 어떠한 손해가 발생하거나 발생할 위험이 있다고 할 수 없으므로, 대표자의 행위는 배임죄를 구성하지 아니한다.

[2] 이 사안에서, 피고인이 甲 회사로 하여금 약정에 따른 채무를 부담하게 하는 행위는 회사의 영리목적 또는 경영상 필요와 관계없이 피고인 또는 제3자의 이익을 도모할 목적으로 권한을 남용한 것으로 상대방 丙도 그와 같은 진의를 알았거나 알 수 있었다고 볼 여지가 있을 뿐만 아니라, 위 금전소비대차계약 자체가 사기적 부정거래 등을 통한 주가조작 범행을 공모하여 실행한 공범 사이에서 범행에 필요한 자금제공에 대한 대가를 지급하거나 그에 따른 손실을 보전하여 주기로 하는 반사회질서 법률행위에 기초한 것으로 볼 수도 있어 위 채무부담행위는 甲 회사에 대하여 무효이므로, 그로 인하여 甲 회사에 어떠한 재산상 손해가 발생하거나 발생할 위험이 있다고 보기 어렵다고 한 사례.

1. 甲 회사의 대표이사인 피고인은 개인의 채무에 대하여 甲 회사를 채무자로 하는 금전소비대차계약을 체결하였고, 이로 인하여 甲 회사는 소비대차계약으로 인한 채무를 부담하게 되었다.

피고인은 대표권을 남용하여 이 사건 금전소비대차계약을 체결하였으므로 민사상 무효이고, 또한 이 사건 금전소비대차계약은 반사회질서의 법률행위로서 무효이므로 재산상 손해가 발생하였다고 볼 수 없다고 다투었다.

원심은, 피고인이 대표권을 남용하여 계약을 체결한다는 사정을 채권자 丙이 알았다는 점을 인정할 증거가 부족하고, 피고인이 제공받은 자금으로 주가관리에 사용하였다는 사정만으로 이 사건 금전소비대차계약이 반사회질서의 법률행위로서 무효라고 단정할 수 없고, 또한 이 사건 금전소비대차계약이 민사상 무효인지 여부와 관계 없이 그 계약으로 피해자 회사에 이자 부담 또는 주가 하락으로 인한 경제적 손해가 발생할 위험이 생겼으므로 배임죄에서 말하는 재산상 손해의 발생이라는 요건도 충족되었다고 판단하였다.

그러나 대상 판결은, 피고인이 이 사건 금전소비대차계약을 통해 피해자 회사로 하여금 위 약정에 따른 채무를 부담하게 한 행위는 회사의 영리목적 또는 경영상 필요와 관계없이 대표자 자신 또는 제3자의 이익을 도모할 목적으로 그 권한을 남용한 것이고 그 행위의 상대방인 丙도 그와 같은 사정을 알았거나 알 수 있었을 뿐만 아니라, 이 사건 금전소비대차계약 자체가 사기적 부정거래 등을 통한 주가조작의 범행을 공모하여 실행한 공범 간에 범행에 필요한 자금의 제공에 대한 대가를 지급하거나 자금제공에 따른 손실을 보전하여 주기로 하는 반사회질서의 법률행위에 기초한 것이므로, 이 사건 금전소비대차계약에 의한 채무부담행위는 피해자 회사에 대하여 무효이므로, 그로 인하여 피해자 회사에 어떠한 재산상 손해가 발생하거나 발생할 위험이 없다고 판단하였다.

2. 대상 판결은 이 사건 금전소비대차계약에 의한 채무부담행위가 법률상 무효라고 판단하고, 이 경우에는 특별한 사정이 없는 한 그로 인하여 피해자 회사에 손해가 발생하거나 발생할 위험이 없으므로, 피고인의 행위는 배임죄를 구성하지 않는다고 판단하였다.

그러나 이것은 재산상 손해의 유무를 경제적 관점이 아닌 법률적 관점에서 판단하는 것으로, 배임죄에서 재산상 손해의 유무에 관한 판단은 법률적 판단에 의하지 아니하고 경제적 관점에서 파악하여야 한다는 주류적 판례와 배치된다.

3. 대상 판결에 찬성하지 않는다.

069

부동산 소유권이전청구권 가등기를 이전해 주기로
약정하고도 부동산을 제3자에게 이전한 사건

대법원 2011. 6. 30. 선고 2011도1651 판결
[특정경제범죄가중처벌등에관한법률위반(사기)·사기·
특정경제범죄가중처벌등에관한법률위반(배임)]

사실 관계

피고인들이 피해자 측에 이 사건 호텔을 매도하였다.

당시 이 사건 호텔은 담보권 실행을 위한 경매절차가 진행되어 피해자가 낙찰을 받았으나 아직 그 낙찰대금을 완납하지 못하고 있었다.

피고인은 이 사건 호텔에 대한 소유권 확보방안으로 피해자 측에 이에 관한 최선순위 근저당권과 소유권이전청구권 가등기를 이전해 주고, 가등기보다 먼저 설정된 근저당권이나 가압류, 가등기 자체에 걸린 가압류 등을 모두 말소하여 주기로 약정하였다.

그러나 피고인은 피해자로부터 중도금을 수령하면서 이 사건 근저당권 및 가등기 이전에 필요한 서류를 피해자 측에 교부하였으나, 가등기에 관하여는 제3자 앞으로 이전등기를 마쳤다.

재판 진행

검사는 피고인을 특정경제범죄가중처벌등에관한법률위반(배임)죄 등으로 기소하였다. 원심은 이 사건 공소사실에 대해 유죄로 판단하였다.[75] 피고인이 상고하였다. 대법원은 상고를 모두 기각하였다.

---

75) 서울고법 2011. 1. 13. 선고 2009노3364 판결.

[1] 원심이 공소사실과 다른 내용으로 '피고인들의 임무'를 인정하였더라도 기본적 사실의 동일성 범위를 벗어나 새로운 임무를 인정하였다거나 이로 인해 피고인들의 방어권 행사에 실질적 불이익이 초래되었다고 볼 수 없다고 한 사례

[2] 배임죄에서 '본인에게 손해를 가한 때'의 의미 및 위임받은 사무가 소유권이전등기의무인 경우 배임죄의 성립 요건

[3] 피해자의 피고인들에 대한 가등기이전등기청구권이 이행불능에 빠질 위험성이 발생하였다는 이유로 피고인들에게 유죄를 인정한 원심 판단을 수긍한 사례

[4] 부동산 이중매매로 인한 배임죄에서, 특정경제범죄가중처벌등에관한법률 제3조 제1항의 적용을 전제로 대상 부동산 가액을 산정할 때, 부동산 시가 상당액에서 근저당권 등에 의한 부담 금액을 공제하여야 하는지 여부(적극)

[5] 원심이 특정경제범죄가중처벌등에관한법률 제3조 제1항의 적용을 전제로 피고인들의 배임행위로 인한 이득액을 산정할 때 대상 부동산의 시가 상당액에서 근저당권 등에 의한 부담 금액을 공제하지 않은 잘못이 있으나, 판결 결과에 영향이 없다고 한 사례.

[1] 원심이 공소사실과 달리 피고인들이 '가등기에 의한 본등기를 경료하고 근저당권을 양수하여 이를 말소한 후 낙찰자 동의 없이 경매절차를 취소시킴으로써 정상적으로 호텔에 관하여 아무 부담 없는 소유권을 취득할 수 있도록 협력할 임무'를 위반하였다고 인정하였더라도, 기본적 사실의 동일성 범위를 벗어나 공소사실에 없는 새로운 임무를 인정하였다거나 이로 인해 피고인들의 방어권 행사에 실질적 불이익이 초래되었다고 할 수 없다는 이유로, 공소장변경 없이 공소사실과 다른 범죄사실을 인정한 원심판단에 불고불리 원칙에 위배하거나 공소장변경에

관한 법리오해 등의 위법이 없다고 한 사례.

[2] 배임죄는 타인의 사무를 처리하는 자가 임무에 위배하는 행위로 써 재산상 이익을 취득하거나 제3자로 하여금 이를 취득하게 하여 본인 에게 손해를 가한 경우에 성립되고, 여기서 '본인에게 손해를 가한 때' 란 현실적인 실해를 가한 경우뿐만 아니라 실해 발생의 위험성을 초래 한 경우도 포함되며, 위임받은 타인의 사무가 부동산소유권이전등기의 무인 경우에는 임무위배행위로 인하여 매수인이 가지는 소유권이전등기 청구권이 이행불능되거나 이행불능에 빠질 위험성이 있으면 배임죄는 성립한다.

[3] 피고인들과 甲 회사, 乙 회사의 관계에 비추어 가등기의 등기명 의를 회복하여 피해자에게 이전등기해 주는 것이 불가능하지는 않으나, 제반 사정에 비추어 이로 인해 피해자의 피고인들에 대한 가등기이전등 기청구권이 이행불능에 빠질 위험성이 발생하였다는 이유로 피고인들에 게 유죄를 인정한 원심판단을 수긍한 사례.

[4] 배임행위로 얻은 재산상 이익의 일정한 액수 자체를 가중적 구 성요건으로 규정하고 있는 특정경제범죄가중처벌등에관한법률 제3조 제 1항의 적용을 전제로 하여 이중매매 대상이 된 부동산 가액을 산정하는 경우, 부동산에 아무런 부담이 없는 때에는 부동산 시가 상당액이 곧 가액이라고 볼 것이지만, 부동산에 근저당권설정등기가 경료되어 있거 나 압류 또는 가압류 등이 이루어진 때에는 특별한 사정이 없는 한 아 무런 부담이 없는 상태의 부동산 시가 상당액에서 근저당권의 채권최고 액 범위 내에서 피담보채권액, 압류에 걸린 집행채권액, 가압류에 걸린 청구금액 범위 내에서 피보전채권액 등을 뺀 실제 교환가치를 부동산 가액으로 보아야 한다.

[5] 피고인들의 배임행위 당시 호텔에 관하여는 이 사건 근저당권 외에도 가등기에 앞서 3건의 근저당권등기와 가압류등기가 각 마쳐져 있었고, 가등기 자체에도 4건의 가압류 또는 압류가 각 마쳐져 있었으 므로, 배임행위로 인한 이득액을 산정할 때에는 이 사건 근저당권의 채 권최고액 범위 내에서 피담보채권액뿐만 아니라 가등기에 앞서 설정된

각 근저당권의 채권최고액 범위 내에서 피담보채권액이나 가압류에 걸린 청구금액 범위 내에서 피보전채권액 등을 모두 공제하여야 하는데도, 원심이 이득액을 산정할 때 이를 공제하지 않은 것은 잘못이나, 제반 사정에 비추어 이와 같은 법리오해는 판결 결과에 영향이 없다고 한 사례.

판결 평석

1. 검사는, 피고인들이 이 사건 호텔을 피해자에게 매도하면서 소유권 확보방안으로 호텔에 설정된 최선순위 근저당권과 소유권이전청구권 가등기를 이전하여 주기로 약정하고 중도금까지 수령하고도 위 가등기를 임의로 제3자에게 이전하였음은 전제로, 피고인들이 '이 사건 호텔에 관한 근저당권 및 소유권이전청구권 가등기권을 이전해 주어야 할 임무'에 위배하였다고 하여 특정경제가중처벌등에관한법률위반(배임)죄로 기소하였다.

원심은, 피고인이 당시 경매신청 채권자이자 최선순위 근저당권자인 공소외 11 회사로부터 이 사건 근저당권을 양수하고, 공소외 12 등의 명의로 가등기를 경료해 두고, 이 사건 호텔을 피해자에게 매도하면서 피해자가 위 근저당권 및 가등기권을 양수하여 위 경매신청을 취하하고 가등기에 기한 본등기를 마치는 방법으로 소유권을 이전하기로 약정하였으므로, 피고인들이 '위 가등기에 의한 본등기를 경료하고 위 근저당권을 양수하여 이를 말소한 후 낙찰자의 동의 없이 임의경매절차를 취소시킴으로써 이 사건 호텔에 관하여 아무 부담 없는 소유권을 취득할 수 있도록 협력할 임무'가 있는데도 이에 위배하여 위 가등기를 공소외 8, 9 주식회사에 이전하였다고 인정하였다.

피고인들은 원심이 공소장 변경 없이 공소사실과 다른 범죄사실을 인정한 잘못이 있다고 다투었다.

그러나 대상 판결은, 원심이 피고인들의 임무내용을 공소사실과 달리 인정한 것은 임무의 구체적인 내용에 관한 기본적 사실관계를 공소사실과 같이하면서 법률적 평가만을 달리 표현한 것이거나 내용을 명확히 하기 위하여 구체적으로 명시한 것에 불과하고, 원심이 기본적 사실의 동일성 범위를 벗어나 공소사실에 없는 새로운 임무를 인정하였거나 이로 인해 피고인들의 방어권 행사에 실질적 불이익을 초래하였다고 할 수 없다고 하여 피고인들의 주장을 배척하였다. 수긍할 수 있다.

2. 피고인들이 피해자와 이 사건 호텔에 대한 매매계약을 체결하였으므로 피해자에게 이 사건 호텔에 대한 소유권등기이전의무가 있다. 당시 이 사건 호텔에 임의경매절차가 진행되고 있었고, 이 사건 호텔을 낙찰한 사람이 있었으므로 곧바로 피해자에게 소유권이전등기를 하는 대신 피해자가 근저당권을 이전받은 후 경매를 취하하고, 가등기를 양수하여 그에 기한 본등기를 하는 방법을 취하기로 약정하였다. 그렇다면 피고인들은 피해자에게 '이 사건 호텔에 관하여 위와 같은 방법으로 아무 부담 없는 소유권을 취득할 수 있도록 협력할 임무'가 있다. 검사는 이것을 피해자에게 이 사건 호텔에 관한 근저당권 및 소유권이전청구권 가등기권을 이전해 주어야 할 임무'라고 표현하였으나, 피해자에게 이 사건 호텔의 소유권을 이전해 줄 임무와 본질적으로 다르지 않다.

3. 매매와 같이 당사자 일방이 재산권을 상대방에게 이전할 것을 약정하고 상대방이 그 대금을 지급할 것을 약정함으로써 그 효력이 생기는 계약의 경우, 쌍방이 그 계약의 내용에 좇은 이행을 하여야 할 채무는 '자기의 사무'라고 할 것이다. 이것은 매매계약의 목적물이 동산이거나 부동산이거나 마찬가지이다. 이 사안에서 피고인들은 피해자에게 '아무 부담 없는 소유권을 취득할 수 있도록 협력할 임무'를 부담하고 있지만, 그것을 타인의 사무라고 말하기는 어렵다. 그러나 대법원은 부동산 매매계약의 경우 매도인의 부동산이전등기의무는 타인의 사무라고 보고, 그것을 이행하지 아니하면 배임죄에 해당한다고 한다. 대법원 2018. 5. 17. 선고 2017도4027 전원합의체 판결은 이러한 종전 판례의 태도를 재확인하였다. 위 전원합의체 판결에 따르면 피고인들이 타인의 사무를 처리하는 자의 지의에 있다고 판단한 대상 판결은 수긍할 수 있다.

4. 한편 피고인들은, 피고인들로부터 가등기를 이전한 공소외 8, 9 회사는 피고인들이 실질적으로 지배하는 회사이므로 피고인들이 그들로부터 가등기를 회복하여 피해자에게 이전할 수 있고, 따라서 가등기이전의무는 이행불능된 것이 아니므로 손해가 발생한 것으로 볼 수 없다고 다투었다.

이에 대하여 대상 판결은 피해자가 가등기명의자인 공소외 8, 9 회사를 상대로 가등기의 원상회복을 구하는 소송을 제기한다고 하더라도 그 소송에서 승소하리라고 장담할 수 없고, 피해자의 가등기이전청구권이 이행불능에 빠질 위험성은 발생하였으므로 배임죄가 성립한다고 판단하였나.

그러나 판례에 의하면, 피고인이 가등기를 공소외 8, 9 주식회사에 이전하였다면 그 즉시 배임죄가 성립한다. 피고인들이 공소외 8, 9 주식회사로부터 가등기를 다시 양수하거나, 피해자가 가등기의 원상회복을 명하는 판결을 받아 피해자 앞으로 가등기를 이전할 수 있다고 하더라도 그것은 이미 발생한 손해의 회복에 지나지 않는다. 대상 판결의 이 부분 판시는 이 둘을 혼동한 것이다.

5. 한편 대상 판결은 배임행위로 얻은 재산상 이익의 일정한 액수 자체를 가중적 구성요건으로 규정하고 있는 특정경제범죄 가중처벌등에 관한법률 제3조 제1항에서 이득액의 산정에 관하여 판시하고 있다. 위 법률의 적용을 전제로 하여 이중매매 대상이 된 부동산 가액을 산정하는 경우, 부동산에 아무런 부담이 없는 때에는 부동산 시가 상당액이 곧 가액이라고 볼 것이지만, 부동산에 근저당권설정등기가 경료되어 있거나 압류 또는 가압류 등이 이루어진 때에는 특별한 사정이 없는 한 아무런 부담이 없는 상태의 부동산 시가 상당액에서 근저당권의 채권최고액 범위 내에서 피담보채권액, 압류에 걸린 집행채권액, 가압류에 걸린 청구금액 범위 내에서 피보전채권액 등을 뺀 실제 교환가치를 부동산 가액으로 보아야 한다고 한다. 대상 판결이 이득액의 산정에 관하여 전체가치설이 아닌 실질가치설을 취한 것은 타당하다.

6. 원심은, 피고인의 배임행위로 인한 이득액을 산정하면서 이 사건 근저당권의 채권최고액 범위 내에서 피담보채권액뿐만 아니라 가등기에 앞서 설정된 각 근저당권의 채권최고액 범위 내에서 피담보채권액이나 가압류에 걸린 청구금액 범위 내에서 피보전채권액 등을 모두 공제하여야 하는데도 이를 공제하지 않았다.

대상 판결은 그것을 공제하여도 특정경제범죄가중처벌등에관한법률 제3조 제1항의 적용할 수 있다면 이러한 잘못은 판결 결과에 영향이 없다고 하였다. 타당하다.

7. 대상 판결 중 일부에는 찬성하지 않는다.

070

토지허가구역 내 토지를 매도하고도 이를 제3자에게 임의로 처분한 사건

대법원 2011. 6. 30. 선고 2011도614 판결 [배임]

사실 관계

피고인은 부동산 매매업자인 피해자에게 구 국토의계획및이용에관한 법률에서 정한 토지거래허가구역 내 토지를 매도하면서, 매수인 명의를 자신이 운영하는 회사 직원 乙로 하고, 등기는 토지거래허가구역 내에 거주하고 있는 丙 명의로 경료하기로 하고 매매대금을 수령하였다.

그런데, 피고인은 위 토지가 허가구역 지정에서 해제되자 피해자에게 소유권이전등기를 경료해주지 않고 제3자에게 임의로 처분하였다.

재판 진행

검사는 피고인을 배임죄로 기소하였다. 원심은 이 사건 공소사실에 대해 유죄로 판단하였다.[76] 피고인이 상고하였다. 대법원은 원심판결을 파기하고, 사건을 원심법원으로 환송하였다.

판시 사항

구 국토의 계획 및 이용에 관한 법률에서 정한 토지거래계약 허가구역 내 토지에 관하여 허가를 배제하거나 잠탈하는 내용으로 체결된 매매계약의 효력(=확정적 무효) 및 정상적으로는 토지거래허가를 받을 수 없는 계약을 허가받을 수 있도록 계약서를 허위로 작성하는 행위가 '허

---

76) 광주지법 2010. 12. 28. 선고 2010노2002 판결.

가의 배제·잠탈 행위'에 포함되는지 여부(적극)

판결 요지

[1] 구 국토의 계획 및 이용에 관한 법률에서 정한 토지거래계약 허가구역 내 토지에 관하여 허가를 배제하거나 잠탈하는 내용으로 매매계약이 체결된 경우에는 법 제118조 제6항에 따라 그 계약은 체결된 때부터 확정적으로 무효이다. 이러한 '허가의 배제나 잠탈 행위'에는 토지거래허가가 필요한 계약을 허가가 필요하지 않은 것에 해당하도록 계약서를 허위로 작성하는 행위뿐만 아니라, 정상적으로 토지거래허가를 받을 수 없는 계약을 허가를 받을 수 있도록 계약서를 허위로 작성하는 행위도 포함된다.

[2] 토지거래허가에 필요한 거주요건을 갖추지 못한 피해자가 허가요건을 갖춘 丙 명의로 허가를 받으려는 의사로 토지매매계약을 체결한 이상, 이와 같은 행위는 처음부터 토지거래허가를 잠탈한 경우에 해당하고, 따라서 위 계약은 처음 체결된 때부터 확정적으로 무효이므로 피고인의 행위가 배임죄를 구성한다고 보기 어렵다고 한 사례.

판결 평석

1. 대상 판결은 피고인이 토지거래허가구역 안에 있는 토지를 피해자에게 매도하고 매매대금까지 모두 수령하고도, 위 토지가 허가구역 지정에서 해제되자 피해자에게 소유권이전등기를 경료해주지 않고 제3자에게 임의로 매도한 사안을 다루고 있다.

판례는 매도인인 피고인이 제1매수인으로부터 중도금을 받은 후 그 부동산을 이중매도한 경우에는 배임죄가 성립한다는 태도를 고수하고 있다. 이 사안에서 피고인은 피해자로부터 잔금까지 수령하였으므로 일반적인 부동상 이중매매의 사안과 비교하면 죄질이 더 나쁘다고 할 수 있다. 다만 이 사건 토지가 토지거래허가구역 내에 있다는 점에 특징이 있다.

296 배임죄 판례 백선

2. 원심은 피고인이 피해자와 체결한 매매계약이 처음부터 허가를 배제하거나 잠탈하는 내용의 계약이라고 볼 수 없으므로 유동적 무효 상태에 있다가 토지거래허가구역 지정이 해제된 후 확정적 유효로 되었으므로 피고인의 행위는 배임죄를 구성한다고 판단하였다.

반면 대상 판결은, 법상 토지거래허가에 필요한 거주요건을 갖추지 못한 피해자가 허가요건을 갖춘 사람 명의로 토지거래허가를 받으려는 의사로 이 사건 토지거래계약을 체결한 행위는 토지거래허가를 잠탈한 경우에 해당하여, 계약을 처음 체결할 때부터 확정적으로 무효이므로 위 토지를 임의로 처분한 피고인의 행위는 배임죄를 구성하지 않는다고 판단하였다.

3. 원심 판결이나 대상 판결은 모두 토지거래허가구역 내 토지 매매계약이 나중에라도 확정적으로 유효하면 피고인은 피해자에게 소유권이전등기의무를 부담하고, 처음부터 확정적으로 유효하면 소유권이전등기의무를 부담하지 않으므로, 그에 따라 배임죄의 성립 여부가 달라진다고 판단한 점에는 일치하고, 다만 토지거래허가구역 내 토지에 대한 매매계약의 효력에 관하여 달리 판단하고 있다.

4. 판례는 부동산 소유권이전등기의무를 이행하지 아니한 행위에 대하여 배임죄가 성립한다고 하므로, 부동산 소유권이전등기의무가 유효하지 않다면 배임죄가 성립하지 않는다고 할 수 있다. 그러나 과연 임무위배행위의 민사상 유무효에 따라 배임죄 성립 여부가 좌우되는 것이 타당한지는 의문이다. 대상 판결에 찬성하지 않는다.

071

영업상 주요한 자산이 아닌 자료를 반출한 사건

대법원 2011. 6. 30. 선고 2009도3915 판결 [업무상 배임]

사실 관계

피고인들은 甲 회사를 퇴사하면서 i-mobisses라는 텔레매틱스 단말기에 관한 회로도, 부품리스트, 다운로드 매뉴얼, 테스트 매뉴얼, 소프트웨어, 사양서(이하 '이 사건 자료'라고 한다) 등이 저장되어 있는 CD와 컴퓨터를 반출하였다.

甲 회사는 이 사건 단말기를 제조하여 일본에 판매하였는데, 위 제품에는 GPS 위성과 통신회사의 고객 센터를 통한 원격위치확인, 원격도난제어 · 침입감지기능, 원격도어개폐기능, 기울기감지기능, 배터리 탈거 · 방전 보고기능 등이 들어있었다.

재판 진행

검사는 피고인들을 업무상배임죄로 기소하였다. 원심은 공소사실을 유죄로 판단하였다.[77] 피고인들이 상고하였다. 대법원은 원심판결을 파기하고, 사건을 원심법원에 환송하였다.

판시 사항

[1] 회사 직원이 무단으로 자료를 반출하는 행위를 업무상배임죄로 의율하기 위해서는 위 자료가 '영업상 주요한 자산'에 해당하여야 하는지 여부(적극)

---

77) 서울고법 2009. 4. 23. 선고 2008노2107 판결.

[2] 피고인들이 甲 회사를 퇴사하면서 甲 회사가 제조·판매하는 특정 단말기에 관한 기술 자료 등이 저장된 CD와 컴퓨터를 반출하였다고 하여 업무상배임으로 기소된 사안에서, 위 자료가 甲 회사의 '영업상 주요한 자산'에 해당한다고 볼 수 없는데도, 이와 달리 판단한 원심판결에 법리오해의 위법이 있다고 한 사례.

판결 요지

[1] 회사 직원이 경쟁업체 또는 자신의 이익을 위하여 이용할 의사로 무단으로 자료를 반출하는 행위를 업무상배임죄로 의율할 때에는, 위 자료가 반드시 영업비밀에 해당할 필요까지는 없더라도, 적어도 불특정 다수인에게 공개되어 있지 않아 보유자를 통하지 아니하고는 이를 입수할 수 없고 보유자가 자료 취득이나 개발을 위해 상당한 시간, 노력 및 비용을 들인 것으로 이를 통해 경쟁상 이익을 얻을 수 있는 정도의 '영업상 주요한 자산'에 해당할 것을 요한다.

[2] 이 사안에서, 기술 자료 중 회로도는 이미 공개되어 있는 표준회로도와 매우 유사하고, 단말기는 피고인들이 자료 반출 당시 이미 판매되고 있었으며, 단말기를 구성하는 부품 자체는 모두 공지된 것이어서 자료의 부품리스트를 쉽게 알아낼 수 있었던 것이고, 다운로드 매뉴얼과 테스트 매뉴얼 및 사양서는 제품의 하드웨어 구조와 소프트웨어 기능이 확정되면 작성될 수 있는 것이어서, 위 자료는 불특정 다수인에게 공개된 것이 아니라거나 보유자가 자료 취득·개발을 위해 상당한 시간, 노력 및 비용을 들인 것으로 이를 통해 경쟁상 이익을 얻을 수 있는 정도에 이르렀다고 할 수 없으므로 이를 甲 회사의 '영업상 주요한 자산'에 해당한다고 볼 수 없다고 한 사례.

판결 평석

1. 판례는 기업의 업무상 비밀을 외부로 유출하지 않을 것을 서약한 직원이 경제적 대가를 얻기 위하여 경쟁업체에 이를 유출하는 행위를 피해자와의 신임관계를 저버리는 행위로서 업무상배임죄에 해당한다고

한다. 그러한 서약을 하지 않았더라도 퇴직한 임직원이 영업비밀을 반환하거나 폐기하지 않고 경쟁업체에 유출하거나 스스로의 이익을 위하여 이용할 목적으로 이를 반환하거나 폐기하지 아니하였다면 역시 업무상배임죄에 해당한다고 한다. 그리고 반환 또는 폐기의 대상인 업무상비밀은 기업에서 영업비밀로 관리하여 직원에게 비밀유지의무를 부여하고 있는 정보인 영업비밀뿐만 아니라 영업상 주요한 자산도 업무상배임죄의 대상이 된다고 한다.

 2. 대상 판결도 이러한 판례에 따라 피고인들을 업무상배임죄로 처벌하기 위해서는 피고인들이 무단으로 반출한 자료가 반드시 영업비밀에 해당할 필요까지는 없더라도, 적어도 불특정 다수인에게 공개되어 있지 않아 보유자를 통하지 아니하고는 이를 입수할 수 없고 보유자가 자료 취득이나 개발을 위해 상당한 시간, 노력 및 비용을 들인 것으로 이를 통해 경쟁상 이익을 얻을 수 있는 정도의 '영업상 주요한 자산'에 해당할 것을 요한다고 한다. 이 사안에서 원심은 피고인들이 반출한 자료가 영업상 주요한 자산에 해당한다고 판단하였지만, 대상 판결은 이를 부정하였다.

 대상 판결은, 이 사건 단말기가 생산되기 전에 이미 여러 가지 기술이 특허공보 또는 실용실안공보에 게재되어 있었고, 甲 회사는 텔레매틱스 단말기 관련 기술에 대하여 특허출원을 하였으나 외국에서 공개된 특허로 인하여 그 특허출원이 거절된 적이 있으며, 이 사건 단말기는 외국에서 판매하는 공지되어 있는 부품을 사용하고 있었고, 이 사건 단말기의 회로도는 이미 공개되어 있는 표준회로도 등과 유사하고, 이 사건 단말기에 관한 다운로드 매뉴얼 등은 甲 회사가 독자적으로 개발한 프로그램은 아니었으며, 이 사건 단말기의 사양서는 위 제품에 대한 전반적인 이해를 돕기 위하여 제공되는 문서로서 그 기능과 대략적인 구성만을 기재하고 있는 것으로 영업상 주요한 자산에 해당하지 않는다고 판단하였다.

3. 대상 판결을 비롯한 영업비밀 반출형 배임죄에 관한 판례에 찬성하기 어렵다.

배임죄는 재산상 이익을 대상으로 하는 범죄이다. 그러므로 피고인의 행위가 배임죄를 구성하는지 여부를 판단하기 위해서는, 피고인이 반출한 것이 영업비밀에 해당하거나 영업상 주요한 자산인지만을 따질 것이 아니라, 그것이 재산상 이익이 있는지를 따져야 한다. 재산상 이익과 무관하다면 아예 배임죄의 객체가 될 수 없다. 만약 피고인이 반출한 자료가 재산상 이익이 있는 것이라면, 그로 인하여 피고인이 재산상 이익을 취득하고 회사에 손해를 가하였는지를 판단하여야 한다. 이것이 배임죄 구성요건의 판단순서에 맞다. 물론 영업비밀이나 영업상 주요한 자산은 대부분 재산상 이익이 있는 것이 보통이다. 그렇다고 하여 재산상 이익에 해당하는지에 관한 언급 없이 그것이 영업상 주요한 자산에 해당하는지 여부에 따라 배임죄의 성립 여부를 달리한다는 판단은 배임죄의 객체에 대한 오해를 불러일으킬 소지가 있다.

4. 영업비밀 반출형 배임죄에 관한 판례는 배신행위만 있으면 손해를 가하는 결과를 필요로 하지 않았던 초창기 독일의 배임죄의 해석에 머물러 있다. 그러나 우리 배임죄는 배임행위뿐만 아니라 그로 인하여 손해의 발생, 나아가 이익의 취득까지 필요로 한다. 대상 판결을 비롯한 관련 판례는 타당하지 않다. 우리 배임죄 규정에 맞게 해석하여야 할 필요가 있다.

072

주식매수인이 명의개서를 할 수 있도록 협조하지 않고 주식을 제3자에게 처분한 사건

대법원 2011. 5. 13. 선고 2010도16391 판결 [배임]

사실 관계

피고인이 공소외 주식회사로부터 자문료 명목으로 받은 주권 발행 전의 주식 13,000주를 피해자 회사에 6,500만 원에 매도하고 5,350만 원을 교부받았다.

그러나 피고인은 피해자 회사가 이 사건 주식에 대하여 명의개서를 받을 수 있도록 협조하지 아니하고 이 사건 주식을 공소외 회사에 반환하였다.

재판 진행

검사는 피고인의 행위로 인하여 피고인은 5,350만 원 상당의 재산상 이익을 취득하고, 피해자 회사에 동액 상당의 재산상 손해를 가하였다고 하여 피고인을 배임죄로 기소하였다. 원심은 이 사건 공소사실에 대해 무죄로 판단하였다.[78] 검사가 상고하였다. 대법원은 상고를 기각하였다.

판시 사항

[1] 배임죄 구성요건 중 '본인에게 손해를 가한 때'의 의미

[2] 이 사안에서, 피고인이 乙 회사에 현실적인 손해를 가하였거나 재산상 실해 발생의 위험을 초래하였다고 보기 어렵다고 한 사례.

---

78) 서울서부지법 2010. 11. 16. 선고 2010노989 판결.

판결 요지

배임죄가 성립하려면 경제적 관점에서 파악하여 배임행위로 인하여 본인에게 현실적인 손해를 가하였거나 재산상 실해 발생의 위험을 초래하였다고 인정되어야 한다. 피해자 회사가 이 사건 주식을 적법하게 양수하였다면 피고인의 협력 없이 단독으로 위 주식 양수 사실을 증명하여 공소외 회사에 대하여 명의개서 청구를 하는 등 자신이 적법한 주주임을 주장할 수 있고, 주식 양도인인 피고인에게는 명의개서 청구권이 없으므로 피고인에게 피해자 회사의 명의개서 절차에 협조할 의무가 있다고 보기 어렵고, 피고인이 주식 양도 후 임의로 공소외 회사에 그 주식을 반환한다는 의사표시를 하여도 이는 무권한자의 행위로서 아무런 효력이 없어 피해자 회사가 자신이 여전히 적법한 주주임을 주장하는 데에 아무런 장애가 없으므로, 이로써 피고인이 피해자 회사에 현실적인 손해를 가하였거나 재산상 실해 발생의 위험을 초래하였다고 보기 어렵다.

판결 평석

1. 이 사건에서, 피고인은 주권이 발행되지 않은 이 사건 주식을 피해자 회사에게 매도하고도 명의개서를 해주지 않고 공소외 회사에 반환해 버렸다. 대상 판결은 이러한 행위로 인하여 피해자 회사에 현실적인 손해를 가하였거나 재산상 실해 발생의 위험을 초래하였다고 보기 어렵다고 판단하였다. 그러나 이 사건은 손해의 발생을 따지기 전에 피고인이 타인의 사무를 처리하는 자의 지위에 있는지를 먼저 따져볼 필요가 있다.

2. 주권발행 전에 한 주식의 양도는 회사에 대하여 효력이 없다. 그러나 회사 성립 후 또는 신주의 납일기일 후 6개월이 경과한 때에는 그러하지 아니하다(상법 제335조 제3항). 따라서 주권발행 전에 한 주식의 양도가 회사 성립 후 6개월이 경과한 후에 이루어진 때에는 당사자의

의사표시만으로 회사에 대하여 효력이 있고, 주식양수인은 특별한 사정이 없는 한 양도인의 협력을 받을 필요 없이 단독으로 자신이 주식을 양수한 사실을 증명함으로써 회사에 대하여 명의개서를 청구할 수 있다 (대법원 2019. 4. 25. 선고 2017다21176 판결).

이 사건에서 피해자 회사는 피고인의 협력을 받을 필요 없이 단독으로 이 사건 주식에 대한 명의개서를 청구할 수 있고, 피고인이 피해자 회사로부터 무슨 임무를 위임받은 것도 없고 대행할 사무도 없다. 그렇다면 피고인이 피해자 회사와의 관계에서 타인의 사무를 처리하는 자에 해당한다고 볼 수 없다.

3. 대상 판결은 피고인의 행위로 인하여 피해자 회사에 현실적인 손해를 가하였거나 재산상 실해 발생의 위험을 초래하지 않았다고 하지만, 그 이전에 피고인은 명의개서 절차에 협조할 의무가 없으므로 타인의 사무를 처리하는 자의 지위에 있지 않아 배임죄가 성립하지 않는다고 판단하는 것이 논리적이다.

대상 판결의 결론에 찬성하지만, 이유에는 찬성하지 않는다.

073

부동산 매매계약을 체결하면서 소유권을 먼저 이전받고 매매대금을 나중에 지급하기로 약정한 매수인이 그 부동산을 담보로 하여 제3자로부터 금원을 차용한 사건

대법원 2011. 4. 28. 선고 2011도3247 판결 [배임·사기]

2014년 제3회 변호사시험 출제

사실 관계

피고인은 피해자로부터 이 사건 임야를 매매대금 1억 4,600만 원에 매수하였다.

피고인은 당시 계약금 3천만 원을 지급하는 즉시 피고인 앞으로 소유권이전등기를 하되, 잔금은 피해자의 책임 아래 형질변경과 건축허가를 받으면 15일 내에 이 사건 임야를 담보로 하여 대출을 받음과 동시에 지급하기로 약정하였다.

피고인은 약정에 따라 피해자에게 계약금 3천만 원을 지급하고 피고인 앞으로 이 사건 임야에 대해 소유권이전등기를 하였다. 그러나 피고인은 공소외 2에게 채권최고액 7천만 원의 근저당권을 설정하고, 공소외 3에게 채권최고액 2억 원의 근저당권을 설정해 주었다.

재판 진행

검사는 피고인을 배임죄와 사기죄로 기소하였다. 원심은 이 사건 사기죄에 대해 유죄로 판단하고, 배임죄에 대하여는 무죄로 판단하였다.[79] 피고인과 검사가 각 상고하였다. 대법원은 상고를 모두 기각하였다.

---

79) 부산지법 2011. 2. 11. 선고 2010노3186, 4431 판결.

부동산매매에서 미리 소유권을 이전받은 매수인이 목적물을 담보로 제공하는 방법으로 매매대금을 마련하여 매도인에게 제공하기로 약정한 경우, 위 매수인이 배임죄상 '타인의 사무를 처리하는 자'에 해당하는지 여부(소극)

판결 요지

일정한 신임관계의 고의적 외면에 대한 형사적 징벌을 핵심으로 하는 배임의 관점에서 보면, 부동산매매에서 매수인이 대금을 지급하는 것에 대하여 매도인이 계약상 권리의 만족이라는 이익이 있다고 하여도 대금의 지급은 어디까지나 매수인의 법적 의무로서 행하여지는 것이고, 그 사무의 처리에 관하여 통상의 계약에서의 이익대립관계를 넘는 신임관계가 당사자 사이에 발생한다고 할 수 없다. 따라서 그 대금의 지급은 당사자 사이의 신임관계에 기하여 매수인에게 위탁된 매도인의 사무가 아니라 애초부터 매수인 자신의 사무라고 할 것이다.

또한 매도인이 대금을 모두 지급받지 못한 상태에서 매수인 앞으로 목적물에 관한 소유권이전등기를 경료하였다면, 이는 법이 동시이행의 항변권 등으로 마련한 대금 수령의 보장을 매도인이 자신의 의사에 기하여 포기한 것으로서, 다른 특별한 사정이 없는 한 대금을 받지 못하는 위험을 스스로 인수한 것으로 평가된다. 그리고 그와 같이 미리 부동산을 이전받은 매수인이 이를 담보로 제공하여 매매대금 지급을 위한 자금을 마련하고 이를 매도인에게 제공함으로써 잔금을 지급하기로 당사자 사이에 약정하였다고 하더라도, 이는 기본적으로 매수인이 매매대금의 재원을 마련하는 방편에 관한 것이고, 그 성실한 이행에 의하여 매도인이 대금을 모두 받게 되는 이익을 얻는다는 것만으로 매수인이 신임관계에 기하여 매도인의 사무를 처리하는 것이 된다고 할 수 없다.

1. 판례는 부동산에 대한 매매계약을 체결하고 중도금까지 수령한 단계에 이른 매도인에게는 제1매수인에 대한 등기협력의무 또는 재산보전협력의무가 있고, 그러한 의무를 부담하고 있는 매도인은 타인인 제1매수인의 사무를 처리하는 자로서 배임죄의 행위주체가 될 수 있고, 매도인이 그 임무를 위배하여 그 부동산을 제3자에게 이중으로 매도하면 배임죄가 성립한다고 한다.

그런데 등기협력의무는 제1매수인을 위한 사무는 될 수 있어도 제1매수인의 사무가 아니라는 비판이 제기되었고, 그러한 점을 의식하였는지 대법원 2018. 5. 17. 선고 2017도4027 전원합의체 판결은 매도인에게는 제1매수인에 대한 등기협력의무를 언급하지 않고 재산보전협력의무가 있다고 판시하였다.

2. 이 사안은 부동산 매도인이 배임죄로 기소된 사안이 아니라, 매매계약을 체결한 후 계약금만 지급하고 잔금을 지급하기 전에 소유권이전등기를 먼저 경료한 매수인이 그 부동산에 근저당권을 설정하였다고 하고도 매도인에게 잔금을 지급하지 아니하여 배임죄로 기소된 사안이다. 이 사안에서 매수인에게 등기협력의무는 있을 수 없다. 그러나 매도인이 제1매수인에 대하여 재산보전협력의무가 있다고 하면, 매수인 역시 매도인에 대하여 재산보전협력의무가 있다고 해야 균형이 맞다.

그러나 대상 판결은 매매대금을 지급하는 것은 매수인의 법적 의무로서 행하는 매수인 자신의 사무이고, 그 사무의 처리에 관하여 통상의 계약에서의 이익대립관계를 넘는 신임관계가 존재하는 것도 아니므로, 매수인은 타인의 사무를 처리하는 자에 해당하지 않는다고 판단하였다.

3. 이 사안의 본질은 매수인이 계약금을 지급하고 소유권이전등기를 마친 후 잔금을 지급하겠다고 약속하였으므로 매도인에게 잔금을 지급할 의무가 있는데도, 그 의무를 이행하지 않았다는 것이다. 피고인이 민사상 채무를 이행하지 않았다고 하여 배임죄로 처벌할 수 없다. 부동산

을 이중매매한 매도인 역시 소유권이전등기의무를 부담하는 민사상 채무자에 불과하다고 보면, 그 의무를 이행하지 않고 제3자에게 이중으로 매도하였다고 배임죄가 성립한다고 할 수 없을 것이다. 대상 판결은 부동산 이중매매에 관한 판례의 부당성을 여실히 드러내고 있다.

4. 대상 판결의 결론에는 찬성한다.

074

재산상 손해를 야기한 임무위배행위가 동시에 재산상 이익을 가져온 경우 손해액의 산정

대법원 2011. 4. 28. 선고 2009도14268 판결
[특정경제범죄가중처벌등에관한법률위반(배임)·모해위증·무고]

사실 관계

피고인이 甲과 공동으로 토지를 매수하여 그 지상에 물류창고 사업을 하는 내용의 동업약정을 체결하고, 동업재산이 될 토지에 관하여 매매대금 8억 7,900만 원으로 하는 매매계약을 체결한 다음 매도인에게 계약금 1억 원을 지급하였다. 당시 계약금 중 2,000만 원은 피고인이, 8,000만 원은 甲이 부담하였다.

그런데 피고인은 위 토지에 대한 공장설립허가가 나오자 甲 몰래 매도인과 사이에 위 매매계약을 해제하고 甲을 배제하는 내용의 새로운 매매계약을 체결한 다음 이 사건 토지를 담보로 제공하고 대출을 받아 매도인에게 잔금을 납부하고, 피고인이 운영하던 乙 회사와 피고인의 아버지 丙 앞으로 소유권이전등기를 마쳤다.

재판 진행

검사는 피고인을 특정경제범죄가중처벌등에관한법률위반(배임)죄 등으로 기소하였다. 원심은 이 사건 공소사실을 유죄로 판단하였다.[80] 피고인이 상고하였다. 대법원은 원심판결을 파기하고, 사건을 원심법원에 환송하였다.

---

80) 서울고법 2009. 12. 2. 선고 2009노2007 판결.

[1] 이 사안에서, 배임죄의 피해자를 동업체인 '조합'이 아닌 '甲'이라고 본 원심판단에 법리오해의 위법이 있다고 한 사례.

[2] 배임죄나 업무상배임죄에서 재산상의 손실을 야기한 임무위배행위가 동시에 그 손실을 보상할 만한 재산상의 이익을 준 경우, '재산상 손해'의 유무(소극)

[3] 이 사안에서, 피고인이 얻은 이득액 및 피해자인 조합이 입은 손해액을 위 토지의 매수대금 상당액으로 본 원심판단에 법리오해의 위법이 있다고 한 사례.

[1] 이 사안에서 피고인과 甲은 2인 이상이 상호출자하여 공동사업을 경영할 것을 내용으로 하는 민법 제703조가 정한 조합계약을 체결한 것이고, 피고인은 부동산의 소유권이전등기 등 업무에 관하여 동업체인 조합에 대하여 선량한 관리자의 주의로 사무를 처리해야 할 의무가 있으므로(민법 제707조, 제681조), '조합의 사무를 처리하는 자'의 지위에 있다고 할 것인데도 그 임무에 위배하여 위와 같이 소유권이전등기를 마침으로써 위 '조합'에 대한 배임행위를 한 것으로 보아야 한다는 이유로, 피해자를 '甲'이라고 본 원심판단에 배임죄의 피해자 특정에 관한 법리오해의 위법이 있다고 한 사례.

[2] 배임죄나 업무상배임죄에서 '재산상의 손해를 가한 때'란 현실적인 손해를 가한 경우뿐만 아니라 재산상 실해 발생의 위험을 초래한 경우도 포함되고, 재산상 손해의 유무에 대한 판단은 법률적 판단에 의하지 아니하고 경제적 관점에서 파악하여야 하지만, 여기서 재산상의 손해를 가한다는 것은 총체적으로 보아 본인의 재산상태에 손해를 가하는 경우, 즉 본인의 전체적 재산가치의 감소를 가져오는 것을 말하므로 재산상의 손실을 야기한 임무위배행위가 동시에 그 손실을 보상할 만한 재산상의 이익을 준 경우, 예컨대 배임행위로 인한 급부와 반대급부가

상응하고 다른 재산상 손해(현실적인 손해 또는 재산상 실해 발생의 위험)도 없는 때에는 전체적 재산가치의 감소, 즉 재산상 손해가 있다고 할 수 없다.

[3] 이 사안에서, 피해자인 조합으로서는 장차 취득할 것이 기대되었던 토지의 가치에 상응하는 재산이 감소되었지만 다른 한편으로는 토지의 잔금지급의무를 면하게 되었으므로 토지의 매수대금 상당액이 위 배임행위로 인하여 조합이 입게 된 재산상 손해액에 해당한다고 할 수는 없는데도, 피고인이 얻은 이득액 및 피해자가 입은 손해액을 토지의 매수대금 상당액으로 인정하여 피고인을 특정경제범죄가중처벌등에관한법률위반(배임)죄로 의율한 원심판단에 배임죄의 재산상 손해액에 관한 법리오해의 위법이 있다고 한 사례.

판결 평석

1. 원심은 피고인의 배임행위로 인하여 동업자인 甲에게 이 사건 토지의 매수대금인 8억 7,900만 원 상당의 재산상 손해를 가하였다고 판단하였다.

이에 대하여 대상 판결은, 먼저 피고인과 甲이 상호출자하여 공동사업을 경영할 것을 내용으로 하는 민법 제703조가 정한 조합계약을 체결한 것이고, 피고인이 분담한 부동산의 소유권이전등기 등 업무에 관하여 피고인은 동업체인 조합에 대하여 선량한 관리자의 주의로써 그 사무를 처리할 의무가 있으므로, 피고인은 '조합의 사무를 처리하는 자'의 지위에 있음에도 불구하고 그 임무에 위배하여 위와 같이 소유권이전등기의무를 마침으로써 조합에 대한 배임행위를 하였다고 보아야 한다고 판단하였다.

나아가 대상 판결은 피해자인 조합은 장차 취득할 것이 기대되었던 이 사건 토지의 가치에 상응하는 재산이 감소되었지만 다른 한편으로는 토지의 잔금지급의무를 면하게 되었으므로 토지의 매수대금 상당액이 위 배임행위로 인하여 조합이 입게 된 재산상 손해액에 해당한다고 할 수 없으므로, 피고인의 배신행위로 인하여 조합의 전체적 재산가치의 감소가 있었는지를 살펴서 재산상 손해액을 인정하여야 한다고 판단하였다.

2. 배임죄에서 재산상의 손해를 가한다는 것은 총체적으로 보아 본인의 재산상태에 손해를 가하는 경우, 즉 본인의 전체적 재산가치의 감소를 가져오는 것을 말한다. 따라서 재산상의 손실을 야기한 행위가 동시에 그 손실을 보상할 만한 재산상의 이익을 준 경우에는 전체적 재산가치의 감소, 즉 재산상 손해가 없다.

3. 그런데도 원심이 피고인의 배임행위로 조합이 입은 손해를 이 사건 토지의 매수대금 전액이라고 판단한 것은 옳지 않다. 이 점을 지적한 대상 판결에 찬성한다.

075

회사 대표이사가 회사로 하여금 자신이 개인채무에 연대보증을 하게 한 다음, 회사의 자금으로 그 채무를 변제한 사건

대법원 2011. 4. 14. 선고 2011도277 판결

[특정경제범죄가중처벌등에관한법률위반(배임)·특정경제범죄가중처벌등에관한 법률위반(횡령)·상법위반·공정증서원본불실기재·불실기재공정증서원본행사· 증권거래법위반·근로기준법위반·업무상횡령·특정경제범죄가중처벌등에관한 법률위반(사기)]

사실 관계

甲 주식회사의 대표이사 또는 실질적 운영자인 피고인들이 공모하여, 자신들이 채권자 乙에 대해 부담하는 개인채무 190억 원의 지급을 위하여 甲 회사로 하여금 427억 5,000만 원 상당의 약속어음을 공동발행하게 하고 위 채무에 대하여 연대보증하게 하였다.

그 후 피고인들은 甲 회사를 위하여 보관 중인 돈을 임의로 인출하여 乙에게 지급하여 위 채무를 변제하였다.

재판 진행

검사는 피고인들을 특정경제범죄가중처벌등에관한법률위반(배임)죄 등으로 기소하였다. 원심은 이 사건 공소사실에 대해 유죄로 판단하였다.[81] 피고인들이 상고하였다. 대법원은 상고를 모두 기각하였다.

---

81) 서울고법 2010. 12. 23. 선고 2010노1463, 2010노2754 판결.

판시 사항

회사의 사무를 처리하는 자가 회사로 하여금 자신의 채무에 관하여 연대보증채무를 부담하게 한 다음 회사의 자금을 보관하는 자의 지위에서 이를 임의로 인출하여 위 개인채무 변제에 사용한 행위가 배임죄와 별도로 횡령죄를 구성하는지 여부(적극)

판결 요지

[1] 배임죄와 횡령죄의 구성요건적 차이에 비추어 보면, 회사에 대한 관계에서 타인의 사무를 처리하는 자가 임무에 위배하여 회사로 하여금 자신의 채무에 관하여 연대보증채무를 부담하게 한 다음, 회사의 금전을 보관하는 자의 지위에서 회사의 이익이 아닌 자신의 채무를 변제하려는 의사로 회사의 자금을 자기의 소유인 경우와 같이 임의로 인출한 후 개인채무의 변제에 사용한 행위는, 연대보증채무 부담으로 인한 배임죄와 다른 새로운 보호법익을 침해하는 것으로서 배임 범행의 불가벌적 사후행위가 되는 것이 아니라 별죄인 횡령죄를 구성한다고 보아야 하며, 횡령행위로 인출한 자금이 선행 임무위배행위로 인하여 회사가 부담하게 된 연대보증채무의 변제에 사용되었다 하더라도 달리 볼 것은 아니다.

[2] 피고인들이 甲 회사의 돈을 보관하는 자의 지위에서 회사의 이익이 아니라 자신들의 채무를 변제하려는 의사로 회사 자금을 자기의 소유인 경우와 같이 임의로 인출한 후 개인채무의 변제에 사용한 행위는, 약속어음금채무와 연대보증채무 부담으로 인한 회사에 대한 배임죄와 다른 새로운 보호법익을 침해하는 것으로서 배임 범행의 불가벌적 사후행위가 되는 것이 아니라 별죄인 횡령죄를 구성한다.

판결 평석

1. 대상 판결은 이 사건에서 피고인들의 행위를 피고인들이 자신들의 乙에 대한 개인채무 190억 원의 지급을 위하여 피해자 회사로 하여

금 약속어음을 공동발행하게 하고 위 채무에 대하여 연대보증하게 한 행위와 피고인들이 피해자 회사를 위하여 보관 중인 돈을 임의로 인출하여 乙에게 지급하여 위 채무를 변제한 행위로 별개로 구분하여 판단하였다. 나아가 피고인들의 채무변제 행위는 그 이전의 연대보증채무 부담으로 인한 배임죄와 다른 새로운 보호법익을 침해하는 것으로서 배임 범행의 불가벌적 사후행위가 되는 것이 아니라 별죄인 횡령죄를 구성한다고 판단하였다.

2. 불가벌적 사후행위는 절도, 횡령 등의 영득죄에서 범죄완성 후에도 위법상태가 계속되는 것이 처음부터 예상되고 도품 등의 사후이용·처분행위가 그 위법상태의 범위 내에 포함된다고 인정되는 경우 주된 범죄의 범죄구성요건에 의하여 이미 포괄적인 평가를 받은 것이다. 따라서 그 사후행위가 설사 다른 구성요건을 충족하는 경우라 하더라도 별죄를 구성하지 않는 것을 말한다. 이때 '별죄를 구성하지 않는다'는 것은 그 행위 자체만으로 완전히 구성요건에 해당하고 위법·유책인 행위이지만, 그것이 주된 범행에 의하여 포괄적인 평가를 이미 받았다거나 주된 범행과 함께 처벌받은 것으로 평가받기 때문에 별죄로서 처벌할 필요가 없는 것을 의미한다. 대상 판결은 이 사안에서 피고인들의 변제 행위가 이미 성립한 약속어음 발행으로 인한 배임죄의 불가벌적 사후행위에 해당하지 않는다고 판단하였다.

3. 배임죄를 위험범이라는 보는 견해에 따르면, 피고인들이 임무를 위배하여 피해자 회사가 연대보증채무를 부담하게 되면 재산상 손해가 발생한 것으로 보아 배임죄가 완성되었다고 평가하고, 그 후 피고인이 피해자 회사의 금전을 인출한 것은 새로운 보호법익을 침해하는 횡령죄를 구성한다고 파악할 여지가 있다.

그러나 배임죄를 침해범이라고 보는 견해에 따르면, 피고인들이 피해자 회사로 하여금 연대보증채무를 부담하게 하였더라도 피해자 회사가 그 채무를 현실적으로 변제할 때 비로소 재산상 손해가 발생하여 배임죄가 성립된다. 따라서 피고인들이 피해자 회사의 현금을 인출한 것은 배임죄의 구성요건을 완성하는 행위에 불과하다. 그렇다면 이것만 떼어내어 별도의 횡령죄가 성립된다고 할 수 없을 뿐 아니라 이것이 불가벌적 사후행위에 해당하는지를 살펴볼 필요도 없다.

4. 대법원 2012. 11. 29. 선고 2012도10980 판결은, 피해자 회사의 대표이사인 피고인이 자신의 채권자에 대한 차용금 60억 원의 채무에 대한 담보로 피해자 회사 명의의 정기예금 60억 원에 질권을 설정해 주고, 그 후 공소외인이 위 차용금채무와 정기예금의 변제기가 도래하자 정기예금 계좌에 입금되어 있던 60억 원을 전액 인출하려고 하자, 피고인이 이에 동의한 사안에서, 피고인의 예금인출 동의행위는 이미 배임행위로 이루어진 질권설정행위의 불가벌적 사후행위에 해당한다고 판단하였다. 대상 판결은 위 판결과도 충돌하고 있다.

5. 대상 판결에 찬성하지 않는다.

076

회사의 임원이 사실상 1인 사원이나 대지분을 가진 사원의 양해를 얻어 임무위배행위를 한 사건

대법원 2011. 3. 10. 선고 2008도6335 판결
[증권거래법위반·특정경제범죄가중처벌등에관한법률위반(배임)·
특정범죄가중처벌등에관한법률위반(조세)·국회에서의증언·
감정 등에관한법률위반(론스타 사건)]

사실 관계

엘에스에프 코리아는 1인 사원인 론스타펀드 III에 의하여 설립된 자산유동화전문 유한회사로서, 부실채권을 기초자산으로 하여 사채권자들에게 자산담보부사채를 발행하고, 사채권자들에 대한 사채상환이 완료된 후 잔여 재산이 있는 경우에 엘에스에프 코리아의 책임재산은 사원에게 분배될 예정에 있었다.

피고인이 대표이사로 있는 허드슨 어드바이저 코리아는 엘에스에프 코리아의 자산관리자이자 론스타 인터내셔널의 자산관리자이기도 하다.

피고인은 엘에스에프 코리아의 수익을 론스타펀드 III의 동의하에 론스타 인터내셔널에 이전하였다.

재판 진행

검사는 피고인을 특정경제범죄가중처벌등에관한법률위반(배임)죄 등으로 기소하였다. 원심은 이 사건 공소사실 중 특정경제범죄가중처벌등에관한법률위반(배임)죄에 대해서는 유죄로 판단하였다.[82] 이 부분에 대해서는 피고인이 상고하였다. 대법원은 피고인의 상고가 이유 없다고

---

82) 서울고법 2008. 6. 24. 선고 2008노518 판결.

하면서, 경합범 관계에 있는 다른 범죄와 함께 파기하였다.

판시 사항

[1] 회사의 임원이 사실상 1인 사원이나 대지분을 가진 사원의 양해를 얻어 임무위배행위를 한 경우, 배임죄의 죄책을 면할 수 있는지 여부(소극)

[2] 甲 회사 및 乙 회사 모두의 자산관리자인 丙 회사의 대표이사 丁이 甲 회사의 1인 사원의 동의를 얻어 甲 회사의 수익을 乙 회사에 불법적으로 이전한 행위가 배임죄를 구성한다고 본 원심판단을 수긍한 사례.

판결 요지

유한회사와 그 사원은 별개의 법인격을 가진 존재로서 동일인이라 할 수 없고 유한회사의 손해가 항시 사원의 손해와 일치한다고 할 수도 없으므로, 1인 사원이나 대지분을 가진 사원이라 하더라도 그 본인인 유한회사에 손해를 주는 임무위배행위를 한 경우에는 배임죄의 죄책을 진다. 따라서 회사의 임원이 그 임무에 위배되는 행위로 재산상 이익을 취득하거나 제3자로 하여금 이를 취득하게 하여 회사에 손해를 가한 경우 그 임무위배행위에 대하여 사실상 1인 사원이나 대지분을 가진 사원의 양해를 얻었다고 하더라도 배임죄의 성립에는 지장이 없다(대법원 1983. 12. 13. 선고 83도2330 전원합의체 판결, 대법원 2006. 11. 9. 선고 2004도7027 판결 등 참조).

판결 평석

1. 대법원 1983. 12. 13. 선고 83도2330 전원합의체 판결은 "배임죄는 타인의 사무를 처리하는 사람이 그 임무에 위배하는 행위로써 재산상의 이익을 취득하거나 제3자로 하여금 취득하게 하여 본인에게 손해를 가함으로써 성립하며, 타인을 위하여 사무를 처리하는 자가 임무위반 행위로써 본인에게 재산상의 손해를 발생케 하였을 때 이 죄가 성립

되는 것이다. 주식회사의 주식이 사실상 1인 주주에 귀속하는 소위 1인 회사에 있어서도 행위의 주체와 그 본인은 분명히 별개의 인격이며, 본인인 주식회사에 재산상 손해가 발생하였을 때 배임죄는 기수가 되는 것이므로, 궁극적으로 그 손해가 주주의 손해가 된다고 하더라도(또 주식회사의 손해가 항시 주주의 손해와 일치한다고 할 수도 없다) 이미 성립한 죄에는 아무 소장이 없다."고 판시하였다.

2. 대상 판결도 위 전원합의체 판결을 인용하여, 유한회사와 그 사원은 별개의 법인격을 가진 존재로서 동일인이라 할 수 없고 유한회사의 손해가 항시 사원의 손해와 일치한다고 할 수도 없으므로, 1인 사원이나 대지분을 가진 사원이라 하더라도 그 본인인 유한회사에 손해를 주는 임무위배행위를 한 경우에는 배임죄의 죄책을 진다고 판시하였다.

3. 그러나 위와 같은 대상 판결이나 위 전원합의체 판결의 논리에는 의문이 있다.

1인 회사는 한 사람의 사원이나 주주에 의하여 소유되고 있는 회사로서, 그 사원과 별개의 법인격을 가지고 있다. 그러나 그 사원의 행위가 회사에 손해를 가하였다고 하더라도 그 손해의 종국적인 귀속자는 행위자인 1인 사원 또는 1인 주주이다. 이와 같이 그 사원 또는 주주가 스스로 손해를 용인하고 한 행위가 임무위배행위에 해당한다거나 배임의 고의가 있다고 판단하여 형사처벌이 가능한지는 의문이다.

4. 대상 판결은 1인 사원과 독립하여 1인 회사 자체를 보호하는 것처럼 보이지만, 궁극적인 이익 또는 손해의 귀속자인 사원의 의사를 무시한 것으로 볼 수 있다. 재검토가 필요하다.

077

동산 이중양도 사건

대법원 2011. 1. 20. 선고 2008도10479 전원합의체 판결 [배임]

2018년 제7회 변호사시험 출제
2015년 제5회 변호사시험 출제
2015년 제4회 변호사시험 출제
2012년 제1회 변호사시험 출제

사실 관계

피고인이 이 사건 인쇄기를 甲에게 135,000,000원에 양도하기로 하고 계약금과 중도금 명목으로 합계 43,610,082원 상당의 원단을 제공받아 이를 수령하였다.

그럼에도 피고인은 그 인쇄기를 자신의 채권자인 乙에게 기존 채무 84,000,000원의 변제에 갈음하여 양도하였다.

재판 진행

검사는 피고인을 배임죄로 기소하였다. 원심은 이 사건 공소사실에 대해 무죄로 판단하였다.[83] 검사가 상고하였다. 대법원은 상고를 기각하였다.

판시 사항

매도인이 매수인으로부터 중도금을 수령한 이후에 매매목적물인 '동산'을 제3자에게 양도하는 행위가 배임죄에 해당하는지 여부(소극)

---

83) 서울남부지법 2008. 10. 22. 선고 2008노745 판결.

[다수의견] (가) 매매와 같이 당사자 일방이 재산권을 상대방에게 이전할 것을 약정하고 상대방이 그 대금을 지급할 것을 약정함으로써 그 효력이 생기는 계약의 경우(민법 제563조), 쌍방이 그 계약의 내용에 좇은 이행을 하여야 할 채무는 특별한 사정이 없는 한 '자기의 사무'에 해당하는 것이 원칙이다.

(나) 매매의 목적물이 동산일 경우, 매도인은 매수인에게 계약에 정한 바에 따라 그 목적물인 동산을 인도함으로써 계약의 이행을 완료하게 되고 그때 매수인은 매매목적물에 대한 권리를 취득하게 되는 것이므로, 매도인에게 자기의 사무인 동산인도채무 외에 별도로 매수인의 재산의 보호 내지 관리 행위에 협력할 의무가 있다고 할 수 없다. 동산 매매계약에서의 매도인은 매수인에 대하여 그의 사무를 처리하는 지위에 있지 아니하므로, 매도인이 목적물을 매수인에게 인도하지 아니하고 이를 타에 처분하였다 하더라도 형법상 배임죄가 성립하는 것은 아니다.

[반대의견] (가) 매매계약의 당사자 사이에 중도금을 수수하는 등으로 계약의 이행이 진행되어 다른 특별한 사정이 없는 한 임의로 계약을 해제할 수 없는 단계에 이른 때에는 그 계약의 내용에 좇은 채무의 이행은 채무자로서의 자기 사무의 처리라는 측면과 아울러 상대방의 재산보전에 협력하는 타인 사무의 처리라는 성격을 동시에 가지게 되므로, 이러한 경우 그 채무자는 배임죄의 주체인 '타인의 사무를 처리하는 자'의 지위에 있고, 이러한 지위에 있는 자가 그 의무의 이행을 통하여 상대방으로 하여금 그 재산에 관한 완전한 권리를 취득하게 하기 전에 이를 다시 제3자에게 처분하는 등 상대방의 재산 취득 혹은 보전에 지장을 초래하는 행위는 상대방의 정당한 신뢰를 저버리는 것으로 비난가능성이 매우 높은 전형적인 임무위배행위에 해당한다.

(나) 동산매매의 경우에도 당사자 사이에 중도금이 수수되는 등으로 계약의 이행이 일정한 단계를 넘어선 때에는 매도인이 매매목적물을 타에 처분하는 행위는 배임죄로 처벌하는 것이 논리적으로 일관되고, 그

와 달리 유독 동산을 다른 재산과 달리 취급할 아무런 이유를 찾아볼 수 없다. 다수의견은 본질적으로 유사한 사안을 합리적 근거 없이 달리 취급하는 것으로서 형평의 이념에 반하며, 재산권의 이중매매 또는 이중양도의 전반에 걸쳐 배임죄의 성립을 인정함으로써 거래상 신뢰관계의 보호에 기여하여 온 대법원판례의 의미를 크게 퇴색시키는 것이다.

[다수의견에 대한 보충의견 1] (가) 일반적으로 모든 계약에는 상대방의 재산상 이익의 보호를 배려할 신의칙상 의무가 포함되어 있다는 점을 감안하면, 계약의 당사자 일방이 배임죄에서 말하는 '타인의 사무를 처리하는 자'에 해당한다고 보기 위해서는, 계약의 당사자 일방이 상대방에게 위와 같은 신의칙상 의무를 부담하는 것에 그치지 않고 더 나아가 계약의 목적이 된 권리를 계약 상대방의 재산으로서 보호 내지 관리하여야 할 의무를 전형적·본질적인 내용으로 하는 신임관계가 형성되었음을 요구한다고 제한적으로 해석하여야 하고, 계약 당사자 일방의 사무 처리가 타인인 계약 상대방의 이익을 위한 것이라고 하더라도 위와 같은 의미의 타인의 사무가 아니라면 그 사무는 자기의 사무이고 그 일방 당사자는 배임죄의 주체인 '타인의 사무를 처리하는 자'에 해당하지 아니하므로 배임죄가 성립할 여지는 없다. 따라서 배임죄의 행위주체인 '타인의 사무를 처리하는 자'의 의미를 그 사무의 본질에 입각하여 제한해석하는 것에 합당한 의미를 부여하지 아니한 채, 채무의 이행이 타인의 이익을 위한다는 측면을 겸비하고 있으면 그 채무자의 배신적 행위는 배임죄를 구성할 수 있다고 확대해석하여 현행 형사법상 범죄로 되지 아니하는 채무불이행과의 구분을 모호하게 하는 것은 죄형법정주의의 관점에서도 엄격히 경계되어야 한다.

(나) 반대의견은 동산 이외에 부동산, 채권, 면허·허가권 등의 다른 유형의 재산에 대한 이중매매 혹은 양도담보로 제공된 동산의 처분행위를 배임죄로 처벌하는 기존 판례의 취지를 동산 이중매매 사안에서도 그대로 원용할 수 있다고 하나, 부동산 이외의 재산의 이중매매 등의 사안은 모두 계약의 목적이 된 권리가 계약의 상대방에게 이전·귀속된 이후의 문제를 다루고 있어 계약의 일방 당사자가 계약의 상대방에게

귀속된 재산권을 보호·관리할 의무를 타인의 사무로 상정하는 데 어려움이 없는 반면, 동산 이중매매의 경우는 아직 계약의 목적이 된 권리가 계약의 상대방에게 이전되기 전인 계약의 이행 과정에서 계약의 일방 당사자의 상대방에 대한 계약상의 권리이전의무의 이행에 관한 사항을 타인의 사무로 취급할 수 있는지의 문제를 다루는 것이어서, '타인의 사무를 처리하는 자'의 인정에 관하여 그 본질적인 구조를 달리하며, 판례가 애초 부동산 이중매매를 우리 형법상 배임죄로 의율하게 된 배경이나 이에 대한 비판적 고려의 여지가 있는 사정 등에 비추어 보면, 배임죄의 성립 여부와 관련하여 부동산과 동산의 이중매매를 단순히 평면적으로 대비하는 것은 법리적으로 적절하지 않다.

(다) 결국 매매거래 일반에 있어 매도인이 제1매수인으로부터 중도금을 수령한 이후에 매매목적물을 이중으로 매도하는 행위가 널리 배임죄를 구성한다는 것을 전제로 하여 동산 이중매매의 경우에도 배임죄가 성립한다고 인정하는 것은, 부동산 이중매매를 배임죄로 인정한 기존 판례가 안고 있는 내재적 한계를 외면하고 형법상 배임죄의 본질에 관한 법리적 오류를 동산의 경우에까지 그대로 답습하는 셈이 되므로 반대의견에는 찬성하기 어렵다.

[다수의견에 대한 **보충의견** 2] 부동산과 동산의 거래 구조상 본질적 차이를 도외시한 채 부동산의 거래에 적용될 수 있는 논리를 동산의 거래에도 그대로 원용하려는 반대의견에는 동의할 수 없고, 오히려 부동산등기절차의 고유한 특성을 매개로 타인의 재산 보호 내지 관리를 위한 협력의무의 존재를 긍정한 기존 판례의 취지를 감안하면 그와 같은 내용의 협력의무를 상정하기 어려운 동산매매의 경우에 매도인은 매수인의 사무를 처리하는 자에 해당하지 않는다고 보는 것이 단순한 채무불이행은 배임죄를 구성하지 않는다는 기본 법리에 보다 충실한 법해석이다.

[반대의견에 대한 **보충의견**] (가) 다수의견에 대한 각 보충의견은 물권변동에 관한 민법상의 입법주의 전환에 지나친 의미를 부여하고 그에 따른 법구성적인 측면의 차이에 불필요하게 구애되어 행위의 실질적 불

법성 내지 '비난가능성'의 측면에 충분히 주목하지 아니함으로써 종전 판례의 진정한 의미를 적절하게 이해하지 못하고 있다.

(나) 판례는 부동산매매에서 매도인의 다양한 채무불이행에 대하여 이를 일반적으로 배임죄로 의율한 바 없으며, 단지 부동산매매계약에서 중도금 지급 등으로 그 계약관계가 일정한 단계에 도달한 경우에 비로소, 그것도 매도인의 배신적 처분행위로 말미암아 매수인의 온전한 권리 취득이 아예 좌절되거나 그에 현저한 장애가 발생한 사안에 한정하여 배임죄를 긍정하여 왔을 뿐이다.

(다) 판례는 부동산을 제외한 다른 재산의 이중매매 등의 사안에서도 매도인의 배임죄를 긍정하여 왔고, 이 역시 수긍할 만한 이유에 기한다. 요컨대 채권자(양도담보의 경우) 또는 채권양수인(채권양도의 경우)이 양도의 목적물을 취득한다는 것만으로 담보권설정자 또는 채권양도인이 채권자(담보권자) 또는 채권양수인에 대하여 '거래관계상 보호되는 신임관계'에 있을 수 있고 따라서 그를 배임죄의 주체가 되는 '타인의 사무를 처리하는 자'에 해당한다고 하는 것도 긍정될 수 있지만, 단지 '계약이행을 완료하기 이전 단계에서의 동산 이중매매의 사안'에서는 이를 긍정할 여지가 없다고는 단연코 말할 수 없다. 판례가 위의 사안들에서 배임죄를 긍정하는 것은 양수인이 이미 권리를 '취득'하였다는 점에 착안한 것이 아니라 각각의 사안유형에 고유한 현저하고 중대한 위험에 대처하기 위한 것이라고 보아야 한다.

(라) 매매에 있어서 매도인의 의무의 구조는 그 목적물이 부동산이든 동산이든 전혀 다를 바 없고, 이중매매에 대하여 배임의 죄책을 인정하는 것이 그러한 의무의 위반행위 중 일정한 양태에 대한 형사법적 평가라고 한다면, 이에 관하여 부동산과 동산을 달리 취급할 이유는 없다. 동산매매에 있어서도 매도인의 의무는 부동산매매에 있어서와 그 구조를 완전히 같이하며, 다만 여기서 매도인의 인도의무는 한편으로 소유권 이전, 다른 한편으로 사용·수익 보장이라는 보다 근원적 의무의 구체적 모습으로 그와 같은 내용을 가지게 되는 것일 뿐이다. 즉, 동산매매에서 매도인의 목적물 인도는 한편으로 소유권이전의무를, 다른

한편으로 많은 경우에 용익보장의무를 이행하는 것으로서, 엄밀하게 말하면 이중의 기능을 수행하게 된다. 여기서 전자의 측면은 부동산매도인의 소유권이전등기의무에, 후자의 측면은 그의 용익보장의무의 한 내용으로서의 인도의무에 대응한다. 따라서 동산매도인도 일정한 단계에 이르면 부동산매도인과 마찬가지로 매수인의 소유권 취득을 위하여 '그의 사무를 처리하는 자'의 지위에 있게 된다고 충분히 볼 수 있고, 또 그렇게 보아야 한다.

판결 평석

　1. 대법원은 부동산 매매계약을 체결하고 계약금과 중도금을 지급받은 매도인은 매수인에게 그 부동산 소유권이전등기의무를 부담하고, 그 의무는 타인인 매수인의 사무에 해당한다고 한다. 그리하여 매도인이 소유권이전등기의무를 이행하지 아니하고 제3자에게 이를 이중으로 매도한 경우에는 이를 배임죄로 처벌하여 왔다. 그리고 매도인이 처리하는 사무는 매수인을 위한 등기협력의무이거나 재산보전협력의무라고 설명하고 있다.

　그러나 대상 판결은 부동산과 달리 동산 이중매매는 배임죄에 해당하지 않는다고 판단한 것이다.

　2. 대상 판결의 다수의견은, 매매와 같이 당사자 일방이 재산권을 상대방에게 이전할 것을 약정하고 상대방이 그 대금을 지급할 것을 약정함으로써 그 효력이 생기는 계약의 경우(민법 제563조), 쌍방이 그 계약의 내용에 좇은 이행을 하여야 할 채무는 특별한 사정이 없는 한 '자기의 사무'에 해당하는 것이 원칙이라고 한다.

　나아가 매매의 목적물이 동산일 경우, 매도인은 매수인에게 계약에 정한 바에 따라 그 목적물인 동산을 인도함으로써 계약의 이행을 완료하게 되고 그때 매수인은 매매목적물에 대한 권리를 취득하게 되는 것이므로, 매도인에게 자기의 사무인 동산인도채무 외에 별도로 매수인의 재산의 보호 내지 관리 행위에 협력할 의무가 있다고 할 수 없다고 한다.

따라서 동산매매계약에서의 매도인은 매수인에 대하여 그의 사무를 처리하는 지위에 있지 아니하므로, 매도인이 목적물을 매수인에게 인도하지 아니하고 이를 타에 처분하였다 하더라도 형법상 배임죄가 성립하는 것은 아니라고 판단하였다.

3. 대법원이 대상 판결의 법리를 부동산 이중매매에도 적용하면, 부동산 매도인이 매수인에 대한 소유권이전등기의무는 자기의 사무에 해당하고, 매도인이 그 부동산을 매수인에게 이전하지 아니하고 이를 타에 처분하였다고 하더라도 배임죄가 성립하지 않는다고 판단하여야 옳다. 그러나 대법원 2018. 5. 17. 선고 2017도4027 전원합의체 판결은 부동산 이중매매에 관하여는 여전히 배임죄로 처벌 가능하다는 종전의 판례를 재확인하였다. 다만 대법원은 2020년에 이르러 부동산 이중매매 또는 부동산 소유권이전등기의무 관련 사안을 제외한 여타 재산권의 이중매매 또는 이중담보 사안에서는 배임죄를 부정하는 취지의 전원합의체 판결을 선고하였다.

4. 대상 판결은 이러한 대법원의 태도 변경을 예고하는 선구적인 판결로 높이 평가하고 싶다.

078

채무담보를 위하여 채권자에게 점유개정의 방법으로 동산을 양도한 후 이를 제3자에게 처분한 사건

대법원 2010. 11. 25. 선고 2010도11293 판결 [배임 · 사기]

대법원 2020. 2. 20. 선고 2019도9756 전원합의체 판결에 의하여 폐기

사실 관계

피고인은 금전채무를 담보하기 위하여 피고인 소유의 동산을 채권자에게 점유개정의 방법으로 양도하였다. 그후 피고인은 그 동산을 제3자에게 처분하였다.

재판 진행

검사는 피고인을 배임죄 등으로 기소하였다. 제1심은 공소사실에 대해 무죄로 판단하였으나, 원심은 제1심을 파기하고 유죄로 판단하였다.[84] 피고인이 상고하였다. 대법원은 상고를 기각하였다.

판시 사항

금전채무를 담보하기 위하여 채무자가 그 소유의 동산을 채권자에게 점유개정에 의하여 양도한 후 이를 처분하는 등 부당히 그 담보가치를 감소시키는 행위를 한 경우, 배임죄가 성립되는지 여부(적극)

판결 요지

금전채무를 담보하기 위하여 채무자가 그 소유의 동산을 채권자에게

---

84) 전주지법 2010. 8. 13. 선고 2010노154 판결.

점유개정에 의하여 양도한 경우에는 이른바 약한 양도담보가 설정된 것이라고 볼 것이므로, 채무자는 채권자(양도담보권자)가 담보의 목적을 달성할 수 있도록 이를 보관할 의무를 지게 되어 채권자에 대하여 그의 사무를 처리하는 자의 지위에 있게 된다 할 것이니, 채무자가 양도담보된 동산을 처분하는 등 부당히 그 담보가치를 감소시키는 행위를 한 경우에는 배임죄가 성립된다(대법원 1983. 3. 8. 선고 82도1829 판결, 대법원 1989. 7. 25. 선고 89도350 판결 등 참조).

판결 평석

1. 대상 판결은, "금전채무를 담보하기 위하여 채무자가 그 소유의 동산을 채권자에게 점유개정에 의하여 양도한 경우에는 이른바 약한 양도담보가 설정된 것이라고 볼 것이므로, 채무자는 채권자(양도담보권자)가 담보의 목적을 달성할 수 있도록 이를 보관할 의무를 지게 되어 채권자에 대하여 그의 사무를 처리하는 자의 지위에 있게 된다고 할 것이니, 채무자가 양도담보된 동산을 처분하는 등 부당히 그 담보가치를 감소시키는 행위를 한 경우에는 배임죄가 성립된다."고 판단하였다.

이것은 채무담보를 위하여 동산을 양도담보로 제공한 채무자는 채권자인 양도담보권자의 사무를 처리하는 자에 해당함을 전제로 채무자가 담보목적물을 처분한 경우 배임죄가 성립한다는 것이다.

2. 그러나 대법원 2020. 2. 20. 선고 2019도9756 전원합의체 판결은, 채무자가 금전채무를 담보하기 위하여 그 소유의 동산을 채권자에게 양도담보로 제공함으로써 채권자인 양도담보권자에 대하여 담보물의 담보가치를 유지·보전할 의무 내지 담보물을 타에 처분하거나 멸실, 훼손하는 등으로 담보권 실행에 지장을 초래하는 행위를 하지 않을 의무를 부담하게 되었더라도, 이를 들어 채무자가 통상의 계약에서의 이익대립관계를 넘어서 채권자와의 신임관계에 기초하여 채권자의 사무를 맡아 처리하는 것으로 볼 수 없으므로, 채무자를 배임죄의 주체인 '타인의 사무를 처리하는 자'에 해당한다고 할 수 없다고 하고, 그가 담보물을 제3

자에게 처분하는 등으로 담보가치를 감소 또는 상실시켜 채권자의 담보권 실행이나 이를 통한 채권실현에 위험을 초래하더라도 배임죄가 성립한다고 할 수 없다고 판단하였다.

이 전원합의체 판결은 타인의 사무를 처리하는 자에 대행사무뿐만 아니라 협력사무까지 포함하여 넓게 해석하던 대법원이 태도를 변경하여 원칙적으로 타인의 사무를 대행하는 경우로 그 범위를 대폭 축소하고, 담보가치를 감소 또는 상실시켜 채권자의 담보권 실행이나 이를 통한 채권실현에 위험을 초래하더라도 배임죄가 성립하지 않는다고 판단하였다. 배임죄를 규정한 형법의 문언에 충실한 판결이라고 높이 평가할 수 있다.

3. 대상 판결은 위 전원합의체 판결에 의하여 폐기되었다.

079

채무변제능력을 상실한 계열회사에 회사자금을 대여한 사건

대법원 2010. 11. 25. 선고 2009도9144 판결
[특정경제범죄가중처벌등에관한법률위반(배임) · 업무상배임]

사실 관계

甲 주식회사의 대표이사인 피고인들은 乙 주식회사가 丙 신용금고로부터 자금을 차용할 때 甲 회사의 예금을 담보로 제공하였고, 乙 회사가 그 대출금을 기존에 甲 회사가 보증한 위 금융기관 채무를 변제하도록 하였다.

그리고 피고인들은 乙 회사가 금융기관으로부터 15억 원을 대출받을 때 甲 회사의 예금 15억 원을 담보로 제공하였다. 乙 회사는 위 대출금을 원금손실의 우려가 있는 주식투자에 사용하였고, 피고인들은 그러한 사정을 알고 있었다.

재판 진행

검사는 피고인을 특정경제범죄가중처벌등에관한법률위반(배임)죄 등으로 기소하였다. 원심은 이 사건 공소사실에 대해 무죄로 판단하였다.[85] 검사가 상고하였다. 대법원은 원심판결을 파기하고, 사건을 원심법원에 환송하였다.

---

85) 서울고법 2009. 8. 20. 선고 2009노604 판결.

[1] 보증인이 변제자력이 없는 피보증인에게 신규자금을 제공하거나 이를 차용하는 데 담보를 제공하면서 이미 보증을 한 채무의 변제에 사용되도록 한 경우, 새로 손해를 발생시킬 위험을 가져온 것으로 볼 수 있는지 여부(소극)

[2] 피고인들이 대표이사로 되어 있는 甲 회사는 피보증인인 乙 회사의 금융기관 채무를 연대보증하거나 백지어음을 담보로 제공한 상태인데, 피고인들이 乙 회사가 丙 상호신용금고로부터 자금을 차용할 때 甲 회사의 예금을 담보로 제공한 뒤 그 신규자금을 기존에 甲 회사가 보증한 위 금융기관 채무를 변제하도록 한 것은, 기왕의 보증채무와 별도로 새로운 손해를 발생시킬 위험을 가져온 것으로 볼 수 없어 업무상 배임죄에 해당하지 않는다고 본 원심판결을 수긍한 사례.

[3] 회사의 이사가 회사에 손해가 발생하리라는 점을 충분히 알면서 채무변제능력을 상실한 계열회사에 회사자금을 대여하거나 회사 이름으로 지급보증을 한 경우, 회사에 대하여 배임행위가 되는지 여부(적극)

[4] 甲 회사의 대표이사인 피고인들이, 자력으로는 거액의 채무를 변제할 수 없는 상황에 처한 乙 회사가 대출을 받아 기존채무 변제에 사용하지 않고 이익실현 여부가 불확실할 뿐만 아니라 원금손실의 우려까지 있는 주식투자에 사용한다는 사실을 알면서도 乙 회사로 하여금 대출을 받을 수 있도록 甲 회사의 예금을 담보로 제공한 것은, 甲 회사에 대한 배임행위에 해당하고 그 범의도 인정된다고 본 사례.

[1] 이미 타인의 채무에 대하여 보증을 하였는데, 피보증인이 변제자력이 없어 결국 보증인이 그 보증채무를 이행하게 될 우려가 있고, 보증인이 피보증인에게 신규로 자금을 제공하거나 피보증인이 신규로 자금을 차용하는 데 담보를 제공하면서 그 신규자금이 이미 보증을 한 채무의 변제에 사용되도록 한 경우라면, 보증인으로서는 기보증채무와 별

도로 새로 손해를 발생시킬 위험을 초래한 것이라고 볼 수 없다(대법원 2009. 7. 23. 선고 2007도541 판결 참조).

[2] 회사의 이사가 타인에게 회사자금을 대여하거나 타인의 채무를 회사 이름으로 지급보증함에 있어 그 타인이 이미 채무변제능력을 상실하여 그를 위하여 자금을 대여하거나 지급보증을 할 경우 회사에 손해가 발생하리라는 점을 충분히 알면서 이에 나아갔다면, 그와 같은 자금대여나 지급보증은 타인에게 이익을 얻게 하고 회사에 손해를 가하는 행위로서 회사에 대하여 배임행위가 되고, 회사의 이사는 단순히 그것이 경영상의 판단이라는 이유만으로 배임죄의 죄책을 면할 수는 없으며, 이러한 이치는 그 타인이 자금지원 회사의 계열회사라 하여 달라지지 아니한다(대법원 1999. 6. 25. 선고 99도1141 판결, 대법원 2007. 9. 7. 선고 2007도3373 판결 등 참조).

판결 평석

1. 이 사안에서 피고인들은 변제자력이 없는 계열회사인 乙 회사가 丙 상호신용금고로부터 자금을 차용할 때 피고인들이 대표이사로 있는 甲 회사의 예금을 담보로 제공하였다. 피고인들은 그중 乙 회사가 첫 번째로 대출받은 신규자금을 기존에 甲 회사가 보증한 채무를 변제하도록 하였다. 피고인들의 행위로 인하여 새로운 채무가 발생하였지만, 그와 동시에 기왕의 보증채무가 소멸하므로 손해가 발생하거나 손해 발생의 위험이 없다.

2. 한편 피고인들은 乙 회사가 금융기관으로부터 15억 원을 대출받을 때 甲 회사의 예금 15억 원을 담보로 제공하였다. 피고인들은 당시 乙 회사는 채무변제능력을 상실한 상태였기 때문에 乙 회사를 위하여 자금을 대여하거나 지급보증을 할 경우 甲 회사에 손해가 발생하리라는 점은 충분히 알고 있었을 뿐만 아니라, 피고인들은 乙 회사가 대출을 받아 기존채무 변제에 사용하지 않고 이익실현 여부가 불확실할 뿐만 아니라 원금손실의 우려까지 있는 주식투자에 사용한다는 사실도 알고

있었다.

피고인들은 이것이 경영상의 판단이므로 배임죄가 성립하지 않는다고 주장하였으나, 대상 판결은 피고인들의 행위를 정상적인 경영판단이라고 보기 어렵고, 이러한 이치는 그 타인이 자금지원 회사의 계열회사라 하여 달라지지 않는다는 이유로 피고인들의 주장을 배척하였다.

3. 대상 판결에 찬성한다.

080

배임행위가 제3자에 대한 '사기죄'를 구성하는 경우 별도로 '배임죄'가 성립하는지 여부

대법원 2010. 11. 11. 선고 2010도10690 판결 [업무상배임·사기]

2020년 제9회 변호사시험 출제
2018년 제7회 변호사시험 출제

사실 관계

피고인이 이 사건 각 건물의 건물주로부터 월세임대차계약을 체결할 권한을 위임받았을 뿐 전세임대차계약을 체결할 권한을 위임받지 않았음에도 불구하고 임차인들을 속이고 전세임대차계약을 체결하여 그 임차인들로부터 전세보증금 명목으로 돈을 교부받았다.

재판 진행

검사는 피고인을 업무상배임죄와 사기죄로 기소하였다. 원심은 공소사실에 대해 모두 유죄로 판단하였다.[86] 피고인이 상고하였다. 대법원은 상고를 기각하였다.

판시 사항

[1] 금원 편취를 내용으로 하는 사기죄의 성립 요건

[2] 배임죄에서 '재산상의 손해를 가한 때'의 의미 및 재산상 손해 유무의 판단 기준(=경제적 관점)

[3] 배임행위가 본인 이외의 제3자에 대한 '사기죄'를 구성하는 경우

---

86) 수원지법 2010. 7. 22. 선고 2010노1386 판결.

별도로 '배임죄'가 성립하는지 여부(적극) 및 두 죄의 죄수 관계(=실체적 경합)

　[4] 건물관리인이 건물주로부터 월세임대차계약 체결업무를 위임받고도 임차인들을 속여 전세임대차계약을 체결하고 그 보증금을 편취한 경우, 사기죄와 별도로 업무상배임죄가 성립하고 두 죄가 실체적 경합범의 관계에 있다고 본 원심판단을 수긍한 사례.

판결 요지

　[1] 금원 편취를 내용으로 하는 사기죄에서는 기망으로 인한 금원 교부가 있으면 그 자체로써 피해자의 재산침해가 되어 바로 사기죄가 성립하고, 상당한 대가가 지급되었다거나 피해자의 전체 재산상에 손해가 없다 하여도 사기죄의 성립에는 그 영향이 없다(대법원 2007. 1. 25. 선고 2006도7470 판결, 대법원 2007. 10. 11. 선고 2007도6012 판결 등 참조).

　[2] 배임죄에 있어 재산상의 손해를 가한 때라 함은 현실적인 손해를 가한 경우뿐만 아니라 재산상 실해 발생의 위험을 초래한 경우도 포함되고, 재산상 손해의 유무에 대한 판단은 본인의 전 재산 상태와의 관계에서 법률적 판단에 의하지 아니하고 경제적 관점에서 파악하여야 하며, 따라서 법률적 판단에 의하여 당해 배임행위가 무효라 하더라도 경제적 관점에서 파악하여 배임행위로 인하여 본인에게 현실적인 손해를 가하였거나 재산상 실해 발생의 위험을 초래한 경우에는 재산상의 손해를 가한 때에 해당한다(대법원 1999. 6. 22. 선고 99도1095 판결, 대법원 2004. 3. 26. 선고 2003도7878 판결 등 참조).

　[3] 본인에 대한 배임행위가 본인 이외의 제3자에 대한 사기죄를 구성한다 하더라도 그로 인하여 본인에게 손해가 생긴 때에는 사기죄와 함께 배임죄가 성립한다(대법원 1987. 4. 28. 선고 83도1568 판결 참조).

판결 평석

　1. 피고인은 건물주로부터 월세임대차계약을 체결할 권한을 위임받았으므로 건물주인 타인의 사무를 처리하는 자에 해당한다. 그럼에도

피고인이 임차인들과 전세임대차계약을 체결함으로써 건물주로 하여금 전세보증금반환채무를 부담하게 하였다면 배임죄가 성립할 것이다. 이 때 건물주가 민사적으로 임차인들에게 전세보증금반환채무를 유효하게 부담하는지 여부가 문제가 될 수 있다. 그러나 배임죄에서 재산상 손해의 유무에 대한 판단은 본인의 전 재산 상태와의 관계에서 법률적 판단에 의하지 아니하고 경제적 관점에서 파악하여야 하므로, 건물주의 민사적 책임과는 무관하게 재산상 손해는 발생한다고 할 것이다.

2. 한편 피고인은 건물주로부터 월세임대차계약을 체결할 권한을 위임받았을 뿐 전세임대차계약을 체결할 권한을 위임받은 바 없다. 그럼에도 임차인들을 속이고 전세임대차계약을 체결하여 그 임차인들로부터 전세보증금 명목으로 돈을 교부받았다면 이러한 행위는 임차인들에 대한 사기죄에 해당한다. 판례는 금원 편취를 내용으로 하는 사기죄에서는 기망으로 인한 금원 교부가 있으면 그 자체로 피해자의 재산침해가 되어 바로 사기죄가 성립하고, 상당한 대가가 지급되었다거나 피해자의 전체 재산상에 손해가 없다 하여도 사기죄의 성립에는 그 영향이 없다고 한다. 그러한 판례에 따르면 임차인들이 건물주에 대하여 전세보증금을 반환받을 수 있는지 여부와 관계없이 피고인의 행위는 사기죄에 해당한다.

3. 배임행위가 기망의 방법으로 이루어진 경우 사기죄 또는 배임죄만 성립한다는 견해가 있으나 사기죄와 배임죄의 상상적 경합이라는 견해가 다수설이다. 그러나 본인에 대한 배임행위가 본인 이외의 제3자에 대한 사기죄를 구성하더라도 이로 인하여 본인에게 손해가 생긴 때에는 사기죄와 함께 배임죄가 성립한다는 것이 판례의 태도이다. 대상 판결도 이 사건에서 사기죄와 배임죄는 서로 구성요건 및 그 행위의 태양과 보호법익을 달리하고 있어 상상적 경합범의 관계가 아니라 실체적 경합범의 관계에 있다고 하였다. 피해자가 다른 두 개의 행위이기 때문이다.

4. 대상 판결에 찬성한다.

081

주식회사의 신주발행에서 대표이사가 일반 주주들에 대하여 '타인의 사무를 처리하는 자'의 지위에 있는지 여부

대법원 2010. 10. 14. 선고 2010도387 판결

[특정경제범죄가중처벌등에관한법률위반(배임)·특정범죄가중처벌등에관한법률위반(뇌물)·부정처사후수뢰·특정경제범죄가중처벌등에관한법률위반(수재등)·특정경제범죄가중처벌등에관한법률위반(증재등)·특정범죄가중처벌등에관한법률위반(알선수재)·조세범처벌법위반·뇌물공여]

사실 관계

재정경제부 금융정책국장이던 피고인 1과 외환은행의 은행장 및 부은행장이던 피고인 2, 3이 수출입은행 명의로 보유하고 있는 외환은행 지분의 실질적인 소유자인 정부를 대표하여 위 지분의 매각 업무를 담당함과 아울러 신주 발행과 외환은행의 정부 지분 등을 포함한 구주 매각을 혼용하여 론스타의 경영권 행사에 필요한 외환은행의 지분 51%를 매각하는 업무를 담당하였다.

재판 진행

검사는 피고인들을 특정경제범죄가중처벌등에관한법률위반(배임)죄 등으로 기소하였다. 원심은 이 사건 공소사실에 대해 무죄로 판단하였다.[87] 이 부분에 관하여 검사가 상고하였다. 대법원은 상고를 모두 기각하였다.

---

87) 서울고법 2009. 12. 29. 선고 2008노3201, 3330 판결.

판시 사항

[1] 주식회사의 신주발행에서 대표이사가 일반 주주들에 대하여 '타인의 사무를 처리하는 자'의 지위에 있는지 여부(소극)

[2] 주식회사 한국외환은행의 매각 관련 신주발행에서 은행장 甲 및 부행장 乙이 위 은행에 대한 관계에서 사무처리자의 지위에 있으나, 위 은행의 기존 주주들에 대한 관계에서는 사무처리자의 지위에 있지 않다.

[3] 재정경제부 금융정책국장이 한국수출입은행과 코메르츠뱅크가 보유한 주식회사 한국외환은행 구주매각에서 수출입은행에 대한 관계에서는 사무처리자의 지위에 있으나, 코메르츠뱅크에 대하여는 그렇지 않다.

[4] 재정경제부 금융정책국장이 주식회사 한국외환은행의 매각 관련 신주발행에서 위 은행이나 그 주주들에 대한 사무처리자의 지위에 있지 않다.

[5] 금융거래와 관련한 경영상의 판단과 관련하여 금융기관의 경영자에게 배임의 고의가 있었는지 여부를 판단하는 기준

[6] 공무원이 공공기관 등으로부터 보유 주식의 매각협상 등에 대한 위임을 받아 그 위임사무 및 직무의 본지에 적합하다는 판단하에 이를 처리하고 그 내용이 그 위임사무 및 직무범위 내에 속하는 경우, 배임죄가 성립하는지 여부(원칙적 소극)

[7] 주식회사 한국외환은행의 매각과 관련하여 피고인들인 은행장 甲, 부행장 乙, 재정경제부 금융정책국장 丙에게 임무위배행위가 있었다거나 피해자들에게 손해 또는 그 위험이 발생하였다고 볼 수 없다는 이유로, 위 피고인들에 대한 특정경제범죄 가중처벌 등에 관한 법률 위반(배임)의 공소사실에 대하여 무죄를 선고한 원심판단을 수긍한 사례.

판결 요지

[1] 신주발행은 주식회사의 자본조달을 목적으로 하는 것으로서, 신주발행과 관련한 대표이사의 업무는 회사의 사무일 뿐이므로 신주발행 과정에서 대표이사가 납입된 주금을 회사를 위하여 사용하도록 관리·

보관하는 업무 역시 회사에 대한 선관주의의무 내지 충실의무에 기한 것으로서 회사의 사무에 속하는 것이고, 신주발행에서 대표이사가 일반 주주들에 대하여 그들의 신주인수권과 기존 주식의 가치를 보존하는 임무를 대행한다거나 주주의 재산보전 행위에 협력하는 자로서 타인의 사무를 처리하는 자의 지위에 있다고는 볼 수 없다.

[2] 주식회사 한국외환은행의 매각 관련 신주발행에서 은행장 甲 및 부행장 乙이 위 은행에 대한 관계에서는 사무처리자의 지위에 있으나 위 은행의 기존 주주들에 대한 관계에서는 사무처리자의 지위에 있지 않고, 한국수출입은행과 코메르츠뱅크가 보유한 위 은행 구주매각에서 협상에 관한 위임을 받아 그들에 대한 사무처리자의 지위에 있다고 본 원심판단을 수긍한 사례.

[3] 재정경제부 금융정책국장이 한국수출입은행과 코메르츠뱅크가 보유한 주식회사 한국외환은행 구주매각에서 수출입은행에 대한 관계에서는 사무처리자의 지위에 있으나, 코메르츠뱅크에 대한 관계에서는 사무처리자의 지위에 있지 않다고 본 원심판단을 수긍한 사례.

[4] 주식회사 한국외환은행의 매각 관련 신주발행 업무가 위 은행 이사회의 결정 사항으로 그 대표이사 또는 이사의 사무에 속하는 점, 재정경제부 금융정책국장으로서의 업무집행은 국가나 정부, 국민을 위하여 부담하는 공무일 뿐, 달리 특별한 사정이 없는 한 위 은행에 대하여 부담하는 사무의 처리라고 볼 수는 없는 점 등에 비추어, 재정경제부 금융정책국장이 위 신주발행에서 위 은행이나 그 주주들에 대한 사무처리자의 지위에 있다고 볼 수는 없다고 한 사례.

[5] 이윤추구와 아울러 공공적 역할도 담당하는 각종 금융기관의 경영자가 금융거래와 관련한 경영상 판단을 할 때에 그 업무처리의 내용, 방법, 시기 등이 법령이나 당해 구체적 사정하에서 일의적인 것으로 특정되지 않는 경우에는 결과적으로 특정한 조치를 취하지 아니하는 바람에 본인에게 손해가 발생하였다는 사정만으로 배임의 책임을 물을 수는 없고, 그 경우 경영자에게 배임의 고의가 있었는지 여부를 판단할 때에는 문제된 경영상의 판단에 이르게 된 경위와 동기, 판단대상인 업무의

내용, 금융기관이 처한 경제적 상황, 손실발생의 개연성 등 제반 사정에 비추어 자기 또는 제3자가 재산상 이득을 취득한다는 인식과 본인에게 손해를 가한다는 인식하의 의도적 행위임이 인정되는 경우에 한하여 배임죄의 고의를 인정하는 엄격한 해석기준이 유지되어야 한다.

[6] 공무원이 공공기관 등으로부터 보유하는 주식의 매각협상 등에 대한 위임을 받은 경우 그 당시의 경제적 상황과 여건, 매각의 필요성, 매각 가격의 적정성 등을 종합적으로 고려하여 그 위임사무 및 직무의 본지에 적합하다는 판단하에 이를 처리하고 그 내용이 그 위임사무 및 직무범위 내에 속하는 것으로 인정된다면, 특별한 사정이 없는 한 이는 정책 판단과 선택의 문제로서 그 방안의 시행에 의해 결과적으로 공공기관 등에 재산적 손해가 발생하거나 제3자에게 재산적 이익이 귀속되는 측면이 있다는 것만으로 임무위배가 있다 할 수 없으므로, 그 손해에 대해 행정적인 책임 기타 다른 법령상의 책임을 묻는 것은 모르되이로 인해 그 행위가 배임죄에 해당한다고 할 수는 없다.

[7] 주식회사 한국외환은행의 매각 관련 신주발행 및 구주매각 당시위 은행에 대규모 자본확충의 필요성이 있었는지, 미국계 사모펀드인론스타펀드와의 협상절차가 적정하였는지, 신주발행가격 및 구주매각가격이 적정하였는지 여부 등 제반 사정에 비추어, 피고인들인 은행장 甲, 부행장 乙, 재정경제부 금융정책국장 丙에게 임무위배행위가 있었다거나 피해자들에게 손해 또는 그 위험이 발생하였다고 볼 수 없다는 이유로, 위 피고인들에 대한 특정경제범죄 가중처벌 등에 관한 법률 위반(배임)의 공소사실에 대하여 무죄를 선고한 원심판단을 수긍한 사례.

판결 평석

1. 대상 판결은 배임죄에서 타인의 사무를 처리하는 자의 범위에 관하여 판단하고 있다. 일반적으로 배임죄의 주체로서 타인의 사무를 처리하는 자는 타인과의 대내관계에서 신의성실의 원칙에 비추어 그 사무를 처리할 신임관계가 존재한다고 인정되는 자를 의미하고 반드시 제3자에 대한 대외관계에서 그 사무에 관한 권한이 존재할 것을 요하지 않

는다고 한다. 또한 그 사무가 포괄적 위탁사무일 것을 요하는 것도 아니고, 사무처리의 근거, 즉 신임관계의 발생근거는 법령의 규정, 법률행위, 관습 또는 사무관리에 의하여도 발생할 수 있다고 한다.

2. 피고인 2, 3은 외환은행의 행장과 부행장으로서 신주 발행업무를 처리하였다. 신주발행은 주식회사의 자본조달을 목적으로 하는 것으로서, 신주발행과 관련한 대표이사의 업무는 회사의 사무일 뿐이므로 신주발행 과정에서 대표이사가 납입된 주금을 회사를 위하여 사용하도록 관리·보관하는 업무 역시 회사에 대한 선관주의의무 내지 충실의무에 기한 것으로서 회사의 사무에 속한다. 그렇다고 하여 신주발행에서 대표이사가 일반 주주들에 대하여 그들의 신주인수권과 기존 주식의 가치를 보존하는 임무를 대행한다거나 주주의 재산보전 행위에 협력하는 자로서 타인의 사무를 처리하는 자의 지위에 있다고 볼 수는 없다.

한편 피고인 2, 3은 한국수출입은행과 코메르츠뱅크가 보유한 위 은행 구주매각에서 협상에 관한 위임을 받아 관련 업무를 처리하고 있었으므로, 피고인 2, 3은 그들에 대한 사무처리자의 지위에 있었다고 볼 수 있다.

3. 재정경제부 금융정책국장인 피고인 1은 한국수출입은행과 코메르츠뱅크가 보유한 주식회사 한국외환은행 구주매각 업무를 처리하였다. 그러나 수출입은행 명의로 보유하고 있는 외환은행 지분의 매각은 그 실질적인 소유자인 정부를 대표하여 위 지분의 매각 업무를 담당하는 것이다. 그러므로 수출입은행에 대한 관계에서는 사무처리자의 지위에 있다. 그러나 코메르츠뱅크로부터는 아무런 위임을 받은 바 없다. 그러므로 그에 대한 관계에서는 사무처리자의 지위에 있지 않다. 한편 외환은행의 매각 관련 신주발행 업무는 외환은행 이사회에서 결정하는 업무이고 그 은행의 대표이사 또는 이사의 사무에 속하는 업무이다. 재정경제부 금융정책국장인 피고인 1은 국가나 정부, 국민을 위하여 공무로서 부담하는 업무일 뿐, 위 은행에 대하여 부담하는 사무의 처리라고 볼

수 없다. 그러므로 신주발행에서 위 은행이나 그 주주들에 대한 사무처리자의 지위에 있다고 볼 수 없다.

4. 원심은 재정경제부 금융정책국장인 피고인 1은 공공기관인 수출입은행 등으로부터 보유하는 주식의 매각협상 등에 대한 위임을 받아 그 당시의 경제적 상황과 여건, 매각의 필요성, 매각 가격의 적정성 등을 종합적으로 고려하여 그 위임사무 및 직무의 본지에 적합하다는 판단하에 이를 처리하였고, 그 내용이 그 위임사무 및 직무범위 내에 속한다고 판단하였다. 그렇다면 특별한 사정이 없는 한 이는 정책 판단과 선택의 문제로서 결과적으로 공공기관 등에 재산적 손해가 발생하거나 제3자에게 재산적 이익이 귀속되는 측면이 있다고 하더라도 그것만으로 임무위배행위라고 할 수 없다. 그러므로 그 손해에 대해 행정적인 책임 기타 다른 법령상의 책임을 묻는 것은 모르되 이로 인해 그 행위가 배임죄에 해당한다고 할 수는 없을 것이다.

5. 대상 판결은 외환은행의 매각과 관련하여 은행장, 부행장, 재정경제부 금융정책국장인 피고인들에게 임무위배행위가 있었다거나 피해자들에게 손해 또는 그 위험이 발생하였다고 볼 수 없다는 이유로, 위 피고인들에 대한 특정경제범죄가중처벌등에관한법률위반(배임)의 공소사실에 대하여 무죄를 선고한 원심판단을 수긍하였다. 대상 판결에 찬성한다.

082

부동산 양도담보 설정의 취지로 분양계약을 체결한 자가 그 부동산을 제3자에게 임의로 처분한 사건

대법원 2010. 9. 9. 선고 2010도5975 판결

[특정경제범죄가중처벌등에관한법률위반(사기)·특정경제범죄가중처벌등에관한
법률위반(배임)·사기·횡령·배임·사문서위조·위조사문서행사·
특정범죄가중처벌등에관한법률위반(도주차량)·도로교통법위반]

사실 관계

피고인은 피해자들에 대한 차용금 또는 공사대금의 지급을 위하여 부동산 양도담보 설정의 취지로 피해자들에게 이 사건 아파트에 관한 분양계약서를 작성해주었다.

피고인들은 이 사건 아파트에 관하여 공소외 토지신탁회사와 관리신탁계약을 체결하고 그 소유권을 이전등기를 경료하였다.

재판 진행

검사는 피고인을 특정경제범죄가중처벌등에관한법률위반(배임)죄 등으로 기소하였다. 원심은 이 사건 공소사실에 대해 유죄로 판단하였다.[88] 피고인이 상고하였다. 대법원은 상고를 기각하였다.

판시 사항

[1] 부동산 양도담보 설정의 취지로 분양계약을 체결한 자가 임의로 그 부동산에 대하여 처분행위를 한 경우 배임죄를 구성하는지 여부(적극)

---

88) 서울고법 2010. 4. 29. 선고 2010노27 판결.

[2] 차용금 또는 공사대금의 지급을 위하여 아파트 분양계약서를 작성해 준 피고인이 관리신탁계약을 체결하여 신탁회사에 그 소유권을 이전한 행위는, 분양계약에 따라 소유권이전등기청구권을 갖고 있는 피해자들에 대한 임무위배행위로 봄이 상당하고 배임의 고의도 인정된다는 취지의 원심판단을 수긍한 사례.

판결 요지

채권자들과 부동산 양도담보 설정의 취지로 분양계약을 체결한 피고인이 그 소유권이전등기 경료 전에 임의로 그 부동산에 대하여 처분행위를 한 경우 양도담보권자의 채권에 대한 담보능력 감소의 위험이 발생한 이상 배임죄를 구성한다(대법원 1984. 8. 21. 선고 84도691 판결, 대법원 1997. 6. 24. 선고 96도1218 판결 각 참조).

판결 평석

1. 피고인은 피해자들에 대한 차용금 또는 공사대금의 지급을 위하여 부동산 양도담보 설정의 취지로 피해자들에게 아파트 분양계약서를 작성해주었으므로, 피고인은 피해자들에 대하여 소유권이전등기의무를 부담한다. 그런데도 피고인은 공소외 토지신탁회사와 관리신탁계약을 체결하고 그 부동산에 관하여 소유권이전등기를 경료해주었다. 대상 판결은 이러한 피고인의 행위는 양도담보권자의 채권에 대한 담보능력 감소의 위험을 초래하는 것이므로 배임죄를 구성한다고 한다.

2. 그러나 대법원 2020. 6. 18. 선고 2019도14340 전원합의체 판결은, 채무자가 금전채무를 담보하기 위한 저당권설정계약에 따라 채권자에게 그 소유의 부동산에 관하여 저당권을 설정할 의무를 부담하게 되었다고 하더라도, 이를 들어 채무자가 통상의 계약에서 이루어지는 이익대립관계를 넘어서 채권자와의 신임관계에 기초하여 채권자의 사무를 맡아 처리하는 것으로 볼 수 없다고 한다. 나아가 채무자가 저당권설정계약에 따라 채권자에 대하여 부담하는 저당권을 설정할 의무는 계약에

따라 부담하게 된 채무자 자신의 의무로서, 채무자가 위와 같은 의무를 이행하는 것은 채무자 자신의 사무에 해당할 뿐이므로, 채무자를 채권자에 대한 관계에서 '타인의 사무를 처리하는 자'라고 할 수 없다고 한다. 따라서 채무자가 제3자에게 먼저 담보물에 관한 저당권을 설정하거나 담보물을 양도하는 등으로 담보가치를 감소 또는 상실시켜 채권자의 채권실현에 위험을 초래하더라도 배임죄가 성립한다고 할 수 없다. 이와 같은 법리는, 채무자가 금전채무에 대한 담보로 부동산에 관하여 양도담보설정계약을 체결하고 이에 따라 채권자에게 소유권이전등기를 해줄 의무가 있음에도 제3자에게 그 부동산을 처분한 경우에도 적용된다고 하였다. 위 전원합의체 판결은 배임죄를 규정한 형법의 문언에 부합하는 것으로서 타당하다.

3. 대상 판결은 위 전원합의체 판결이 변경 대상 판결로 적시하지 않았지만, 그 판결의 견해와 배치되므로 변경되어야 한다. 대상 판결에 찬성하지 않는다.

083

토지를 매수하여 소유권이전등기를 넘겨받은 다음 매매대금 지급을 담보하기 위해 토지를 신탁회사에 처분신탁하고, 매도인에게 신탁계약상의 수익권에 관하여 권리질권을 설정해 주고도, 매매대금이 미지급된 상태에서 신탁계약을 해지하고 토지를 제3자에게 처분한 사건

대법원 2010. 8. 26. 선고 2010도4613 판결
[특정경제범죄가중처벌등에관한법률위반(배임)]

사실 관계

공소외 회사의 대표이사인 피고인이 피해자로부터 이 사건 토지를 매수하면서 소유권이전등기를 먼저 넘겨받고 매매대금을 나중에 지급하기로 하고, 매매대금을 담보하기 위해 이를 신탁회사에 처분신탁하고 위탁자 겸 수익자인 공소외 회사가 신탁회사에 대하여 가지는 처분대금 등에 대한 수익권에 관하여 피해자에게 권리질권을 설정해 주었다.

그러나 피고인은 매매대금 일부가 미지급된 상태에서 신탁회사에 요청하여 일부 토지에 관한 신탁계약을 해지한 다음, 이를 제3자에게 매도하였다.

재판 진행

검사는 피고인을 특정경제범죄가중처벌등에관한법률위반(배임)죄로 기소하였다. 원심은 공소사실에 대해 유죄로 판단하였다.[89] 피고인이 상고하였다. 대법원은 상고를 기각하였다.

---

89) 서울고법 2010. 4. 8. 선고 2010노162 판결.

[1] 배임죄의 주체인 '타인의 사무를 처리하는 자'의 의미

[2] 배임죄에서 '재산상의 손해를 가한 때'의 의미 및 재산상 손해 유무에 대한 판단 기준

[3] 피고인이 甲으로부터 토지를 매수하여 먼저 소유권이전등기를 넘겨받은 다음 매매대금 지급을 담보하기 위해 이를 신탁회사에 처분신탁하고 신탁계약상의 수익권에 관하여 甲에게 권리질권을 설정해 주었으나, 매매대금 일부가 미지급된 상태에서 일부 토지에 관한 신탁계약을 해지하고 이를 제3자에게 처분한 사안에서, 피고인은 배임죄의 주체인 '타인의 사무를 처리하는 자'에 해당하고, 피고인의 배임행위로 甲에게 손해를 가하였다고 본 원심판단을 수긍한 사례.

[1] 배임죄는 타인의 사무를 처리하는 자가 위법한 임무위배행위로 재산상 이득을 취득하여 사무의 주체인 타인에게 손해를 가함으로써 성립하는 것이므로, 그 범죄의 주체는 타인의 사무를 처리하는 신분이 있어야 하는바, 여기에서 '타인의 사무를 처리하는 자'라고 하려면 두 당사자의 관계의 본질적 내용이 단순한 채권관계상의 의무를 넘어서 그들 간의 신임관계에 기초하여 타인의 재산을 보호 내지 관리하는 데 있어야 한다(대법원 2009. 2. 26. 선고 2008도11722 판결 등 참조).

[2] 배임죄에 있어 재산상의 손해를 가한 때라 함은 현실적인 손해를 가한 경우뿐만 아니라 재산상 실해 발생의 위험을 초래한 경우도 포함되고, 재산상 손해의 유무에 대한 판단은 본인의 전 재산 상태와의 관계에서 법률적 판단에 의하지 아니하고 경제적 관점에서 파악하여야 하며, 따라서 법률적 판단에 의하여 당해 배임행위가 무효라 하더라도 경제적 관점에서 파악하여 배임행위로 인하여 본인에게 현실적인 손해를 가하였거나 재산상 실해 발생의 위험을 초래한 경우에는 재산상의 손해를 가한 때에 해당되어 배임죄를 구성한다(대법원 2009. 10. 29. 선고

2009도7783 판결 등 참조).

판결 평석

1. 대상 판결은 다음과 같은 이유로 부동산 매수인인 피고인이 매도인의 사무를 처리하는 자의 지위에 있다고 판단하였다.

즉, ① 이 사건 매매계약은 피고인이 운영하는 공소외 주식회사가 피해자로부터 먼저 이 사건 토지에 관하여 소유권이전등기를 넘겨받아 이를 신탁회사에 처분신탁한 다음, 그 신탁계약에 따른 토지의 처분대금으로 피해자에게 매매대금을 지급하기로 한 것이어서, 매매대금도 모두 지급받지 못한 상태에서 매수인에게 소유권을 먼저 이전하여 주는 위험을 부담하게 되는 피해자와 피고인 사이에는 고도의 신임관계가 필요불가결하게 전제되고, 피고인은 약정된 방식에 따라 이 사건 토지를 관리할 의무가 있는 점, ② 이 사건 매매계약에서는 위와 같은 신임관계를 담보하기 위한 방편으로 이 사건 토지에 관하여 신탁회사에 처분신탁을 한 후 위탁자 겸 수익자인 공소외 주식회사가 수탁자인 신탁회사에 대하여 가지는 처분대금 등에 대한 수익권에 관하여 피해자에게 권리질권을 설정하는 방법을 취한 것이므로, 피고인이 신탁회사와 신탁계약에 따른 신탁관계를 유지하면서 처분대금을 받아 매도인인 피해자에게 권리질권의 피담보채무인 매매대금을 지급하여야 하는 의무는, 단순한 채권관계를 넘어 피고인이 피해자의 재산을 보호 또는 관리하기로 하는 피해자와 피고인 간의 고도의 신임관계를 기초로 한 것으로서 이 사건 매매계약의 본질적 내용인 점, ③ 이 사건 매매대금채무를 담보하기 위하여 설정된 질권설정계약에서 피담보채무(매매대금채무)의 지급기일이 도래하는 경우 질권자는 수탁자에게 요청하여 신탁부동산에 대한 근저당권 설정 등 채권보전조치를 하거나 질권설정자로부터 수익자의 지위를 양도받기로 약정하기까지 하였으므로, 피고인은 위 지급기일 이후에는 피해자가 신탁부동산에 관한 근저당권을 취득하도록 협조하거나 피해자에게 신탁계약에서의 수익자 지위를 양도하여야 하는 의무도 있는 점 등에 비추어 볼 때, 피고인은 이 사건 매매계약 및 질권설정계약에 의하여 발생한 신임관계를 기초로 하여 신탁계약을 유지하고 그 신탁계약의 목적 달성에 적극적으로 협조함으로써 피해자의 매매대금채권 또는 권리질권이라는 재산의 보호 또는 관리를 위하여 협력하여야 하는 지위에 있다.

    2. 대법원 2020. 2. 20. 선고 2019도9756 전원합의체 판결은, 배임죄에서 '타인의 사무를 처리하는 자'라고 하려면 타인의 재산관리에 관한 사무의 전부 또는 일부를 타인을 위하여 대행하는 경우와 같이 당사자 관계의 전형적·본질적 내용이 통상의 계약에서의 이익대립관계를 넘어서 그들 사이의 신임관계에 기초하여 타인의 재산을 보호 또는 관리하는 데에 있어야 한다고 하였다.

    이 사건에서 피고인이 피해자에 대하여 부담하는 것은 이 사건 토지에 대한 매매대금 지급의무이다. 그 의무는 매수인인 피고인이 피해자의 사무를 대행하는 것이 아니다. 따라서 피고인을 타인의 사무를 처리하는 자에 해당한다고 할 수 없다.

    한편 대법원 2011. 4. 28. 선고 2011도3247 판결은, 매도인으로부터 잔금을 지급받기 전에 소유권을 먼저 이전받은 매수인이 부동산을 담보로 대출을 받아 매매잔금을 지급하기로 한 약정을 이행하지 않고 다른 용도로 근저당권을 설정한 사안에서, 매매대금의 지급은 당사자 사이의 신임관계에 기하여 매수인에게 위탁된 매도인의 사무가 아니라 애초부터 매수인 자신의 사무이고, 매수인이 매매대금의 지급을 성실하게 이행하면 매도인이 대금을 모두 받는 이익을 얻는다고 하더라도 그것만으로 매수인이 신임관계에 기하여 매도인의 사무를 처리하는 것이라고 할 수 없다고 판시한 바 있다.

    대상 판결은 이 판결들의 취지에 어긋난다.

    3. 이 사안에서 피고인은 피해자에 대한 매매대금의 지급을 위한 방편으로 이 사건 토지에 관하여 신탁회사에 처분신탁을 한 후 위탁자 겸 수익자인 공소외 주식회사가 수탁자인 신탁회사에 대하여 가지는 처분

대금 등에 대한 수익권에 관하여 피해자에게 권리질권을 설정해 주고도, 신탁회사와 일부 토지에 관한 신탁계약을 합의 해지한 다음 이를 제3자에게 매도하였다.

대상 판결은 피고인이 피해자의 권리질권의 목적된 권리를 소멸케 하여 피담보채권인 매매대금의 회수를 곤란하게 한 이상 피해자에게 현실적인 손해를 가하였거나 재산상 실해 발생의 위험을 초래하였다고 판단하였다.

4. 그러나 대법원 2020. 2. 20. 선고 2019도9756 전원합의체 판결은, "채무자가 금전채무를 담보하기 위하여 그 소유의 동산을 채권자에게 양도담보로 제공함으로써 채권자인 양도담보권자에 대하여 담보물의 담보가치를 유지·보전할 의무 내지 담보물을 타에 처분하거나 멸실, 훼손하는 등으로 담보권 실행에 지장을 초래하는 행위를 하지 않을 의무를 부담하게 되었더라도, 이를 들어 채무자가 통상의 계약에서의 이익대립관계를 넘어서 채권자와의 신임관계에 기초하여 채권자의 사무를 맡아 처리하는 것으로 볼 수 없고, 그가 담보물을 제3자에게 처분하는 등으로 담보가치를 감소 또는 상실시켜 채권자의 담보권 실행이나 이를 통한 채권실현에 위험을 초래하더라도 배임죄가 성립한다고 할 수 없다."고 판시하였다.

위 전원합의체 판결의 법리를 이 사안에 적용하면, 피고인은 담보물을 제3자에게 처분하는 등으로 담보가치를 감소 또는 상실시켜 채권자의 담보권 실행이나 이를 통한 채권실현에 위험을 초래하였다고 하더라도, 배임죄가 성립하지 않는다고 할 것이다.

5. 대상 판결에 찬성하지 않는다.

084

회사의 대표이사가 채무 변제를 위하여 회사 명의의 은행통장을 채권자에게 건네준 후, 위 통장계좌에 입금된 예금을 임의로 출금 · 소비한 사건

대법원 2010. 8. 19. 선고 2010도6280 판결 [배임]

사실 관계

피고인이 2008. 1. 14.경 영화 '어린왕자'에 관련된 프린트 및 현상료를 피해자 회사가 부담하는 대신, 피고인이 대표이사로 있는 甲 회사 명의의 은행통장과 법인인감도장, 보안카드(OPT카드)를 피해자 회사에 건네주었다. 위 예금통장 계좌에는 같은 해 2월경 부가가치세 환급금 1억 8,000만 원 정도가 입금될 예정이었다.

피고인은 영화 종영 후에도 프린트 및 현상료를 변제하지 못할 때에는 같은 해 2. 20.까지 위 부가가치세 환급금으로 대체하기로 하는 내용의 지불각서를 작성하여 주었다. 피해자 회사 측은 2~3일마다 위 환급금의 입금 여부를 확인하였다.

그런데 피고인은 같은 해 2. 22. 금 8,000여만 원의 부가가치세 환급금이 입금된 사실을 먼저 확인하고 당일 위 통장 분실신고를 한 뒤, 다른 도장을 이용하여 같은 계좌번호의 새로운 통장을 발급받은 후 이를 이용하여 위 돈을 다른 계좌로 이체하고 출금하여 다른 채권자들에게 위 돈을 지급하였다.

재판 진행

검사는 피고인이 위 예금을 마음대로 출금하여 소비하였다고 하여 피고인을 배임죄로 기소하였다. 원심은 공소사실에 대해 유죄로 판단하였다.[90] 피고인이 상고하였다. 대법원은 상고를 기각하였다.

판시 사항

甲 회사의 대표이사가 투자자인 乙 회사 부담의 영화현상료 등을 변제하지 못할 경우 장래에 발생할 회사 예금으로 변제에 충당할 의사로 甲 회사 명의의 은행통장 등을 乙 회사에 건네준 후, 위 통장계좌에 입금된 예금을 출금·소비한 사안에서, 배임죄를 구성한다고 본 원심판단을 수긍한 사례.

판결 요지

대표이사인 피고인은 위 현상료 등을 변제할 때까지 乙 회사가 위 예금채권에 대한 실질적인 담보권을 유지하고, 나아가 이를 변제하지 못한 경우에는 乙 회사가 위 예금을 직접 출금할 수 있도록 협력해야 할 의무가 있음에도, 스스로 위 예금을 출금·소비함으로써 위 의무에 위배하여 乙 회사에 손해를 가하였으므로 배임죄를 구성한다.

판결 평석

1. 피고인은 피해자 회사에 대한 현상료 등 채무의 변제를 위하여 甲 회사 명의의 은행통장과 법인인감도장, 보안카드(OPT카드)를 피해자 회사에 건네주었다. 위 통장에는 부가가치세 환급금 1억 8,000만 원 상당이 입금될 예정이었으므로, 피해자 회사가 위 은행통장 등을 이용하여 위 예금계좌에서 현상료 등을 출금하여 변제받을 수 있도록 하였다. 그러나 피고인은 예금통장 등을 재발급받아 그 통장에 입금된 돈을 다른 계좌로 빼돌려 사용하였다.

이러한 사안에서, 대상 판결은 피고인은 피해자 회사에 대하여 실질적인 담보권을 유지하면서, 위 현상료 등 채무를 변제하지 못한 경우에

---

90) 서울중앙지법 2010. 4. 29. 선고 2009노4151 판결.

는 피해자 회사가 위 예금을 직접 출금할 수 있도록 협력할 의무가 있다고 전제하고, 피고인이 스스로 위 예금을 출금 소비한 것은 배임죄에 해당한다고 판단하였다.

2. 대법원 2020. 2. 20. 선고 2019도9756 전원합의체 판결은, "채무자가 금전채무를 담보하기 위하여 그 소유의 동산을 채권자에게 양도담보로 제공함으로써 채권자인 양도담보권자에 대하여 담보물의 담보가치를 유지·보전할 의무 내지 담보물을 타에 처분하거나 멸실, 훼손하는 등으로 담보권 실행에 지장을 초래하는 행위를 하지 않을 의무를 부담하게 되었더라도, 이를 들어 채무자가 통상의 계약에서의 이익대립관계를 넘어서 채권자와의 신임관계에 기초하여 채권자의 사무를 맡아 처리하는 것으로 볼 수 없고, 그가 담보물을 제3자에게 처분하는 등으로 담보가치를 감소 또는 상실시켜 채권자의 담보권 실행이나 이를 통한 채권실현에 위험을 초래하더라도 배임죄가 성립한다고 할 수 없다."고 판단하였다.

3. 이 사안에서 피고인이 피해자에 대하여 금전지급의무를 부담하고 있고, 그 채무를 담보하기 위하여 예금통장과 예금을 인출할 수 있는 법인인감도장과 보안카드를 교부하였다. 그렇다면 피고인의 행위는 금전채무의 담보로 제공한 예금채권의 가치를 감소 또는 상실시켜 채권자의 채권실현에 위험을 초래한 것으로 볼 수 있지만, 위 전원합의체 판결은 이러한 경우 배임죄가 성립하지 않는다고 판단하였다.

4. 대상 판결에 찬성하지 않는다.

085

차입매수 또는 LBO 방식의 기업인수 사건

대법원 2010. 4. 15. 선고 2009도6634 판결
[배임수재 · 특정경제범죄가중처벌등에관한법률위반(배임) ·
특정경제범죄가중처벌등에관한법률위반(횡령) · 배임증재]

사실 관계

공소외 1 주식회사는 정리회사로서 관할 법원이 인수 · 합병을 위한 기업매각공고를 하였다. 공소외 6 주식회사는 공소외 1 주식회사 인수를 위한 특수목적회사로 공소외 7 주식회사를 설립하였다. 공소외 7 주식회사의 대표이사인 피고인은 공소외 7 주식회사를 주축으로 한 공소외 6 주식회사컨소시엄이 위 인수 합병을 위한 우선협상대상자로 선정된 후, 공소외 1 주식회사의 회사채 2,000억 원 및 신주 3,002억 원을 인수하는 방식으로 공소외 1 주식회사를 인수하였다.

재판 진행

검사는 피고인을 특정경제범죄가중처벌등에관한법률위반(배임)죄로 기소하였다. 원심은 이 사건 공소사실 중 특정경제범죄가중처벌등에관한법률위반(배임)에 대하여 무죄로 판단하였다.[91] 검사가 상고하였다. 대법원은 이 부분에 대한 상고는 기각하였다. 다만 원심판결 중 피고인의 배임수재 부분을 파기하여 원심법원에 환송하였다.

---

91) 부산고법 2009. 6. 25. 선고 2009노184 판결.

판시 사항

이른바 차입매수 또는 LBO(Leveraged Buy-Out의 약어) 방식의 기업인수에서 배임죄 성립 여부의 판단 기준

판결 요지

이른바 차입매수 또는 LBO(Leveraged Buy-Out의 약어)란 일의적인 법적 개념이 아니라 일반적으로 기업인수를 위한 자금의 상당 부분에 관하여 피인수회사의 자산을 담보로 제공하거나 그 상당 부분을 피인수기업의 자산으로 변제하기로 하여 차입한 자금으로 충당하는 방식의 기업인수 기법을 일괄하여 부르는 경영학상의 용어로, 거래현실에서 그 구체적인 태양은 매우 다양하다. 이러한 차입매수에 관하여는 이를 따로 규율하는 법률이 없는 이상 일률적으로 차입매수 방식에 의한 기업인수를 주도한 관련자들에게 배임죄가 성립한다거나 성립하지 아니한다고 단정할 수 없고, 배임죄의 성립 여부는 차입매수가 이루어지는 과정에서의 행위가 배임죄의 구성요건에 해당하는지 여부에 따라 개별적으로 판단되어야 한다.

판결 평석

1. 차입매수 또는 LBO란 일반적으로 기업인수를 위한 자금의 상당 부분에 관하여 피인수회사의 자산을 담보로 제공하거나 그 상당 부분을 피인수기업의 자산으로 변제하기로 하여 차입한 자금으로 충당하는 방식의 기업인수 기법을 일괄하여 부르는 경영학상의 용어로, 거래현실에서 그 구체적인 태양은 매우 다양하다.

대법원은 그것이 일의적인 법적인 개념이 아니고 거래 현실에서 그 구체적인 태양이 매우 다양할 뿐 아니라, 이를 따로 규율하는법률이 없는 이상 일률적으로 차입매수 방식에 의한 기업인수를 주도한 관련자들에게 배임죄가 성립한다거나 성립하지 아니한다고 단정할 수 없다고 한다. 그리하여 차입매수행위에 대하여배임죄가 성립하는지 여부는 차입

매수가 이루어지는 과정에서의 행위가 배임죄의 구성요건에 해당하는지 여부에 따라 개별적으로 판단되어야 한다고 한다.

2. 원심은 이 사안에서 합병의 실질이나 절차에는 아무런 하자가 없고 위 합병으로 인하여 피인수기업이 손해를 입었다고 볼 수 없으므로, 인수기업이 피인수회사의 자산을 직접 담보로 제공하고 기업을 인수하는 방식과 같이 보아 배임죄가 성립한다고 볼 수 없다고 하였고, 대상 판결은 원심의 판단을 수긍하였다. 대상 판결이 그와 같이 판단한 구체적인 사실관계는 판결문에 나타나 있지 않다.

3. 대상 판결은 수긍할 수 있다.

086

채무담보를 위하여 주식에 대하여 주권교부의 방법으로 양도담보를 설정하기로 약정하고도 그 주식을 제3자에게 담보로 제공해 준 사건

대법원 2010. 2. 25. 선고 2009도13187 판결
[특정경제범죄가중처벌등에관한법률위반(배임) · 무고 · 근로기준법위반]
대법원 2020. 2. 20. 선고 2019도9756 전원합의체 판결에 의하여 변경

사실 관계

채무자가 채권자로부터 돈을 차용하면서 담보로 채무자 소유의 주식에 대하여 주권교부의 방법으로 양도담보를 설정하기로 약정하였다.

피고인은 아직 채권자에게 주식의 현실 교부가 이루어지지 아니한 상태에서 제3자와 그 주식의 일부 또는 전부에 대하여 양도담보를 설정하고 돈을 차용하였다.

재판 진행

검사는 피고인을 특정경제범죄가중처벌등에관한법률위반(배임)죄 등으로 기소하였다. 원심은 이 사건 공소사실에 대해 유죄로 판단하였다.[92] 피고인이 상고하였다. 대법원은 상고를 기각하였다.

판시 사항

채무자가 채권자로부터 돈을 차용하면서 담보로 채무자 소유의 주식에 대하여 주권교부의 방법으로 양도담보를 설정하기로 약정하고 아직

---

92) 서울고법 2009. 11. 12. 선고 2009노1546, 1955(병합) 판결.

채권자에게 주식의 현실 교부가 이루어지지 아니한 상태에서 다시 제3
자와 그 주식의 일부 또는 전부에 대하여 양도담보를 설정하기로 약정
하고 차용금의 일부 또는 전부를 수령한 경우, 배임죄 실행의 착수에
해당하는지 여부(원칙적 적극)

판결 요지

　채무자가 채권자와 사이에 그로부터 금원을 차용하되 그 담보로 채
무자 소유의 주식에 대하여 현실 교부의 방법으로 양도담보를 설정하기
로 약정하고 채권자로부터 차용금의 일부 또는 전부를 수령한 이상 특
단의 사정이 없는 한 채무자는 채권자에게 그 주식을 현실로 교부함으
로써 채권자가 그 주식에 대한 양도담보권을 취득하는 데에 협력할 임
무가 있다고 할 것이므로, 아직 채권자에게 주식의 현실 교부가 이루어
지지 아니한 상태에서 채무자가 제3자와 사이에 그로부터 금원을 차용
하되 그 담보로 그 주식의 일부 또는 전부에 대하여 현실 교부의 방법
으로 양도담보를 설정하기로 약정하고 제3자로부터 차용금의 일부 또는
전부를 수령하였다면 이는 채권자에 대한 양도담보권 취득을 위한 주식
교부절차 협력의무 위배와 밀접한 행위로서 배임죄의 실행의 착수에 해
당한다.

판결 평석

　1. 대상 판결은 피고인은 채권자로부터 돈을 차용하면서 담보로 피
고인 소유의 주식에 대하여 주권교부의 방법으로 양도담보를 설정하기
로 약정하고 아직 채권자에게 주식의 현실 교부가 이루어지지 아니한
상태에서, 다시 제3자와 그 주식의 일부 또는 전부에 대하여 양도담보
를 설정하기로 약정하고 차용금의 일부 또는 전부를 수령한 사안을 다
루고 있다.

　대상 판결은 피고인이 채권자로부터 피고인이 피해자로부터 차용금
전부를 교부받은 이상 채권자로 하여금 이 사건 주식에 대한 완전한 양
도담보권을 취득할 수 있도록 그 주식교부절차에 협력할 임무가 있다고

전제하고, 피고인이 그러한 임무를 위배하고 제3자에게 이 사건 주식에 대하여 제3자에게 양도담보를 설정하기로 약정한 것은 배임죄 실행의 착수에 해당한다고 판시하였다.

2. 그러나 피고인은 채권자에 대하여 금전지급채무를 부담하고 있고, 그 담보로 주식에 대하여 양도담보를 설정하기로 약정하고도 이를 이행하지 않았을 뿐이다. 단순한 민사상 채무의 불이행에 지나지 않는 피고인의 행위를 배임죄로 처벌하는 것은 지나친 일이다.

대법원 2020. 2. 20. 선고 2019도9756 전원합의체 판결은, "채무자가 금전채무를 담보하기 위하여 그 소유의 동산을 채권자에게 양도담보로 제공함으로써 채권자인 양도담보권자에 대하여 담보물의 담보가치를 유지·보전할 의무 내지 담보물을 타에 처분하거나 멸실, 훼손하는 등으로 담보권 실행에 지장을 초래하는 행위를 하지 않을 의무를 부담하게 되었더라도, 이를 들어 채무자가 통상의 계약에서의 이익대립관계를 넘어서 채권자와의 신임관계에 기초하여 채권자의 사무를 맡아 처리하는 것으로 볼 수 없고, 그가 담보물을 제3자에게 처분하는 등으로 담보가치를 감소 또는 상실시켜 채권자의 담보권 실행이나 이를 통한 채권실현에 위험을 초래하더라도 배임죄가 성립한다고 할 수 없다."고 하여, 같은 취지로 판시하였다.

3. 대상 판결은 위 전원합의체 판결로 변경되었다.

087

기존 대출금의 상환을 위하여 새로운 대출을 하면서 대출금을 실제로 교부한 사건

대법원 2010. 1. 28. 선고 2009도10730 판결

[특정경제범죄가중처벌등에관한법률위반(배임)·업무상배임·
상호저축은행법위반·자격모용유가증권작성·자격모용작성유가증권행사·
자격모용사문서작성·자격모용작성사문서행사]

사실 관계

피해자 저축은행의 임원인 피고인들이 실질적 최대주주인 甲의 지시에 따라 상당한 담보를 확보하지 아니하고 적법한 대출심사를 거치지도 아니한 채 대출을 실행하였다.

위 대출금은 甲이 타인의 명의를 사용하여 대출받은 것으로 실제로 甲에게 귀속되었으며, 피고인들은 甲의 지시에 따라 그 대출금 중 일부를 특정인에게 지급하거나 새로운 투자처에 제공하거나 기존 대출금의 변제충당을 위하여 피해자 저축은행에 다시 입금하는 등의 용도로 사용하였다.

재판 진행

검사는 피고인들을 특정경제범죄가중처벌등에관한법률위반(배임)죄 등으로 기소하였다. 원심은 이 사건 공소사실에 대해 유죄로 판단하였다.[93] 피고인들이 상고하였다. 대법원은 상고를 모두 기각하였다.

---

93) 서울고법 2009. 9. 23. 선고 2009노1454 판결.

[1] 금융기관이 거래처의 기존 대출금의 원리금으로 상환되도록 약정된 새로운 대출금을 실제로 거래처에 교부한 경우, 업무상배임죄의 성립 여부(적극)

[2] 이 사안에서, 위 부실대출을 실행함으로 인하여 그 대출과 동시에 은행으로 하여금 대출금 상당의 손해를 입게 하였다고 보아, 위 각 업무상배임의 점을 유죄로 판단한 원심을 수긍한 사례.

판결 요지

금융기관이 거래처의 기존 대출금에 대한 원리금에 충당하기 위하여 거래처에 신규대출을 함에 있어 형식상 신규대출을 한 것처럼 서류상 정리를 하였을 뿐 실제로 거래처에 대출금을 새로 교부한 것이 아니라면 그로 인하여 금융기관에 어떤 새로운 손해가 발생하는 것은 아니라고 할 것이므로 따로 업무상배임죄가 성립된다고 볼 수 없으나(대법원 2000. 6. 27. 선고 2000도1155 판결 등 참조), 금융기관이 실제로 거래처에 대출금을 새로 교부한 경우에는 거래처가 그 대출금을 임의로 처분할 수 없다거나 그 밖에 어떠한 이유로든 그 대출금이 기존 대출금의 원리금으로 상환될 수밖에 없다는 등의 특별한 사정이 없는 한 비록 새로운 대출금이 기존 대출금의 원리금으로 상환되도록 약정되어 있다고 하더라도 그 대출과 동시에 이미 손해발생의 위험은 발생하였다고 보아야 할 것이므로 업무상배임죄가 성립한다(대법원 2003. 10. 10. 선고 2003도3516 판결 등 참조).

판결 평석

1. 금융기관의 임원이 대출을 하면서 채무자로부터 상당한 담보를 확보하지 아니하고 더욱이 적법한 대출심사를 거치지도 아니한 채 대출을 실행하고, 그로 인하여 금융기관에 손해를 가하였다면 배임죄가 성립한다.

판례는 금융기관이 거래처의 기존 대출금에 대한 원리금에 충당하기 위하여 거래처에 신규대출을 함에 있어 형식상 신규대출을 한 것처럼 서류상 정리를 하였을 뿐 실제로 거래처에 대출금을 새로 교부한 것이 아닌, 이른바 대환의 경우에는 새로운 손해가 발생하지 않았다고 한다(대법원 2000. 6. 27. 선고 2000도1155 판결 등 참조).

반면 금융기관이 실제로 거래처에 대출금을 새로 교부한 경우에는 그 대출과 동시에 이미 손해 발생의 위험은 발생하였다고 보아 업무상 배임죄가 성립한다고 한다(대법원 2003. 10. 10. 선고 2003도3516 판결 등 참조). 다만 거래처가 그 대출금을 임의로 처분할 수 없다거나 그 밖에 어떠한 이유로든 그 대출금이 기존 대출금의 원리금으로 상환될 수밖에 없다는 등의 특별한 사정이 있는 경우에는 예외로 본다.

2. 형식적으로 보면, 전자는 대출금이 현실적으로 교부되지 않았고, 후자는 대출금이 현실적으로 교부되었다는 차이가 있다. 그리고 전자는 기존 대출금의 원리금 변제로 처리되었고, 후자는 기존 대출금의 원리금 변제로 사용되지 않을 가능성이 있다는 차이가 있다. 그러나 그것이 배임죄의 유, 무죄를 달리할 정도로 차별화될 수 있는지는 의문이다. 그러나 판례의 태도는 확고하고, 대상 판결은 이러한 판례를 충실히 따르고 있다.

3. 대상 판결에는 의문이 있다.

088

회사가 지정한 할인율보다 높은 할인율을 적용하여 이른바 덤핑판매를 한 사건

대법원 2009. 12. 24. 선고 2007도2484 판결 [업무상횡령 · 업무상배임]

사실 관계

피고인이 피해 회사의 승낙 없이 임의로 지정 할인율보다 더 높은 할인율을 적용하여 회사가 지정한 가격보다 낮은 가격으로 제품을 판매하는 이른바 덤핑판매로 총 11개 거래처에 피해 회사의 제품을 판매하였다.

재판 진행

검사는 피고인을 업무상배임죄 등으로 기소하였다. 원심은 이 사건 공소사실에 대해 유죄로 판단하였다.[94] 피고인이 상고하였다. 대법원은 원심판결을 파기하고, 사건을 원심법원에 환송하였다.

판시 사항

[1] 행위자나 제3자가 재산상 이익을 취득하지 않은 경우 업무상배임죄의 성립 여부(소극)

[2] 회사의 승낙 없이 임의로 지정 할인율보다 더 높은 할인율을 적용하여 회사가 지정한 가격보다 낮은 가격으로 제품을 판매하는 이른바 '덤핑판매'에서 제3자인 거래처에 시장 거래가격에 따라 제품을 판매한 경우, 거래처가 재산상 이익을 취득하였다고 볼 수 없다고 한 사례.

---

94) 부산지법 2007. 3. 28. 선고 2006노3334 판결.

판결 요지

　[1] 업무상배임죄는 본인에게 재산상의 손해를 가하는 외에 배임행위로 인하여 행위자 스스로 재산상의 이익을 취득하거나 제3자로 하여금 재산상의 이익을 취득하게 할 것을 요건으로 하므로, 본인에게 손해를 가하였다고 할지라도 행위자 또는 제3자가 재산상 이익을 취득한 사실이 없다면 배임죄가 성립할 수 없다.

　[2] 피고인이 피해 회사의 승낙 없이 임의로 지정 할인율보다 더 높은 할인율을 적용하여 회사가 지정한 가격보다 낮은 가격으로 제품을 판매하는 이른바 '덤핑판매'로 제3자인 거래처에 재산상의 이익이 발생하였는지 여부는 경제적 관점에서 실질적으로 판단하여야 할 것인바, 피고인이 피해 회사가 정한 할인율 제한을 위반하였다 하더라도 시장에서 거래되는 가격에 따라 제품을 판매하였다면 지정 할인율에 의한 제품가격과 실제 판매시 적용된 할인율에 의한 제품가격의 차액 상당을 거래처가 얻은 재산상의 이익이라고 볼 수는 없다고 한 사례.

판결 평석

　1. 우리나라 배임죄는 본인에게 재산상의 손해를 가하는 외에 배임행위로 인하여 행위자 스스로 재산상의 이익을 취득하거나 제3자로 하여금 재산상의 이익을 취득하게 할 것을 요건으로 한다. 즉 배임행위로 인하여 재산상 이익의 취득과 손해의 발생 모두를 필요로 한다.

　반면 독일과 일본에서는 배임행위의 결과로 재산상 손해의 발생만을 요구하고 있을 뿐 재산상 이익의 취득을 요구하지 않는다. 이것은 우리 형법이 독자적으로 채택한 특징적 요소이다. 그럼에도 법원과 학계에서 배임죄에서 재산상 이익의 취득이라는 구성요건은 제대로 된 대접을 받지 못하고 있다. 그래서 배임사건을 재판할 때 재산상 손해의 발생 여부만 심리하고 재산상 이익은 아예 언급하지 않는 경우가 많다. 재산상 손해가 발생하면 그에 상응하는 재산상 이익이 발생하는 경우가 대부분이지만, 그렇지 않은 경우도 얼마든지 있다. 대상 판결이 바로 그러한 사안에 관한 것이다.

2. 피고인은 회사의 승낙 없이 임의로 지정 할인율보다 더 높은 할인율을 적용하여 회사가 지정한 가격보다 낮은 가격으로 제품을 판매하는 이른바 '덤핑판매'를 하였다. 회사는 지정한 가격과 실제 판매한 가격의 차액 상당 손해를 입었다고 할 수 있다.

그러나 거래처에 어떠한 재산상 이익이 발생하였는지도 신중하게 판단할 필요가 있다. 피고인이 회사가 지정한 할인율 제한을 위반하여 판매하였다고 하더라도 시장에서 거래되는 가격대로 제품을 판매하였다면, 거래처는 지정 할인율에 의한 제품가격과 실제 판매 시 적용된 할인율에 의한 제품가격의 차액 상당의 재산상 이익을 얻었다고 볼 수 없다. 뿐만 아니라 피고인이 회사가 지정하는 할인율 이하로 판매하였다고 하더라도 그 가격이 시장 거래가격보다 저렴하지 않다면 거래처로서는 재산상 이익을 취득하였다고 볼 수 없다.

대상 판결은 시장 거래가격을 살피지도 아니한 채 피해 회사가 정한 할인율에 의한 제품가격과 그보다 높은 할인율이 적용된 판매가격의 차액 상당이 거래처의 재산상 이익이라고 본 원심이 부당하다고 판단하였다.

3. 대상 판결은 배임죄에서 재산상 이익의 취득이라는 요건의 중요성을 강조한 보기 드문 판결이다. 대상 판결에 찬성한다.

089

부동산을 이중매도한 매도인이 선매수인에게 소유권이전의무를 이행한 경우, 후매수인에 대한 배임죄의 성부

대법원 2009. 2. 26. 선고 2008도11722 판결
[특정경제범죄가중처벌등에관한법률위반(배임) · 주택법위반 · 근로기준법위반 · 부정수표단속법위반 · 조세범처벌법위반 · 배임]

사실 관계

甲 주식회사의 대표이사인 피고인은 이 사건 아파트 부지를 乙 은행에 담보로 제공하여 채권최고액 208억 원의 근저당권을 설정하고 乙 은행으로부터 160억 원을 대출받으면서, 나중에 이 사건 아파트 공사가 완공되어 아파트 건물에 관하여 소유권보존등기를 할 때는 이를 이미 담보로 제공된 아파트 부지와 함께 위 피담보채무를 위한 공동담보로 제공하기로 약정하였다.

甲 회사는 위와 같은 추가담보제공 약정 후 이 사건 아파트를 피해자들에게 매도하고 그들로부터 매매대금을 모두 지급받았다. 그러나 甲 회사는 아파트 건물이 완공되자 피해자들에게 아파트 각 세대에 대한 소유권보존등기를 경료하면서, 같은 날 그에 관하여 乙 은행에 공동담보로 근저당권설정등기를 경료하여 주었다.

재판 진행

검사는 피고인을 배임죄 등으로 기소하였다. 원심은 이 사건 공소사실에 대해 유죄로 판단하였다.[95] 피고인이 상고하였다. 대법원은 원심판결을 파기하고, 사건을 원심법원에 환송하였다.

---

95) 서울고법 2008. 12. 4. 선고 2008노1610 판결.

판시 사항

[1] 부동산 이중매매에서 매도인이 선매수인에게 소유권이전의무를 이행한 경우, 후매수인에 대한 배임죄의 성부(소극)

[2] 아파트 건축분양회사가 수분양자들에게 소유권이전등기절차를 이행하지 않은 채 분양 전 금융기관과 체결한 계약에 따라 근저당권설정등기를 경료해 준 사안에서, 수분양자들에 대한 배임죄의 성립을 부정한 사례.

판결 요지

[1] 부동산을 이중으로 매도한 경우에 매도인이 선매수인에게 소유권이전의무를 이행하였다고 하여 후매수인에 대한 관계에서 그가 임무를 위법하게 위배한 것이라고 할 수 없다.

[2] 아파트 건축분양회사가 수분양자들에게 소유권이전등기절차를 이행하지 않은 채 분양 전 금융기관과 체결한 근저당권설정계약에 따라 근저당권설정등기를 경료해 준 사안에서, 수분양자들에 대한 배임죄의 성립을 부정한 사례.

판결 평석

1. 甲 회사는 이 사건 아파트를 피해자들에게 매도하고 매매대금을 모두 지급받고 피해자들에게 소유권보존등기를 경료해 주었다. 그런데 甲 회사는 종전에 乙은행으로부터 대출을 받으면서 이 사건 토지를 담보로 제공하고, 추후 이 사건 아파트 건물이 완성되면 아파트 건물에 관하여도 근저당권을 설정해 주기로 약정하였다. 그래서 이 사건 건물이 완성된 후 피해자들에게 아파트에 관한 소유권보존등기를 경료하면서 같은 날 乙은행에 근저당권설정등기를 경료해 주었다.

2. 원심은, 피해자들은 분양계약 체결 당시 이 사건 아파트에 대하여 근저당을 설정하기로 하는 약정이 있음을 알았다거나 이를 양해하였다고 볼 수 없고, 또한 분양계약 후 잔금까지 모두 지급받아 위 피해자들

에 대하여 소유권이전등기절차를 이행할 의무가 있는 피고인이 그 임무에 위배하여 제3자 앞으로 근저당권설정등기를 경료한 것이어서 배임죄가 성립한다고 판단하였다.

그러나 대상 판결은, 甲 회사가 乙 은행에 추가로 근저당권설정등기를 경료하여 준 것은 甲 회사가 피해자들의 매매계약보다 앞선 추가담보제공의 약정에 기한 것이므로 피고인이 타인의 사무를 처리하는 자에 해당하거나 그 임무를 위배하였다고 볼 수 없다고 판단하였다.

3. 대상 판결은 부동산을 이중으로 매도한 경우에 매도인이 선매수인에게 소유권이전의무를 이행하였다고 하여 후매수인에 대한 관계에서 그가 임무를 위법하게 위배한 것이라고 할 수 없다는 대법원 1992. 12. 24. 선고 92도1223 판결의 법리를 따르고 있다.

한편 대법원 2018. 5. 17. 선고 2017도4027 전원합의체 판결은, 부동산 매매계약에서 계약금뿐만 아니라 중도금까지 지급되는 등 계약이 본격적으로 이행되는 단계에 이른 때에는 매도인은 매수인에 대하여 매수인의 재산보전에 협력하여 재산적 이익을 보호·관리할 신임관계에 있고, 그때부터 매도인은 배임죄에서 말하는 '타인의 사무를 처리하는 자'에 해당하고, 그러한 지위에 있는 매도인이 매수인에게 계약 내용에 따라 부동산의 소유권을 이전해 주기 전에 그 부동산을 제3자에게 처분하고 제3자 앞으로 그 처분에 따른 등기를 마쳐 준 행위는 매수인과의 신임관계를 저버리는 행위로서 배임죄가 성립한다고 판시하였다.

판례가 부동산 이중매도의 경우에 매도인이 선매수인에게 소유권이전의무를 이행하지 않으면 배임죄가 성립하지만, 후매수인에게 소유권이전의무를 이행하지 않으면 배임죄가 성립하지 않는다는 것은 논리적 일관성을 잃었고 형평에도 어긋난다. 두 경우 모두 배임죄가 성립하지 않는다고 생각한다.

4. 대상 판결의 결론에는 찬성한다.

090

삼성 에버랜드 전환사채 사건

대법원 2009. 5. 29. 선고 2007도4949 전원합의체 판결
[특정경제범죄가중처벌등에관한법률위반(배임)]

사실 관계

삼성에버랜드 주식회사는 1996. 10. 30. 이사회를 열어 17명의 이사 중 8명이 참석하여 무기명식 이권부 무보증전환사채의 발행을 결의하였다. 결의의 주요 내용은 전환사채의 총액은 약 100억 원, 자금의 사용 목적은 시설자금, 사채의 배정방법은 1996. 11. 14.을 기준으로 주주에게 우선 배정하되 실권시에는 이사회의 결의에 의하여 제3자에게 배정하고, 전환의 조건은 전환사채의 총액을 전환가액으로 나눈 주식의 수를 기명식 보통주식으로 발행하며 그 전환가액은 1주당 7,700원으로 하는 것이었다. 이 사건 전환사채의 발행 당시 에버랜드의 법인주주들은 에버랜드가 계열사로 있는 삼성그룹의 다른 계열사이거나 계열사이었다가 계열 분리된 8개 회사와 1개의 재단법인이고, 개인주주는 삼성그룹의 회장인 이○○을 비롯하여 대부분 삼성그룹 계열사의 전·현직 임원들인 17명이었다. 당시 에버랜드는 자금의 수요는 있었으나 긴급하고 돌발적인 자금조달의 필요성은 없었다.

에버랜드는 주주들에게 1996. 11. 15. 전환사채 안내통지를 하였고, 주주들은 통지를 수령하였다. 에버랜드의 주주 중 제일제당 주식회사는 위 전환사채 청약만기일까지 그 지분비율(2.94%)에 따른 전환사채의 인수청약을 하였으나 나머지 주주들은 해당 전환사채(97.06%)의 인수청약을 하지 아니하였다. 에버랜드는 이사회를 개최하여 주주들이 실권한

전환사채를 이○○의 장남인 이＊＊ 등 4인에게 배정하기로 하는 안건
을 의결하였고 그에 따라 이＊＊ 등은 인수청약 및 인수대금 납입을 완
료하였으며, 그 후 각 전환권을 행사하여 에버랜드의 주주가 되었다.

재판 진행

검사는 에버랜드의 대표이사 또는 이사인 피고인들을 특정경제범죄
가중처벌등에관한법률위반(배임)죄로 기소하였다. 제1심은 피고인들에
대하여 유죄를 인정하되, 이＊＊ 등이 취득한 재산상 이익의 가액을 산
정할 수 없다고 하여 특정경제범죄가중처벌등에관한법률위반(배임)죄로
의율할 수 없다고 하여 업무상배임죄를 유죄로 판단하였다. 원심은 이
사건 공소사실에 대해 일부 유죄, 일부 무죄로 판단하였다.[96] 피고인과
검사가 상고하였다. 대법원은 원심판결을 파기하고, 사건을 원심법원에
환송하였다.

판시 사항

[1] 회사의 이사가 시가보다 현저하게 낮은 가액으로 신주 등을 발
행한 경우 업무상배임죄가 성립하는지 여부

[2] 신주 등의 발행에서 주주 배정방식과 제3자 배정방식을 구별하
는 기준 및 회사가 기존 주주들에게 지분비율대로 신주 등을 인수할 기
회를 부여하였다면 주주들이 그 인수를 포기함에 따라 발생한 실권주
등을 시가보다 현저히 낮은 가액으로 제3자에게 배정한 경우에도 주주
배정방식으로 볼 수 있는지 여부

[3] 주주 배정방식에 의한 전환사채 발행시 주주가 인수하지 아니하
여 실권된 부분을 제3자에게 발행하는 경우 전환가액 등 발행조건을 변
경하여야 하는지 여부

[4] 전환사채 발행을 위한 이사회 결의에는 하자가 있었다 하더라도
실권된 전환사채를 제3자에게 배정하기로 의결한 이사회 결의에는 하자

---

96) 서울고법 2007. 5. 29. 선고 2005노2371 판결.

가 없는 경우, 전환사채 발행절차를 진행한 것이 업무상배임죄의 임무위배에 해당하지 않는다고 한 사례.

[5] 회사 지배권 이전을 목적으로 한 전환사채의 발행이 이사의 임무위배에 해당하는지 여부(소극)

판결 요지

[1] [다수의견] 주주는 회사에 대하여 주식의 인수가액에 대한 납입의무를 부담할 뿐 인수가액 전액을 납입하여 주식을 취득한 후에는 주주유한책임의 원칙에 따라 회사에 대하여 추가 출자의무를 부담하지 않는점, 회사가 준비금을 자본으로 전입하거나 이익을 주식으로 배당할 경우에는 주주들에게 지분비율에 따라 무상으로 신주를 발행할 수 있는점 등에 비추어 볼 때, 회사가 주주 배정의 방법, 즉 주주가 가진 주식수에 따라 신주, 전환사채나 신주인수권부사채(이하 '신주 등'이라 한다)의 배정을 하는 방법으로 신주 등을 발행하는 경우에는 발행가액 등을반드시 시가에 의하여야 하는 것은 아니다. 따라서, 회사의 이사로서는주주 배정의 방법으로 신주를 발행하는 경우 원칙적으로 액면가를 하회하여서는 아니 된다는 제약 외에는 주주 전체의 이익, 회사의 자금조달의 필요성, 급박성 등을 감안하여 경영판단에 따라 자유로이 그 발행조건을 정할 수 있다고 보아야 하므로, 시가보다 낮게 발행가액 등을 정함으로써 주주들로부터 가능한 최대한의 자금을 유치하지 못하였다고하여 배임죄의 구성요건인 임무위배, 즉 회사의 재산보호의무를 위반하였다고 볼 것은 아니다. 그러나 주주배정의 방법이 아니라 제3자에게인수권을 부여하는 제3자 배정방법의 경우, 제3자는 신주 등을 인수함으로써 회사의 지분을 새로 취득하게 되므로 그 제3자와 회사와의 관계를 주주의 경우와 동일하게 볼 수는 없다. 제3자에게 시가보다 현저하게 낮은 가액으로 신주 등을 발행하는 경우에는 시가를 적정하게 반영하여 발행조건을 정하거나 또는 주식의 실질가액을 고려한 적정한 가격에 의하여 발행하는 경우와 비교하여 그 차이에 상당한 만큼 회사의 자산을 증가시키지 못하게 되는 결과가 발생하는데, 이 경우에는 회사법

상 공정한 발행가액과 실제 발행가액과의 차액에 발행주식수를 곱하여 산출된 액수만큼 회사가 손해를 입은 것으로 보아야 한다. 이와 같이 현저하게 불공정한 가액으로 제3자 배정방식에 의하여 신주 등을 발행하는 행위는 이사의 임무위배행위에 해당하는 것으로서 그로 인하여 회사에 공정한 발행가액과의 차액에 상당하는 자금을 취득하지 못하게 되는 손해를 입힌 이상 이사에 대하여 배임죄의 죄책을 물을 수 있다. 다만, 회사가 제3자 배정의 방법으로 신주 등을 발행하는 경우에는 회사의 재무구조, 영업전망과 그에 대한 시장의 평가, 주식의 실질가액, 금융시장의 상황, 신주의 인수가능성 등 여러 사정을 종합적으로 고려하여, 이사가 그 임무에 위배하여 신주의 발행가액 등을 공정한 가액보다 현저히 낮추어 발행한 경우에 해당하는지를 살펴 이사의 업무상배임죄의 성립 여부를 판단하여야 한다.

[**별개의견**] 회사에 자금이 필요한 때에는 이사는 가능한 방법을 동원하여 그 자금을 형성할 의무가 있다 할 것이나, 이사는 회사에 필요한 만큼의 자금을 형성하면 될 뿐 그 이상 가능한 한 많은 자금을 형성하여야 할 의무를 지는 것은 아니고, 또 회사에 어느 정도 규모의 자금이 필요한지, 어떠한 방법으로 이를 형성할 것인지는 원칙적으로 이사의 경영판단에 속하는 사항이다. 그런데 신주발행에 의한 자금형성의 과정에서 신주를 저가 발행하여 제3자에게 배정하게 되면 기존 주주의 지분율이 떨어지고 주식가치의 희석화로 말미암아 구 주식의 가치도 하락하게 되어 기존 주주의 회사에 대한 지배력이 그만큼 약화되므로 기존 주주에게 손해가 발생하나, 신주발행을 통하여 회사에 필요한 자금을 형성하였다면 회사에 대한 관계에서는 임무를 위배하였다고 할 수 없고, 신주발행으로 인해 종전 주식의 가격이 하락한다 하여 회사에 손해가 있다고 볼 수도 없으며, 주주의 이익과 회사의 이익을 분리하여 평가하는 배임죄의 원칙상 이를 회사에 대한 임무위배로 볼 수 없어, 배임죄가 성립한다고 볼 수 없다.

[2] [**다수의견**] 신주 등의 발행에서 주주 배정방식과 제3자 배정방식을 구별하는 기준은 회사가 신주 등을 발행하는 때에 주주들에게 그들

의 지분비율에 따라 신주 등을 우선적으로 인수할 기회를 부여하였는지 여부에 따라 객관적으로 결정되어야 할 성질의 것이지, 신주 등의 인수권을 부여받은 주주들이 실제로 인수권을 행사함으로써 신주 등을 배정받았는지 여부에 좌우되는 것은 아니다. 회사가 기존 주주들에게 지분비율대로 신주 등을 인수할 기회를 부여하였는데도 주주들이 그 인수를 포기함에 따라 발생한 실권주 등을 제3자에게 배정한 결과 회사 지분비율에 변화가 생기고, 이 경우 신주 등의 발행가액이 시가보다 현저하게 낮아 그 인수권을 행사하지 아니한 주주들이 보유한 주식의 가치가 희석되어 기존 주주들의 부가 새로이 주주가 된 사람들에게 이전되는 효과가 발생하더라도, 그로 인한 불이익은 기존 주주들 자신의 선택에 의한 것일 뿐이다. 또한, 회사의 입장에서 보더라도 기존 주주들이 신주 등을 인수하여 이를 제3자에게 양도한 경우와 이사회가 기존 주주들이 인수하지 아니한 신주 등을 제3자에게 배정한 경우를 비교하여 보면 회사에 유입되는 자금의 규모에 아무런 차이가 없을 것이므로, 이사가 회사에 대한 관계에서 어떠한 임무에 위배하여 손해를 끼쳤다고 볼 수는 없다.

[반대의견] 신주 등의 발행이 주주 배정방식인지 여부는, 발행되는 모든 신주 등을 모든 주주가 그 가진 주식 수에 따라서 배정받아 이를 인수할 기회가 부여되었는지 여부에 따라 결정되어야 하고, 주주에게 배정된 신주 등을 주주가 인수하지 아니함으로써 생기는 실권주의 처리에 관하여는 상법에 특별한 규정이 없으므로 이사는 그 부분에 해당하는 신주 등의 발행을 중단하거나 동일한 발행가액으로 제3자에게 배정할 수 있다. 그러나 주주 배정방식으로 발행되는 것을 전제로 하여 신주 등의 발행가액을 시가보다 현저히 저가로 발행한 경우에, 그 신주 등의 상당 부분이 주주에 의하여 인수되지 아니하고 실권되는 것과 같은 특별한 사정이 있는 때에는, 그와 달리 보아야 한다. 주주 배정방식인지 제3자 배정방식인지에 따라 회사의 이해관계 및 이사의 임무 내용이 달라지는 것이므로, 회사에 대한 관계에서 위임의 본지에 따른 선관의무상 제3자 배정방식의 신주 등 발행에 있어 시가발행의무를 지는 이사로

서는, 위와 같이 대량으로 발생한 실권주에 대하여 발행을 중단하고 추후에 그 부분에 관하여 새로이 제3자 배정방식에 의한 발행을 모색할 의무가 있고, 그렇게 하지 아니하고 그 실권주를 제3자에게 배정하여 발행을 계속할 경우에는 그 실권주를 처음부터 제3자 배정방식으로 발행하였을 경우와 마찬가지로 취급하여 발행가액을 시가로 변경할 의무가 있다고 봄이 상당하다. 이와 같이 대량으로 발생한 실권주를 제3자에게 배정하는 것은, 비록 그것이 주주 배정방식으로 발행한 결과라고 하더라도, 그 실질에 있어 당초부터 제3자 배정방식으로 발행하는 것과 다를 바 없고, 이를 구별할 이유도 없기 때문이다. 그러므로 신주 등을 주주 배정방식으로 발행하였다고 하더라도, 상당 부분이 실권되었음에도, 이사가 그 실권된 부분에 관한 신주 등의 발행을 중단하지도 아니하고 그 발행가액 등의 발행조건을 제3자 배정방식으로 발행하는 경우와 마찬가지로 취급하여 시가로 변경하지도 아니한 채 발행을 계속하여 그 실권주 해당부분을 제3자에게 배정하고 인수되도록 하였다면, 이는 이사가 회사에 대한 관계에서 선관의무를 다하지 아니한 것에 해당하고, 그로 인하여 회사에 자금이 덜 유입되는 손해가 발행하였다면 업무상배임죄가 성립한다.

[3] [다수의견] 상법상 전환사채를 주주 배정방식에 의하여 발행하는 경우에도 주주가 그 인수권을 잃은 때에는 회사는 이사회의 결의에 의하여 그 인수가 없는 부분에 대하여 자유로이 이를 제3자에게 처분할 수 있는 것인데, 단일한 기회에 발행되는 전환사채의 발행조건은 동일하여야 하므로, 주주배정으로 전환사채를 발행하는 경우에 주주가 인수하지 아니하여 실권된 부분에 관하여 이를 주주가 인수한 부분과 별도로 취급하여 전환가액 등 발행조건을 변경하여 발행할 여지가 없다. 주주배정의 방법으로 주주에게 전환사채인수권을 부여하였지만 주주들이 인수청약하지 아니하여 실권된 부분을 제3자에게 발행하더라도 주주의 경우와 같은 조건으로 발행할 수밖에 없고, 이러한 법리는 주주들이 전환사채의 인수청약을 하지 아니함으로써 발생하는 실권의 규모에 따라 달라지는 것은 아니다.

[반대의견] 상법에 특별한 규정은 없지만, 일반적으로 동일한 기회에 발행되는 전환사채의 발행조건은 균등하여야 한다고 해석된다. 그러나 주주에게 배정하여 인수된 전환사채와 실권되어 제3자에게 배정되는 전환사채를 '동일한 기회에 발행되는 전환사채'로 보아야 할 논리필연적인 이유나 근거는 없다. 실권된 부분의 제3자 배정에 관하여는 다시 이사회 결의를 거쳐야 하는 것이므로, 당초의 발행결의와는 동일한 기회가 아니라고 볼 수 있다. 그 실권된 전환사채에 대하여는 발행을 중단하였다가 추후에 새로이 제3자 배정방식으로 발행할 수도 있는 것이므로, 이 경우와 달리 볼 것은 아니다. 그리고 주주 각자가 신주 등의 인수권을 행사하지 아니하고 포기하여 실권하는 것과 주주총회에서 집단적 의사결정 방법으로 의결권을 행사하여 의결하는 것을 동일하게 평가할 수는 없는 것이므로, 대량의 실권이 발생하였다고 하여 이를 전환사채 등의 제3자 배정방식의 발행에 있어서 요구되는 주주총회의 특별결의가 있었던 것으로 간주할 수도 없다.

[4] 전환사채 발행을 위한 이사회 결의에는 하자가 있었다 하더라도 실권된 전환사채를 제3자에게 배정하기로 의결한 이사회 결의에는 하자가 없는 경우, 전환사채의 발행절차를 진행한 것이 재산보호의무 위반으로서의 임무위배에 해당하지 않는다고 한 사례.

[5] 이사가 주식회사의 지배권을 기존 주주의 의사에 반하여 제3자에게 이전하는 것은 기존 주주의 이익을 침해하는 행위일 뿐 지배권의 객체인 주식회사의 이익을 침해하는 것으로 볼 수는 없는데, 주식회사의 이사는 주식회사의 사무를 처리하는 자의 지위에 있다고 할 수 있지만 주식회사와 별개인 주주들에 대한 관계에서 직접 그들의 사무를 처리하는 자의 지위에 있는 것은 아니고, 더욱이 경영권의 이전은 지배주식을 확보하는 데 따르는 부수적인 효과에 불과한 것이어서, 회사 지분비율의 변화가 기존 주주 자신의 선택에 기인한 것이라면 지배권 이전과 관련하여 이사에게 임무위배가 있다고 할 수 없다.

판결 평석

1. 삼성에버랜드 주식회사가 약 100억 원 상당의 전환사채를 발행하면서, 기존주주들에게 이를 우선 배정하되 실권시에는 제3자에게 배정하기로 결의하였다. 에버랜드가 주주들에게 전환사채 발행에 대한 안내통지를 하자, 법인주주 중 제일제당만 전환사채의 인수청약을 하였을 뿐 나머지 법인주주나 개인주주들은 인수청약을 하지 않았다. 이에 따라 에버랜드는 이＊＊ 등 4인에게 전환사채를 배정하였고, 그들이 전환권을 행사하여 에버랜드의 주주가 되었다. 당시 에버랜드의 법인주주는 에버랜드가 계열사로 있는 삼성그룹의 다른 계열사이거나 계열사이었다가 계열 분리된 8개 회사와 1개의 재단법인이었고, 개인주주는 삼성그룹의 회장인 이○○를 비롯하여 대부분 삼성그룹 계열사의 전·현직 임원들인 17명이었다. 결국 에버랜드는 전환사채를 발행하면서 기존주주들에게 이를 우선배정하는 것처럼 결의하고도 기존주주들이 고의적으로 전환사채 인수청약을 하지 않음으로써 이○○의 장남인 이＊＊ 등에게 배정하기로 결의하였다.

이와 같이 삼성그룹의 계열사이거나 계열사이었다가 계열 분리된 회사 또는 재단법인과 에버랜드의 법인주주와 삼성그룹 계열사의 전·현직 임원들인 개인주주들이 삼성그룹의 지주회사인 에버랜드가 발행하는 전환사채를 인수청약하지 않고 제3자인 이＊＊ 이 배정받도록 하여 이＊＊ 등이 에버랜드의 대주주가 될 수 있는 길을 열었다.

더욱이 에버랜드가 발행하는 신주의 발행가액은 당시 시가보다 현저히 낮았다. 그런데도 기존주주들이 전환사채를 인수청약하지 아니하여 손해를 보고 이를 인수청약을 하여 신주를 배정받은 이＊＊ 등은 많은 이익을 보았다. 기존주주가 취득하여야 할 이익을 이＊＊ 등에게 이전하려는 의도가 있었다고 추단되는 사안이다.

2. 검사는 피고인들이 저가로 신주를 발행한 행위와 제3자에게 실권주를 배정한 행위에 대하여 특정경제가중처벌등에관한법률(배임)죄로 기

소하였다. 대상 판결에서는 견해가 나누어졌다.

가. 우선 저가발행에 관하여 살펴보자.

주주배정방식이건 제3자배정방식이건 저가로 신주를 발행한 경우에는 회사가 회사법상 공정한 발행가액과 실제 발행가액과의 차액에 발행주식 수를 곱하여 산출된 액수만큼 자금을 조달하지 못하는 결과를 가져온다는 점은 동일하다.

다수의견은 주주발행의 경우에는 시가보다 낮게 발행가액 등을 정함으로써 주주들로부터 가능한 최대한의 자금을 유치하지 못하였다고 하여 배임죄의 구성요건인 임무위배, 즉 회사의 재산보호의무를 위반하였다고 볼 것은 아니지만, 현저하게 불공정한 가액으로 제3자 배정방식에 의하여 신주 등을 발행하는 행위는 이사의 임무위배행위에 해당하므로 그로 인하여 회사에 손해를 입혔다면 이사에 대하여 배임죄의 죄책을 물을 수 있다고 한다.

이에 대하여 별개의견은, 신주발행을 통하여 회사에 필요한 자금을 형성하였다면 회사에 대한 관계에서는 임무를 위배하였다고 할 수 없고, 신주발행으로 인해 종전 주식의 가격이 하락한다고 하더라도 이를 회사에 대한 손해로 볼 수 없으므로 제3자 배정방식의 경우에도 배임죄가 성립하지 않는다고 한다.

그러나 주식회사의 이사는 회사의 사무를 처리하는 자이고, 주주의 사무를 처리하는 자라고 볼 수 없다. 따라서 주주에게 손해가 있다고 하더라도 회사에 손해가 없다면 업무상 배임죄가 성립하기 어렵다. 다수의견이 타당하다.

나. 다음으로 실권주 배정의 문제를 본다.

다수의견은 회사가 신주 등을 발행하는 때에 기존주주들에게 그들의 지분비율에 따라 신주를 우선적으로 인수할 기회를 부여하면 충분하고, 신주인수권을 부여받은 주주들이 실제로 인수권을 행사하지 않아 발생한 실권주를 제3자에게 배정한 결과 기존 주주들이 입는 불이익은 기존 주주들 자신의 선택에 의한 것일 뿐 이사들의 행위로 인한 것이 아니라고 한다. 회사의 입장에서 보더라도 기존 주주들이 신주 등을 인수하여 이를 제3자에게 양도한 경우와 이사회가 기존 주주들이 인수하지 아니한 신주 등을 제3자에게 배정한 경우에 회사에 유입되는 자금의 규모에 아무런 차이가 없으므로, 이사가 회사에 대하여 손해를 끼쳤다고 볼 수도 없다고 한다.

이에 대하여 반대의견은, 주주 배정방식으로 발행되는 것을 전제로 하여 신주 등의 발행가액을 시가보다 현저히 저가로 발행하였는데, 기존 주주들이 그 신주의 상당 부분을 인수하지 아니하여 실권되는 특별한 사정이 있는 때에는, 대량으로 발생한 실권주에 대하여 발행을 중단하고 추후에 그 부분에 관하여 새로이 제3자 배정방식에 의한 발행을 모색할 의무가 있고, 그 실권주를 제3자에게 배정하여 발행을 계속할 경우에도 그 실권주를 처음부터 제3자 배정방식으로 발행하였을 경우와 마찬가지로 취급하여 발행가액을 시가로 변경할 의무가 있다고 하면서, 이사가 그 실권된 부분에 관한 신주 등의 발행을 중단하지도 아니하고 그 발행가액 등의 발행조건을 시가로 변경하지도 아니한 채 발행을 계속하여 그 실권주 해당부분을 제3자에게 배정하고 인수되도록 하였다면, 이는 이사가 회사에 대한 관계에서 선관의무를 다하지 아니한 것에 해당하고, 그로 인하여 회사에 자금이 덜 유입되는 손해가 발행하였다면 업무상배임죄가 성립한다고 하였다.

3. 이 사안은 에버랜드의 주주들이 담합하여 전환사채의 인수청약을 하지 아니하여 대량의 실권주가 발생하게 하고 이로써 주주가 아닌 이＊＊ 등에게 이를 배정하여 이＊＊ 등이 그 실권주를 시가보다 저가로 인수함으로써 에버랜드의 지배주주가 되고 나아가 삼성그룹 전체의 경영권을 장악할 수 있도록 한 것이다. 이러한 결과는 기존주주들이 전환사채의 인수청약을 하지 않은 것에서 비롯된 것이다. 그렇다면 검찰은 기존 주주들이 그러한 행위를 함에 있어 피고인들이 어떠한 역할을 하였는지를 수사할 필요가 있었지만, 그 점을 밝히지 못하고 이＊＊이 실권주를 저가로 인수한 것만을 문제삼아 기소하였을 뿐이다.

그러나 대상 판결의 다수의견에 대하여 법리적인 면에서는 비난하기가 쉽지 않다. 이사가 주식회사의 지배권을 기존 주주의 의사에 반하여 제3자에게 이전하는 것은 기존 주주의 이익을 침해하는 행위일 뿐 지배권의 객체인 주식회사의 이익을 침해하는 것으로 볼 수는 없다. 그런데 주식회사의 이사는 회사의 사무를 처리하는 자의 지위에 있을 뿐 주식회사와 별개인 주주들에 대한 관계에서 그들의 사무를 처리하는 자의 지위에 있는 것은 아니다. 더욱이 경영권의 이전은 지배주식을 확보하는 데 따르는 부수적인 효과에 불과한데, 회사 지분비율의 변화가 기존 주주 스스로의 선택에 기인한 것이라면 이사에게 지배권 이전과 관련하여 임무위배가 있다고 할 수 없고, 스스로 손해를 감수하는 결정을 한 기존주주에게 책임을 묻는 것도 쉬운 일은 아니다.

4. 대상 판결에 대한 평가는 분분하지만, 그 결론을 수긍할 수밖에 없을 것 같다.

091

새마을금고가 동일인 대출한도 제한규정을 위반하여 초과대출을 한 사건

대법원 2008. 6. 19. 선고 2006도4876 전원합의체 판결
[특정경제범죄가중처벌등에관한법률위반(배임) · 업무상배임 · 새마을금고법위반]

사실 관계

새마을금고 임·직원들인 피고인들이 채무자에게 동일인 대출한도 제한규정을 위반하여 초과대출을 하였다.

재판 진행

검사는 피고인들을 특정경제범죄가중처벌등에관한법률위반(배임)죄 등으로 기소하였다. 원심은 이 사건 공소사실에 대해 유죄로 판단하였다.[97] 피고인들이 상고하였다. 대법원은 원심판결 중 이 사건 부분을 파기하고, 사건을 원심법원에 환송하였다.

판시 사항

새마을금고 임·직원이 동일인 대출한도 제한규정을 위반하여 초과 대출행위를 한 사실만으로 새마을금고에 업무상배임죄를 구성하는 재산 상 손해가 발생하였다고 볼 수 있는지 여부(소극)

---

97) 서울고법 2006. 7. 6. 선고 2005노2497 판결.

판결 요지

새마을금고의 동일인 대출한도 제한규정은 새마을금고 자체의 적정한 운영을 위하여 마련된 것이지 대출채무자의 신용도를 평가해서 대출채권의 회수가능성을 직접적으로 고려하여 만들어진 것은 아니므로 동일인 대출한도를 초과하였다는 사실만으로 곧바로 대출채권을 회수하지 못하게 될 위험이 생겼다고 볼 수 없고, 구 새마을금고법(2007. 5. 25. 법률 제8485호로 개정되기 전의 것) 제26조의2, 제27조에 비추어 보면 동일인 대출한도를 초과하였다는 사정만으로는 다른 회원들에 대한 대출을 곤란하게 하여 새마을금고의 적정한 자산운용에 장애를 초래한다는 등 어떠한 위험이 발생하였다고 단정할 수도 없다. 따라서 동일인 대출한도를 초과하여 대출함으로써 구 새마을금고법을 위반하였다고 하더라도, 대출한도 제한규정 위반으로 처벌함은 별론으로 하고, 그 사실만으로 특별한 사정이 없는 한 업무상배임죄가 성립한다고 할 수 없고, 일반적으로 이러한 동일인 대출한도 초과대출이라는 임무위배의 점에 더하여 대출 당시의 대출채무자의 재무상태, 다른 금융기관으로부터의 차입금, 기타 채무를 포함한 전반적인 금융거래상황, 사업현황 및 전망과 대출금의 용도, 소요기간 등에 비추어 볼 때 채무상환능력이 부족하거나 제공된 담보의 경제적 가치가 부실해서 대출채권의 회수에 문제가 있는 것으로 판단되는 경우에 재산상 손해가 발생하였다고 보아 업무상배임죄가 성립한다고 해야 한다.

판결 평석

1. 종전 판례는 새마을금고의 임직원이 1인에 대한 대출한도를 초과한 금원을 대출하였다면 그로 인하여 새마을금고가 다른 회원들에게 정당하게 대출한 자금을 부당하게 감소시킨 결과가 되어 그 대출금에 대한 회수의 가능 여부나 담보의 적정 여부에 관계 없이 새마을금고에 재산상 손해를 입힌 것으로 보아 업무상배임죄가 성립한다고 하였다.

2. 그러나 대상 판결은 동일인 대출한도를 초과하였다는 사실만으로 곧바로 대출채권을 회수하지 못하게 될 위험이 생겼다고 볼 수 없고, 새마을금고법을 위반하여 동일인 대출한도를 초과하였다면 대출한도 제한규정 위반으로 처벌함은 별론으로 하고, 그 사실만으로는 업무상배임죄가 성립하지 않는다고 판단하였다.

3. 새마을금고법이 동일인에 대한 대출한도를 정하여 엄격히 규제하는 취지는, 특정 소수의 회원에게 과도하게 편중 대출하는 것을 제한하여 모든 회원에게 골고루 대출이 이루어지도록 하는 등으로 새마을금고의 자금이 그 사업목적에 들어맞게 사용되도록 하려는 데 있다. 따라서 새마을금고의 임·직원이 동일인에 대한 대출한도를 초과하여 대출하는 것은 임무에 위배하는 행위에 해당한다. 그러나 그로 인하여 새마을금고에 손해가 발생하였는지는 별개로 따져보아야 할 문제이다.

대상 판결에서 반대의견은, 동일인 대출한도 초과대출은 상대방에게는 한도를 초과한 대출을 받을 수 있도록 금융편의 내지 금융이익을 제공하는 것이고, 새마을금고에는 다른 회원들에게 균등하게 대출하는 등의 사업목적에 사용할 자금을 그 한도초과대출금에 해당하는 만큼 부당하게 감소시킴으로써 그 자금이 그 목적사업을 위하여 사용되는 것이 저해되었거나 저해될 위험이 초래된 것이므로, 이런 의미에서 새마을금고는 그만큼의 재산상 손해를 입은 것이어서 업무상배임죄가 성립한다고 한다.

그러나 다수의견은, 일반적으로 이러한 동일인 대출한도 초과대출이라는 임무위배의 점에 더하여 대출 당시 대출채무자의 재무상태, 다른 금융기관으로부터의 차입금, 기타 채무를 포함한 전반적인 금융거래상황, 사업현황 및 전망과 대출금의 용도, 소요기간 등에 비추어 볼 때 채무상환능력이 부족하거나 제공된 담보의 경제적 가치가 부실해서 대출채권의 회수에 문제가 있는 것으로 판단되는 경우에 한하여 재산상 손해가 발생하였다고 보아 업무상배임죄가 성립한다고 판단하였다.

    4. 대상 판결이 임무위배행위와 재산상 손해의 발생을 별개의 문제로 보고 판단한 태도는 바람직하다.

092

업무상배임죄로 이익을 얻는 수익자가 실행행위자의 배임행위에 적극 가담한 경우와 공동정범의 성립

대법원 2007. 2. 8. 선고 2006도483 판결
[특정경제범죄가중처벌등에관한법률위반(배임)]

2019년 제8회 변호사시험 출제

사실 관계

　비상장회사인 공소외 2 주식회사의 발행주식을 전량 소유하고 있는 공소외 1 주식회사가 위 주식을 피고인에게 2,159,986,400원에 매도하였다. 당시 상속세 및 증여세법 제63조 및 구 상속세 및 증여세법 시행령 제54조, 법인세법 시행령 제35조의 규정에 따라 평가한 주식의 적정 가액은 최소한 2,332,085,000원(당시의 순자산가치를 기준으로, 상속세 및 증여세법 제63조 제3항에 의하여 15% 할증하고 다시 법인세법 시행령 제35조에 의하여 30% 할인한 금액)임에도, 공소외 1 주식회사 사장인 제1심 공동피고인이 공소외 2 주식회사 회계책임자인 공소외 3에게 지시하여 약 3억 원의 재고자산 감모 손실이 추가로 발생한 것처럼 회계서류를 허위로 기재하게 하는 방법으로 공소외 2 주식회사의 자산가치를 손익가치보다 낮게 조작한 후 손익가치 평가액을 기준으로 매도가격을 산정하였다. 위와 같은 매매가격 결정 과정에서 피고인이 제1심 공동피고인 및 그의 지시를 받은 공소외 3과의 사이에 공소외 2 주식회사의 자산가치를 낮추는 방식에 관하여 협의하고 공소외 3으로부터 그 결과를 보고받는 등 제1심 공동피고인의 배임행위에 적극 가담하였다.

　한편 피고인은 공소외 2 주식회사의 주식을 전량 매수함에 있어 매수자금 중 13억 6,000만 원 정도가 부족하자 사실상의 차기 대주주로서

공소외 2 주식회사 대표이사 공소외 4 및 회계책임자 공소외 3에게 회사자금을 인출해 달라고 지시하였다. 공소외 3은 아무런 인적·물적 담보를 확보하지 않고 변제기일도 정하지 아니한 채 대주주대여금 명목으로 피고인에게 위 금액 상당의 회사자금을 대여하였다.

재판 진행

검사는 피고인을 특정경제범죄가중처벌등에관한법률위반(배임)죄로 기소하였다. 원심은 공소사실에 대해 유죄로 판단하였다.[98] 피고인이 상고하였다. 대법원은 상고를 기각하였다.

판시 사항

[1] 비상장주식의 매도와 관련한 배임죄에 있어서 손해액의 판단 방법

[2] 비상장회사의 최대주주인 법인의 대표이사 등이 순자산가치를 순손익가치보다 낮게 회계서류를 조작한 후 순손익가치 평가액을 기준으로 매매대금을 산정하여 주식을 매도한 경우, 그와 같은 주식매매로 인하여 주식매도인인 법인이 입은 재산상의 손해액

[3] 업무상배임죄의 실행으로 인하여 이익을 얻는 수익자가 실행행위자의 배임행위에 적극 가담한 경우, 업무상배임죄의 공동정범이 되는지 여부(적극)

[4] 주식회사의 임원이나 회계책임자가 회사의 주식을 매입하여 대주주가 되려고 하는 주식매수인에게 미리 대주주대여금 명목으로 회사자금을 교부하여 주식매수대금으로 지급하게 하는 행위가 업무상배임죄에 해당하는지 여부(원칙적 적극)

판결 요지

[1] 업무상배임죄에서 재산상의 손해를 가한 때라 함은 총체적으로 보아 본인의 재산 상태에 손해를 가한 경우를 의미하므로, 회사의 대표

---

98) 부산고법 2005. 12. 29. 선고 2005노458 판결.

이사 등이 그 임무에 위배하여 회사가 보유하고 있는 다른 회사의 주식을 저가로 매도한 경우 회사에 가한 손해액은 통상적으로 그 주식의 매매대금과 적정가액으로서의 시가 사이의 차액 상당이라고 봄이 상당하며, 비상장주식을 거래한 경우에 있어서 그에 관한 객관적 교환가치가 적정하게 반영된 정상적인 거래의 실례가 있는 때에는 그 거래가격을 적정가액으로서의 시가로 보아야 할 것이나, 만약 그러한 거래사례가 없는 경우에는 거래 당시 당해 비상장법인 및 거래당사자의 상황, 당해 업종의 특성 등을 종합적으로 고려하여, 보편적으로 인정되는 여러 가지 평가방법들 중의 하나인 구 상속세 및 증여세법 시행령(2003. 12. 30. 대통령령 제18177호로 개정되기 전의 것) 제54조의 평가방법에 따라 주식의 적정가액을 평가할 수 있다.

[2] 구 상속세 및 증여세법 시행령(2003. 12. 30. 대통령령 제18177호로 개정되기 전의 것) 제54조에 의하여 비상장주식의 가액을 평가하는 경우에 순손익가치(1주당 최근 3년간의 순손익액의 가중평균액 ÷ 금융시장에서 형성되는 평균이자율을 참작하여 재정경제부령이 정하는 율)가 순자산가치(당해 법인의 순자산가액 ÷ 발행주식 총수)에 미달하는 때에는 순자산가치를 1주당 가액으로 평가하는 것인바, 실제로는 비상장주식의 순자산가치가 순손익가치를 초과함에도 불구하고, 당해 비상장회사의 최대주주인 법인의 대표이사 등이 비상장회사의 회계서류를 조작하여 자산가액을 평가절하하는 방법으로 순자산가치를 순손익가치보다 낮게 만든 다음 순손익가치 평가액을 기준으로 매매대금을 산정하여 주식을 매도하였고, 그 매매대금이 정상적인 순자산가치 평가액을 기준으로 산정한 최소한의 적정가액(상속세 및 증여세법 제63조 제3항에 의하여 최대주주 보유주식에 대한 할증을 한 후, 법인이 특수관계자 외의 자에게 자산을 양도하는 경우 시가의 100분의 30을 차감한 가액까지 정상가액으로 보는 법인세법 시행령 제35조의 취지를 고려하여 30% 할인한 금액)에 미달한다면, 그와 같은 주식매매로 인하여 주식매도인인 법인이 입은 재산상 손해액은 적어도 매매대금과 위 적정가액 사이의 차액 이상이라고 봄이 상당하다.

[3] 업무상배임죄의 실행으로 인하여 이익을 얻게 되는 수익자가 소

극적으로 실행행위자의 배임행위에 편승하여 이익을 취득하는 데 그치지 않고 배임행위를 교사하거나 또는 배임행위의 전 과정에 관여하는 등으로 실행행위자의 배임행위에 적극 가담한 경우에는 업무상배임죄의 공동정범이 된다.

[4] 주식회사의 임원이나 회계책임자가 당해 회사의 주식을 매수하여 대주주가 되려고 하는 자에게 미리 대주주대여금 명목으로 회사자금을 교부하여 그 돈으로 주식매수대금을 지급하게 하는 행위는 대주주가 되려는 자의 개인적인 이익을 도모하고 회사의 부실을 초래하는 것으로서, 그 대여행위가 회사의 이익을 위한 것임이 명백하고 회사 내부의 정상적인 의사결정절차를 거쳤으며 그로 인하여 회사의 자금운용에 아무런 어려움이 발생하지 않을 뿐만 아니라 대여금 회수를 위한 충분한 담보도 확보되어 있다는 등의 특별한 사정이 없는 한 업무상배임죄(경우에 따라서는 업무상횡령죄)에 해당하고, 또 그와 같은 방법으로 회사의 대주주가 된 자가 회사 임원 등의 배임행위를 교사하거나 배임행위의 전 과정에 관여하는 등으로 적극 가담한 경우에는 업무상배임죄의 공동정범이 된다.

판결 평석

1. 공소외 1 주식회사가 비상장회사인 공소외 2 주식회사의 발행주식을 전량을 피고인에게 매도하였다. 당시 공소외 2 주식회사의 최대주주인 공소외 1 주식회사의 대표이사 등이 회계서류를 조작하여 매매대금을 적정가액보다 낮게 산정하여 주식을 매도하였다. 공소외 1 주식회사 대표이사의 이러한 행위는 배임행위에 해당한다고 할 것이다.

한편 피고인은 위 주식 매수자금이 부족하자 사실상의 대주주로서 공소외 2 주식회사 대표이사와 회계책임자에게 회사자금을 인출해 달라고 지시하였고, 그들은 아무런 인적·물적 담보를 확보하지 않고 변제기일도 정하지 아니한 채 대주주대여금 명목으로 피고인에게 위 금액 상당의 회사자금을 대여하였다. 공소외 2 주식회사 대표이사 등의 이러한 행위도 배임죄에 해당한다고 할 수 있다.

2. 주식을 저가로 매도한 경우 회사에 가한 손해액은 통상적으로 그 주식의 매매대금과 적정가액으로서의 시가 사이의 차액 상당이 될 것이다. 비상장주식의 경우 객관적 교환가치가 적정하게 반영된 정상적인 거래 실례가 있는 때에는 그 거래가격을 적정가액으로서의 시가로 보면 된다. 만약 그러한 거래사례가 없는 경우에는 거래 당시 당해 비상장법인 및 거래당사자의 상황, 당해 업종의 특성 등을 종합적으로 고려하여 판단하여야 한다는 것이 판례의 태도이다. 대상 판결은 보편적으로 인정되는 여러 가지 평가방법 중의 하나인 구 상속세 및 증여세법 시행령(2003. 12. 30. 대통령령 제18177호로 개정되기 전의 것) 제54조의 평가방법에 따라 주식의 적정가액을 평가할 수 있다고 판시하였고, 이러한 판시는 수긍할 수 있다.

3. 이 사안에서 공소외 1 주식회사의 대표이사와 공소외 2 주식회사의 대표이사가 회사에 대하여 임무위배행위를 하였고, 피고인은 그로 인하여 이익을 얻는 수익자이다. 판례는 이러한 수익자가 배임죄의 공동정범이 될 수 있는지에 관하여 '적극 가담'이라는 요건을 전제로 이를 긍정하고 있다.

대상 판결도 수익자가 소극적으로 실행행위자의 배임행위에 편승하여 이익을 취득하는 데 그치지 않고 배임행위를 교사하거나 또는 배임행위의 전 과정에 관여하는 등으로 실행행위자의 배임행위에 적극 가담한 경우에는 업무상배임죄의 공동정범이 된다고 하고, 이 사안에서 피고인은 공소외 1 주식회사의 대표이사와 공소외 2 주식회사의 대표이사의 배임행위에 적극 가담하였다고 인정하여 공동정범으로 판단하였다.

그러나 일반 범죄에서의 공범 이론에 대한 예외를 두어, 배임죄에서의 수익자에게는 적극 가담이라는 별도의 요건을 요구하고, 방조에 그친 경우는 처벌하지 않는다는 판례가 타당한지는 의문이다.

4. 대상 판결은 종전 판례에 따른 것이지만, 종전 판례의 타당성은 다시 검토할 필요가 있다.

093

배임적 거래행위의 상대방에게 배임행위의 공범의 죄책을 묻기 위한 요건

대법원 2005. 10. 28. 선고 2005도4915 판결
[특정경제범죄가중처벌등에관한법률위반(배임)]

2018년 제7회 변호사시험 출제

사실 관계

공소외 주식회사의 1인 주주이자 실질적인 대표이사인 피고인 1은 상속세 납부자금을 마련하기 위하여 피고인 2에게 공소외 회사의 주식 전부를 매매대금 150억 원에 매도하기로 하는 주식매매계약을 체결하였다.

당시 피고인 1은 위 주식매매계약이 해제될 경우 부담하게 될 매매대금반환채무를 담보하기 위하여 공소외 회사의 유일한 재산인 이 사건 부동산에 관하여 피고인 2 명의로 소유권이전청구권 가등기를 해주었다.

피고인 1은 국가에 대한 상속세 납부의무를 담보하기 위하여 이 사건 가등기에 앞에서 이 사건 부동산에 국가 명의로 근저당권설정등기를 마쳐주었다.

재판 진행

검사는 피고인들을 특정경제범죄가중처벌등에관한법률위반(배임)죄로 기소하였다. 원심은 이 사건 공소사실에 대해 유죄로 판단하였다.[99] 피고인들이 상고하였다. 대법원은 피고인 1의 상고를 기각하였으나, 원심판결 중 피고인 2에 대한 부분을 파기하고, 이 부분 사건을 원심법원에

---

99) 부산고법 2005. 6. 22. 선고 2004노889 판결.

환송하였다.

[1] 주식회사의 대표이사가 임무에 위배하여 주주 또는 회사 채권자에게 손해가 될 행위를 한 경우, 그 행위에 대하여 이사회 또는 주주총회의 결의가 있었다는 이유만으로 배임죄의 죄책을 면할 수 있는지 여부(소극)

[2] 1인 회사의 주주가 자신의 개인채무를 담보하기 위하여 회사 소유의 부동산에 대하여 근저당권설정등기를 마쳐주어 배임죄가 성립한 이후에 그 부동산에 대하여 새로운 담보권을 설정해 주는 행위가 별도의 배임죄를 구성하는지 여부(적극)

[3] 배임적 거래행위의 상대방에게 배임행위의 공범의 죄책을 묻기 위한 요건

[4] 1인 회사의 주주가 개인적 거래에 수반하여 법인 소유의 부동산을 담보로 제공한다는 사정을 거래상대방이 알면서 가등기의 설정을 요구하고 그 가등기를 경료받은 사안에서, 그 거래상대방이 배임행위의 방조범에 해당한다고 한 원심판결을 파기한 사례.

[1] 회사의 대표이사는 이사회 또는 주주총회의 결의가 있더라도 그 결의내용이 회사 채권자를 해하는 불법한 목적이 있는 경우에는 이에 맹종할 것이 아니라 회사를 위하여 성실한 직무수행을 할 의무가 있으므로 대표이사가 임무에 배임하는 행위를 함으로써 주주 또는 회사 채권자에게 손해가 될 행위를 하였다면 그 회사의 이사회 또는 주주총회의 결의가 있었다고 하여 그 배임행위가 정당화될 수는 없다.

[2] 배임죄는 재산상 이익을 객체로 하는 범죄이므로, 1인 회사의 주주가 자신의 개인채무를 담보하기 위하여 회사 소유의 부동산에 대하여 근저당권설정등기를 마쳐주어 배임죄가 성립한 이후에 그 부동산에 대하여 새로운 담보권을 설정해 주는 행위는 선순위 근저당권의 담보가치

를 공제한 나머지 담보가치 상당의 재산상 이익을 침해하는 행위로서 별도의 배임죄가 성립한다.

[3] 거래상대방의 대향적 행위의 존재를 필요로 하는 유형의 배임죄에 있어서 거래상대방으로서는 기본적으로 배임행위의 실행행위자와는 별개의 이해관계를 가지고 반대편에서 독자적으로 거래에 임한다는 점을 감안할 때, 거래상대방이 배임행위를 교사하거나 그 배임행위의 전 과정에 관여하는 등으로 배임행위에 적극가담함으로써 그 실행행위자와의 계약이 반사회적 법률행위에 해당하여 무효로 되는 경우 배임죄의 교사범 또는 공동정범이 될 수 있음은 별론으로 하고, 관여의 정도가 거기에까지 이르지 아니하여 법질서 전체적인 관점에서 살펴볼 때 사회적 상당성을 갖춘 경우에 있어서는 비록 정범의 행위가 배임행위에 해당한다는 점을 알고 거래에 임하였다는 사정이 있어 외견상 방조행위로 평가될 수 있는 행위가 있었다 할지라도 범죄를 구성할 정도의 위법성은 없다고 봄이 상당하다.

[4] 1인 회사의 주주가 개인적 거래에 수반하여 법인 소유의 부동산을 담보로 제공한다는 사정을 거래상대방이 알면서 가등기의 설정을 요구하고 그 가등기를 경료받은 사안에서, 거래상대방이 배임행위의 방조범에 해당한다고 한 원심판결을 파기한 사례.

판결 평석

1. 회사의 대표이사인 피고인 1이 자신의 개인채무를 담보하기 위하여 회사 소유의 부동산에 대하여 근저당권설정등기를 해 주는 행위와 그 부동산에 대하여 제3자에게 별도의 가등기를 해주는 행위는 각각 배임죄가 성립한다고 할 것이다. 근저당설정등기 이후에 제3자에게 별도의 가등기를 하는 행위를 불가벌적 사후행위에 해당한다고 할 수 없다는 대상 판결의 판단은 타당하다.

2. 피고인 1은 위 근저당권설정등기와 가등기를 하기 전에 이사회와 주주총회의 결의를 거쳤으므로 이러한 행위는 배임행위가 성립하지 않

는다고 다투었다.

이에 대하여 대상 판결은, 회사의 대표이사는 이사회 또는 주주총회의 결의가 있더라도 그 결의내용이 회사 채권자를 해하는 불법한 목적이 있는 경우에는 이에 맹종할 것이 아니라 회사를 위하여 성실한 직무수행을 할 의무가 있으므로, 대표이사가 임부에 위배하는 행위를 함으로써 주주 또는 회사채권자에게 손해가 될 행위를 하였다면 그 회사의 이사회 또는 주주총회의 결의가 있었다고 하여 그 배임행위가 정당화될 수 없다고 하여 그 주장을 배척하였다.

그러나 회사의 대표이사는 이사회와 주주총회의 결의를 쫓아 업무를 집행하여야 할 의무가 있는데, 대상 판결은 이사회와 주주총회의 결의내용이 회사 채권자를 해하는 불법한 목적이 있다고 판단되면 그 결의를 거부하여야 한다고 판시한 것이다. 그러나 이사회와 주주총회의 결의를 쫓아 업무를 집행한 배임죄의 죄책을 묻는 대상 판결의 타당성은 의문이다.

3. 판례는 거래상대방의 대향적 행위의 존재를 필요로 하는 유형의 배임죄에 있어서 독특한 법리를 개발하였다. 즉, 거래상대방은 배임행위의 실행행위자와 별개의 이해관계를 가지고 반대편에서 독자적으로 거래에 임한다는 점을 감안하여, 거래상대방이 배임행위를 교사하거나 그 배임행위의 전 과정에 관여하는 등으로 배임행위에 적극 가담한 경우에는 배임죄의 교사범 또는 공동정범이 될 수 있지만, 관여의 정도가 거기에까지 이르지 아니하여 법질서 전체적인 관점에서 살펴볼 때 사회적 상당성을 갖춘 경우에는 정범의 행위가 배임행위에 해당한다는 점을 알고 거래에 임하여 외견상 방조행위로 평가되는 행위가 있었다고 할지라도 범죄를 구성할 정도의 위법성은 없다고 한다. 그러나 그 이론적 근거를 찾을 수 없다.

다만 이 사안에서 피고인 1은 상속세 납부자금 마련을 주된 목적으로 주식매매계약이라는 개인적 거래에 수반하여 독립된 법인 소유의 이 사건 부동산을 피고인 2에게 담보로 제공하였고, 피고인 2는 이러한 사정을 알면서 이 사건 가등기 설정을 요구하여 그 등기를 경료한 것에 불과하다면, 이것을 방조행위라고 평가할 수 있는지도 의문이다.

4. 대상 판결이 밝히고 있는 법리와 무관하게 피고인 2에 대하여 배임죄가 성립하지 않는다는 결론에는 찬성한다.

094

신탁회사가 신탁재산으로 부실회사의 회사채 등을 할인하여 매입하는 경우, 그로 인한 손해액의 산정

대법원 2004. 7. 9. 선고 2004도810 판결
[특정경제범죄가중처벌등에관한법률위반(배임)·증권투자신탁업법위반]

2019년 제8회 변호사시험 출제

사실 관계

피고인은 甲 주식회사로 하여금 유동성 위기에 빠진 乙 그룹 계열사들이 발행한 무보증회사채 1,800억 원 상당을 매입하도록 하였다.

재판 진행

검사는 피고인을 특정경제범죄가중처벌등에관한법률위반(배임)죄 등으로 기소하였다. 원심은 공소사실 중 일부는 유죄로, 일부는 무죄로 판단하였다.[100] 유죄 부분에 대하여는 피고인이, 무죄 부분에 대하여는 검사가 상고하였다. 대법원은 상고를 모두 기각하였다.

판시 사항

[1] 신탁회사가 신탁재산으로 부실회사의 회사채 등을 할인하여 매입하는 경우, 배임행위로 인하여 신탁회사가 입은 손해액의 산정

[2] 보증인이 변제자력이 없는 피보증인에게 기왕의 보증채무와 별도로 신규자금을 제공하거나 피보증인이 신규자금을 차용하는 데 담보를 제공하는 경우, 손해 발생의 위험을 초래한 것으로 볼 수 있는지 여

---

100) 서울고법 2004. 1. 19. 선고 2003노1535 판결.

부(한정 적극)

판결 요지

　[1] 업무상배임죄에 있어서 본인에게 손해를 가한다 함은 총체적으로 보아 본인의 재산상태에 손해를 가하는 경우를 말하고, 위와 같은 손해에는 장차 취득할 것이 기대되는 이익을 얻지 못하는 경우도 포함된다 할 것인바, 금융기관이 금원을 대출함에 있어 대출금 중 선이자를 공제한 나머지만 교부하거나 약속어음을 할인함에 있어 만기까지의 선이자를 공제한 경우 금융기관으로서는 대출금채무의 변제기나 약속어음의 만기에 선이자로 공제한 금원을 포함한 대출금 전액이나 약속어음 액면금 상당액을 취득할 것이 기대된다 할 것이므로 배임행위로 인하여 금융기관이 입는 손해는 선이자를 공제한 금액이 아니라 선이자로 공제한 금원을 포함한 대출금 전액이거나 약속어음 액면금 상당액으로 보아야 하고, 이러한 법리는 투신사가 회사채 등을 할인하여 매입하는 경우라고 달리 볼 것은 아니다.

　[2] 이미 타인의 채무에 대하여 보증을 하였는데, 피보증인이 변제자력이 없어 결국 보증인이 그 보증채무를 이행하게 될 우려가 있다고 하더라도 보증인이 피보증인에게 신규로 자금을 제공하거나 피보증인이 신규로 자금을 차용하는 데 담보를 제공하면서 그 신규자금이 이미 보증을 한 채무의 변제에 사용되도록 한 경우가 아니라면, 보증인으로서는 결국 기보증채무와 별도로 새로 손해를 발생시킬 위험을 초래한 것이라고 볼 수밖에 없다.

판결 평석

　1. 형법상 배임죄에서 취득한 재산상 이익의 가액이 얼마인지는 문제되지 않지만, 특정경제범죄가중처벌등에관한법률위반(배임)죄에서는 취득한 재산상 이익의 가액, 즉 이득액이 범죄구성요건의 일부로 되어 있고, 그 가액에 따라 형벌도 가중되어 있다. 따라서 이 경우에는 이득액을 엄격하고 신중하게 산정함으로써 범죄와 형벌 사이에 적정한 균형이

이루어져야 한다는 책임주의 원칙이 훼손되지 않도록 하여야 한다. 만일 취득한 재산상 이익이 있더라도 그 가액을 구체적으로 산정할 수 없을 때는 특정경제범죄가중처벌등에관한 법률위반(배임)죄를 적용할 수 없다. 이렇게 특정경제범죄가중처벌등에관한 법률위반(배임)죄에서 이득액의 산정은 매우 중요한 것이다. 그러나 구체적인 이득액의 산정이 반드시 쉬운 것은 아니다.

2. 배임죄에서 이득액 산정방법에 관하여는 두 개의 견해가 있다. 하나는 취득한 재산상 이익 전체를 하나의 단위로 인식하여 그 가액을 이득액으로 파악하는 전체가치설이고, 다른 하나는 담보물권을 설정함으로써 범행을 하는 경우와 같이 실질적으로 취득하는 것이 재물의 일부 가치뿐일 때는 그 실질가치만을 이득액으로 파악하는 실질가치설이다. 판례는 배임죄에 관한 사안에서 대체로 실질가치설을 취하지만, 유독 부정대출과 부실대출의 경우에는 전체가치설을 취한다. 그리하여 대출금 중 담보물 가치를 제외한 금액이나 실제로 회수불가능한 금액이 아니라 대출금 전액을 손해액 또는 이득액으로 본다. 이러한 판례는 재고할 필요가 있다.

3. 피고인은 무보증회사채 1,800억 원 상당을 매입할 때 매입대금 중 만기까지의 선이자를 공제하고 지급하였으므로 선이자를 공제한 금액을 이득액으로 보아야 한다고 다투었다. 이에 대하여 대상 판결은 금융기관이 금원을 대출함에 있어 대출금 중 선이자를 공제한 나머지만 교부하거나 약속어음을 할인함에 있어 만기까지의 선이자를 공제한 경우 금융기관으로서는 대출금채무의 변제기나 약속어음의 만기에 선이자로 공제한 금원을 포함한 대출금 전액이나 약속어음 액면금 상당액을 취득할 것이 기대되므로 배임행위로 인하여 금융기관이 입는 손해는 선이자를 공제한 금액이 아니라 선이자로 공제한 금원을 포함한 대출금 전액이거나 약속어음 액면금 상당액으로 보아야 한다고 하여 피고인의 주장을 배척하였다.

4. 판례가 부실대출 유형의 배임죄 사안에서 담보물 가치를 공제하지 아니하고 대출금 전액을 손해액 또는 이득액이라고 하는 것은 타당하지 않다. 피고인이 대출금을 지급하면서 선이자를 공제하였다면 금융기관이 실제로 입은 손해는 대출금 중 선이자를 공제한 나머지 금액으로 보아야 한다.

5. 대상 판결에 찬성하지 않는다.

095

채무초과 상태에 있는 계열회사를 위하여 지급보증 또는 연대보증을 한 사건

대법원 2004. 6. 24. 선고 2004도520 판결
[특정경제범죄가중처벌등에관한법률위반(배임) · 주식회사의외부감사에관한법률위반]

사실 관계

피고인 1은 공소외 2 주식회사의 대표이사 회장이자 ○○그룹의 회장이고(공소외 1, 2, 3 주식회사는 ○○그룹에 속해 있다), 피고인 3은 공소외 2 주식회사의 이사 겸 부회장으로 ○○그룹의 기획조정실장이며, 피고인 2는 공소외 2 주식회사의 대표이사 사장이다.

피고인들은 자본금 300억 원이 모두 잠식됨으로써 발행주식의 실질가치가 0원으로 평가되고 있고 보험금 지급여력이 없는 등 그 재무구조가 상당히 불량한 상태에 있는 공소외 1 주식회사의 재정상태를 잘 알면서도, 공소외 1 주식회사에 대한 재정경제원 장관의 자본금증액명령을 구실삼아 신주인수 의무가 없는 공소외 2 주식회사의 자금으로 공소외 1 주식회사가 발행하는 신주를 액면가격으로 인수하였다. 당시 피고인 2, 3은 공소외 1 주식회사의 주식을 인수하는 행위에 대하여 긴밀한 협의를 하였고, 이러한 행위에 피고인 1이 공모하여 가담하였다.

피고인 1, 2는 공소외 4 주식회사가 채무초과에 자본금 잠식 상태인데다가 법정관리중에 있어 회생 여부가 불확실한 상태에 있는데도 아무런 담보를 제공받지 않고 공소외 4 주식회사가 발행한 약속어음의 공동발행인란과 한정근보증서의 연대보증인란에 각 날인하여 연대보증을 하였다.

검사는 피고인들을 특정경제범죄가중처벌등에관한법률위반(배임)죄 등
으로 기소하였다. 원심은 이 사건 공소사실에 대해 유죄로 판단하였다.[101]
피고인들이 상고하였다. 대법원은 원심판결 중 피고인 1, 2에 대한 부
분을 파기하고, 이 부분 사건을 원심법원에 환송하고, 피고인 3의 상고
를 기각하였다.

판시 사항

[1] 업무상배임죄의 주관적 요건 및 부수적으로 본인의 이익을 위한
다는 의사로써 행위한 경우, 배임죄의 고의 성립 여부(적극)

[2] 대기업의 회장 등이 경영상의 판단이라는 이유로 甲 계열회사의
자금으로 재무구조가 상당히 불량한 상태에 있는 乙 계열회사가 발행하
는 신주를 액면가격으로 인수한 것이 그 자체로 업무상배임 행위임이
분명하고 배임에 대한 고의도 충분히 인정된다고 한 사례.

[3] 배임죄에 있어서 '재산상의 손해를 가한 때'의 의미 및 주식의
실질가치가 0인 회사가 발행하는 신주를 액면가격으로 인수하는 경우,
손해액의 범위

[4] 회사의 대표이사가 채무변제능력의 상실이 아닌 단순히 채무초
과 상태에 있는 타인의 채무를 회사 이름으로 지급보증 또는 연대보증
을 하는 경우, 회사에 대한 배임행위가 되는지 여부(소극)

판결 요지

[1] 업무상배임죄가 성립하려면 주관적 요건으로서 임무위배의 인식
과 그로 인하여 자기 또는 제3자가 이익을 취득하고 본인에게 손해를
가한다는 인식, 즉 배임의 고의가 있어야 하고, 이러한 인식은 미필적
인식으로도 족한바, 이익을 취득하는 제3자가 같은 계열회사이고, 계열
그룹 전체의 회생을 위한다는 목적에서 이루어진 행위로서 그 행위의

---

101) 서울고법 2004. 1. 8. 선고 2003노2376 판결.

결과가 일부 본인을 위한 측면이 있다 하더라도 본인의 이익을 위한다는 의사는 부수적일 뿐이고 이득 또는 가해의 의사가 주된 것임이 판명되면 배임죄의 고의를 부정할 수 없다.

[2] 대기업의 회장 등이 경영상의 판단이라는 이유로 갑 계열회사의 자금으로 재무구조가 상당히 불량한 상태에 있는 을 계열회사가 발행하는 신주를 액면가격으로 인수한 것이 그 자체로 업무상배임 행위임이 분명하고 배임에 대한 고의도 충분히 인정된다고 한 사례.

[3] 배임죄에 있어서 재산상의 손해를 가한 때라 함은 현실적인 손해를 가한 경우뿐만 아니라 재산상 실해 발생의 위험을 초래한 경우도 포함되는바, 주식의 실질가치가 영(0)인 회사가 발행하는 신주를 액면가격으로 인수하는 경우 그로 인한 손해액은 그 신주 인수대금 전액 상당으로 보아야 한다.

[4] 회사의 대표이사가 타인의 채무를 회사 이름으로 지급보증 또는 연대보증함에 있어 그 타인이 만성적인 적자로 손실액이나 채무액이 누적되어 가는 등 재무구조가 상당히 불량하여 이미 채무변제능력을 상실한 관계로 그를 위하여 지급보증 또는 연대보증을 할 경우에 회사에 손해가 발생할 것이라는 점을 알면서도 이에 나아갔다면 그러한 지급보증 또는 연대보증은 회사에 대하여 배임행위가 된다고 할 것이나, 그 타인이 단순히 채무초과 상태에 있다는 이유만으로는 그러한 지급보증 또는 연대보증이 곧 회사에 대하여 배임행위가 된다고 단정할 수 없다.

판결 평석

1. 배임죄가 성립하려면 주관적 요건으로서 임무위배에 대한 인식과 그로 인하여 자기 또는 제3자가 이익을 취득하고 본인에게 손해를 가한다는 인식, 즉 배임의 고의가 있어야 한다.

피고인들은, 공소외 1 주식회사가 재정경제원 장관의 증자명령을 이행하지 아니하면 공소외 1 주식회사가 속해 있는 ○○그룹 전체의 명예가 손상되어 그 결과 ○○그룹의 계열사인 공소외 2 주식회사의 영업에도 지장이 있게 될 가능성이 있으므로 계열그룹 전체의 회생을 위한다는 목적에서 공소외 1 주식회사의 신주를 인수한 행위로서 배임의 고의가 없다고 다투었다.

그러나 대상 판결은 그 행위의 결과가 일부 본인을 위한 측면이 있다고 하더라도 본인의 이익을 위한다는 의사는 부수적일 뿐이고 이득 또는 가해의 의사가 주된 것임이 판명되면 배임죄의 고의를 부정할 수 없다고 판단하였다. 대상 판결은 수긍할 수 있다.

2. 회사의 대표이사가 타인의 채무를 회사 이름으로 지급보증 또는 연대보증하는 것은 임무위배행위가 될 가능성이 높다. 그러나 판례는 채무초과상태만으로는 부족하고 변제능력을 상실한 경우에만 배임행위가 된다고 한다.

원심은, 공소외 4 주식회사는 1983. 10. 17.부터 법정관리중에 있는 회사로서 1996년도 자산이 410,830,306,985원, 부채가 579,515,629,902원, 자본총계가 마이너스 168,685,322,917원으로 자본금 16,000,000,000원을 크게 초과한 상태에 있었다고 인정하고, 그 회사를 위하여 지급보증 또는 연대보증을 한 피고인 1, 2에 대하여 배임죄가 성립된다고 판단하였다.

그러나 대상 판결은, 공소외 4 주식회사는 1992년도 이후 꾸준하게 영업이익을 내고 있었고(당기순이익이 1992년에는 5,866,155,803원, 1993년에는 7,854,389,803원, 1994년에는 5,082,252,521원, 1995년에는 1,250,685,110원, 1996년에는 2,279,721,443원이다.), 이 사건 연대보증이 있었던 1997. 2.을 기준으로 할 때 법정관리의 계속에 특별히 문제가 없었고, 이 사건 연대보증은 공소외 2 주식회사가 속해 있는 00그룹의 계열회사인 공소외 3 주식회사가 연대보증채무를 부담하고 있던 공익채무에 대하여 추가로 보증한 것이고, 공소외 4 주식회사는 이러한 인적 담보 이외에도 물적 담보로 채권자인 상업은행에게 공소외 4 주식회사 소유의 부동산에 대하여 채권최고액을 150억 원으로 하는 근저당권설정등기를 경료하기로 하였으며, 공소외 4 주식회사 명의의 350억 원 상당의 예금 및 적금에 대하여 질권을 설정하기로 한 것에 불과하고, 공소외 4 주식회사가 법정관리 중에 있고 자본총계가 마이너스 168,685,917원에 이른다고 하여 회생능력이 없다고 단정하기는 어렵다고 판시하였다.

대상 판결은 공소외 4 회사가 채무초과상태에 있지만 변제능력을 상실한 것은 아니므로, 배임죄가 성립하지 않는다고 판단한 것이다.

3. 대상 판결은 사실관계를 정확하게 확정하지 않은 채 배임죄를 쉽게 인정하는 하급심 판결에 경종을 울리고 있다. 대상 판결에 찬성한다.

096

주금을 가장납입한 직후 이를 인출하여 사용한 경우에 상법상 납입가장죄 외에 별도로 배임죄가 성립하는지

대법원 2004. 6. 17. 선고 2003도7645 전원합의체 판결

[특정경제범죄가중처벌등에관한법률위반(횡령)·특정경제범죄가중처벌등에관한
법률위반(배임)·증권거래법위반·국회에서의증언감정등에관한법률위반·
배임증재·특정경제범죄가중처벌등에관한법률위반(증재등)·상법위반·
공정증서원본불실기재·불실기재공정증서원본행사]

사실 관계

피고인은 甲 주식회사의 대표이사이던 공소외인과 공모하여, 乙 은행
의 유가증권 청약증거금계좌에 甲 회사의 유상증자금 300억 원을 납입
하여 예치하고, 위 은행으로부터 주식납입금보관증명서를 발급받은 다
음, 위 회사 우선주 유상증자등기를 마치고, 다음날 우선주 증자대금으
로 납입한 300억 7,000만 원을 전액 인출하여 사용하였다.

재판 진행

검사는 피고인을 특정경제범죄가중처벌등에관한법률위반(배임)죄 등
으로 기소하였다. 원심은 공소사실 중 일부는 유죄로, 일부는 무죄로 판
단하였다.[102] 무죄 부분에 대하여는 검사가, 유죄 부분에 대하여는 피고
인이 상고하였다. 대법원은 검사의 상고를 기각하고, 유죄 부분은 파기
하여 원심법원에 환송하였다.

---

102) 서울고법 2003. 11. 14. 선고 2003노1683, 2042 판결.

판시 사항

[1] 타인으로부터 금원을 차용하여 주금을 납입하고 설립등기나 증자등기 후 바로 인출하여 차용금 변제에 사용하는 경우, 상법상 납입가장죄의 성립 외에 공정증서원본불실기재·동행사죄의 성립 여부(적극) 및 업무상횡령죄의 성립 여부(소극)

[2] 배임죄의 주체인 '타인의 사무를 처리하는 자'의 의미

판결 요지

배임죄는 타인의 사무를 처리하는 자가 그 임무에 위배하는 행위에 의하여 재산상의 이익을 취득하거나 제3자로 하여금 이를 취득하게 하여 본인에게 손해를 가함으로써 성립하는 것으로, 여기에서 그 주체인 '타인의 사무를 처리하는 자'란 양자 간의 신임관계에 기초를 두고 타인의 재산관리에 관한 사무를 대행하거나 타인 재산의 보전행위에 협력하는 자의 경우 등을 가리킨다(대법원 2003. 9. 26. 선고 2003도763 판결 등 참조).

판결 평석

1. 대상 판결은 타인으로부터 금원을 차용하여 주금을 가장납입한 직후 이를 인출하여 차용금변제에 사용한 경우 상법상의 납입가장죄와 별도로 회사재산의 불법영득행위로 업무상횡령죄가 성립할 수 있는지에 관한 사안을 다루고 있다. 종전 판례는 이를 긍정하였으나, 대상 판결은 견해를 변경하여 별도의 업무상횡령죄가 성립하지 않는다고 하였다.

2. 검사는, 상장회사로서 증권거래소에서 거래 중인 甲 주식회사 명의로 유상증자금 300억 원이 입금되었으면, 그 돈은 이미 甲 주식회사 소유의 돈으로서 회사의 운영을 위하여 관리하여야 함에도, 대표이사인 공소외인이 이를 인출하여 사용하였다고 하여 피고인을 공소외인의 특정경제범죄가중처벌등에관한법률위반(배임)죄에 대한 공범으로 기소하였다.

원심은, 타인으로부터 금원을 차용하여 주금을 가장납입한 직후 이를 인출하여 사용한 경우 불법영득의 의사를 인정할 수 없어 상법상 납입가장죄와 별도로 업무상횡령죄가 성립하지 아니하므로, 업무상배임죄에 대한 관계에서 특별관계에 있는 업무상횡령죄의 성립을 전제로 하여 일련의 동일한 행위를 두고 업무상횡령죄 외에 업무상배임죄가 별도로 성립하지 아니한다고 판단하였다.

그러나 대상 판결은 피고인에게 불법영득의 의사를 인정할 수 없으므로 업무상횡령죄가 성립하지 않으며 재산상 이익을 취득한다는 의사도 인정할 수 없으므로 업무상배임죄도 성립하지 않는다고 판단하였다.

3. 납입가장행위란 주식회사가 유상증자를 함에 있어 회사의 증자업무를 담당하는 자와 주식인수인이 사전 공모하여 주금납입취급은행 이외의 제3자로부터 납입금에 해당하는 금액을 차입하여 주금을 납입하고 납입취득은행으로부터 납입금보관증명서를 교부받아 회사의 증자등기절차를 마친 후 다시 이를 인출하여 위 차용금채무의 변제에 사용하는 것을 말한다. 이러한 가장납입행위는 실질적으로 회사의 자본을 증가시키는 것이 아니고 등기를 위하여 납입을 가장하는 편법에 불과하여 주금의 납입 및 인출의 전 과정에 회사의 자본금에는 실제 아무런 변동이 없다. 그렇다면 피고인의 행위로 말미암아 회사에 손해가 발생하지도 않았고, 피고인에게 재산상 이익 취득의 의사를 인정하기도 어렵다.

4. 대상 판결에 찬성한다.

097

배임죄로 기소된 공소사실에 대하여 공소장변경 없이 횡령죄를 적용하여 처벌할 수 있는지

대법원 1999. 11. 26. 선고 99도2651 판결 [배임(인정된 죄명:횡령)]

대법원 2013. 2. 21. 선고 2010도10500 전원합의체 판결에 의하여 변경

2015년 제4회 변호사시험 출제
2013년 제2회 변호사시험 출제
2012년 제1회 변호사시험 출제

사실 관계

피고인과 피해자는 이 사건 토지를 공동매입(지분은 각 1/2)하여 피고인의 조카사위인 공소외인에게 명의신탁하였다.

피고인은 피해자의 승낙 없이 이 사건 토지의 1/2지분에 관하여 피해자의 승낙 없이 근저당권설정등기를 경료하였다.

재판 진행

검사는 피고인을 배임죄로 기소하였다. 원심은 검사가 공소장변경을 하지도 않았는데도 이 사건 공소사실을 횡령죄로 의율한 다음, 피고인의 행위는 불가벌적 사후행위에 해당한다고 보아 무죄를 선고하였다.[103] 검사가 상고하였다. 대법원은 상고를 기각하였다.

판시 사항

[1] 명의신탁받아 보관 중이던 토지를 명의신탁자의 승낙 없이 제3자에게 근저당권설정등기를 경료해 준 경우, 토지 전체에 대한 횡령죄

---

103) 울산지법 1999. 6. 1. 선고 99노217, 99초225 판결.

가 성립하는지 여부(적극) 및 그 후 그 토지를 다른 사람에게 매도한 행위가 별개의 횡령죄를 구성하는지 여부(소극)

[2] 배임죄로 기소된 공소사실에 대하여 공소장변경 없이 횡령죄를 적용하여 처벌할 수 있는지 여부(적극)

판결 요지

[1] 명의신탁 받아 보관 중이던 토지를 명의신탁자의 승낙 없이 제3자에게 근저당권설정등기를 경료해 준 경우 위 토지 전체에 대한 횡령죄가 성립하며, 그 후 다시 피해자의 승낙 없이 다른 사람에게 이를 매도하더라도 이는 소위 불가벌적 사후행위에 해당하는 횡령물의 처분행위로서 별개의 횡령죄를 구성하지 아니한다.

[2] 횡령죄와 배임죄는 다같이 신임관계를 기본으로 하고 있는 같은 죄질의 재산범죄로서 그 형벌에 있어서도 경중의 차이가 없고 동일한 범죄사실에 대하여 단지 법률적용만을 달리하는 경우에 해당하므로 법원은 배임죄로 기소된 공소사실에 대하여 공소장변경 없이도 횡령죄를 적용하여 처벌할 수 있다.

판결 평석

1. 대상 판결은 명의신탁을 받아 보관 중이던 토지를 명의신탁자의 승낙 없이 제3자에게 근저당권설정등기를 경료해 준 경우 위 토지 전체에 대한 횡령죄가 성립하며, 그 후 다시 피해자의 승낙 없이 다른 사람에게 이를 매도하더라도 이는 소위 불가벌적 사후행위에 해당하는 횡령물의 처분행위로서 별개의 횡령죄를 구성하지 아니한다고 판시하였다. 그러나 대법원 2013. 2. 21. 선고 2010도10500 전원합의체 판결은 이것은 불가벌적 사후행위가 아니라 별개의 횡령죄를 구성한다고 하여 대상 판결을 변경하였다.

2. 대상 판결은 횡령죄와 배임죄의 관계에 관하여, 횡령죄와 배임죄는 다같이 신임관계를 기본으로 하고 있는 같은 죄질의 재산범죄로서

그 형벌에 있어서도 경중의 차이가 없고 동일한 범죄사실에 대하여 단지 법률적용만을 달리하는 경우에 해당한다고 한다. 그리하여 법원은 배임죄로 기소된 공소사실에 대하여 공소장변경 없이도 횡령죄를 적용하여 처벌할 수 있다는 것이 대상 판결의 요지이다. 그러나 이에 대하여는 재검토할 필요가 있다.

3. 횡령죄는 타인의 재물을 보관하는 자가 그 재물을 횡령하거나 그 반환을 거부하는 때에 성립하는 범죄이다. 그러나 배임죄는 타인의 사무를 처리하는 그 임무에 위배하는 행위로써 재산상의 이익을 취득하거나 제3자로 하여금 이를 취득하게 하여 본인에게 손해를 가한 때에 성립하는 범죄이다.

두 범죄의 구별에 관하여 다수설은, 횡령죄의 행위객체는 재물이고 배임죄의 행위객체는 재산상의 이익인데, 재물은 재산상의 이익 중에 포함되는 개념이므로 횡령죄와 배임죄는 특별법과 일반법의 관계에 있고, 횡령죄가 성립하면 배임죄의 성립 여부는 검토할 필요성이 없다고 한다.

반면 재물은 재산상의 이익에 포함되지 않는 상호배타적인 것으로 이해하여 횡령죄와 배임죄는 양자택일의 관계에 있다는 견해, 두 죄를 별개의 독립된 범죄로 보면서도 하나의 사실에 대하여 두 죄가 모두 성립하기도 하고, 중복되는 범위 내에서는 택일 관계에 있다는 견해, 그리고 두 죄는 독립적인 택일관계에 있지만 교착되는 부분도 있다는 견해 등도 있다.

그러나 배임죄와 횡령죄는 역사적 배경이 다른 별개의 독립된 범죄이다. 독일에서는 횡령죄는 절도죄와 같은 장에, 배임죄는 사기죄와 같은 장에 규정되었을 뿐, 두 범죄가 유사한 범죄라는 관념은 존재하지 않았다. 우리 형법이 일본형법개정가안을 참조하여 두 범죄를 같은 조문의 제1항과 제2항으로 나란히 규정함으로써 두 범죄가 동일하거나 유사한 범죄로 보이는 면이 있지만, 두 범죄는 행위주체, 행위객체, 실행행위, 결과 등 구성요건요소를 달리하는 별개의 범죄로 보아야 한다.

4. 대법원 1990. 10. 30. 선고 90도1694 판결은, 검사가 횡령의 공소사실을 배임으로 공소장변경을 신청하고 있고 변경 전후의 공소사실에 있어서 기본적 사실관계가 동일하여 공소사실의 동일성을 해하지 아니하다면 공소장변경신청을 허가하여야 한다고 하고, 대상 판결은 법원은 배임죄로 기소된 공소사실에 대하여 공소장변경 없이도 횡령죄를 적용하여 처벌할 수 있다고 한다.

이것은 대법원이 횡령죄와 배임죄를 다같이 신임관계를 기본으로 하고 있는 같은 죄질의 재산범죄로서 그 형벌에 있어서도 경중의 차이가 없고 동일한 범죄사실에 대하여 단지 법률적용만을 달리하는 경우에 해당한다고 관념하고 있음을 보여준다.

5. 그러나 횡령죄와 배임죄가 별개의 독립된 범죄라고 한다면, 배임죄로 기소된 공소사실에 대하여 횡령죄를 적용하거나 횡령죄로 기소된 공소사실에 대하여 배임죄로 의율하기 위해서는 반드시 검사의 공소장변경신청이 있어야 한다. 법원은 그 공소장변경신청에 대하여 엄격한 심사를 거쳐서 허가 여부를 결정하여야 한다. 법원이 공소장변경 없이 배임죄로 기소된 공소사실에 대하여 횡령죄를 적용하거나, 횡령죄로 기소된 공소사실을 배임죄로 의율하는 것은 피고인의 방어권을 현저히 해치므로 허용되어서는 안 된다.

한편 대법원 2000. 9. 8. 선고 2000도258 판결은 횡령죄로 공소제기된 사건을 법원이 공소장 변경없이 직권으로 배임죄를 판단하지 않은 것은 위법하지 않다고 판시하였다. 당연한 법리를 선언한 것이다.

6. 대상 판결에 찬성하지 않는다.

098

부동산을 이중매도한 매도인이 선매수인에게 소유권이전등기를 이행한 사건

대법원 1992. 12. 24. 선고 92도1223 판결 [배임]

사실 관계

피고인이 이 사건 부동산을 乙에게 금 530만 원에 매도하고 그 계약금 및 중도금을 수령한 상태에서, 丙에게 위 부동산을 금 1,530만 원에 이중으로 매도하여 계약금을 수령하고, 그 후 乙로부터 잔금을 교부받았다.

그후 피고인은 乙, 丙 등 이해관계인이 모인 자리에서 피고인이 乙에게 손해배상금을 포함한 금 700만 원을 지급하고 계약을 해제한 후, 이 사건 부동산은 丙에게 소유권이전등기를 경료하여 주기로 하는 내용의 화해가 성립되었다.

그런데 피고인은 위 700만 원을 乙에게 반환하고 계약을 해지하는 대신 乙 앞으로 소유권이전등기를 경료하여 주었다.

재판 진행

검사는 피고인이 丙에게 소유권을 이전해 줄 임무에 위배하여 乙 앞으로 소유권이전등기를 경료함으로써 丙에게 재산상 손해를 가하고 동액 상당의 이득을 취하였다고 하여 배임죄로 기소하였다. 원심은 이 사건 공소사실에 대하여 무죄로 판단하였다.[104] 검사가 상고하였다. 대법원은 상고를 기각하였다.

---

104) 청주지방법원 1992.4.23. 선고 92노128 판결.

판시 사항

[1] 부동산 이중매매에 있어서 매도인이 선매수인에게 소유권이전의무를 이행한 경우 후매수인에 대한 배임죄의 성부(소극)

[2] 부동산 이중매매에 있어서 매도인의 선매수인에 대한 매매계약이 사기죄를 구성하는 경우 선매수인에 대한 소유권이전의무의 존부(한정적극)

판결 요지

[1] 부동산을 이중으로 매도한 경우에 매도인이 선매수인에게 소유권이전의무를 이행하였다고 하여 후매수인에 대한 관계에서 그가 임무를 위법하게 위배한 것이라고 할 수 없다.

[2] 부동산의 이중매매에 있어서 매도인의 선매수인에 대한 매매계약이 특별한 사정에 의하여 선매수인에 대하여 사기죄를 구성하는 경우에도 그 매매계약에 무효의 사유가 있거나 취소되지 않는 한 매도인의 선매수인에 대한 소유권이전의무가 존재하지 아니하거나 소멸할 리가 없다.

판결 평석

1. 부동산 이중매매에 관한 대부분의 사안은 매도인이 이중으로 매매계약을 체결하고 선매수인에게 소유권을 이전하지 않고 후매수인에게 소유권을 이전한 사안이다. 그런데 대상 판결은 후매수인에게 소유권을 이전하지 않고 선매수인에게 소유권을 이전한 이례적인 사안을 다루고 있다.

원심은, 피고인과 乙, 丙 사이에 체결된 합의의 내용은 피고인이 乙에게 700만 원을 지급함을 조건으로 乙이 매매계약상의 지위를 포기하기로 한 것인데, 乙이 위 합의에 따른 금원을 지급받지 못한 이상 선매수인의 지위를 그대로 유지하고 있는 것이므로, 피고인의 선매수인인 乙에 대한 이전등기경료행위가 후매수인에 대한 배임죄를 해당한다고 볼 수 없다고 판단하였다.

이에 대하여 대상 판결은, 부동산을 이중으로 매도한 경우에 매도인이 선매수인에게 소유권이전의무를 이행하였다고 하여 후매수인에 대한 관계에서 그가 임무를 위법하게 위배한 것이라고 할 수 없다고 한 원심이 정당하다고 판단하였다.

2. 부동산 이중매매 사안을 다룬 대법원 2018. 5. 17. 선고 2017도 4027 전원합의체 판결은, "부동산 매매계약에서 계약금만 지급된 단계에서는 어느 당사자나 계약금을 포기하거나 그 배액을 상환함으로써 자유롭게 계약의 구속력에서 벗어날 수 있다. 그러나 중도금이 지급되는 등 계약이 본격적으로 이행되는 단계에 이른 때에는 계약이 취소되거나 해제되지 않는 한 매도인은 매수인에게 부동산의 소유권을 이전해 줄 의무에서 벗어날 수 없다. 따라서 이러한 단계에 이른 때에 매도인은 매수인에 대하여 매수인의 재산보전에 협력하여 재산적 이익을 보호·관리할 신임관계에 있게 된다. 그때부터 매도인은 배임죄에서 말하는 '타인의 사무를 처리하는 자'에 해당한다고 보아야 한다. 그러한 지위에 있는 매도인이 매수인에게 계약 내용에 따라 부동산의 소유권을 이전해 주기 전에 그 부동산을 제3자에게 처분하고 제3자 앞으로 그 처분에 따른 등기를 마쳐 준 행위는 매수인의 부동산 취득 또는 보전에 지장을 초래하는 행위이다. 이는 매수인과의 신임관계를 저버리는 행위로서 배임죄가 성립한다."고 판시하였다.

3. 위 전원합의체 판결에 따르면, 부동산 매도인은 매수인으로부터 중도금을 지급받은 단계에 이른 때에 비로소 매수인의 재산보전에 협력하여 재산적 이익을 보호·관리할 신임관계에 있게 되고, 그때부터 매도인은 배임죄에서 말하는 '타인의 사무를 처리하는 자'에 해당한다는 것이다.

그렇다면 이 사안에서도 매도인인 후매수인의 재산보전에 협력하여야 하는 신임관계에 있는 자, 즉 타인의 사무를 처리하는 자의 지위에 있다. 피고인은 후매수인인 丙에게 소유권을 이전해 주기로 약정하고도 이를 위배하여 선매수인인 乙에게 소유권이전등기를 경료하였다면 배임죄가 성립한다고 하여야 형평에 맞다.

4. 그러나 대법원은 이러한 법리는 매도인이 선매수인에게 소유권을 이전하지 않은 경우에만 적용되는 것이고, 후매수인에게 소유권을 이전하지 않은 경우에는 적용되지 않는다고 한다. 이 경우 매도인은 후매수인에 대한 관계에서 민사상 채무불이행책임을 질 뿐 이중매매로 인한 배임죄의 성부는 문제되지 않는다고 한다.

그러나 소유권이전등기를 마쳐 물권을 취득하기 전에는 채권자로서 대등한 법적 지위를 보장받아야 할 선매수인과 후매수인에 대하여 배임죄 성립에 있어서 보호 정도를 달리할 논리적 근거는 찾아볼 수 없다.

판례의 이러한 태도는 부동산 이중매매 행위의 비난가능성이나 처벌 필요성에만 치중한 나머지 등기협력의무나 재산보전에 협력할 의무라는 작위적 개념을 이용하여 자기의 사무에 불과한 소유권이전등기의무를 타인의 사무로 변질시켜, 현행 형사법상 범죄로 되지 아니하는 채무불이행과의 구분을 모호하게 하고, 배임죄의 적용범위를 부당히 확대시키는 결과를 가져왔다는 비판을 받을 수밖에 없다(대법원 2018. 5. 17. 선고 2017도4027 전원합의체 판결의 반대의견).

5. 부동산을 이중매매한 매도인이 선매수인에게 소유권이전등기를 하거나 후매수인에게 소유권이전등기를 하거나 어느 경우나 배임죄가 성립하지 않는다. 대상 판결의 결론에는 찬성한다.

099

동산을 이중으로 양도담보로 제공한 사건

대법원 1990. 2. 13. 선고 89도1931 판결 [배임]

2015년 제4회 변호사시험 출제

사실 관계

피고인이 그 소유의 이 사건 에어콘 등을 피해자 甲에게 양도담보로 제공하고 점유개정의 방법으로 점유하고 있다가, 위 에어콘 등을 乙에게 이중으로 양도담보로 제공하였다.

재판 진행

검사는 피고인을 배임죄로 기소하였다. 원심은 이 사건 공소사실에 대해 무죄로 판단하였다.[105] 검사가 상고하였다. 대법원은 상고를 기각하였다.

판시 사항

동산의 이중 양도담보제공 행위와 배임죄의 성부(소극)

판결 요지

피고인이 그 소유의 이 사건 에어콘 등을 피해자에게 양도담보로 제공하고 점유개정의 방법으로 점유하고 있다가 다시 이를 제3자에게 양도담보로 제공하고 역시 점유개정의 방법으로 점유를 계속한 경우, 뒤의 양도담보권자인 제3자는 처음의 담보권자인 피해자에 대하여 배타적

---

105) 대구지방법원 1989. 7. 21. 선고 89노831 판결.

으로 자기의 담보권을 주장할 수 없으므로 위와 같이 이중으로 양도담보제공이 된 것만으로는 처음의 양도담보권자에게 담보권의 상실이나 담보가치의 감소 등 손해가 발생한 것으로 볼 수 없으니 배임죄를 구성하지 않는다.

판결 평석

1. 대상 판결은 동산의 이중담보에 관한 사안을 다루고 있다. 동산을 이중으로 양도담보로 제공하면서 점유개정의 방법으로 점유하였다면, 뒤의 양도담보권자는 처음의 담보권자에 대하여 배타적으로 자기의 담보권을 주장할 수 없으므로 이중으로 양도담보제공이 된 것만으로는 처음의 양도담보권자에게 담보권의 상실이나 담보가치의 감소등 손해가 발생한 것으로 볼 수 없다고 한다. 대상 판결은 이 사안을 재산상 손해의 문제로 보고 판단하고 있다.

2. 그러나 이 사안은 '타인의 사무를 처리하는 자'의 문제로 파악하는 것이 옳다.

대법원 2020. 2. 20. 선고 2019도9756 전원합의체 판결은 동산을 양도담보로 제공한 채무자가 제3자에게 담보에 제공된 동산을 처분한 경우에 관하여 판단하고 있다. 위 판결은, "채무자가 금전채무를 담보하기 위하여 그 소유의 동산을 채권자에게 양도담보로 제공함으로써 채권자인 양도담보권자에 대하여 담보물의 담보가치를 유지·보전할 의무 내지 담보물을 타에 처분하거나 멸실, 훼손하는 등으로 담보권 실행에 지장을 초래하는 행위를 하지 않을 의무를 부담하게 되었더라도, 이를 들어 채무자가 통상의 계약에서의 이익대립관계를 넘어서 채권자와의 신임관계에 기초하여 채권자의 사무를 맡아 처리하는 것으로 볼 수 없다. 따라서 채무자를 배임죄의 주체인 '타인의 사무를 처리하는 자'에 해당한다고 할 수 없다."고 하였다. 그렇다면 이 사건 피고인도 마찬가지로 타인의 사무를 처리하는 자에 해당하지 않는다고 할 것이다.

3. 나아가 대상 판결은 이중으로 양도담보제공이 된 것만으로 처음의 양도담보권자에게 담보권의 상실이나 담보가치의 감소 등 손해가 발생한 것으로 볼 수 없다고 판시하였다. 그러나 위 전원합의체 판결은 "그가 담보물을 제3자에게 처분하는 등으로 담보가치를 감소 또는 상실시켜 채권자의 담보권 실행이나 이를 통한 채권실현에 위험을 초래하더라도 배임죄가 성립한다고 할 수 없다."고 하였다. 어느 쪽이든 배임죄가 성립하지 않는다는 판단은 동일하다.

4. 대상 판결에 찬성한다.

100

양도담보권자의 정산의무불이행 사건

대법원 1985. 11. 26. 선고 85도1493 전원합의체 판결 [배임]

2012년 제1회 변호사시험 출제

사실 관계

피고인은 甲에게 강원도 소재 탄광을 대금 3,500만 원에 매도하고 잔대금 1,700만 원을 지급받지 못하였다.

甲의 아버지인 피해자는 그 담보목적으로 피고인에게 피해자 소유의 이 사건 부동산에 대한 소유권이전등기를 경료하였다.

피고인은 약정기일까지 잔대금을 지급받지 못하자 위 담보부동산을 乙에게 처분하여 매매대금 3,500만 원을 전액 수령하고도 나머지 돈을 정산하여 피해자에게 반환하지 아니하였다.

재판 진행

검사는 피고인을 배임죄로 기소하였다. 원심은 이 사건 공소사실에 대해 유죄로 판단하였다.[106] 피고인이 상고하였다. 대법원은 원심판결을 파기하고, 사건을 원심법원으로 환송하였다.

판시 사항

양도담보권자의 정산의무불이행과 배임죄의 성부

---

106) 춘천지방법원 1985. 6. 7. 선고 85노145 판결.

판결 요지

양도담보가 처분정산형의 경우이건 귀속정산형의 경우이건 간에 담보권자가 변제기 경과 후에 담보권을 실행하여 그 환가대금 또는 평가액을 채권원리금과 담보권 실행비용 등의 변제에 충당하고 환가대금 또는 평가액의 나머지가 있어 이를 담보제공자에게 반환할 의무는 담보계약에 따라 부담하는 자신의 정산의무이므로, 그 의무를 이행하는 사무는 곧 자기의 사무처리에 속하는 것이라 할 것이고, 이를 부동산매매에 있어서의 매도인의 등기의무와 같이 타인인 채무자의 사무처리에 속하는 것이라고 볼 수는 없어 그 정산의무를 이행하지 아니한 소위는 배임죄를 구성하지 않는다.

판결 평석

1. 양도담보 목적으로 부동산의 소유권이전등기가 경료된 경우 양도담보가 처분정산형이건 귀속정산형이건 간에, 담보권자는 변제기 경과 후에 담보권을 실행하여 그 환가대금 또는 평가액을 채권원리금과 담보권 실행비용 등의 변제에 충당하고 나머지를 담보제공자에게 반환할 의무가 있다.

판례 중에는 그것이 자기의 사무라고 하여 배임죄를 부정한 것도 있고(대법원 1976. 5. 11. 선고 75도2245 판결), 타인의 사무라고 보아 배임죄를 긍정한 것도 있었다(대법원 1971. 3. 9. 선고 71도189 판결, 대법원 1975. 5. 13. 선고 74도3125 판결, 대법원 1983. 6. 28. 선고 82도1151 판결). 대상 판결은 이것을 자기의 사무라고 하고 정산의무를 이행하지 않아도 배임죄가 성립하지 않는다고 정리하였다.

2. 대상 판결에서 소수의견은, 양도담보권자는 수탁자로서 양도담보채무자의 위탁(위임)에 의하여 위임된 사무를 성실하게 처리할 의무와 상대방의 재산보전에 적극적, 소극적으로 협력하여야 할 의무를 지고 있으며, 양도담보권자의 정산의무는 양도담보권자의 사무임과 동시에 신탁자인 양도담보채무자의 사무에도 해당되어 결국 형법 제355조 제2

항 소정의 타인의 사무에 속한다고 주장하였다. 그러나 양도담보권자는 담보권을 실행하여 그 환가대금을 채권원리금과 담보권 실행비용 등의 변제에 충당하고 나머지를 담보제공자에게 반환할 처분할 의무를 부담한다. 그 의무의 불이행은 금전채무의 불이행에 불과하다. 그렇다면 이것은 양도담보권자인 피고인 자기의 사무이지 타인의 사무라고 볼 것이 아니다.

3. 대상 판결에 찬성한다.

■ 저자 소개

　　서울대학교 법과대학을 졸업하였다.
　　부산지방법원 판사를 시작으로 부산지방법원 수석부장판사, 부산고등법원 수석부장
판사, 울산지방법원장을 거쳐 2012년 대법관으로 임명되어 2018년 퇴임하였다. 현재
동아대학교 법학전문대학원 석좌교수로, 또 변호사로 활동하고 있다.
　　저서로 "배임죄에 대한 몇 가지 오해"(법문사, 2020), "청년이 묻고 대법관 김신이
답하다"(뿌리와이파리, 2021)가 있고, 주석형법(제5판)(한국사법행정학회, 2017)을 대표
편집하였다.

배임죄판례백선

2021년 7월 30일　초판 인쇄
2021년 8월 15일　초판 1쇄 발행

저　자　김　　　　　신
발행인　배　　효　　선

발행처　도서출판　法 文 社

주　소　10881 경기도 파주시 회동길 37-29
등　록　1957년 12월 12일/제2-76호(윤)
전　화　(031)955-6500~6 FAX (031)955-6525
E-mail (영업) bms@bobmunsa.co.kr
　　　　(편집) edit66@bobmunsa.co.kr
홈페이지 http://www.bobmunsa.co.kr
조　판　법 문 사 전 산 실

정가 30,000원　　　　ISBN 978-89-18-91215-8